近代家族とフェミニズム【増補新版】

落合恵美子

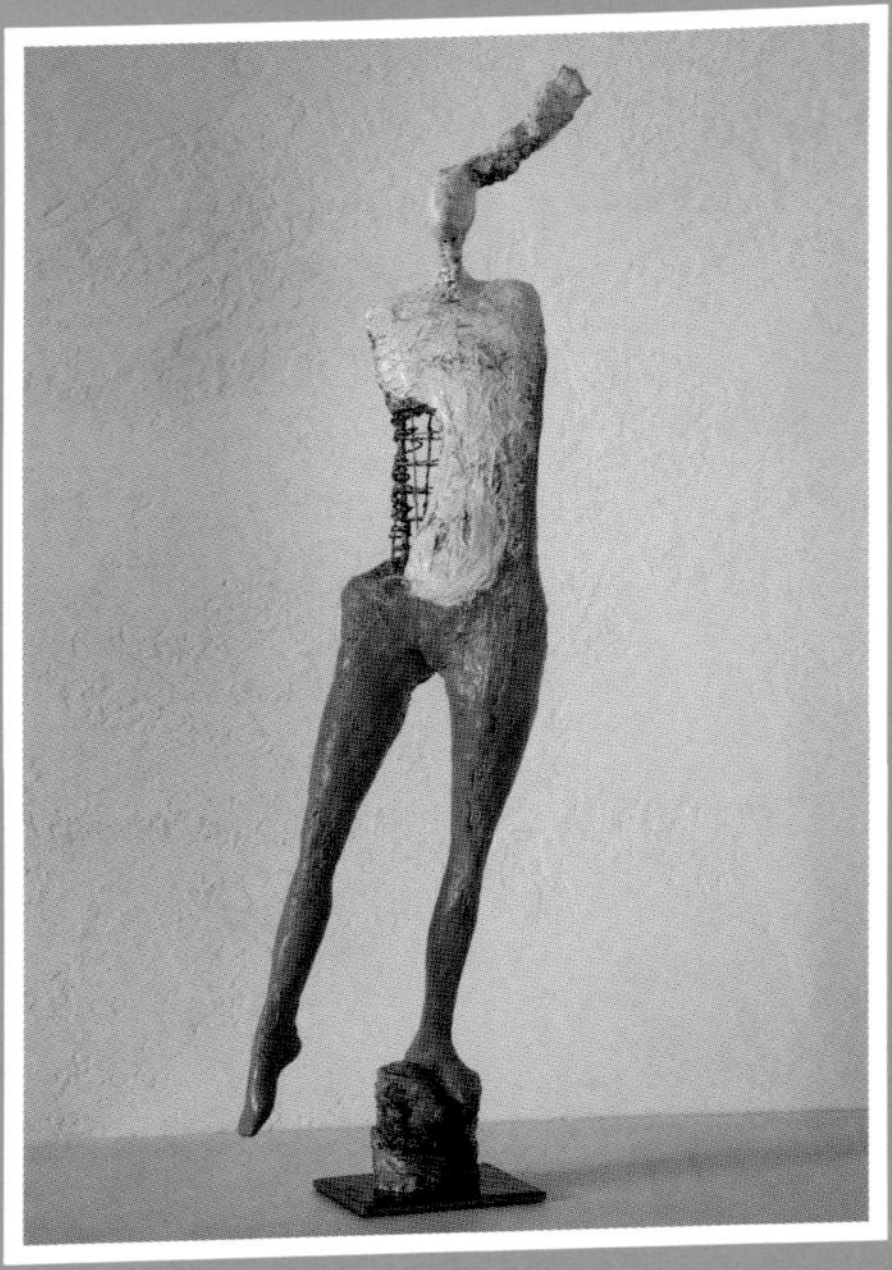

keiso shobo

増補新版への序文

「狐はいろいろなことを広く浅く知っている。ハリネズミは一つのことだけを深く知っている。」——英国のケンブリッジに在外研究で滞在していた頃、高名な歴史人類学者がこんな諺を教えてくれた。

思いがけず初版刊行から三三年経って新版を刊行していただけることとなり、久しぶりに本書を読み直してみて、ふとこの諺が脳裏によみがえってきた。今も抱いている問題関心や基本的な理論的枠組みが既にそこに書かれている。自分の「変わらなさ」に呆れてしまった。現代日本から出発し、歴史をさかのぼり、アジア諸国を渉猟して、近年では家族政策にも踏み込んでいるわたしの研究歴は、「狐型」と思われているかもしれない。しかし事実は反対だったようだ。

本書には、わたしの出発点となった論文を収めてある。その後に伸びてゆく茎も葉も花も球根の中に仕込まれているように、原点にすべてがあるのは当たり前なのかもしれない。並行して追究していたいくつかのテーマ、すなわち「近代家族」「出産」「育児」「フェミニズム」は、それぞれ近代家族論、家族史研究、ケアネットワークと福祉レジーム研究、ジェンダー論へと発展していった。それぞれの分野を多くの方々と一緒に切り拓くことができたのは大きな喜びであった。

初版出版は一九八九年であったが、その後も数年は基礎固めの時期が続いたので、この機会にその時期の論文四本を加えて増補新版とすることにした。全体の三分の一ほどが改まり、それに伴って章の順序や部の構成も変更し、新しい本になったような気がする。テーマごとに当時のわたしにとって一応の到達点となった論文を追加することができて、本来めざしていたこの本の姿に近づいたように思う。

日本のフェミニズムの歴史の中で、本書は「八〇年代フェミニズム」の一角を担ったことになるだろう。本書を含めて当時の書籍の新版・新装版が相次いで出版されているので、特に若い世代の方たちに手に取っていただき、「八〇年代フェミニズム」にじかに触れていただきたいと思う。男並みに働きたい強い女たちの運動だったなどと単純化する誤解もあるようだが、そんな色眼鏡は捨ててほしい。性、愛、出産、育児、就労など日常に潜む生きにくさに挑みながら紡ぎ出した言葉をそのまま読んでもらいたい。反面、共感していただけるようなら、日本社会の「失われた三〇年」の証拠でもある。忸怩たる思いはあるが、ここで仕切り直して、次の一〇年で本当に日本を変えよう。

最後に、これだけの歳月にわたり本書を読みつないでくださった皆様と、その出会いの機会を作ってくださった勁草書房、とりわけ当時の若手の女性の書き手を発掘して励ましフェミニズム出版の波を創り出してくださった編集者の町田民世子さんと、情熱をもってそれを継承してくださっている伊従文さんに、深く感謝申し上げたい。増補新版が世代を超えて読者をつなぐことができるように願っている。

カバー写真の女性像は、パリで活躍するイラク人の女性アーティスト、ラガード・スカルプチャー（Raghad Sculpture）さんが本書のために作ってくれた。頭に陽光を浴びながら、人生の一歩を踏み出す女性を表現したという。**Thank you, Raghad! Sisterhood is powerful!**

二〇二一年四月

落合恵美子

はしがき

謎（エニグマ）が好きだ。子どもが大玉の飴を口の中でころがすように、ちょっとやそっとでは解けそうもない謎を自分の中でころがしつづける。焦ってもしかたがない。少しずつ溶け出してくる味を愉しみながら、いつのまにかそのことも忘れてしまう。しばらくしてふと気がつくと、飴はずいぶん小ぶりになっていて、みるみるまに溶け去っていく。

「女であること」という、わたしがこれまでに抱えたそんな謎のうちでも最大のものが溶け出した瞬間に、突然わたしを訪れた答え――それが〈近代家族〉なのである。

近代家族といっても、家族の民主化とか家からの解放とかの戦後的文脈ではない。敗戦日本にとってはひとつの目標でさえあった近代家族は、ヨーロッパ・アメリカの一九七〇年代爛熟の極みに達していた。その時になって確実に経過したひとつの歴史的家族類型をさす用語として、家族史研究の中からいささかアイロニカルな相貌をもって立ち上がってきたのが、新たな〈近代家族〉概念である。

その意味での近代家族の規定は、第1章にまとめたように、情緒性とか子ども中心であることとか夫婦の分業とか一見ありふれたことばかりを並べたように見える。しかしこれがくせものなのだ。そんなこと家族には当たり前でしょ、と思うなら、あなたはすでに近代家族の罠にはまっている。近代家族の規定が家族の常識に見えるならば、あなたの常識はたかだか近代の掌の上にしかないということだ。ひとたびその「常識」に〈近代家族〉という歴史的名称を貼りつけるだけで、あなたの足もとを支えていたはずの認識は時間の中空に宙吊りされてしまう。なんという不安。しかし、あなたはじきに、宇宙游泳するような自由に快感を覚え始めるだろう。

「女であること」もまたそうして宙吊りにされることで、かなりのところまで解けたと思う。今、わたしたち女の生を形づけている主婦、母、性的な女といった性役割は、近代家族と共に生まれた。あるいはそれ以前のものとは打って変わった姿に変貌した。「女であること」の永遠の謎を求めて果てしなく歴史を遡及する必要など、もはやない。

女が子を産むという事実は歴史を通じて変わるまいと言う人もいるかもしれない。しかし、女を、母であることに際立って特化させたのもまた近代家族である。というより、出産あるいは子どもを中核として結晶してきた制度が近代家族であるとさえ、いえるかもしれない。

「女」ばかりではない。「愛」も「子ども」も「家族」も、わたしたちのいうにいわれぬ感情を喚起することどもがみな、この同じ〈近代家族〉という呪文で宙吊りにされてしまう。その姿を見てわたしたちは、はっと夢から醒める。近代家族はおそらく、わたしたちの社会の神秘性の核にふれているのであろう。

近代家族を問うことは、また、近代という時代を問うことでもある。近代だなんて、そんな古風な問い、と思う人もあるかもしれない。しかし近代は、市場とか生産とか政治とか経済とかの側からは飽きるほど問われてきたが、その反対側から問われたことは驚くほど少なかった。しかし人びとの日常の意識や生活は革命が起こった日から変わるようなものではない。社会史が教えるように、人びとの深いところからの変化は事件史とはズレる。むしろ家族史の時代区分のほうが、人びとのリアリティに忠実なのではないか。

家族から問い直すとき、近代はただのべったりした市場関係であることをやめる。家族と市場が、愛とお金がセットになってひとつのシステムが構成されていることがわかるだろう。さらにもう一項を加えて、家族・市場・国家の三位一体が近代だといってもよい。家族は近代の外にはない。ゆえに女や愛や性に反近代の幻想を託すこともできない。

近頃、ポストモダンという標語をよく耳にする。果たして近代は終わるのだろうか。そして、近代家族は終焉するのだろうか。

第4章で述べたように、わたしは広義の近代と狭義の近代を区別している。後者の意味での近代がそろそろ転換点にさしかかっているのは、たしかにそのとおりだろうと思う。一部「先進国」の社会がそこで経験しつつある変容が「ポストモダン」と呼ばれる現象である。それらの地域では、近代家族もその規定の一部を捨てることになりそうだ。

しかし、「先進国」以外に目を向けたらどうだろう。世界の大半の地域は、いまだ「近代」を目指している。広義の近代は依然として世界の揺るぎない地平を張り続けている。近代家族は、欧米先進国以外ではどのような姿で現われ出てくるのだろうか。あるいは現われてはこないのだろうか。

ここで、近代のまたひとつの「反対側」でもある、なんと呼んだらいいだろう、第三世界というか、従属地域というか、非西洋というか、これまでの近代の主役であった欧米以外の地域（日本も含めて）から近代を見直す要請が生じる。これもまたわたしにとって巨大な謎であるのだが、そちらへの関心は本書では各所に散見されるにとどまっている。

文化によるヴァリエーションという問題も含めて、〈近代家族〉の限界あるいは適用の条件のほうに、今後は焦点を絞っていきたいと考えている。

本書の構成は、一見すると雑然として見えるかもしれない。家族史あり、家族社会学あり、女性学あり。従来のジャンル分けから見れば、本書はとんでもないクロスオーヴァーということになる。しかし読んでいただければ、モチーフはむしろ愚鈍なほど一貫していることにほどなく気がつかれることと思う。数年にわたる謎との格闘の中で、その時その時で最も適切と思うかたちを与えてきたにすぎない。

本書にはこの数年間のわたしのすべてが収めてある。〈近代家族〉でどこまで行けるか、行き着ける果てまで行ってみようとするわたしの旅に、しばしおつきあいねがえるだろうか。

近代家族とフェミニズム［増補新版］

目次

増補新版への序文
はしがき

I　近代家族論の誕生

1　〈近代家族〉の誕生と終焉　3
——歴史社会学の眼——
1　〈外〉の家族　3
2　歴史社会学の眼　5
3　〈近代家族〉の誕生と終焉　16

2　家族社会学のパラダイム転換　23
1　パラダイムとマンタリテ　23
2　家族社会学史の中のパラダイム　28
3　集団論的パラダイムの背後仮説　32
4　集団論的パラダイムの危機　39
5　構造主義的アプローチの可能性　46

3　近代家族をめぐる言説　49
はじめに　49
1　近代家族論の流れ　50
2　近代家族定義の試み　54

3 近代家族システムと国家 61
4 家は近代家族か 66
5 多様な家族システムの近代化 70

II 出産と育児の歴史社会学

4 出産の社会史における二つの近代……77
1 「出産」研究の萌芽と現代社会 77
2 歴史人口学から見た二つの近代 79
3 出産をめぐる心性と社会関係 85
4 二つの近代の社会学的意味 94
5 近代化過程における家族変動論へ 98

5 江戸時代の出産革命……102
——日本版「性の歴史」のために——
1 日本版「性の歴史」のために 102
2 江戸時代の出産革命 107
3 留意すべきこと 119

6 近世末における間引きと出産……122
——人間の生産をめぐる体制変動——
1 徳川体制からの人口学的離陸 122
2 異質なマンタリテの衝突 126

3 農村における妊娠の理解 130
4 拡散する産科学のまなざし 137
5 変化の推進者 144
6 人間は誰のものか 149

7 近代家族における子どもの位置 156
——妊娠・出産の意味を考える——
1 子どもの位置は変わりつつあるか 156
2 近代家族における子どもの位置 157
3 日本の場合 163
4 現代家族における子どもの位置 165

8 現代家族の育児ネットワーク 168
1 調査研究のあらまし 168
2 育児援助の諸相 173
3 育児の困難と要望 183
4 地域の育児ネットワーク 188
5 結　論 201

9 家族の社会的ネットワークと人口学的世代 204
——一九六〇年代と八〇年代の比較から——
1 社会的ネットワークとしてのコミュニティ 204

2　都市家族の「孤立化」と社会的ネットワーク――欧米の研究から　206
3　六〇年代日本家族の社会的ネットワーク　208
4　人口学的世代　221
5　八〇年代日本家族の社会的ネットワーク　224
6　二一世紀への展望　232

Ⅲ　フェミニズムとジェンダーの歴史社会学

10　フェミニズム理論における「家内性」と「近代」……239
1　問題の構図　239
2　マルクス主義フェミニズム　241
3　女性人類学　246
4　女性の社会史　252
5　家内性と近代　256

11　フェミニズムの諸潮流……259
1　フェミニズム論の百花撩乱　259
2　「フェミニズム」という言葉　260
3　フェミニズムの二つの波　261
4　フェミニズムの諸潮流　263

12 近代とフェミニズム——歴史社会学的考察——……275
1 なぜ「近代」か？ 275
2 「近代」をめぐる思想史 277
3 「母性主義」とは何か 286
4 フェミニズムの歴史社会学 290

13 ビジュアル・イメージとしての女——戦後女性雑誌が見せる性役割——……298
はじめに 298
1 戦後派娘から奥様へ——『主婦の友』一九四五〜六五年 301
2 「性解放」と白人志向——『女性自身』一九五八〜七五年 306
3 多義的な少女たち——『non・no』一九七一〜九七年 314
4 性の体制の成立と崩壊 325

補章 お産と社会学とわたし……332

自著解題 〈近代家族〉の歴史社会学とその後……349

参照文献
初版目次
初出一覧
索 引

I

近代家族論の誕生

1　〈近代家族〉の誕生と終焉
――歴史社会学の眼――

1　〈外〉の家族

「恋愛は論じるものではなく、するものだ。とおなじように性にまつわる事柄は、論じられるまえに、されてしまっていることだ」（吉本一九八五）と、性と家族についての著書を書き出した思想家がいる。性、親子、家族といった領域は、このようにしばしば言語化の努力をすりぬけるとされる。「それについて考察することは、それについて行動することよりも、いつも劣っているとみなされる唯一の人間的な領域」であるからだ。

「家族とは何か」は、専門的家族研究においても「究極の課題」である。血縁、共住、共産、情愛――いかなる紐帯を組み合わせても「家族」の普遍的定義は不可能であると、長年の試行錯誤の果てに結論した人類学者も多い。しかしそれでも「家族とは何か」を問う人は絶えはしない。定義の困難こそが、その本質的重要性を指し示すとでもいうように。

他方、性、親子、家族は、社会の変化をもすりぬけるとされる。それが「何か」は明言できないながら、家族はあらゆる人間社会に存在し、つねに社会を支える基礎として不可欠の役割を担ってきたと言われる。

それゆえに「家族崩壊」を思わせる兆候は、わずかでも人々を震撼させる。不易であるはずの人間社会の基礎が揺らぐことを意味するからだ。近年の離婚の頻発、家庭内暴力、出生率の低迷などは、家庭基盤充実政策を掲げた政府から、家族こそ反管理の拠点とするニューレフト系勢力まで、あらゆる立場のあいだに「家族擁護」の大合唱を惹き起こした。

変わらぬもの、しかし語りえぬもの——性、親子、家族は、社会、言語などを中核とする人間文化の対極あるいは〈外〉にあるもの、それでいて文化を成り立たしめるものという位置を、今日の社会で与えられているのである。

ところが近年、これらの語りえぬものを語り、その変化の相を描き出そうとする試みが実を結んできた。それらの試みの多くは、「社会史」あるいは「歴史社会学」と呼ばれる仕事に属すか、そこから養分を得ている。「歴史社会学（社会史）」とは周知のごとく、国家史や政治史を歴史的事件の系列として記述するそれまでの歴史学への批判として、日常生活に潜む相対的に不変の構造とその長期変動を剔出しようとする。こうした歴史社会学の手法にかかると、われわれが日常的に疑うことなく用いている諸概念は歴史的時間の中に溶融され、想像したこともない姿に変貌する。歴史社会学は本性として言わば「偶像破壊者」なのである。性、親子、家族という現代の「神話」が、その格好の標的となったのは言うまでもない。

今日歴史社会学のこうした「偶像破壊」が可能になったこと自体、現代の重要な歴史社会学的事件ではある。しかしそのことには考察の最後に立ち戻ることにして、まずは家族の「神話」はいかに暴かれたのか、われわれの抱いている家族観はどのように覆されるのか、いくつかの側面からふりかえってみよう。

2　歴史社会学の眼

子・母・父——エディプスの三角形——

歴史社会学による「偶像破壊」の最初の画期的成果は、何を措いてもフィリップ・アリエスの『〈子供〉の誕生』(1960a) であろう。すでに多くの紹介があるので深くは立ち入らないが、アリエスはわれわれが人生初期の生物学的な一段階だと信じて疑わなかった「子ども時代」が、実は一六世紀から一八世紀にかけて次第に主に中産階級によって創出されたことを、図像学や服飾学などの多様な方法を駆使して明らかにした。子どもは無垢で残酷、すなわち文化に汚染されない混沌を体現しているようにしばしば言われるが、そうした観念自体が近代の文化の所産だったのである。学校が成立して学齢期の子どもが大人と一緒の労働の場から退いていったことが、こうした子ども観の成立に深く関係している。子ども時代に限らず、思春期、青年期、中年期、老年期などの人生の諸段階がみな近代になって相ついで創出されたことは、マーガレット・ミード、ケニストン、ギリス他の研究によって次々と人の知るところとなった。

さて、「小さく不完全な大人」にすぎなかった存在が、「無垢」という独自の価値をもち愛情あふれた世話と教育を必要とする「子ども」に変身するのと裏腹に、大人の側もまた新たな内容をもつ「母」と

「父」に変身を遂げねばならなかった。新たな内容とは、一言で言って「子ども中心主義」である。「母」であることは女性の第一の、ほとんど唯一の役割となった。バルザックの小説に登場するある貴族の夫人は、「この不幸はルソーのせいですよ……それ以来、立派な女たちが子どもに乳をやり、娘を育て、家の中にいるようになったのです」としきりに新風俗を嘆くが、その娘の世代は嬉々として授乳風景をひとに誇示し（一八世紀パリでは平民でも乳母に預けるのが普通だった）、子どもの自由を束縛していたぐるぐる巻きの産着を脱がせるかわりに、片時と目を離せぬ子どもの見張り役として自分の自由を犠牲にした（Badinter 1980）。今日の母娘をちょうど逆転したようなのがなんとも皮肉である。バダンテールに対するルークスらの反論のように、これ以前の時代にも他の社会でも、母親を含めた大人はしばしば子どもを可愛いと感じ、それなりに大切に世話をしたのではあったが、「母性愛」をこれほどまでに至上の感情として神秘化し、すべての女性に「本能」として強制するようになったのは、やはりこの時代以降だと言ってよかろう。「母」とは異なったかたちではあるが、今日的な「父」もまたこの頃誕生した。一家に対する支配を半ば公的な責務としていた「家父長」に替わって、ときには溺愛に陥りそうな感情をみずから抑制しなくてはならないほどの情緒的な「父」が登場する。「父」は鞭による教育を廃し、かわりに「母」と共に子どもの内面にまで目を届かせる精神的な統御を開始した。

情緒的に絡み合い、互いの内面まで規定しあう父と母と子――フロイトが発見した「エディプスの三角形」は人類普遍の原理などではなく、ここに初めて根拠をもつ。それ以前の家族は今日自明視されているような情緒共同体ではなく、それぞれの同性集団や同年齢集団と心を通わせている老若男女による、生活の部分的共同であったにすぎない。

子ども時代の発見、子ども中心主義は、婚姻出生力（婚姻している人々の出生力）の低下と相関していると言われる。単純化の危険を冒してとりあえずこれを指標にとれば、「エディプス家族」の大衆化は、一九世紀末から二〇世紀初頭の出生力転換（fertility transition）の時期に想定できる。そして続いて一九四〇年代、極端な産児制限による子ども数ゼロや一人の「極小家族」の頻発から揺れ戻して、独身率も下がり、ほとんどの家族が二〜三人の子どもをもつという平均化された状況が現出した（Coale 1969, 1973）ときになって初めて、「エディプス家族」は社会全般に深く根を降ろしたと言えるのではなかろうか。

母性愛あふれる母、母を慕う子、母子を毅然と統率する父——その三者の姿がいかに心安らぐ人間本来の理想と映ろうとも、逆に、いくらもがいても脱け出せない愛憎の檻と見えようとも、それはたかだか二百年、大衆レベルではわずかに百年から六〇年の歴史しかもっていない。歴史社会学がまず行なったことは、親子の情緒的絆の、意外な底の浅さを暴いてみせることであった。

性・愛・生殖・婚姻

次に夫婦の絆に話を移そう。

今日夫婦の絆と言えば、極限すれば性と愛だとして疑われない（Parsons & Bales 1956 他）。しかし性と愛がともに夫婦間で充たされるものとなったのは、歴史的にはやはりそう古いことではない。

ロマンチック・ラブは中世の宮廷恋愛にひとつの起源をもつと言われるが、騎士が愛を捧げる貴婦人と、性関係をもつ妻とは、全く別の存在であった。ビクトリア朝まで時代が下がっても夫婦間の疎遠は相変わらず、夫婦はむしろ各々の同性の友人との間に友愛の情を育んでいた。ビクトリア朝の妻たちが、結婚前からの女友達との間に同性愛とも言える熱烈な手紙をやりとりし（「貴女を心から愛する者に幾度も幾度も接吻されているところを思い浮かべて下さい」などという文面が頻出する)、彼女の来訪の折には、夫を寝床から追い出しさえしたというのは、有名な話である(Smith-Rosenberg 1975)。

性が夫婦間で排他的に独占されるべきものとされたのも、そう長い期間ではない。ローマ・カトリックの強い影響下にあった中世社会では性道徳が厳格だったと思われているが、実際には宗教改革と魔女狩りを過ぎて近世になってから、むしろその傾向が強まったようだ。しかしその規範も、第二次大戦後の婚外妊娠の急増に示されるようにほどなく弛緩していく。性と愛が夫婦の特権的な絆であったのは、歴史的にはほんの一時期のことでしかなかったのである。

ところで、近代における性の最大の特徴は、生殖との分離であると言われる。以前には売春や婚外交渉など「人目をはばかる性的関係」(アリエス)に限られていた避妊が、一八世紀から二〇世紀初頭までの間に、とくに一八七〇年代以降急激に、正式の夫婦生活に大幅に侵入してきた。フーコーが、告白などの制度を通じて過剰な性が主体生産の装置になったと論じる(Foucault 1976)背景には、このような状況がある。

しかし、この文脈でそれ以上に強調されねばならないのは、一見正反対のように見えるが、性の生殖への従属ではなかろうか。生殖につながらない性を禁じたキリスト教性道徳は、産児制限の普及とともに衰退したが、性は第一義的には生殖という目的のための手段だという認識は、かえって自明の常識となった。夫婦は「目標産児数」という観念を掲げて計画的に子づくりに励む。彼らは、国民イコール労働力・兵力と見て人口政策を創始した同時代の国家と同じく、生産の論理(内田一九八二)あるいは産業主義の心性(mentalité)に貫かれているのだ。家族は生命再生産の制度だとする家族定義は、このような家族にこそあてはまる。

性を生殖の道具とみなす心性は、ヘテロセクシュアリティ（異性愛）の特権的正統化を帰結する。古代以来しばしば高位に置かれたホモセクシュアリティ（同性愛）の地位低下は著しい。「性的に魅き合う両極としての男と女」という観念は、今日では太古より動かしえない荘厳な真実のように信奉されているけれど、ことはそれほど単純ではない。先に「父」と「母」は近代に誕生したと書いたが、同様な意味で、「男」と「女」も近代（あるいは近世）に誕生したとさえ言えるかもしれない。子ども（人）は「家族」により「n個の性（ポリセクシュアリティ）」を奪われて「男」か「女」になると言われているが（ドゥルーズ＝ガタリ）、それは個体の成長過程のみならず、歴史的過程についても真実なのである。

家事と主婦

女は古来主婦であり、家事は他の仕事よりも伝統と自然に多くを負っていると言われる。女と家事の後進性を批判する文脈でも、逆にその反近代的可能性をもちあげる文脈でも、こうした発言に出会うことは多い。主婦論争や近年のイギリスの家事労働論争のなかで、あるいはメイヤスーなどのマルクス主義経済人類学において、家事は価値をうむか、生産的か、とか、資本主義等から区別される固有の生産様式であるか、などという論争が繰り返されたが、これらもまた前掲の命題をめぐる問い――家事は伝統的・反近代的で自然に近いか――を、経済学用語におきかえたものと言える。

この問いに鮮やかに解答を与えたのが、ドゥーデン＆ボック（1977）をはじめとする歴史社会学的諸研究に依拠したイヴァン・イリイチの『シャドウ・ワーク』（1981）である。「シャドウ・ワーク」とは、市場経済の成立にあたって賃労働と同時に出現した新しい人間の活動で、市場社会の存続のために根源的に必要だが、賃金を算定されないものである。「シャドウ・ワーク」は家事労働以外の活動も含み

（子どもの学習や老人の雑労働など）、それは後述のようにシャドウ・ワークを担う社会的カテゴリーどうしの本質的類似の重要な指摘なのだが、ともかくこの文脈では、家事労働がまぎれもなく近代社会の産物であることをこの概念は明言している。

さらにこの方向を進めて、家事労働は資本主義社会の存続に不可欠であり、主婦は収奪されているということを、理論的・歴史的に解明し続けているのがマルクス主義フェミニズムである（上野一九八五、一九八六〜一九八八、Eisenstein 1979）。マルクス主義フェミニズムは、ちょうど第三世界論に「コペルニクス的転回」をもたらした「従属理論（dependency theory）」と同じ役割を、女性論・家族論において果たしている。[1]

では、近代化過程における家事と主婦の生成のプロセスを、歴史社会学的に振り返ってみよう。

そもそも産業化以前の農民や貴族の「家《いえ》」（後述）において、家政は家父長の仕事であった。生業も今日で言う「家事」も区別なくとりしきっていた当時の「全き家（das ganze Haus）」にあって、家政とは、農業、鉱業、薬草作り、家畜の飼育から、妻子や下男・下女との関係の調整、子の教育、家父としての教養をつけることに至るまで、多彩で広範な仕事であった。家母はそのうち、娘の教育、料理、医療などの責任を分けもった。ただし実際の労働は主に下男・下女が遂行した（Brunner 1968）。

ところが産業化が進行し、家庭と経営が分離して家庭がいわゆる「消費」を中心とした生活の場になると、家政は女の仕事となり、その内容も全く一変する。一九世紀中葉のイギリスではビートン夫人の『家政読本』がベストセラーになったが、その書の根底を貫いているのは、産業社会に出て行く男性の健康で快適な「避難所」こそが築くべき家庭だという心構えだ（角山一九八二）。男は外、女は内という、性別分業の開始である。

今日の目から見ると意外だが、庶民が「料理」と呼ぶべきものを作るようになったのは、この頃が最初だと言う。それ以前の庶民はパンと水とか、冷たい肉を切るとか、ありあわせのものを一緒に煮込んだ鍋とかで食事を済ませるだけで、献立などは貴族にしか縁がなかった。また、商品経済に巻き込まれて買物が不可欠の家事となったのもこの頃のことである。一方「衛生」の観念も生じて、掃除、洗濯の目標水準が大きく引き上げられた（Verdier 1979）。――われわれの思い描くような「家事」の創出である。

しかし当時の中産階級の女性たちは、遊惰・無為をステイタス・シンボルとしており、これらの家事をみずから行ないはしなかった。一人から数人の家事使用人が、やはり当時新しい制度だった工場に準じて、厳格な作業規律のもとに忙しく立ち働いた。以前には貴族・ジェントリ階級のみの慣習だった家事使用人雇用は、一九世紀を通じて二〇世紀初頭までに、中産階級下層にまで拡大する。そして第一次大戦後、家事使用人職が衰退していく段になって初めて、「主婦」自身が、家事工場さながら機械の助けを借りて、これらの家事を一人でこなすことになった。いよいよ「主婦」の誕生である。ただしその一方で労働者階級の主婦は、家事使用人など雇えないにもかかわらず「家事は女の仕事、料理もしなくてはならぬ」との中産階級の規範に影響されて、職業労働と家事の二重負担に休む暇もなく働き続けるようになったことを、忘れてはなるまい（河村一九八二、角山一九八二、住沢一九八三）。

このように、「家事」もそれを担う「主婦」も「伝統的」ましてや「自然」などでは毛頭なく、まさに近代的存在なのである。

フェミニズム

フェミニズム（女性解放論）は多くの場合、女性の抑圧は人類に普遍的であるか、少なくとも非常に古い歴史をもつ（例えば「母権制の敗北」以来）、きわめて執拗な現象だと考えてきた。フェミニズムでは、「家父長制（patriarchy）」という語を、女性の抑圧と男性支配一般を意味する概念に拡張して用いているが、この概念も人類と共に古いか、少なくとも階級抑圧より本源的であると通常理解されている。女性人類学者オートナーは、男性による女性の支配を文化による自然の支配に関連づけて、その普遍性を理論的・実証的に証明しようと試みたが（ただし反論も多い）、これは右のフェミニズムの暗黙の前提を学問的に裏づけようとしたものである（Ortner 1974）。

しかし、歴史社会学的考察はこの前提に異議を提出する。今日の女性の主な役割は「母」、「女」、「主婦」であることであり、女性の抑圧はそれらに関して生じているのだが、すでに見たようにそれらの役割はみな、近代化過程での家族領域の変化に伴って誕生したものばかりである。言わば「家庭的（domestic）存在」としての女性の誕生とでも言おうか。女性の抑圧は、少なくともわれわれが思い浮かべるようなものとしては、近代固有の現象ではないのか。

少し原理的に考察してみよう。フェミニズムを含む差別告発の主張は、究極的には諸「人間」間の平等を謳う「平等主義規範」に根拠をもっている。しかし、個別の個人を偶発的に平等に扱わないだけでは「平等主義規範」からの逸脱にすぎず、社会に構造的に存在する「差別」とはならない（坂本一九八五）。ある社会的カテゴリー（例えば「異民族」、「犯罪者」、「乳幼児」など）を一括して、平等であるべき「人間」から除外することを正当化する規範が一方にあり（これを仮に「差別化規範」と呼ぼう）、しかもその規範と「平等主義規範」の優劣関係が一義的には定まらないときに、「差別」の構造化が生ずる。言いかえれば、ある社会に構造的な「差別」とは、「平等主義規範」と「差別化規範」との齟齬、すなわち「二重規範（double standard）」状態により存立する。

どのようなカテゴリーが「差別化」されるかを決定するひとつの、おそらくは最も主要な装置が、われわれがすでに近代化過程におけるその成立を見てきたような家族、後述の用語では〈近代家族〉である。〈近代家族〉は「市場」（あるいは「市民社会」）の「シャドウ」であり、後者の原則である「平等主義規範」の浸透を家族の壁で遮断する。そして、家族の代表として「市場」に参加する成人男子（すなわち「人間」）に対して、女、子ども、老人、病人など「シャドウ・ワーク」しか担わない（働いていないのではない）人々を、「差別化」される性的・年齢的等々のカテゴリーとして産出する。

換言すれば、〈近代家族〉と「市場」のセット、すなわち「近代社会」が二重規範を産み出した。この種の「差別」は、正確に「近代的」現象なのである。

実際、歴史的には、最初のフェミニズム運動の発生は、〈近代家族〉の誕生と軌を一にしている（Degler 1980）。それとほぼ同時期に、女性は家庭的存在であるべきだ、家庭的であることにこそ価値があるとする、「家庭崇拝（cult of domesticity）」思想が一世を風靡した。それらは、生じつつある「二重規範」状態への対応であり、楯の両面をなしている。

こうしてみると、話題のイリイチの「ジェンダー」論（Illich 1982）は、卓見と誤謬の双方を含んでいる。平等主義の成立が「差別」の（一方の）源だというのは正しく、女性の抑圧・差別の根源を追って原始共同体にまで遡るフェミニズムの徒労に終止符を打とうとした功績は大きい。しかし、彼が理想化する、異質で相補的な「男」と「女」という一対のカテゴリーもまた、〈近代家族〉と共に成立したのではなかったか。しかもそれこそが、「差別」のもう一方の源である。「家庭」が女性に付与した性格にすぎない「女性原理」をあたかも普遍的であるかのように賞揚するのは、彼の批判するフェミニズムに勝るとも劣らぬ近代中心主義だと言わざるをえない。イリイチは歴史社会学の成果を駆使したが、徹底した偶像破壊という歴史社会学の真髄は、中途半端にしか採用しなかったようである。

家族と国家

さて、ここまでさまざまな方向からながめてきた家族領域の変質は、いわゆる公共領域の変質と表裏をなす。「公共性の構造転換」論は、家族史、女性史をとりいれながら再構成されねばならない。家内的領域（domestic sphere）は女、公共的領域（public sphere）は男が担うのが人類の普遍原理だという近代の常識に、前出のオートナーなど人類学者でさえ目を曇らされたことがあるが、このような性別分業に根拠を与えた公共性と家族の同時析出の過程こそが、問われねばならないのである。

家族と公共性が未分化だった伝統社会では、人々はそれぞれの性別集団と日常的に緊密な交流を取り結んでいた。男は畑や鍛冶屋で、女は共同洗濯場や泉や村のパン焼き釜、それに一緒に針仕事を行なう場所で、しばしばそれぞれの仕事の傍に、村のさまざまな出来事について情報や意見を交換しあった（Segalen 1980）。ここでは男女の非対称性は明白ではない。

ところが、次第に男たちは、とくに産業化以後の一九世紀になると、カフェや遊戯場、イギリスではパブ、中・上流階級クラブ、ホテル、レストランなど、しばしばアルコールをまじえた社交そのものを目的とした場を作るようになる。そこでは、政治、経済、技術など、当時ようやく庶民にも自分たちの生活に深く関わるものと感じられてきた広い社会一般の話題が、男たちを熱中させた。いわゆる公共領域の誕生である。そうした場からしばしば、同業組合団体、政治団体、レジャークラブなどの会が結成された。

他方、女たちはそのような社交の制度化はほとんど行なわない。それでも女の社交の伝統も根強く、前述の「家庭崇拝」をうんだビクトリア朝中産階級でさえも、出産、結婚、病気などに際した儀礼を中心に、友人や親族の女どうしの緊密なネットワークを保持し続けていた（Smith-Rosenberg 1975, Cott 1977）。しかし、社交が家庭を場とするいくつかの儀礼の周囲に限定されてしまったこと自体が明らかな後退ではあった。

二〇世紀になると周知のように、公共性は肥大化した国家に吸い上げられ、前世紀的な公共性は解体する。そして、男性も家庭に埋没する私生活主義（privatism）、さらにはナルシシズム（クリストファー・ラッシュ）の時代が到来する。

誤解してはならないのは、家族は国家の支配から免れた最後の「避難所」や対抗と反撃の拠点などでは決してあり得ず、国家と同時完成した同位対立物だということである。

二〇世紀は女性にとっても、社交の伝統の息の根が止められる、すなわち家庭への囲い込みが完成する時代であった。社交の最後の結節点であった出産にも仲間の女たちの協力が得にくくなり、病院での孤独な出産が一般化したのが、その象徴的出来事である。医師や助産婦の登録制度の確立などにより、出産への近代医学の介入を促進する決定的役割を果たしたのが、近代国家である。〈近代家族〉は、近代国家と共に、近代国家の助けを借りて完成した。フランス民法典以来の家族法による法的支持については言うまでもない。

エンゲルスは『家族、私有財産、国家の起源』という有名な書を著したが、内容の時代的制約と歴史的射程を拡大しすぎた失敗にもかかわらず、その題名に集約された鋭い洞察は現代的意義をもち続けている。

3 〈近代家族〉の誕生と終焉

歴史社会学は、家族は変わらないどころか、他のあらゆる人間に関する事象同様移ろいやすい歴史的存在であることを実証してみせた。われわれが今日「家族」と呼んでいるような社会現象は、どのような側面から照らし出しても、たかだか二百年内外の根拠しかもっていない。

われわれがこれこそ「家族」だと感じるような性質を備えた家族を、歴史的なひとつの類型だという自覚をこめて、〈近代家族（modern family）〉と呼ぶことにしよう。この語は、アリエス、ショーター、デグラーなど心性（mentalité）を重視する家族史研究者によって、最も重要なキー・タームの位置を与えられている。前節で概観してきたような歴史社会学の見地から、〈近代家族〉の特徴を理念型的にとりだすと、次の八点ほどにまとめられよう。各特徴は前節の各項で略述した変化のいくつかにわたって、横断的に見出される。(2)

(1) 家内領域と公共領域の分離
(2) 家族成員相互の強い情緒的関係
(3) 子ども中心主義
(4) 男は公共領域・女は家内領域という性別分業
(5) 家族の集団性の強化
(6) 社交の衰退
(7) 非親族の排除

(8) 核家族

これらの諸特徴のうちで最も基底にあるのは、(1)である。これは、より正確に表現すると、家族と市場（経済学的意味に限定せず、「市民社会」と言いかえてもいいような社会学的概念とする）との分離あるいは同時生成ということである。近代市場はその参加者として近代的個人を同時に産み出したと言われるが、事実は、「勝利したのは個人主義ではなく、家族」（Ariès 1960a）であった。〈近代家族〉は、近代市場にその参加者である近代的個人（「人間」）を供給する装置である。市場と家族の分離を保持し、それぞれの機能が十全に遂行されるように規制するのが、近代国家の役割だ。近代社会は、このように、市場、家族、国家の三者の連関として構成されているのである。

家族が、社交（sociabilité）のネットワークを切り捨てて公共領域からひきこもることは(6)、家族の側から見れば、その集団性の強化を意味する(5)。家族が、開かれたネットワークではなく「集団」をなすこと自体、ある種の社会の特殊事情なのである（坪内・前田一九七七）。

家族の集団化は、また、成員間の情緒的紐帯の強化を意味する(2)。ショーターら心性史家は、親子・夫婦の「愛」や「親密さ」というこの特徴に〈近代家族〉の定義にあたる位置を与えるが、客観的に観察可能な形態ではなく「性質」であるところの〈近代家族〉を剔出するために、心性に着目するのはもちろん慧眼である。しかし心性を単なる社会意識として観察するだけではなく、それに間接的に映し出される社会関係、社会構造を読み解くなかにこそ、心性史研究の醍醐味はあるのである。

ところで、〈近代家族〉は市場に「人間」を供給すると書いたが、供給される「人間」とは、現在の「成人男子」、将来的には現在の「子ども」である。少女にとってよりも少年にとって「子ども時代」は歴史的に早く成立したが（Ariès 1960a）、この事実は、「子ども」が「成人男子」予備軍として誕生したことの証左である。「子ども中心主義」（3）は〈近代家族〉の本質に深く根ざしている。性の生殖（子どもをつくること）への従属も、同じ根拠から導かれる。そして、こうした「人間」供給のために必要なシャドウ・ワークを遂行する仕組みとして成立したのが、性別分業である（4）。

　このように〈近代家族〉概念を立てることは、われわれが自明としてきた家族を相対化する以外に、家族変動研究の学説史においても画期的な意義をもっている。かつては「近代化は核家族化を帰結する」と言われていたが、歴史人口学の発達によって少なくとも西欧については一六世紀から核家族が一般的だったことが知られ、近代化（産業化）が家族に及ぼす影響を簡潔に定式化する命題は立てにくくなっていた。家族の形態にではなく性質に着目し、同じ核家族でも家族意識の有無を目安に区別できる〈近代家族〉概念の登場は、後述のような留保をつけつつも、「近代化は〈近代家族〉を帰結する」という新たな命題を可能にするものだった。

　もっとも、本章で行なったような〈近代家族〉の概念化は、まだ試行的なものでしかない。

　何よりも、この〈近代家族〉概念は、欧米それも西欧の中産階級を主たるモデルとして抽出したもので、日本や第三世界など他の地域や、労働者をはじめとする他の階層には、いささかの変更なしには適用することはできない。また、階層、地域による出現年代のずれも大きい。しかし、これを文化的固有性や単なる遅滞に還元して議論を中止するのではなく、例えばウォーラーステインの「世界システム」概念などの導入により、地域差や階層差自体をさらなる理論化への足がかりとするような試みがもっとなされてもよいのではなかろうか[3]。なぜなら、「近代化」はすぐれて国際的・文化的な現象だからである。

　また、歴史的には、このような〈近代家族〉はあるとき突然、一時に生じたのではないという理解も必要である。先に挙げた〈近代家族〉の諸特徴の獲得は、年代的に数十年以上もずれることもあったし、その獲得の順序も階層により異なったりした。

さらに、〈近代家族〉の諸特徴のある部分は、近世(一六世紀から一八世紀頃)の家父長制的〈家《いえ》〉(Haus, maison, domus, ...)に胚胎されていたと考えられる。産業化前ヨーロッパにも日本のイエとほとんど同型の家族制度が存在したという見解が、近年の歴史社会学研究などのなかで強まっている(二宮一九八三、川本一九七八、清水一九七九、Lévi-Strauss 1983など)。〈家〉では、家父長権が強化されて集団としてのまとまりが以前より強化され、それらはそれぞれ〈近代家族〉の特徴の(5)の前史となったと考えられる。もっとも、家族内の情愛の濃淡のように、〈近代家族〉と〈家〉が対極をなす側面ももちろん多い。〈家〉と〈近代家族〉は、ある面で断絶しつつも、他の面で接続している。近世と近代を貫く、広義の「近代化」の二段階それぞれに対応する家族類型として、〈家〉と〈近代家族〉をひとつの視野に位置づける必要があるのではないか。

では、以上見てきたようにひとつの歴史現象である〈近代家族〉は、これからの歴史の中でいかなる運命をたどるのであろうか。

冒頭に、家族は性、親子とともに「変わらぬもの、しかし語り得ぬもの」と信じられてきたと書いたが、その「変化」を「語り」続けた後から振り返ると、そのような家族観こそは、家族が公共領域から締め出されて「社会」や「文化」のあたかも〈外〉にあるかのように現象した、〈近代家族〉の時代の心性であった。本章で繰り返し反駁された観念に、女、子ども、性、家事、家族……は「自然」(「文化」の〈外〉)に近い、だからこそ文明社会に対する「避難所」や「反撃の拠点」として価値がある、とする一連の思想があったが、これらの思想は、〈近代家族〉が支配的な家族類型となりつつあった一九世紀に、「家庭崇拝」やそのアカデミズムへの反映であるゲマインシャフト幻想、伝統的大家族幻想、及びロマン主義的な「自然」賛美と、軌を一にして生じたものである。[4] 今日これらの観念が疑われ、歴史社会学のような試みが可能になったこと自体、〈近代家族〉を支える堅固な構造が揺らぎ始めたことを意味している。

実際、米国をはじめとする先進諸国では、脱〈近代家族〉化とも言い得る兆候が簇生してきている。離婚の増加、女性の「自立」、フェミニズムの正当性獲得、子どもの人権への注目、定年の撤廃等々は「差別化」されていた人々の「人間」化、すなわち「平等主義規範」を遮断するものとしての「家族」の解体を意味しており、実際一九七〇年代には各国でその方向への民法改正が相次いだ。

生殖と子育てが家族の最大の目的とは言えなくなり、各家族は、育児で失われる妻の時間当たり賃金などと子どもから得られる愉しみとを比較して、耐久消費財を買うように子どもをもつことを選択している（ベッカー理論）。条件が整わない場合には、大幅な出生率低下も帰結しうる。

性は生殖と無関係になって、ヘテロセクシュアリティ（異性愛）規範は衰退し、同性愛・両性愛の正当化、男女の風俗の混淆が著しくなった。そして、継時的単婚（serial monogamy）、ゲイ「夫婦」、友人「家族」など、多様な「家族」がうまれている。

脱〈近代家族〉化がいかなる方向へ向かうのかはまだ断定できないが、米国などでは、「平等主義的家族」（egalitarian family）がひとつの現実的な可能性だと言われている。「平等主義的家族」とは、性別分業の廃棄（女性も職業をもち、男性も家事を分担する）を第一のメルクマールとする、言わば「自立」した諸個人の共生の場である。〈家〉と〈近代家族〉の関係と同じように、〈近代家族〉の性質の一部、例えば情緒性などは受け継がれるようだ。本稿での〈近代家族〉を「家庭的家族（domestic family）」と呼びかえ、それと「平等主義的家族」を合わせて「情緒的家族（sentimental family）」と呼ぶような、用語上の工夫もなされている。いずれにせよ、脱〈近代家族〉化がどの程度の深度をもつ変化であるか、それは本当に「脱近代化」と言えるのか、などは、「脱産業化」の深度を問う議論とちょうど同型的で、最終的には歴史の審判をまつしかないだろう。

「家族崩壊」の予感は、未知への旅立ちの常として確かに恐ろしいが、崩壊するのはたかだか二百年かその半分以下の歴史しかない〈近代家族〉というひとつの家族類型にすぎない。いかなる制度が後に続くにせよ、人々はそれに「家族」という馴れ親しんだ名称を与えるなどして、そこそこ暮らしていくだろう。かつて〈家〉が崩壊したときにも人々は強い危機感にとらわれたが、それに続く世代は「〈家〉からの解放」を謳歌した。いまや桎梏と化した〈近代家族〉の崩壊ののち、「〈近代家族〉からの解放」を謳歌するのは、われわれ自身でさえあるのかもしれない。

［注］

1　アミン、フランクらにより提唱された従属理論とマルクス主義フェミニズムの間には、「女は内なる植民地だ」という単なるアナロジーを超えた、理論的同型性が存在する。第一に両者は、第三世界（未開人、東洋と歴史的に呼び名は変わったが）と女という、近代の象徴体系の中で「自然」になぞらえられてきたもの、すなわち社会システムの〈外〉にあるとされてきたものを対象とする。第二に両者は、それぞれの対象が実は社会システム内部にあってシステムの存続に不可欠の役割を果たしていること、その現状は収奪の結果であって「自然」ではないことを示し、従来の視点を逆転させる（本書第10・11章）。第三に、両者はマルクス主義を出自としながら、近代市場を分析してきたその概念が最も妥当しにくい対象を扱うため、マルクス主義の可能性を拡大すると同時に、実はもはやマルクス主義を名乗る必要もない理論を構築している。ただしこの同型性は両対象の従来の誤解のされ方の同型性に起因するのであって、同型的な理論化が最終的に成功するかどうかはわからない。

2　初出時に挙げたものに一九八九年に三点を加え、(4)を修正した。

3　わたしは、婚姻率と婚姻出生力の変動及び出産にまつわる歴史社会学的変化を手がかりとして、一六世紀以降の欧米の家族変動を、ごく概括的にではあるがモデル化したことがある。それによると、①北西欧（米国を含む）、②南欧及びバルト海岸（フィンランドを含む）、③東欧及びロシアが、それぞれひとつのまとまりある地域として運命を共にしていることが見出せ、産業化前の「世界システム」の「中核（core）」、「半辺境（semiperiphery）」、「辺境（periphery）」にそれぞれ対応づけられるようだ（本書第4章参照）。

4　渡辺和子（一九八六）によると、一九世紀米国の大衆的家庭小説には「家庭崇拝」志向の強いものが多いが、その中で描き出されている家族は必ずしも「家庭」の実際の担い手であった近代的核家族ばかりではなく、前近代の大自然と共同体の中に住む拡大家族、しかも情緒性を備えたそれであることがままある。今日の研究によるとこのような家族はフィクションでしかないが、〈近代家族〉が産み出した「家庭」（反産業主義、反近代主義の価値を帯びる）のより完全な実現を過去に投影し、「失われたゲマインシャフト（家族も共同体も含む）」を憧憬する傾向は当時の社会に広範に存在したようだ。社会学における「ゲマインシャフト」概念の創出や、「伝統的家族は大家族」という俗説の誕生も、このような社会現象の一環として見ると理解しやすい。しかし、実在した伝統的家族は、「ゲゼルシャフトであると同時にゲマインシャフトでもあった」（Brunner 1968）。

2　家族社会学のパラダイム転換

家族が変わりつつあると言われる。離婚や働く母親がふえ、外食産業が栄え、子どものいじめや拒食症が取沙汰される現実をとらえて、家族危機だとか家族崩壊だとか言挙げする人もいる。

しかし同じ現象はこうもとらえられはすまいか。ある現象を病理や逸脱と呼ぶのは、正常についての観念をあらかじめ抱いているからである。しかし、「正常」の域をはみ出す現象があまりにも頻発するような場合には、ひょっとすると「正常」としてきた範囲があまりにも狭すぎたか、あるいは何らかの事情によって不適切になったのかもしれない。

現実と認識は表裏一体である。家族の危機と呼ばれるものは、実は家族論の危機なのかもしれない。本章では、家族論、とくに家族社会学という知的営為自体をひとつの社会現象ととらえて時代の流れの中に位置づける、家族社会学の知識社会学とも言うべき作業を試みようと思う(1)。

1　パラダイムとマンタリテ

知識社会学の方法としてトマス・クーンのパラダイム論を用いるのは、別に目新しいことではない。

既存の学問批判がさかんに行なわれた一九七〇年代初頭、社会学についてはアルヴィン・グールドナーが「自己反省の社会学」あるいは「社会学の社会学」を構想したが、これも同じ系列に属する方法を用いたものであった。

しかし、こと家族社会学に関しては、この種の試みの出現はやや遅れた。一九八一年には、トゥールミンの科学論を理論的支柱としたロナルド・ハワードの『アメリカ家族研究の社会史』が出版されたが、残念なことに出版時点にはハワードはすでに他界しており、肝腎の一九四〇年以降についての記述は編者らの判断により割愛された。一九四〇年以降についてのハワードの分析が編者らの言うように不充分なものだったのかどうかは知るよしもないが、二〇世紀の家族社会学文献の九〇%が含まれる時代が省かれたことは、家族社会学の知識社会学としては痛恨の極みである。

本論にはいる前に、パラダイム論の基本概念・方法とその哲学的背景について、若干の復習をしておこう。

「パラダイム」(paradigm)とは、一九六二年出版の『科学革命の構造』において、科学史家トマス・クーンが提出した概念である。パラダイムとは、「プトレマイオス天文学」「ニュートン力学」「波動光学」などと呼ばれる伝統のように、「実際の科学の仕事の模範となっている例——法則、理論、応用、装置を含めた——があって、それが一連の科学研究の伝統をつくるモデルとなるようなもの」(邦訳一三頁)である。本書出版後の議論の沸騰をふまえて、クーンは七年後に補章を加筆し、「『パラダイム』という言葉が本書では二つの異なった意味で使われている。一方ではパラダイムは、ある集団の成員によって共通して持たれる信念、価値、テクニックなどの全体的構成を示す。他方では、それはその構成中の一要素、つまりモデルや例題として使われる具体的なパズル解きを示すものであって、それは通常科学の未解決のパズルを解く基礎として、自明なルールに取って代わり得るものである」と整理し直している。

ある科学者集団が唯一のパラダイムとして受け入れたものの上に立って行なう、より専門的で奥深い研究を「通常科学」（normal science）と呼ぶ。通常科学とはいわば「パズル解き」の過程である。通常科学は、「それが概念であろうと現象であろうと、全く斬新なものを生み出す作用は全然しない」（三九頁）。いかに「社会的に重要な問題」（例えば癌の治療や世界平和の希求）であっても、「鋳型に嵌まらないものは、全く見落されてしまう」（二八頁）。解答が存在することが確かな問題だけが立てられ、解き方のルールに沿って進めば、腕さえあれば誰でも解答にたどりつける。「通常科学が非常に早く進歩するように見える理由の一つは、能力さえあれば道を踏み外さずに問題に注意を集中できるからである」（四二頁）。

変則性や反証例に直面したからといって、通常科学はただちに揺らいだりするものではない。ただ科学者たちが、「あたかも大地が引き裂けて、建物を建てるしっかりした基礎がどこにも見つからないような状態」（九五頁、アインシュタインの言葉）と感じるようになり、パラダイムが色褪せ、通常科学のルールがあやしくなると、危機が訪れる。そしてある場合には、「古いパラダイムがそれと両立しない新しいものによって、完全に、あるいは部分的に置き換えられる」（一〇四頁）「科学革命」が生じる。

注意を促しておきたいのは、パラダイムとは、それから自由になることがめざされるような偏見ではなく、およそ知というものに不可避の条件だということである。「一つのパラダイムを拒否する決断は、常に同時に他のものを受け入れる決断である」（八八頁）。クーンは本文中でヴィトゲンシュタインのルールとゲームという概念を引いているように、世界に外在する主体というものを否定する二〇世紀哲学

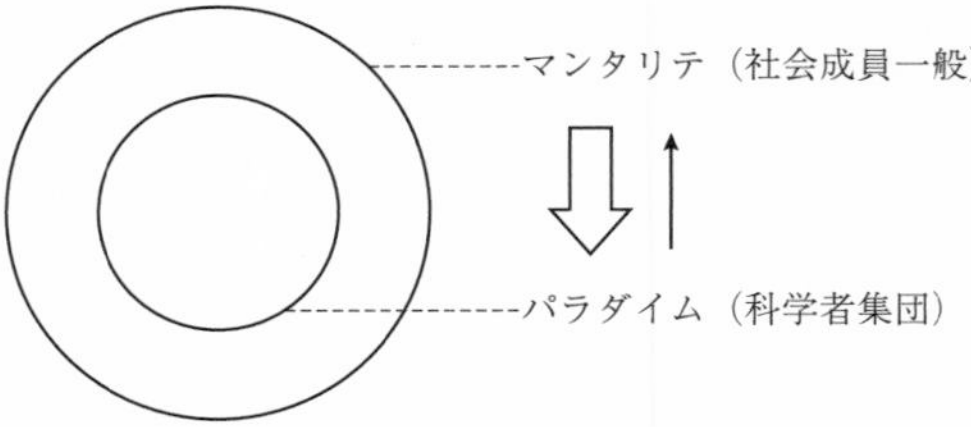

図1　マンタリテとパラダイム

の流れの中にいる。

クーンの科学論のポイントを再確認すると、知識の社会性と、知識の発展の不連続性ということができよう。知識の社会性とは、知識は科学者個人に属するものではなく、科学者集団（scientific community）に共有されてしかありえないということを主に意味している。

わたしはここで「社会性」の範囲を拡張しておきたい。科学者集団は、言うまでもなく社会の中に存在する。社会科学を論じる場合にはとくに必要なことだが、科学者集団に共有された知識は社会成員一般に共有された知識・感情・価値観（社会史の用語を借りてマンタリテと呼んでおこう）に支えられて存在し、相互に反映しあい、影響を与えあっているのである（図1参照）。トゥールミンが自然科学を念頭において展開した「知的生態学」という発想を拡張したハワードも、「社会理論の知的環境は、社会科学者の集団を超えて社会そのものをも包み込んでしまうことになる」（Howard 1981、邦訳三四頁）と述べ、「家族社会学は、それを包容する社会と相互作用する知的作業なのである」（三五頁）と言いきっている。

さて、家族社会学をパラダイム論的に読み解くためにもうひとつ、グールドナーからヒントを引き出してみよう。

「若い世代が明瞭に異なる感情構造をたずさえて、つまり古い理論の内部に歴史的に堆積されてきたまったく別種の感情とは相いれぬ集合感情をもってあらわれた」（Gouldner 1970、邦訳八頁）。六〇年代後半のあの知的・社会的混沌の中から、グールドナーの著作は出現してきた。若いラディカルたちは、古い理論は〈間違って〉いると言うかわりに不適合性の感情をもち、否認や反駁するかわりに嘲笑・回避しようとした。まさにマンタリテの変動期でありパラダイムの危機である。

このような中でグールドナーは、社会学者はおのれ自身をみつめ直すべきだと説き、社会学の社会学を構想して、「背後仮説」(background assumption) という概念を提出した。本人も明言しているように、グールドナーはマイケル・ポランニーの「暗黙知」あるいは「副次的意識」という概念から想を得ている。

グールドナーによれば、「社会理論は……少なくとも二つの区別できる要素をふくんでいる。ひとつの要素は明示的に定式化された仮説で、それを〈公準〉(postulations) とよぶことができよう……自明のこととして仮定されず、明示もされぬ第二の一連の仮説が同時にふくまれていて、私はこうした仮説を〈背後仮説〉と名づけたい」(三六頁)。背後仮説は理論家自身にも明瞭には自覚されぬまま、「理論づくりの作業のいわば〈陰の協力者〉」(同) として作用する。また、背後仮説を共有するか否かが、理論の受容に大きな影響をおよぼす。背後仮説は経験以前に体得されたもので、多くの場合〈証拠〉によってもくつがえされにくい。にもかかわらず、もっとも強力な感情をともないうる。

パラダイムの二重の社会性については、背後仮説の共有が大きな役割を果たしている。本章でも後段、家族社会学のパラダイムの構造を剔出するために、背後仮説に注目することにする。

2　家族社会学史の中のパラダイム

家族社会学史の中のパラダイムを考える場合、第一に思い浮かべられるのは、ヒルにより分類された五つのアプローチ、すなわち、制度的アプローチ、構造-機能アプローチ、相互作用アプローチ、場アプローチ、発達アプローチであろう。このうち相互作用アプローチと場アプローチはクリステンセン編の Handbook of Marriage and the Family (1964) ではひとつにまとめられており、日本の家族社会学については森岡（一九六七）が形態的アプローチを付け加えている。

しかし、アプローチがすなわちパラダイムだとするには問題がある。一人の研究者が時によりいくつかのアプローチを使い分けても、それほどの困難を感じない場合もある。何よりも、複数の、というより大半のアプローチに横断的に共有された家族観、もっとはっきり言えば背後仮説群があるように見受けられる。

山根常男（一九七二）のように、もっと大きな視野をもって家族社会学の展開を見ることもできる。一九世紀後半に栄えた家族の制度論的研究が、二〇世紀になって集団としての家族を扱う集団論的研究にとってかわられたというのである。ヒルの挙げた五つのアプローチのうち、制度的アプローチ以外はみな集団論的研究として一括されることになる。

クリステンセン（1964）は、一九世紀前半までの歴史に続けて、社会ダーウィニズムの一九世紀後半、科学が勃興した二〇世紀前半、体系的理論構築の二〇世紀後半と、家族研究の発展を三つの時期にわけている。一九世紀の制度論とは異質な、科学的な集団論的研究が二〇世紀前半に出現し、一九五〇年代以降体系化されたという構図は、家族研究者の共通了解と言ってよいだろう。コマロフスキーとウォーラーは、一九一五年から二六年の期間を、過去志向から現在志向へ、大雑把な巨視的考察からより狭く定義された問題へのより科学的な方法の適用への、移行の画期とみなした。

では、この移行はどのようにして行なわれたのか。ハワード（1981）を参考にして振り返ってみよう。一九世紀の制度論的研究は、伝統的な三世代世帯から二世代世帯へ（リール）、家父長家族・直系家族から不安定家族へ（ル・プレー）、父系家族から夫婦家族へ（デュルケーム）と定式化はさまざまだが、近代化に伴う家族変動を共通のテーマとしていた。家族をマクロな社会変動の中で論じるもので、家族社会学という専門領域が独立していたとも言いがたい。概念的・理論的研究が主で、実証研究の比率は低かった。家族変動をどう評価するかという価値志向が強く、当時の主要な三系統の政治的展望、すなわち進歩主義、保守主義、社会主義に対応して、進化論、ル・プレーなどの伝統家族保守の立場、マルクス、エンゲルスなどの社会主義が、それぞれの立場を声高に主張しあった。労働者家族、貧困層に対する社会政策的意図も強く、ここから統計的・実証的研究も芽生えてきたと言ってもよい。

これに対し集団論的研究は、一九二六年のバージェスの記念碑的論文「相互作用する諸パーソナリティの統合体としての家族」の標題にそのまま示されているように、マクロな制度論とは一変して社会心理学や心理学の方法を取り入れ、小集団としての家族内の相互作用や個人の適応という家族の内的過程に焦点を合わせた。これは、家族変動が落ち着くところに落ち着きはじめ、「関係が個人化した近代家族への世論の賛否に反応することに、家族研究者がもはや今日性を感じなくなったことを意味する」（van Leeuwen 1981）。家族研究の専門誌が登場し、一九二四年にはアメリカ社会学会に結婚・家族部会が成立した。家族社会学という専門領域の確立である。

戦間期に勃興した集団論的パラダイムは、一九五〇年代には通常科学化したと言ってよかろう。バージェス以来の相互作用アプローチに加えて、パーソンズらの構造‐機能アプローチが登場して、体系的理論化に大きな役割を果たした。「科学的」と言われる手法による、厖大な量の実証研究が行なわれ、前述のように、二〇世紀の家族社会学文献の実に九〇％が一九四〇年以降に出版された。

集団論的パラダイムの通常科学化の背景には、家族史にいうところの「近代家族」(modern family) が圧倒的に優勢となった社会状況がある。近代家族出現期の制度論的研究では、新しい変化を肯定するにせよ危惧するにせよ、いくつかの家族類型のひとつとして近代家族をとらえるという比較の視点があった。しかし先進国において近代家族が多数派を占めるようになると、近代家族そのもの、とくにその内部に研究の焦点が移り、後述のように、次第にこれこそが家族というものだと、近代家族の特徴を家族一般の本質に敷衍していくかたちで、通常科学化が推し進められたのである。

もっとも、家族研究のすべてを集団論的パラダイムがおおいつくしたわけではない。制度論から集団論への転換と並行して、家族研究の中心はヨーロッパからアメリカへと移っている。二〇世紀のヨーロッパの家族研究は、イギリスでは社会人類学によるものが主となったし、ドイツでは独自の視点から家族を社会の中に位置づけるフランクフルト学派が大きな影響力をもった。アメリカでも国内の民族的マイノリティの家族を扱った文化的アプローチなどマクロ視点からの優れた研究もあるが、やはり、白人中流家庭の内的構造を扱い、それをしばしば規範的にとらえた集団論的研究が特徴を形成していたのは否めない。

こうしてみると家族の集団論的パラダイムは、すぐれてアメリカ的な知なのだと言ってみることもできる。ちょうど同じ時期、はるかに強い力で社会科学に一大帝国を築き上げた新古典派の近代経済学もまた、おおいにアメリカ的な知であるのは興味深い。戦後世界はそもそも「アメリカ的」であったのだ。戦後日本の家族社会学は集団論的パラダイムを精力的に導入した上に花開いたが、これは「近代家族の影」であると同時に、「アメリカの影」（加藤典洋）でもあったろう。

集団論的パラダイムは「近代家族の影」であった。では制度論的研究には近代家族は影を落としていないのかというと、事態ははるかに混み入ってはいるが、やはり落としていると答えねばなるまい。

この点をきちんと論証するには稿をあらためる必要があるが、例えば近代家族を最高次の家族形態とする進化論ははっきりと近代家族イデオロギーを示したものだと言える。また、もっとややこしいことに、「社会化の第一次的な担い手である伝統を背負う家父長的な農村家族」を家族の理想とする保守主義者や改革者たちの観念にも、近代家族の影が忍び入っているようだ。子どもの養育を最も中心的な機能とする家族、暖かい家族愛で包まれた家族という伝統のイメージは、実は近代家族の理念だからである。さらに、社会改革者や社会政策家たちは労働者家族の崩壊の危機を深刻に受けとめたのだが、そもそもこの時期の労働者階級にとって崩壊すべき近代家族などいまだ形成されてはいなかった。むしろ社会政策的介入の成果もあって、世紀の転換後に形成されたのである。

わたしはこれまで「集団論的パラダイム」という語は用いたが、「制度論的パラダイム」という言い方は意図的に避けてきた。それはこうした理由による。制度論的研究の時期はクーン言うところの「アルキメデス以前の静力学」や「ボイルやブールハーフェ以前の化学」のように、最初のパラダイム以前の状態であったと見たほうがいいかもしれない。

一言付け加えておくと、わたしは家族社会学史における集団論的パラダイムの意義を否定しようとしているのではいささかもない。近代家族という新しく成立した家族類型が優勢を明らかにした時期に、家族研究がそれの解明に全力を結集するのは時代の要請である。近代家族の特徴の一般化はたしかにエスノセントリックではあったが、例えばマードックの核家族普遍説などは、強い仮説を立てて理論的に大きな貢献をしようとする意志に貫かれた高い評価に値する（それゆえにこそ批判にも値する）仕事である。現在という時点から集団論的パラダイムを批判できるのは、わたしたちが近代家族のマンタリテの外に片足を踏みだしているからであり、あくまでも「ミネルヴァのふくろう」にすぎない。

3　集団論的パラダイムの背後仮説

さて、家族の集団論的パラダイムは近代家族の影であると述べてきた。では、それはいかなる意味においてか。学説史的検討はひとまず措き、集団論的パラダイム自体の構成に目を移していこう。

パラダイムの基本的構成を剔出するにはさまざまな方法をとりえよう。例えばファン・レーウンは、研究テーマ（トピック）、理論的枠組、研究方法、研究者の価値志向性を指標とした。本章ではグールドナーの「背後仮説」という概念を導きの糸とする。

具体的方法としては、集団論的パラダイムを標準的に代表すると思われる三冊の教科書を検討して、それらにほぼ共通して含まれている背後仮説、ならびに実質的には背後仮説に近いと考えられる論証の不十分な基本仮説及び家族定義をぬき出してみた。三冊とは、相互作用アプローチを代表するものとして Waller & Hill, *The Family—A Dynamic Interpretation*（1938→1951）、構造−機能アプローチを代表するものとして、Bell & Vogel, *A Modern Introduction to the Family*（1960）、ならびに日本の代表的教科書のひとつ、森岡清美・望月嵩『新しい家族社会学』（一九八三）である。

三冊の教科書からわたしがぬき出した背後仮説は表に示した八仮説、すなわち、

①家族は人類社会に普遍的に存在する。
②家族は歴史や文化差を超えて変わらない本質をもつ。
③家族は集団である。
④家族は主に親族よりなる。
⑤家族成員は強い情緒的絆で結ばれている。
⑥家族の最も基本的な機能は子どもの社会化である。
⑦家族成員は性別により異なる役割をもつ。
⑧家族の基本型は核家族である。

というものである。これらを挙げたのはあくまでも試案であり、今後他にいくつかを付け加えたりすることを否定するわけでは全くない。

各教科書について、ある仮説の項に○がつけてあるのは文中に言明がある場合（言明があるのに背後仮説だというのはおかしいと思われるかもしれないが、仮定されているのではなく、十分な論証が付けられているのでもないなら、背後仮説と呼ぶべきであろう）、△がつけてあるのは文中の言明の内容がわたしが表に挙げた背後仮説とはいささかずれている場合、(○)がつけてあるのは明確な言及ではないがほぼ同様の主旨だと推定される場合である。それぞれについて、関連する言及の箇所をできるだけ引用するようにした。また、それぞれの背後仮説を（背後仮説としてではなく明確な仮説として取り扱っている場合も含めて）色濃く反映した特筆すべき著作がある場合には、「その他」の欄に記した。

ここで三冊の教科書を選択したことについては、相互作用アプローチならバージェス、構造‐機能ア

森　岡・望　月	その他	批　判・反　証
夫婦・親子・きょうだいなど少数の近親者を主要な成員とし，成員相互の深い感情的包絡で結ばれた，第一次的な福祉追及の集団である。(p. 3)		
(○) 人類がつくった社会には，どこにも家族がある。(p. 1) ＊導入として気軽に書かれた箇所である。		普遍的家族定義は不可能。 家族の普遍理論は不可能であり，比較研究は家族という共通分析単位を設定しない方が容易とも言われる（長島 1985）。
○ 産業化によっても，福祉追求という家族の基底機能は変化することはない。(p. 204)	Tönnies (1887)	ゲマインシャフト概念自体が，むしろ，市民社会（ゲゼルシャフト）の残余である近代家族をモデルとした近代的概念ではなかろうか。
○ ＊定義により。		「関係の束」として家族をとらえる立場に，構造主義（Levi-Strauss），東南アジア研究（坪内・前田），最近の相互作用アプローチがある。
○ 家族は親族からなる集団である。(p. 3)		日本の家や近世ヨーロッパの家は，奉公人，寄宿人，下男下女として非血縁者を含むのが普通だった。
○ ＊定義により。	Tönnies (1887) 戸田 (1937)	Ariès らの家族史によれば，母性愛，夫婦愛，家族意識などは 18C 以降顕著に発達した。
○ ＊パーソンズを引きながら，衰退することのない根っこのような家族機能の一つとして挙げている。(p. 200)	Parsons & Bales (1956)	近代以前の家族は生産・宗教・軍事など多くの機能をもっていた。 子どもの養育に関心が集中するようになったのは 18C から。
○ ＊パーソンズ説を修正してやや柔軟にしている。(p. 86)	Parsons & Bales (1956)	近代以前の性分業は，男―外，女―内などの単純なものではなかった。今日の性分業は公私の分離を前提としている。
○ 核家族をもって家族の要素的単位とみるのが妥当である。(p. 8)	Murdock (1949)	拡大家族の生活は核家族ごとの単位を必ずしも作っていない。ナヤール社会や母子家庭など，そもそも核家族を構成しない例も多い。

背後仮説・基本仮説	Waller & Hill	Bell & Vogel
☆家　族　定　義	相互作用する諸パーソナリティの舞台（arena）（p. 25） ＊Hill による改訂前は舞台ではなく統合体（unity）	理念型的には，社会的に承認された結合で結ばれた男女と彼らの子どもからなる構造的単位（p. 1） ＊科学的概念として用いるため安定して正確な意味を与える，と断っている。
①家族は人類社会に普遍的に存在する。	（○）？ ＊人類学にはあまり頁を割いていないので明確に論じてはいないが，印象として。	○ 核家族は普遍的な単位である。（p. 2）
②家族は歴史や文化差を超えて変わらない本質をもつ。	○ 限りない多様性にも関わらず，家族生活の或る面は全ての時代と場所でほぼ同じである。（p. 10）	（○） ＊核家族の普遍性の強調より推定される。
③家族は集団である。	○ 相互作用する諸パーソナリティの集団としての家族（p. 27） 閉システムとしての家族（p. 25） ＊「舞台」と改訂することで他の可能性も。	○ ＊家族は「単位（unit）」（p. 1）であり「社会システム」（p. 2） しかも「開システム」（p. 2）である。
④家族は主に親族よりなる。	（○） 家族は年齢と性別の構成において他の第一次集団と異なる。（p. 27） ＊文脈から親子のこと。	○ ＊定義により。
⑤家族成員は強い情緒的絆で結ばれている。	○ 古代人も家族感情（family sentiments）を確かにもっていた。 （p. 11，②の引用の後）	＊Parsons & Bales では○
⑥家族の最も基本的な機能は子どもの社会化である。	（○） （米国家族は多くの機能を失なったが）重要な仕事が残っている。それは子供を産み，社会化し，人格形成することである。（p. 4）	△ ＊4 機能が等しく重視されている。 ＊Parsons & Bales では○
⑦家族成員は性別により異なる役割をもつ。	（○） 男女は奇妙な性の力により永遠に結合されている。（p. 11）（愛と憎しみの）両義性は家族と共に古い。（p. 11）	＊Parsons & Bales では○
⑧家族の基本型は核家族である。	△ 米国中産階級の家族は小さい。ふつう親は結婚した子どもとは同居しない。（p. 9） ＊「米国中産階級」という限定付	○ この（定義の）社会的単位を「核家族」あるいはただ「家族」と呼ぼう。（p. 1）

プローチならパーソンズという先導者の著作をなぜとりあげないのかという疑問もあろうが、わたしがここで検討したいのは各アプローチがもちえたはずの可能性ではなく、それらのアプローチが家族研究者や一般人に与えた影響、広まった定型的な理解のほうである。理論的可能性の追究とパラダイムの性格づけとはおのずから異なる仕事であり、言わば前者は理論社会学、後者は知識社会学の方法をとる。(2)

では、三冊の教科書のそれぞれについて表を読んでいこう。

まずWaller & Hill（1938→1951）は、Burgess & Locke（1945）と並ぶ相互作用アプローチの代表的教科書である。一九三八年にウォーラーが執筆したものを、第二次大戦後の一九五一年にヒルが改訂した。最も重要な改訂は、家族の定義を、「相互作用する諸パーソナリティの統合体（unity）」（ウォーラー）から「相互作用する諸パーソナリティの舞台（arena）」（ヒル）に改めたことであろう。この改訂により、③の集団仮説を超えて、個人と個人との間のネットワークとして家族をとらえるという現代的解釈の可能性も広げられた。Waller & Hill（1938→1951）はあらかじめ、「われわれは〈近代アメリカ中産階級家族〉を中心的対象とし、その中のパーソナルな相互作用のさまざまな局面を研究する」（五頁）と自己限定しているため、①のような普遍主義的言明を積極的に行ないはしない。⑥の基本的機能にせよ、⑦の性別役割にせよ、明瞭な定式化はあまり行なわず、具体的な事例の記述のほうにむしろ力を入れている。ただし、⑤の情緒的絆についての思い入れが強く、②の普遍的本質としてもこれを想定している。なお、⑧の核家族普遍説の立場は打ち出していない。マードックの『社会構造』（1949）より以前に初版が出されているためだろうが、ということは⑧は背後仮説というより、マードックによって立てられた明示的な基本仮説（グールドナーの用語では公準）と言うべきかもしれない。

次にBell & Vogel（1960）を見てみよう。ベルとヴォーゲルは編著者であり、マードック、パーソンズの他、エンゲルス、フレイジャー、グードなど決して一様ではない立場の著者たちを含むリーディングスである。ただしベルとヴォーゲルによる巻頭論文「家族行動の機能分析のための枠組に向けて」は、構造‐機能アプローチの思いきった体系化を試みており、家族という「語を科学的ディスコースの中でひとつの概念として用いるためには定まった、正確な意味を与えなくてはならない」と、科学的理論化を志す姿勢を高らかに表明して書きはじめられている。

ベルとヴォーゲルが、理論化のための確実な土台として依拠するのがマードックの核家族普遍説である。定義したような「社会的単位を〈核家族〉あるいはただ〈家族〉と呼ぼう」と、はじめから核家族と家族を等置している。表で○か(○)をつけた①②③④⑧はすべて核家族の普遍性と関連がある。

他方、Bell & Vogel（1960）は非常に体系的であるため、⑥の基本的機能については四機能を等しく重視しており、⑤や⑦も四機能についての多面的な記述の中にまぎれてしまった感がある。

そこで参考として、やはり構造‐機能アプローチを代表する Parsons & Bales, *Family*（1956）を見てみると、⑤の情緒的絆、⑥の子どもの社会化機能、⑦の性別役割はいずれもこの書物の核心の位置を与えられている。これももちろんたいへん大きな影響力をもった書物であるから、構造‐機能アプローチには①～⑧すべての背後仮説が含まれていると考えてよかろう。

森岡・望月（一九八三）はいずれかのアプローチにまるごと依拠するのではなく、相互作用アプローチ、構造‐機能アプローチ、発達アプローチ、形態的アプローチなどを注意深く統合している。マードックの核家族普遍説も承認している。定義および⑤の情緒的絆の重視は、戸田貞三（一九三七）に負うところが大きい。

森岡・望月（一九八三）は集団論的パラダイムに属する諸理論のたくみで入念な統合であるため、①

〜⑧の背後仮説もみな共有することになった。ただし定義では「少数の近親者を主要な成員とし」（傍点落合）と「主要な」の文言を入れることで、④の親族という条件を超える契機をのこした。これは「家」の性格規定をめぐる日本家族社会学の論争から継承した視点であろうが、欧米にとっての異文化である日本の強味があるとしたら、こういうところだろう。

Waller & Hill（1938→51）と Bell & Vogel（1960）とを比べると、前者は「アメリカ中産階級家族」を主たる対象とするという自己限定を一応は保持しているのだが、後者は核家族普遍説を足がかりに一挙に普遍的な体系的理論化を推し進めようとしている。構造－機能アプローチでも Parsons & Bales（1956）は「アメリカ家族」という自らの発想の拠所を意識している。パラダイムの成熟すなわち通常科学化は壮大な体系化を企図させるものだが、それは反面ドグマ化でもあるという皮肉を感じさせる。

ハワード（一九八一）によりながら、バージェス登場以前のアメリカについてこれらの背後仮説の有無を検討してみると、まず、⑥の社会化機能と⑤の情緒的絆はすでに一九世紀に見られる。家族の、しかもとりわけ伝統家族の根幹に据えられているのである。①の家族の普遍性もおそらくは前提とされている。②の不変性については、不変を主張する改革者たちと、変化を認める社会学者との間に対立があった。また、③は閉じた集団という意味ではなく、家族はソシアビリテの中に存在すると理解されていた。⑧の核家族仮説は見当たらない。

核家族への注目は、シカゴ学派の都市研究を背景としたバージェスあたりから強まるが、本格化するのは前にも見たとおりマードック（1949）以降である。核家族普遍説の登場は理論化への画期となったが、それが意識化された程度が高かった分だけ、暗黙の背後仮説よりもかえって批判に対して脆弱であったようだ。

さて、以上より集団論的パラダイムは①～⑧を暗黙のあるいはなかば意識した前提としていることがわかったが、実はこれらは歴史的家族類型である近代家族の特徴と重なり合っている。ハレブン（1985）によれば、近代家族の特徴は、家庭的（domestic）・私的（private）・親密的（intimate）であること、核家族、子ども中心、夫婦・親子の情緒的絆、産児制限、家庭外との交際（sociabilité）が少ないこと、「男は仕事、女は家庭」という性役割分化などである。比較対照すると、背後仮説群のうち③～⑧はまさに近代家族の特徴であり、①②はその歴史的限定を捨象してこれらの諸特徴を人類の普遍性へと拡張しようとしたものである。

集団論的パラダイムには、近代家族のマンタリテが暗黙の背後仮説として影を落とし、パラダイム全体をある色調に染め上げていたのである。

4 集団論的パラダイムの危機

さて一九七〇年代になると、グールドナーが「新しい感情、古びた理論」と呼んだようなずれが家族研究でもあらわになり、さしもの集団論的パラダイムも、人類学・家族史・女性学など家族社会学の周辺や外部からのものも含めて、さまざまな反証や批判にさらされるようになった。それらの批判は主に集団論的パラダイムの大前提である背後仮説や基本仮説を的としたものであっただけに、パラダイムの危機は深刻であった。

パラダイムの危機は、科学者集団のみの問題というより、一般人もその背後仮説を共有できなくなっている場合が多い。家族危機と呼ばれたような近代家族の変容にともない、半世紀以上を近代家族とともに君臨してきた集団論的パラダイムも、歴史的使命を終えようとしているのであろうか。
集団論的パラダイムの背後仮説のそれぞれに寄せられた批判を、表に沿って順に見ていこう。

①家族は人類社会に普遍的に存在する、か?

一部の人類学者は以前から、通文化比較の結果、家族の普遍的定義は不可能であると表明してきた。「家族」を題名とする人類学の文献が意外なほど少ないのはそのためである。なかでもリーチは「結婚のあらゆる定義は無駄である」、家族もまた同様であると広言し、ニーダムもこれを支持して、親族とか家族とかいう語は「見出し語」としては便利であるが、共通の本質をもつ現象ではなく、したがって普遍的な定義はありえないと述べている。長島(一九八五)も、「通文化比較という目的で研究しようとする事象をはっきりさせるためには、一つのささやかな定義こそが必要」(ガフ)などという発想自体がそもそも逆立ちした論理だと警告を発している。

かのレヴィ゠ストロースも「家族」と題した小論文(1956)の中で、インセスト・タブーによる女性の交換の単位は(その範囲はさまざまであっても)普遍的に存在するが、夫と妻と子の事実上の共同生活としての家族は普遍的ではない、社会における家族の機能的価値により、夫婦家族より高次の集団が作られることもあれば、家族が消滅することもありうる、と述べている。

「家族」はどの社会にも存在し、しかも普遍的定義が可能であるなどという思い込みはナイーブにすぎる。

②家族は歴史や文化差を超えて変わらない本質をもつ、か?

①で述べたように、多くの社会を渉猟した人類学の結論は、家族の普遍的本質の存在はおろか、家族の存在の普遍性さえ認めないものであった。

ではそもそも、どうして家族の普遍的本質などが信じられるようになったのだろうか。「家族の本質」を最も抽象化して論じたのは、テンニエスの『ゲマインシャフトとゲゼルシャフト』であろう。テンニエスのモデルは、当時の主要な三潮流、進歩主義・保守主義・社会主義を巧妙に結合したものだっただけに、当時の幻想の構造を最もはっきりと具現している。当時生じつつあったゲゼルシャフト（市民社会）をゲマインシャフトと対立させる二項対立図式だが、肉親・村落・民族などと例示され、前近代から連綿と続く古き良きものとされているゲマインシャフトの概念は、実は市民社会と同時に成立した近代家族の反映ではなかったかと考えられる。自分の影であったものを自分の本質とみなす――近代家族とゲマインシャフトとの関係は奇妙に倒錯しているように思われる。

③家族は集団である、か？

「集団」（group）とは「特定の共同目標をかかげ、多少とも共属感をもち、相互作用を行っている複数の人々の社会的結合」（見田他編『社会学事典』より）をいう。

家族は集団ではないとすると、ネットワークとか「関係の束」とかいうことになるが、そのように考える立場もすでにある。

例えばネットワーク分析は、子連れ再婚などで各人により「自分の家族」と感じられる範囲がずれているような家族をとらえるのに適した枠組である。また、家族の集団性が稀薄な東南アジア社会の研究から、坪内・前田（一九七七）は核家族普遍説を批判し、かわりに「家族圏」という概念を提案した。

なお、相互作用アプローチはもともと集団としての家族より家族成員である個人に焦点を当てる志向をもっているため、③の仮説を否定しても、新しい意匠で甦りうる。エスノメソドロジーなどはその系列と言えようか。

④家族は主に親族よりなる、か?

有賀喜左衛門が明示したように、日本の「家」は召使などの非血縁者も成員として含んでいた。ところが欧米流の家族定義が導入されるや、「家」の中の親族部分だけを「家族」とみなすという研究法が採用されて、非血縁者の同居は日本的特殊性として理論の埒外に押し出されてきた感がある。

ところが七〇年代以降、ヨーロッパで家族史研究が飛躍的進展を見せるようになると、近世ヨーロッパのファミリーは「家」と訳したほうが適切な内部構造をもっており(川本一九七八)、奉公人や寄宿人などとして非血縁者をしばしば含んでいたことが明らかになってきた。近代家族とそれ以前の家族とを区別する最も明瞭なポイントは非血縁者の有無であるとさえ言われる。例えばレチフ・ド・ラ・ブルトンヌの小説につけられている挿絵には、作男や小間使いたちが主人夫婦や子どもたちと一緒のテーブルについている様子が描かれている(二宮一九八三)。

こうしてみると、親族でなければ家族ではないという近代の思い込みのほうが特殊に見える。近親者の親密性という新しい感性が、他人が家族に加わることを嫌い、一九世紀ヨーロッパ中産階級家庭の家事使用人たちを最後に、追い出していったのである。

⑤家族成員は強い情緒的絆で結ばれている、か?

母性愛・夫婦愛・家族意識などの万古不易だと信じられがちな感情は実は一八世紀以降の産物であると、アリエスが述べて世界中に衝撃の渦を巻き起こしたのは、一九六〇年という早い時期のことであった。このテーゼはその後激しい賛否両論にさらされた。

このテーゼを最も単純化して受けとめたショーター（一九七五）やバダンテール（一九八〇）は、ロマンスも母性愛も近代以前にはなかったと断言し、中世の親は子どもに無関心であったがゆえに残酷で危険な育児法をやめなかったなどと論じた。

これに対しポロク（一九八三）は膨大な一次資料で反証を試み、いつの時代も親は子を大切にしてきたと不変性を主張した。ルークス（一九七八）は、一見残酷なスウォッドリング（赤ん坊の自由を奪うぐるぐる巻の産着）のような育児法も、当時の身体観によれば良かれと配慮した結果だったと解釈した。

家族情緒の有無で近代と前近代とを二分するのは単純にすぎる。しかし情緒的絆の強度、家族の他の絆と比べた場合の特権性、規範性なども考慮に入れると、やはり近代家族が情緒に与えている価値の大きさは際立っている。愛がなければ夫婦とは言えないなどという発想は特別であり、家族成員以外の人との情緒の軽視も特別なのではないだろうか。

⑥家族の最も基本的な機能は子どもの社会化である、か？

近代以前の家族は生産・宗教・軍事などを含めた多くの機能をもっていたが、近代化によりそれらを喪失し、最後に消費、子どもの社会化、情緒などの機能だけが残ったとしばしば言われる。近代化による機能縮小説である。現象としては誤りではないのだが、これをパーソンズのように本来的機能の明確化ととらえると疑わしくなる。①②について述べたように、家族の普遍的本質を見出すのは不可能だからである。しかしエンゲルスをはじめとし、人間の再生産、あるいは子どもの社会化を家族の最も基本的機能とする枠組は少なくない。

逆に子どもの社会化の担い手は、と問うと、多くの社会では家族以外も挙がる。学校、地域、擬制的オヤ、ピア・グループなどである。家族史によれば、近代以前のヨーロッパの子どもたちは一〇歳くらいから親の家を出て奉公人になり、奉公先の大人たちとの人間関係の中で社会化されたという。教育という発想が成立してはじめて、子どもたちは家族に引き戻され囲い込まれるようになったのである。

子どもの社会化は近代家族の最も基本的機能だが、それを普遍化することはできない。また、子どもの社会化はつねに家族により担われてきたなどと言うこともできない。

⑦家族成員は性別により異なる役割をもつ、か?

社会成員が性別により異なる役割をわりふられるということは、多くの社会にある。しかし女性役割・男性役割の内容は社会によりさまざまであり、性役割の分化が厳格か融通がきくかも社会により異なる。

家族成員の性役割分化というと、女は家庭内役割で男は家庭外役割、あるいは女は表出的役割で男は手段的役割として論じられることが多いが、この種の役割分化は公的領域と家庭領域(私的領域)の分離を前提としている。近代以前には女も生産を担っていたし、そもそも今日では消費に限定されている家事が生産から分離しておらず、その一部は男の仕事とされ、家政の責任は家長男性にあった。

集団論的パラダイムで想定されているようなかたちの性役割分化は、近代の現象である。

⑧家族の基本型は核家族である、か？

この仮説の意味するところは、夫婦あるいはその一方と彼らの未婚の子が同居する核家族世帯が家族の基本型だということではなく、拡大家族や複合家族の中にもまとまりをもった単位としての核家族を見出すことができるということである。

マードックの核家族普遍説提出以降、ラスレットら（1972）によって、過去においてもさまざまな文化においてもいわゆる大家族の比率は予想されるほど高くなく、たとえ規範的には大家族が理想とされていたとしても、統計的には核家族世帯が多数派を占めるという知見が得られた。これは核家族普遍説を補強する有力証拠とも思われたが、言明の内容が実はすれ違っている。

核家族普遍説にとって問題なのは、統計的には少数派であってもある種の社会には必ず存在する拡大家族や複合家族の中で、核家族が単位とみなせるか否かである。また、よく引かれる例ではインドのナヤールのようにそもそも母子と父親が同居しないタイプの母系制社会においても、核家族を見出されるか否かである。拡大家族の子どもの社会化にとって祖父母よりも両親のほうが重要だとは言えず、ナヤールに核家族を見出すのは難しい。核家族普遍説は現在はほとんど支持されていない。

また④と関連するが、核家族の定義はそもそも親族部分についてしか見ないことを前提としているので、奉公人のような非血縁者が二〇人いたとしても親族部分が核家族なら「核家族世帯」に分類する。このような「核家族世帯」と現代の親密な親族のみの核家族とが同じ核家族だと言うことに、どれだけの意味があるのだろうか。

5　構造主義的アプローチの可能性

では集団論的パラダイムは、いかにして超えられるのだろうか。これまでの研究史にヒントを求めると、まずは制度論的なマクロ視点の新たなかたちでの復権が期待されよう。歴史人口学の発展がめざましいが、人口学に基礎を置く家族史はこの方向ですでに多くの成果を生んでいる。

また、人と人との関係に着目する相互作用アプローチには、前にも指摘したが、本来、集団論的パラダイムを逃がれ出る資質が備わっている。「相互作用する諸パーソナリティの舞台としての家族」というバージェス－ウォーラー－ヒル（1926）の家族定義は、家族以外も含んでしまうのが欠点だとも言えようが、これを逆手に取って親族や血縁者以外も、必要とあらばペットでさえ家族と呼んでしまうこともできる、柔軟で魅力的な定義である。

社会の中に家族を据えること、家族を人と人との関係あるいはネットワークに解体してとらえること──いわばマクロな方向とミクロな方向の双方から「集団としての家族」を壊していく理論的試みが同時に必要とされる。

このような両方向性をもつ現代的な社会理論といえば、構造主義的社会学であろう[3]。現象学的社会学と「文脈」という概念で結びつき、デュルケームや社会史の流れとも交錯し、最近ではヴィトゲンシュタインの言語ゲーム論を社会理論に応用して（橋爪一九八五）、機能主義とたびたび論戦をくりひろげている。構造主義的社会学は、あらゆる社会現象は客観的でも主観的でもなく間主観的であると考える。内的視点（ハートの用語）に立てばしたがうべき規範と見え、外的視点（同）に立てば人びとの行為が規則性をもつという事実と見える社会的ルールの文脈にあって、行為ははじめて意味をもつという。

構造主義的立場に立つ家族論を念頭においてわたしはこれまで「関係論」とか「規範論」とかの表現を工夫してきたが、やはり明快に「構造主義的アプローチ」と呼んだほうがいいかもしれない。アプローチと呼ぶのは、パラダイムをなすか否かは結果によるからである。

構造主義的アプローチは、まず普遍的な家族定義を行なわない。当該社会の成員が暗黙にしたがっている「家族」規範を解釈する。家族を含むあらゆる社会現象を、つねに他の社会現象との関連で見る。このような視角は、家族と全体社会の二重構造モデルをつねに意識することになろうが、全体社会とは、何よりもルールを共有する範囲として重要なのである。

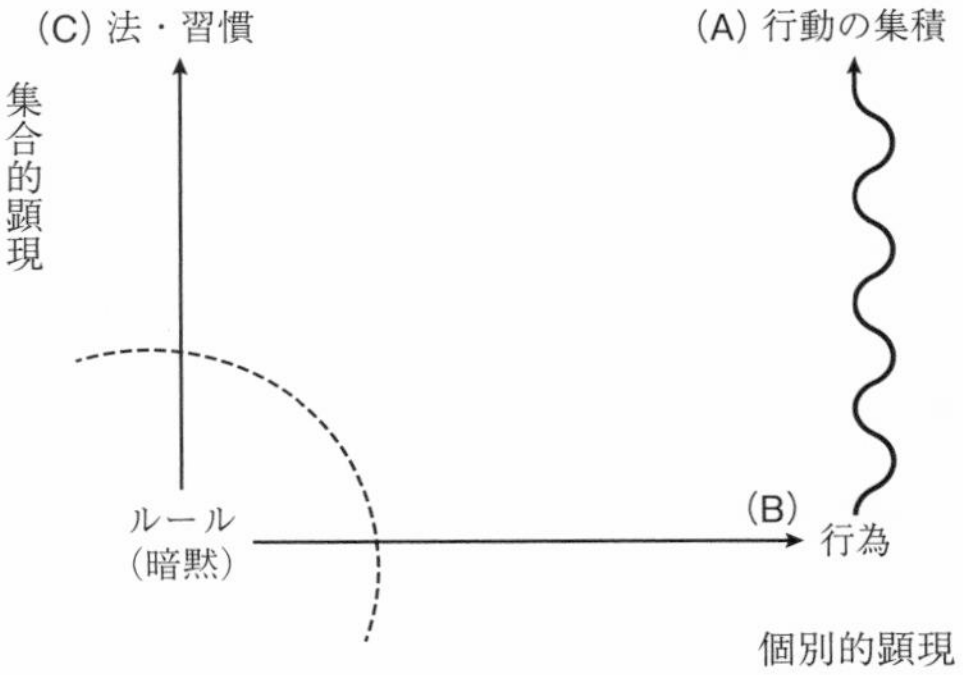

図２　構造主義的社会学の枠組と方法

構造主義的アプローチとは、言いかえれば、社会の暗黙の層を〈読む〉ことである。その方法はさまざまだが、社会的ルールというものの二重の性格に対応して、外的視点に比重を置いてルールを事実として観察する方法Ａ（人口学、社会統計を用いる方法など）、内的視点に比重を置いて生きられるルールを意味論的に解読する方法Ｂ（エスノメソドロジー、記号学など）、また、可視化されたルールである法や慣習に注目する方法Ｃなどがありうる。例えばデュルケームの『社会分業論』は第三の方法を、『自殺論』は第一の方法をとっていると言える（図２参照）。デュルケームの社会学的全体主義は、構造主義的社会学のはるかな淵源のひとつになっているのである。

集団論的パラダイムの限界を意識した理論的論考としては、日本でもすでに山田（一九八六）や渡辺（一九八七）などがある。いずれも家族史等からの批判をふまえて、家族定義論を綿密に検討している。わたしはもう一歩進めるというより踏み破って、家族定義はいっさい行なわない立場から出発する試みもできるのではないかと思っている。定義するのではなく、人びとにより生きられている「家族」を、あるいは「家族ならざるもの」を〈読む〉のである。

家族を定義しないでは「家族社会学」の存立さえもあやしくなると危惧する向きもあるかもしれない。たしかに集団論的パラダイムの成立は家族社会学という専門領域の成立とほぼ同義であったのだから。しかし、わたしたちは領域を失うのではない。むしろ取り戻すのである。日本でも有賀喜左衛門が日本資本主義論争への応答として自らの家研究を構築したように、家族を論じる者はもともと不可分のものとして社会も一緒に論じ、時代の知の変動の緊張のただなかにいた。わたしたちは、今、時代へのわくわくするような臨場感を取り戻そうとしているのである。

［注］

1　本稿は、一九八六年七月に六甲にて開催された第一九回家族社会学セミナーで報告した「近代家族の変容と家族社会学のパラダイム転換」、および一九八八年九月に広島にて開催された第八回家政学会家族関係学部会大会で報告した「家族研究における規範論的パラダイムの可能性」（落合一九八九b）をもとに、新たに書き下したものである。

2　例えば竹村（一九八七）はパーソンズの一九四三年から一九七一年までの家族に関する著作を詳細に検討し、『家族』（一九五六）に示されたような性別分業モデルは一九七一年には改められていることなどを指摘している。これはパーソンズの家族論の理論的可能性を押し広げようとする意義深い仕事であるが、わたしの作業とは別の系列に属する。

3　初版では「解釈学的社会学」としていたが、増補新版で改めた。

3　近代家族をめぐる言説

はじめに

「近代家族」（modern family）という概念が日本で流布するようになってから一〇年余が経過した。本来の出自である西洋家族史の領域を超えて、社会学や日本史学はもとより、文学、心理学、法学、経済学などでも「近代家族」概念を用いた研究成果が続々と発表されており、いまや「近代家族論」は家族研究の、いや社会研究の一つのパラダイムとして定着したと言ってよいように思う。一九八五年に「近代家族の誕生と終焉」と題する論文を書き、瀬地山角によって「日本での近代家族論の紹介者」（瀬地山一九九三、三二七頁）と紹介された筆者としては喜ぶべき状況ではある。しかし他方でわたしは一抹の不安を感じてもいる。パラダイムの成立はおうおうにしてドグマ化や概念の一人歩き、あるいは反対に多様な用法による概念の拡散などの危険を伴うものだが、日本における近代家族研究にもそうした兆候が現れてきたように思うからである。

日本におけるこの一〇年の近代家族論の発展は、よい意味でも悪い意味でも、世界に類を見ない独自のものであった。世界の家族史研究においては近代家族論はけっして主流というわけではない一つのアプローチにすぎない。その近代家族論の理論的可能性を最大限まで追究したのが、他ならぬこの日本においてであった。この間に交された議論は、世界に発信できるほどの理論的水準に達したが、反面、他のアプローチへの目配り不足や近代家族論万能主義とでもいうべき枠組の強引な適用が見られるようになったのは憂慮に値する。

そこで本章は二つのことを目的としたい。一つにはこの一〇年間に進んだ理論的精緻化の混乱をただし交通整理をすること、もう一つには日本の近代家族論を世界の家族研究の文脈に位置づけ直すことである。予告しておくと、本章の最後に問題としたいのは「家は近代家族である」という主張である。この主張は、日本において近代家族を論じようとするときに必ず一度は立ててみたくなる仮説である。しかし果たしてこの仮説は、どのような問題を解き、どのような問題を隠蔽するのだろうか。日本のみならず非西欧諸地域における近代家族論適用の可能性を探るためにも、こうした問題を考えておきたい。(1)

1　近代家族論の流れ

社会史家による近代家族定義

近代家族論の概念的精緻化をめぐる議論の中で、論者間の分岐が明らかになってきた主な論点の一つは、近代家族の定義論である。そこでまず定義論を軸に、近代家族論の流れをごく簡単に振り返っておこう。

近代家族概念の生みの親である西欧家族史においてこの概念がいかなる意味で用いられてきたかというと、家内性（domesticity）、私秘性（privacy）、親密性（intimacy）を特徴とし、家族が内向的になって外部世界からの避難所と見なされるようになった（Cott 1977; Degler, 1980; Welter, 1966）、世界から自らを切り離した親子からなる孤立集団が社会に対峙し、子供の成長を手助けすることに集団の全エネルギーを費やしている（Ariès 1960a）、家族は労働の世界から身を引き、労働の場は非家族的で官僚制的になった（Degler 1980）というようなことがおもに言われてきた。ショーターは感情革命、すなわち男女関係（ロマンチック・ラブ）、母子関係（母性愛）、周囲の共同体と一線を画するものとしての家族（家庭愛）の三つの分野における感情の高まりが、近代核家族を誕生させたと言う（Shorter 1975, Introduction）。ハレブンはこれらの諸説をまとめて「家族機能の縮小と家族生活の私秘化が近代家族の誕生を画した。家族は、社交性とコミュニティへの統合を犠牲にして、核家族となり、凝集力を高め、内向的になり、そして子供中心になった」と整理している（Hareven 1987, p. 18）。

家族概念の脱構築

さて日本では近代家族の「定義」として、わたしが一九八五年に示した五項目と八九年に付け加えた三項目を加えた、以下の八項目が引用されることが多かった（落合一九八五、七八頁、一九八九e、一八頁）。

1　家内領域と公共領域との分離
2　家族構成員相互の強い情緒的絆
3　子供中心主義
4　男は公共領域・女は家内領域という性別分業

5　家族の集団性の強化
6　社交の衰退とプライバシーの成立
7　非親族の排除
8　核家族

ただし注意していただきたいのは、わたしはこれらを近代家族の「定義」として掲げたのではないということである。八五年の論文でも断わっているように、欧米における家族の社会史的研究の中で言われていることを参照し「歴史社会学の見地から、〈近代家族〉の特徴を理念型的にとりだ」したものであった。

わたしが、「定義」をしないという方法をあえて採用したのには理由がある。社会史の領域で明確な定義なしに流通している概念を社会学の領域に移しかえるとき、明示的な定義を行うという方法ももちろんありうる。しかし当時の学問的状況から、わたしは厳密に定義された概念を基礎に新たな家族理論の構築を行うより、当時、学界においても一般の人々の理解においても圧倒的に支配的であった家族観・家族理論を「脱構築」（落合一九九五、九〇頁）するためにこそ、近代家族についての知見を用いる価値があると判断したのである。

定義をめぐる議論をやや逸脱するが、若い読者のために当時の一般的な知的状況を解説しておくと、七〇年代から八〇年代にかけては、従来の知に対する「異議申し立て」が盛んに言われた時代で、「パラダイム転換」とか「ポスト〜」「脱〜」という表現が流行った。現在から振り返ってみると、やはりあれは単なる若者の反乱などではなく、世界の大きな歴史的転換に対応した知の、少なくとも社会科学と人文学全体の組み替えが一挙に起こっていたのである。主観客観二元論批判を背景に、研究者が概念を「客観的」に定義するのではなく、当事者によって生きられている意味を取り出そうとするエスノメソドロジーや人類学ではエミック・アプローチなどと呼ばれる方法が登場したのもこの頃である。

こうした背景から、わたしは研究者としてさかしらに自己流の家族定義を立てるのではなく、過去の人々の認識や感情に迫ろうとする社会史の心性論的アプローチに従いながら、当事者にとっての家族観を明らかにしようとした。そして得られたエミックな（当事者の）家族観に照らして、現在流通している研究者の家族理論を批判的に相対化しようとしたのである。家族社会学の分野でのそうした試みの成果は、拙稿「家族社会学のパラダイム転換」に集団論的パラダイム批判としてまとめてある（落合一九八九e、本書第2章）。

近代家族論のセカンドステージ

しかしその後とくに九〇年代に入ると事情は変わった。ひとしきり脱構築が済むと、人々は次の枠組を求めずにはいられなくなる。秩序や構造なしには存在できない人間の本性と言おうか。世間のスローガンも「脱〜」から「リストラクチュアリング」（再構造化）に変わった。

近代家族論においても、新たな家族理論構築のために、近代家族概念を正確に定義しようという動きが現れてきた。ちょうどその少し前から、近代家族概念を「脱構築」のためではなく実証的に、すなわち一定の時代に成立した家族の性格を表すものとして近代家族概念を用いるといった種類の研究が登場してきていた。実証的に見出された特定の社会、特定の時代の家族が近代家族であるか否かを判断するためには、やはり定義が必要であるから、これらの動きは相互に関連している。これらの新しい研究動向が現れてきた段階を、近代家族論のセカンドステージと呼ぶことにしよう。

近代家族概念を実証研究に用いるようになって、まず意識せねばならなくなったのは、近代家族とは理念なのか、実体なのかという問題であった。従来の家族観を「脱構築」するためであれば、人々が自明のものとしている家族像がいかに近代家族の理念に引き寄せられているかを指摘するのであるから、とりあえず理念としての近代家族を論じればよい。ところが実証研究となると、理念と実体いずれを扱うこともありうる。理念の実証的研究というのは、史料に残された人々の言説を分析することであり、対象となる時代／社会の家族理念を実証的に研究することを言う。それは当然ながら人々が営んでいた家族生活の実態を反映するものとはいえない。しかし理念と現実の間には前者による後者の規制や追認、後者による前者の生成や模倣など双方向的にからまりあった関係があるので、両者を截然と区別するのも難しい。これまで発表されてきた近代家族の実証的研究は、明治以降の教科書を分析した小山（一九九一）や牟田（一九九〇）のように理念を対象としたものが多かったが、徳川時代の武士の日記を史料とした真下（一九九〇）や男性賃金と世帯支出の関係を統計的に分析した千本（一九九〇）などのように実態の解明を目指した論文もある。

2　近代家族定義の試み

国家の基礎単位

さて、近代家族定義が明示的に論じられるようになって示された、さまざまな近代家族定義の試みを整理してみよう。

まずもっとも早い時期から落合の提示した諸項目を綿密に検討し解釈や異論を公にしてきたのは西川

祐子であった。西川はまず落合が「8　核家族」という規定をある論文（落合一九八九e）では他の項目と同じように並べているのに、他の論文（落合一九八九d）では括弧に入れていることを指摘した。「とくに日本の場合を考えるときは、第八項を括弧に入れないと、戦前家族を近代家族として扱えないからであろう」という西川の解釈は、わたしは戦後の直系家族型の家族を含めて考えてはいるが、おおむね当たっている（西川一九九〇）。前者の論文のように西欧・北米の家族史研究を要約紹介する場合には第八項を加えるべきだろうが、「近代家族と日本文化」をタイトルに掲げた後者の論文のように日本など核家族制をとらない文化圏を考察対象とする場合には、家族形態についての規定はとりあえずはずしておいたほうがよいとわたしは判断したのである。

西川はさらに、落合の八項目に次の二項目を付け加えることを提案した（西川一九九〇、四七頁）。

9　この家族を統括するのは夫である

10　この家族は近代国家の単位とされる

家父長制についての規定と国家との関係という、権力関係に関する項目を付け加えたのである。その後、西川はさらにこの論点を進めて、10以外の項目をすべて捨て去り、「近代家族とは近代国民国家の基礎単位とみなされた家族のことであるという簡単な作業仮説から出発するのが良いと思いはじめている」と述べるに至った（西川一九九四、二七頁）。西川はここでまったく異なった原則に立つ定義法を提唱しはじめたことになる。なぜなら西川は国家との関係のみに注目し、家族自体の性質はとりあえず考慮の外におくという方針を打ち出したのだから。国家との関係は今日の近代家族論の一つの焦点であるので、後でまた触れることにしたい。

再生産と感情

西川が近代家族論から近代国家論へと突き抜けてしまったのと対照的に、近代家族論の原則に忠実かつ緻密に近代家族の定義という問題を論じたのは山田昌弘である（山田一九九四）。かつて山田は近代家族に限定しない家族一般の定義論を精力的に探究したことがあるが（山田一九八六）、近代家族についてもその徹底した思索法が生かされているように思う。

山田は「近代家族の基本的性格」として次の三点を挙げる[2]（山田一九九四、七七頁）。

1　外の世界から隔離された私的領域
2　家族成員の再生産・生活保障の責任
3　家族成員の感情マネージの責任

1は落合（一九八五）の1と同じである。これを一番の基礎としたうえで、人間の再生産という機能（落合の3、4）と情緒性（落合の2）とを近代家族の中核的特徴とするのは、これまでの国内外の議論の流れを考えても近代家族論の王道といえよう。近代家族を律する原則として庄司洋子は経済領域における「自助原則」と精神的領域における「愛情原則」を挙げているが（庄司一九八六）、山田の2と3はこれらにそれぞれ倣ったものである（山田一九九四、四四頁）。山田や庄司の発想の背景には愛情と経済の関係を分析したマルクス主義フェミニズムがある（Sokoloff 1980）。

山田のユニークな点は、感情社会学の枠組を適用して2と3が巧妙に結びつけられているメカニズムを解明したところにある。感情社会学では感情は個人的なものではなく社会規範により生起させられる（あるいは少なくとも生起したふりをさせられる）ものであるととらえる。また感情には特定の行動を動機づける機能があるので、すなわち「〜の感情が生じたら〜するはず」と社会的に了解されているので、

「社会は、感情現象を利用して、明確な行動の要求・禁止を意識させることなく、人びとの行動をコントロール」することができる（山田一九九四、九七頁）。近代社会では感情体験に価値が置かれるが、これはじつは個人の自由を原則としつつ秩序を保つための巧妙なメカニズムだったのである。

家族については「家族責任を負担すること＝愛情表現というイデオロギー」（山田一九九四、六五頁）により、愛しているから、あるいは愛していることを証明するために、女性は家族の世話をして男性は生活費を運び、またそうされるから愛を感じるというように、本来は何の関係もないはずの2と3とが相互に支え合う仕組みが作られていると山田は分析する。

したがって山田によれば「前近代家族と近代家族を分かつメルクマールになるのは、経済的には生活－再生産の責任単位と、感情マネージの責任単位の置かれ方にある。近代家族は、この両者が相対的に小さな親族単位として一致して存在しているところに特徴がある」（山田一九九四、八〇頁）。すなわち子供の社会化に共同体が大きな役割を果たすとか、家族よりも同性集団の中で情緒的満足を得ることが多いなどという場合には、近代家族が形成されているとはいえない。

少子化と主婦化

最後に筆者自身の近代家族定義を検討しておこう。一九八九年に示した「近代家族の特徴」八項目と、それに対する西川のコメントはすでに紹介したとおりである。この八項目は、しばしば引用される一方で、羅列的で定義らしくないという批判も受けた。たとえば上野は、落合の八項目は「出自がはっきりしない。なぜ八項目かも、あるいは八項目で尽くされるかも明らかではない」と批判している[3]（上野一九九四b、七九頁）。しかし前述のような理由でわたしとしては初めからこれらを定義として示したつもりはない。さまざまな歴史史料から社会史家が読み取った過去の家族像の特徴を挙げたものなので、何項目で尽くされるというような性質のものでは初めからない。

とはいうものの、各項目の意味や相互の関係についての社会学者としての解釈は、すでに論文初出時から示しておいたつもりである。八項目は羅列的であるという批判は他にもあるので（小山一九九四、七八頁など）、繰り返しになるが八五年（八九年加筆）の解説を要約紹介しておこう。

これらの諸特徴のうちでもっとも基底にあるのは、1である。これは、より正確に表現すると、家族と市場（経済学的意味に限定せず、「市民社会」と言い換えてもいいような社会学的概念とする）との分離あるいは同時生成ということである。近代市場はその参加者として近代的個人を同時に産み出したと言われるが、事実は、「勝利したのは個人主義ではなく、家族」（アリエス）であった。〈近代家族〉は、近代市場にその参加者である近代的個人（「人間」）を供給する装置である。市場と家族の分離を保持し、それぞれの機能が十全に遂行されるように規制するのが、近代国家の役割だ。近代社会は、このように、市場、家族、国家の三者の連関として構成されているのである。

家族が、社交のネットワークを切り捨てて公共領域からひきこもることは(6)、家族の側から見れば、その集団性の強化を意味する(5)。……

家族の集団化は、また、成員間の情緒的紐帯の強化を意味する(2)。……

ところで、〈近代家族〉は市場に「人間」を供給すると書いたが、……「子供中心主義」(3)は〈近代家族〉の本質に深く根ざしている。……こうした「人間」供給のために必要なシャドウ・ワークを遂行する仕組みとして成立したのが、性別分業である(4)。（落合一九八九e、一八－二〇頁）

公私の分離(1)をもっとも基底に、情緒性(2)と人間再生産機能(3)、(4)とを並立させる落合の近代家族観は、山田と同じ系列に属すものである。5と6は1の実現であるが、これらはショーターの第3項の「世帯の自律性」ともいえる。

しかしながらわたしは拙著『21世紀家族へ』（一九九四、一九九七a）において、これとはやや異なる角度から近代家族の定義論に接近することを試みた。わたしが目指したのは第一には近代家族概念の操作化である。これまでの近代家族概念は理論的で直接に実証に用いるにはかなりの無理があった。近代以前に母性愛が存在したか否かをめぐって、アリエス、バダンテールらとポロック、ルークスらの見解が対立し次第に議論が泥沼化していった経緯は、反面教師とするに値する（Badinter 1980; Pollock 1983; Loux 1978）。

そこでわたしは戦後日本家族を以下の三つの特徴をもつ「家族の戦後体制」としてとらえることを提案した（落合一九九七a、一〇一頁）。

1　女性の主婦化

2　二人っ子化

3　人口学的移行期における核家族化

このうち3は複雑な家族形態を伝統とする社会ならではの論点で、後にあらためて検討するが、前二者は近代家族一般に広く妥当する点で、戦後日本家族が近代家族であったことをとらえようとしている。すなわちわたしはここで、「既婚女性の専業主婦化」と「産児数の減少」（少子化）を近代家族のメルクマールとすることを提案したのである。それぞれ、女子労働力率（既婚女子労働力率あるいは年齢別女子労働力率を用いる）と出生率（合計特殊出生率を用いる）という比較的単純な統計を指標とすることができるため、解釈のあいまいさが減少し、異文化間の比較も行いやすい。後に非数量的史料を用いた質的な分析で解釈を深めるとしても、少なくとも研究の糸口としてはこうした方法により分析の共通の土台を作っておくことが、解釈の泥沼化を避けるために必要なのではないだろうか。

内容的に見れば「主婦化」と「少子化」とは八項目で言えばそれぞれ4の性別分業と3の子供中心主義に対応している。出生力転換による一夫婦当たりの産児数の減少と家族における子供中心主義的態度の発生とはまったく同じことだとはいえないが、子供の死亡率が下がりそれぞれの夫婦がたくさんの子供を産まなくてもすむようになったことが、子供一人当たりにかけられる手間と金を増やし、一人一人の子供に愛情を注ぐことを可能にしたのだとしばしば指摘される。

「少子化」を指標として採用するのには、もっと深い理由がある。死亡率と出生率の低下、すなわち人口転換という人口学的条件こそが、近代家族成立のために本質的に重要だと主張したいのである。マイケル・アンダーソンは「近代家族の何が新しいのか」と題した論文の中で、少産少死化が人々のライフコースを変えたことが近代の家族の最大の特徴であると論じている。人は高齢期以外にはめったに死ななくなった。そのことにより人生の予測可能性が高まり、家族経験の同質性が高まったとアンダーソンは言う（Anderson 1983）。近代家族は婚姻の安定性を前提とした制度である。まがりなりにもそうした期待を持てるようになったのは、死別を減らす人口学的条件の変化があったればこそであった。また、後で見るように、近代家族が社会の全域を覆うこと、すなわち誰もが同じような近代家族に暮らしていることが二〇世紀の近代家族システムの重要な特徴であるが、それを可能にしたのも人口転換であったといえる。

女性の「主婦化」を近代家族の指標として採用することにも少し注釈が必要である。山田の三項目を近代家族のもっとも基本的な理論的用件とすると、性別分業が生じなければならない論理的必然性はじつはない。私的な家族の中で性別にかかわらず互いに情緒的満足を与えあい、協力して子供を育てる「平等主義的家族」でも山田の三要件を満たすからである。すなわち近代家族の定義としては、性別分業規定を含めない広い定義と、含める狭い定義とを区別しなくてはならない。概念の操作化と並んで、新しい定義によりわたしが強調したかったのはこの点である。

すでにわたしは落合(一九八五、一九八九e、本書二〇-二一頁)において性別分業のある「〈近代家族〉」を『家庭的家族(domestic family)』と呼びかえ、それと『平等主義的家族(egalitarian family)』を合わせて『情緒的家族(sentimental family)』と呼ぶ」といった概念整理の可能性を示唆している。性別分業のある家族のみを「近代家族」と呼ぶのか、性別分業のあるなしにかかわらず「情緒的家族」を「近代家族」と呼ぶのかは、じつはどちらでもよいだろう。要はその二類型を概念的に区別して論じることである。

二つの指標に戻って見ると、出生力転換の結果である「少子化」は不可逆現象だが、「主婦化」は近代の一時期のみに生じる過渡的現象のようなので、両者が随伴していた段階と、「少子」の状態は維持されるものの「主婦化」は逆転する「平等主義的家族」の段階とを区別することができる。近代の中でのそのような時代区分を的確にとらえられる枠組が望ましいと思うため、わたしは近代家族の実証研究において「主婦化」と「少子化」を指標として採用することを提案する。

3　近代家族システムと国家

山田は定義論に関連して、他に重要な指摘をしている。「近代家族の成立というときには、次の二つの意味で把握する必要がある」と山田は言う。「二つの意味」とは、

1　社会が「近代家族」を前提として構成されている（制度レベル）
2　実際の家族が近代家族の特徴を備えている（実態レベル）

の二つのレベルの区別である。山田は前者を「近代家族システム」、後者を「近代家族」と呼んで区別している。「社会が近代家族を前提として構成されている下でも、実際の家族がすべて理念型として挙げた近代家族の諸特徴を備えているとは限らない」し、反対に「前近代社会にも、近代家族の特徴を備えた家族があったかもしれない」。「しかし、そのような家族は、社会にとって典型とはみなされ」ず、「そのような家族は、逸脱的と見なされることによって、近代家族システムが保たれる」と山田は解説する（山田一九九四、七九頁）。すなわち「近代家族」を論じるとき、個々の家族のみではなく、近代家族を構成要素とする社会システム全体のありかたを視野に入れなくてはならないという指摘である。

そのような意味での「近代家族システム」については、「近代社会」という、より一般的な表現を用いてであるが、わたしも早くから論じてきたつもりである。八五年の論文の先に引用した箇所にある「市場、家族、国家の三者の連関として構成」される「近代社会」とは、山田の用語では「近代家族システム」であると言い換えてもいいだろう。

ところで、わたしの場合もそうだが、近代家族を含む社会システムについて述べるとき、山田も国家に言及している。「近代家族システムが定着するためには、国家などによる制度的な誘導が不可欠」（山田一九九四、八五頁）と山田は国家の役割を指摘する。近代家族を、なかんずく近代家族システムを論じるとき、常に影のようにつきまとってくるのが近代国家である。

こうして見ると、前出の西川祐子による近代家族定義は、近代国家を影から引き出し、むしろ国家との関係を前面に立てて近代家族論の再構成を迫ったものと言うことができよう。

西川が新たな近代家族定義を打ち出した箇所をもう一度見直してみよう。

わたしは形態に基づいて分類するよりもむしろ、近代家族とは近代国民国家の基礎単位とみなされた家族のことであるという簡単な作業仮説から出発するのが良いと思いはじめている。小山静子さんのコメントのように、これに異議はない。[4]上野千鶴子さんのように三条件に整理してもよいと思う。[5]「家内性」という特徴を加えることに異議はない。だが何よりもまず近代家族は近代国民国家の基礎単位となる家族と定義することによってはじめて、超歴史的存在であるかのように扱われやすい家族を国民国家の時代の政治の問題としてとらえることができるのであり、そのことが特に重要だとわたしは考える（西川一九九四、二七頁）。

近代家族形成における国家の役割への言及は前述のように山田や落合にも見られるが、西川の定義がそれらと根本的に異なるのは、家族自体の形態や性格は捨象して、近代国民国家との関係だけから近代家族を定義しようとする点である。家族論から国家論への視点の転換が見られるとさえ言えるであろう。「国民国家の時代の政治の問題」を考えるのがもっとも重要だというあたりに、西川のそうした志向が顔をのぞかせている。

西川のようなシステム中心的な定義法に先例がないわけではない。たとえば、従属理論や世界システム論では、近代世界システムに組み入れられた社会は、それが経済的には低開発で政治的には独裁的な従属国の社会であっても「近代社会」なのだと、それまで産業化あるいは民主化といった社会の性質から定義していた「近代社会」概念を再定義した。それと同じように西川の定義は、どこの国でも同じような近代家族が国家の基礎単位とされたのではないこと、すなわち日本の「家」やドイツのいわゆる「権威主義的家族」（ドイツにも直系家族地域が多い）も近代国家の単位であったということを明確に認識させる意義を持っている。これはこれで十分に意味のある提案ではあるが、やはりわたしは西川の近代家族定義には賛同できない。

まず、「近代家族」を定義するのに、負けず劣らず、いやそれ以上に定義しにくい「近代国家」を持ち出すのは、定義として不備だという技術的な問題がある。たとえば徳川後期には近代国家の雛形のような藩が登場し、人口政策を打ち出して家族に介入したが、では徳川後期の農民家族は「近代家族」なのだろうか。

また、近代家族を近代国家との関係だけにおいてとらえることで、近代家族論のもっとも魅力的な部分が削ぎ落とされてしまうのではないかという懸念もある。西川の枠組は家族自体の性質やその変化は二の次と考える。しかし近代家族論の初心は、われわれが自明としているような性質を持った家族の「発明（invention）」の過程を明らかにすることではなかったか。われわれが自明としてきた家族像には、家族成員相互の愛情や男女の分業、子供への態度など、国家との関係ばかりに解消することのできない豊富で具体的な内容が盛り込まれている。その生成を問うという設問を、定義の変更により打ち捨ててしまってよいのだろうか。

そもそも社会史の登場には、身近な人間関係や感情などに注目する概念を打ち出すことで、つい最近まで支配的だった政治史や経済史中心の史観に異を唱える意味があった。せっかくその道が開かれたのに、なぜまた天下国家の歴史に戻ろうとするのか。国家や政治権力を論じなければ論が完結しないという作法はまだ生きているのか。わたしにはどうも一時代前の社会観と対峙しているような感じが拭えない。

理論的に言うと、西川の枠組の問題点は、「近代家族システム」あるいは「近代家族を前提として構成されている社会」という概念を「近代国家」に切り縮めてしまった点に集約される。国家による統御が強力なのが近代社会の大きな特徴ではあるが、だからと言って社会を国家に還元して見るのは、それこそ国家に呪縛された社会観である。明治以降敗戦までの近代日本を研究対象とする場合はとくに国家中心史観にとらわれやすいだけに、つとめて自戒すべきだと思う。

近代国家に初めから直結させないで近代家族システムを考察するためのヒントとしてわたしの念頭に浮かぶのは、イギリスの人口学者ジョン・ヘイナルの「世帯形成システム（household formation system）」である。ヘイナルは、近代以前のヨーロッパには、

1　高い婚姻年齢と高い生涯独身率
2　結婚すると親と別居する新居制（すなわち核家族制）
3　若者の奉公制度

の三者を構成要素とする「北西欧型世帯形成システム」が成立していたという仮説を提出した。家族規範と経済の要素を組み合せたシステムだが、これらが有機的に結び合うことによって、経済状態を敏感に反映して人口増加率を調節するメカニズムが働いたという（Hajnal 1982）。近代にこのアイデアを応用する場合には、広義の「市場」に対応する要素を入れることとなろう。

またわたしは前掲の著書で、近代家族を構成要素とするシステムに着目して、「一九世紀近代家族」と「二〇世紀近代家族」という二類型を区別することを提案した（落合一九九七a、一〇八–一一三頁）。ヨーロッパにおける成立時期による命名だが、両者は以下のような点で大きく異なっている。

Ⅰ　一九世紀近代家族
1　近代家族は中産階級のみに成立し、他の人々は他のタイプの家族に暮らしている

2　中産階級の近代家族には下層出身の家事使用人がいる

Ⅱ　二〇世紀近代家族

1　近代家族が大衆化し社会成員のほとんどが近代家族に暮らしている（ことになっている）

2　家事使用人のいる家庭は稀となり、主婦が自ら家事労働を行う

山田にならって、今後これらを「一九世紀型近代家族システム」「二〇世紀型近代家族システム」と呼んでもよい。西川の定義によれば、一九世紀の農民や労働者の家族も中産階級の家族も、また二〇世紀の家族も、すべて「近代家族」であるということになる。しかし社会の全域を等質の家族が覆っているのか、あるいは複数の家族類型が併存していたのかの区別は、社会システム全体の中での家族の位置づけを考えるとき、本質的に重要であろう。近代日本においても都市の家族と農村の家族との二重構造を看過するわけにはいかない。システムへの注目はこうした点もすくい上げられるような柔軟性を保ったものでありたい。

4　家は近代家族か

さて、いよいよ本章の焦点へとたどりついた。前節で見た西川の近代家族と近代国家をめぐる議論も、じつはこの問題に取り組むための下準備であったともいえる。この問題とは、日本において近代家族論を展開するためには避けて通れない、「家」を近代家族論にどう位置づけるかという問題である。現在、日本の近代家族論者の多くが、日本の近代家族をどう考えるかという問題と取り組んでいる。

近代家族論はすでに近世近代の日本家族の分析に用いられ、多くの成果を挙げてきた。近代家族論登

場以前の枠組では、家は封建遺制であり、近代家族とは正反対の概念とするのが常識であった。しかし近年の近代家族論の枠組を用いた研究では、戦前のいわゆる家制度下の家族に近代家族的性格を見出すものが相次いだ。たとえば、良妻賢母規範は儒教的観念ではなく明治以降に欧米の教育観の影響のもとに形成されたことを実証した小山静子の『良妻賢母という規範』（小山一九九一）、戦前期の家族国家観イデオロギーには親密で情緒的な小家族イメージが利用されていたことを見出した牟田和恵の『戦略としての家族』（牟田一九九六）などがその代表例といえよう。戦前の「家」が近代家族的性格を持っていたことについては、もはや異論はありえないのではなかろうか。

しかしこれ以上の理論的整備を追究する段となると、さまざまな問題が生じてくる。この点、もっとも「大胆」な図式化を行ったのは上野千鶴子だろう。上野はホブズボームの「伝統の発明」というアイデアを引いて「『家』は近代の発明だった」と言い切る（上野一九九四b、六九頁）。「家」は「明治民法の制定による明治政府の発明品」であって、「厳密に排他的な父系直系家族は、なるほど明治以前に武士階級のあいだには見られたが、庶民には知られていなかった」と言う（上野一九九四b、六九頁）。「家は近代家族」説である。

こうした図式化は、「女性が戦うべき敵は〈前近代〉から〈近代〉へとシフトした」（上野一九九四b、一三一頁）などといったスローガンを打ち出すにはよいかもしれないが、歴史認識としてはやはり勇み足だと思う。そもそも「厳密に排他的な父系直系家族」など武士のあいだにもなかったし、「姉家督」は「母系相続」と紹介しているのも誤解を招く。

明治以前の庶民には家は知られていなかったという断定がいかに不適切であるかを簡単に見ておこう。言わずもがなのようでもあるが、近代日本家族の研究者の中には徳川日本は自分たちから遠いものと決めてかかり、家は近代の発明という言説を信奉している者もかなりいるようだからである。(6) 今日の学説では、家は平安時代末に律令制度が解体し官職が世襲の対象となっていったのに伴って、貴族や武士層に成立したと考えられている。その後、武士の家は惣領制をへて南北朝期には長子単独相続に移行し、家業・家産・家名を継承する典型的な家が確立する(笠谷一九九九)。徳川時代には家を単位とする社会秩序が編成され、農民の間にも家が広く成立したと言われている。近世の庶民は名字を持つことを許されてはいなかったが、屋号や家主が特定の名前に改名することなどにより、家の超世代的連続性を表明する慣習がしばしば見られた(Nagata 1999)。また下層農民では家意識が希薄だったとも言われるが、下層でもわざわざ養子を取ってまで家を継がせることも少なくない(Kurosu & Ochiai 1995)。

家は明治民法の発明だとする人々の論拠としてしばしば挙げられるのが、民法以前の地域的多様性である。長男子相続ではないいわゆる姉家督相続(初生子相続)や末子相続などの存在が強調されるが、姉家督相続は男女かまわず初生子(娘ならその夫)に家督を譲ることで早く跡継ぎを確保しようとする家族戦略であるし、末子相続と家の連続性の観念も両立しうる。これらの慣習が行われているからといって、家ではないとはいえない。家族のさまざまな側面について地域的多様性はたしかにはっきり存在するが、家が存在しなかったのでは、とまで疑い得るのは、管見の及ぶ範囲では東シナ海に面する漁村くらいしかないようだ。(7)

さて「家は近代家族」説が成り立ちえないとすると、家と近代家族をめぐっていかなる理論化が可能であろうか。上野は「家」と「近代家族」とをイコールで結ぶ「家＝近代家族」一元論であったが、「家」と「近代家族」という二つの概念は別のものとして残しておいてそれらの間の相互作用を論じる二元論の立場をわたしは取りたい。「家」が「近代家族的」になることはあるが、家系の連続性の観念のような「家」のもっとも根本的な性格は「近代家族」には無縁なので、「家」は「近代家族」に解消できないからである。

前述のように拙著では「家族の戦後体制」を主婦化、少子化、および人口学的移行期における核家族化の三要素によって説明したが、近代家族を示す二つの指標と、家的同居規範にかかわる第三の指標とを別に立て、戦後日本の家族に「家」的要素と「近代家族」的要素が併存していたことを論じる方法は有効であったと考える（落合一九九七a）。たとえば、戦後日本では、ほのぼのとした家族愛に包みこまれた大家族が家族の理想だとするイメージが成立していたが、これは家的な構造と近代家族的な情愛とを想像力の世界で融合させたものだと解釈することができる。また、ウーマンリブ世代の女性たちが歴史上もっとも高い割合で専業主婦になって近代家族の完成を目指したのも、〈家からの解放〉と〈家族からの解放〉という課題が明確に区別されていなかったからではないだろうか。

他の論者の理論構成を見ると、西川も二元論的構成を取っている。西川は国家との関係だけから近代家族を定義する方針を取ったが、じつはそのかわり家族の性質は下位区分で扱い、日本型近代家族は「家」「家庭」「部屋」を容器とした三つの下位区分のうちの二つずつが重なり合う「二重家族制度」によって「巧みな微調整」を行ってきたとする。年代的には一九七五年までを「家」制度／「家庭」制度の二重構造、それ以降を「家庭」制度／「部屋」制度の二重構造と見るのである（西川一九九四、二八頁）。用語こそ異なるが、西川の分析は、同じく七五年までを「家」／「近代家族」の二重構造、それ以降を「家」の最終的解体と「近代家族」／「個人」の二重構造とする落合の分析と完全に符合している（落合一九九四、一九九七a）。

牟田も「日本近代の家族の複合的性格を理解すること」を重要と考えている。「日本の家族の場合むしろ、『家』型の伝統家族に近代的な家族特性がみられるし、家族員の近代家族的心性に『家』を維持するメカニズムが内包されている。そこには『伝統家族』から『近代家族』へ、という単線的発展を見いだすことはできない」（牟田一九九六、二二一-二二三頁）。

「家は近代家族である」とイコールで結ぶのは問題だが、明治以降家が近代的に再編され、近代家族的な性質を備えるに至ったのはいうまでもない。その時代の日本家族の複雑な性格を解きほぐすためにこそ、単純な割り切りや図式化は禁物であると肝に銘じたい。

5　多様な家族システムの近代化

さてここまでは日本における近代家族論の理論的展開を追ってきた。ではわれわれが数年の間かかずらわってきたこうした議論は、国際的に見るとどのような意味を持っているのだろうか。

国際的に見た場合の家族史研究の現在の焦点は、近代家族論ではない。今では近代家族論的な見方はある意味で常識化した一方で、それ以上の理論的展開を推し進める日本におけるような情熱は見られなくなっている。しかしそういう状況は悪いとばかりはいえない。近代家族論の生んだ仮説の冷静な吟味や他のアプローチから得られた知見との融合が静かに進んでいるからである。一九九四年にパリの国立図書館で子供の図像展が開かれたが、本の挿絵や書簡に書き添えられたかわいくて子供らしい、あるいはかわいくない子供像を集めたこの展覧会は、近代における子供の誕生というアリエス仮説の再検討を行うためのものであった(8)。

現在の家族史研究の焦点は何か、一言で述べるのは難しいが、少なくともその一つに数えられるのは家族システムの多様性への注目である。家族史研究の初期においてはイギリスとフランスが家族史研究の中心であったため、核家族社会の研究に力が入れられていたが、ヨーロッパの他の地域やアメリカ、アジアでの研究の発展を反映し、合同家族や直系家族を多く含む社会の本格的研究の成果が続々と発表されるようになった。(9)「家」をどうとらえるかという日本での議論は、けっして日本的特殊性を論じていたのではなく、こうした流れに位置づくものであった。

家族システムの多様性と言うと、エマニュエル・トッドのように、ある地域や民族には文化的に固有で変化しにくい家族システムがあるという静態的な見方が強いが（Todd 1990）、反対に家族システムの変化に照準を合わせる動態的な見方がないわけではない。核家族化仮説はラスレットにより否定されたことになっているが、その後の研究史を見直すと、この理解は必ずしも正しくないことがわかる。ラスレットは過去の史料に現れた世帯の大半は核家族であるという事実から北西欧においては近代以前から核家族が規範とされていたと結論したのだが（Laslett & Wall eds., 1972）、観察された事実は人口学的制約の結果かもしれないので、直系家族規範が存在しなかったとはいえないとバークナーは反論した（Berkner 1972）。死亡率が高く老親が生存していないなら、同居したくともできなかったろうということである。人口学的制約をコントロールしなくては規範の有無は論じられないというその指摘を、その後ラスレットも受け入れ、今や彼自身が生存親族（available kin）のマイクロシミュレーションによる再構成なしに世帯構造を論じることはできないと強く主張している。(10)

したがって核家族化仮説はまだ否定も肯定もされていない。いや、もっと一般化して言うと、直系家族や合同家族などの複雑な家族システムを持つ社会が近代化したとき家族システムの変動が起きるかというテーマは、依然として開かれた問いなのである。この問いに実証的な解答を与えることは、これまでは難しかった。なぜならそうした社会が近代化した例はまだ多くはなかったから。しかし日本を筆頭とした東アジアおよび東南アジア諸国の経済発展や、ヨーロッパの中の非核家族地域への関心の拡大により、このテーマの実証研究の土台が固められた。近年では、ヨーロッパの複雑な家族システムが近代化により変容したことを示す研究、たとえば直系家族システムを持つピレネー社会において、高齢者の子供との同居率が一九世紀に低下したことを示すフォーブ－シャムーの仕事などが現れてきた（Fauve-Chamoux & Ochiai 2009）。また、まさに近代化の過程にある現代中国において、核家族化ならぬ「直系家族化」が起きている可能性を示唆した興味深い分析もある（Cartier 1995）。

わたしが「核家族」という規定を近代家族の特徴を示す八項目から省いたり戻したりしたことを「ゆれ」と呼び、日本を考察対象とするためにもこの規定は無くすべきであるとする批判があったが、わたしがそう潔くこの規定を棄てる気になれないのは、じつはこうした核家族化仮説をめぐる動向を念頭に置いているからである。近代はやはり家族に「核家族化」という形態の変化をもたらすのではないか。近代家族的な情緒性や親密性を核家族の外にまで広げるのは、やはり無理があるのかもしれない。たとえば、嫁と姑が一緒に近代家族を構成するのは、難しいかもしれないから。とすると、近代家族的な性質を純化させるために核家族化が生じるという仮説も考えうる。近代家族化一本槍の枠組では、こうした種々の仮説を立てることもできない。

「家」と「近代家族」をキーワードに日本の近代家族論が追究してきたことは、世界的な文脈に置き直して一般化してみると、各地域に固有で多様性に富む伝統的家族システムが、近代化という共通の変化に出会ったときいかなる変容を起こすか、あるいは起こさないかという問題であった。核家族化は起きるのか。近代家族化は起こるのか。核家族化と近代家族化はいかなる関係にあるのか。変化のパターンの地域的バリエーションはどのようなかたちで生じるか。そうした課題を追究するためには、あれも近代、これも近代とレッテル貼りをしているだけでは足りない。その先を目指す作業にふさわしいしっかりした分析枠組を持つことが必要である。

[注]

1　本章は落合（一九九五）ならびに落合（一九九七b）を発展させたものである。

2　山田は「近代家族の基本的性格」に続けて、「近代家族を支える装置」として、①愛情と家族責任を結ぶイデオロギー、②ジェンダーの神話と母性愛イデオロギー、③国家による介入を挙げるという重層的な方法で近代家族の特徴をまとめている（山田一九九四、七七–七八頁）。

3　上野はしかし、わたしへの批判の後で自身の近代家族定義を示したわけではない。ショーターの三分野における感情革命を①ロマンス革命、②母子の情緒的絆、③世帯の自律性という三点からなる「近代家族の要件」として紹介し（上野一九九四b、八〇頁）、それに沿って論を進めているが、ショーターの定義を自身の定義として採用すると明言したわけでもない。しかも上野はショーターの概念を自己流に解釈し、たとえば、「ロマンス革命」を「家族における夫婦関係の優位」と読みかえ、「その意味での『夫婦家族制』は、日本の『家』制度の中に、一六世紀の成立の当初から存在していた」と書く（上野一九九四b、四頁）。「夫婦家族制」という家族社会学の基本概念の大胆すぎる転用、同じ論文の別の箇所では「『家』は近代の発明だった」と主張しながら一六世紀の「家」を論じるという矛盾など、正直言って論理の筋道を追うのにたいへん困難を感じた。

4　西川（一九九四）は立命館大学国際言語文化研究所の主催により一九九三年一二月一七日に開かれた公開シンポジウムにおいて報告した論文に加筆訂正を施したものである。小山のコメントは小山（一九九四）参照。

5　上野（一九九四a→一九九四b）。上野の三条件とは前述のショーターの三要件のこと。

6　山田昌弘も「家は近代家族」説を主張している。「明治時代、政府主導でイエ制度が形成され、『生活の責任単位』が上から強制的に押しつけられた。イエ制度こそは、前近代社会の遺物ではなく、日本的な近代家族の一つのあり方だと思われる。……家族の中に、人格や愛情を閉じ込め、家族に再生産責任を負わせることによってのみ、資本主義生産が発展する。その事実を知っていたと思われる明治政府は、情緒的満足の代りに、『家イデオロギー』をおいて、『イエ』の中に生活の責任の単位を固定化させたのである」（山田一九九四、八四頁）。

7　速水融を中心とする歴史人口学および家族史の研究グループ「ユーラシアプロジェクト」は日本各地の宗門人別改帳を集めて徳川期日本の家族の実態を分析してきたが、現在の長崎県に属する漁村の宗門帳に示された家族は、中央日本や東北日本の家族と際立って異なる特徴を示す（速水一九九七）。西南日本についてのその後の研究としては中島（二〇一六）、地域的多様性については落合（二〇二二）を参照。

8　出品された図像の多くは Riché et Alexandre-Bidon（1994）に収められている。

9　今のところもっともまとまった成果が見られるのは、英仏と並ぶヨーロッパ家族史研究のもう一つのセンターであるオーストリアと、イタリアを中心とする南ヨーロッパであろう。ミッテラウア、ジーダー、エマらを中心とするウィーン学派の成果は、Mitterauer und Sieder（1977）など日本語にも翻訳されている。イタリア家族史の成果は Kertzer & Saller eds.（1991）など。他に単行書ではイスタンブールのムスリム家族を扱った Duben & Behar（1991）や中国家族の歴史人口学的研究である Lee and Campbell（1997）, Lee & Wang（1999）などがある。また *Journal of Family History* や、その編集人を務めたタマラ・ハレブンが新しく始めた *The History of the Family* では各地域の特集が頻繁に組まれている。

10　マイクロシミュレーション（ＳＯＣＳＩＭ）を用いてラスレットが自説の正しさを立証しようとしたのが、Wachter, Hammel & Laslett（1978）であるが、ここでのシミュレーションの方法はラグルスにより批判された（Ruggles, 1987）。ラスレットはその後も異なる方法のマイクロシミュレーション（ＣＡＭＳＩＭ）をケンブリッジグループで開発して、生存親族問題の追究を続けた（Smith & Oeppen 1993）。

II

出産と育児の歴史社会学

4　出産の社会史における二つの近代

1　「出産」研究の萌芽と現代社会

「出産」が社会科学の対象として扱われることは従来ほとんどと言ってよいほどなかった。その理由としては第一に生物学的現象であって社会科学の対象ではないように思われた、第二に主に女性の経験とされ大多数が男性である研究者が重要性を認識できなかった、などが挙げられよう。しかし人間活動の大半は生物学的でもあるし「出産」も両性の関与なしには成り立たないことをひとたび思い起こせば、出産のみがことさらにそうした扱いを受けてきた背景にはより根深い要因がひそんでいるように思われる。例えばわれわれの棲む近代社会の構造そのものが「出産」の社会性を隠蔽し社会科学的知から覆い隠しているとでもいうように。

ところが、一九六〇～七〇年代になって「出産」の社会科学的研究がわずかながら芽吹いてきた。ひとつの芽は、言わば第一の要因に抗して、生、死、性など「生物学に属している」と同時に心性（mentalité)[1] にも属し、自然に属すとともに文化に属してもいる」(Ariès 1960a = 1980: i) 現象をすすんで主題とする社会史 (social history)[2] である。とくにその一分肢である家族史やその母胎となった歴史人口学では「出産」に関する研究が破竹の勢いで進んでいる。もうひとつの芽は、第二の要因に抗して、いわゆる「女性固有」の経験に照明を当てる女性学 (women's studies) である。なかでも医学史、医療人類学の両分野の発展はめざましく、「ラマーズ法」に代表される自然出産運動など近代医療批判の理論的支柱ともなっている。この時期に出産に対する知的ならびに実践的関心が急速に高まってきたことは、偶然と言うよりおそらくそれ自体ひとつの社会現象として見るべきなのだろう。時を同じくして女性、子供、老人問題を含めた家族の危機、生活領域の危機が声高に警告されるようになったことも考え合わせると、あるいはこうした領域の全体を看過させがちであった社会構造が、どれほどの深さからかはともかく転換しようとしているのかもしれない。

本章はこうした時代の「心性」を分有する者として、「出産」をひとつの社会現象ととらえ、近代における「出産」の社会史的変化の過程の検討を通じて、社会構造における「出産」の位置の理論化をめざすものである。着眼の焦点は「出産 (childbirth)」それ自体に置くが、「出産」はその前提である「性交」「妊娠」やその人為的中断である「出生抑制 (birth control)」、あるいは産後の「産褥 (puerperium)」や授乳など最小限の「育児」などとも切り離し難い。そこで行論の必要に応じて右記の諸現象を含む「再生産 (reproduction)」、すなわち「人間が子を産む過程に関わる諸活動の総体」にまで言及の範囲を拡げることもあるだろう。また「出産」は家族などの領域と深い関連をもっているため、本章は近代化過程における家族変動論に新しい視点からの何らかの知見をつけ加えることもできるのではなかろうか。ただし以上のような課題を十全に展開するには、許された紙数はあまりに限られている。そこで本章では、今後いくつかに分けて詳論する際の指針となる全体の見取り図を示すことを主たる目的としたい。また本研究の課題は最終的には日本や第三世界を含めた「世界社会（global society）」を視野に収めることを要請すると思われるが[3]、本章では最初の作業として、「近代化（modernization）」を扱う論考が良かれ悪しかれその基盤を置いてきた欧米圏を中心に論じていくことにしたい。

2　歴史人口学から見た二つの近代

近代的出産の人口学的特徴

最初に、社会史や家族史のひとつの母胎である歴史人口学の出産に関する成果を展望しておこう。歴史人口学はそのデータと方法の性質から、精度の高い成果を地理的にも時間的にも比較的広範囲について蓄積してきており、いかなる種類の社会史や家族史を志すにせよ決して外すことのできない解釈の共通の土台を提供しているからである。

歴史人口学及び人口学では、①人口を経済との関連で考察する、②人口を死亡率と出生力に分解して考察する、③出生力を婚姻率と婚姻出生力に分解して考察する：

出生力≒婚姻率×婚姻出生力（婚姻外出生力が十分小さい場合）

という概念枠組をもっている（図1）。ここでは出産は集合的に「出生力（fertility, fecundité）」として表わされているのは言うまでもない。近代の人口学的特徴は、産業化と相前後して高出生率・高死亡率から低出生率・低死亡率への移行、及び死亡率低下が出生率低下に先行することから生じる人口増加として古典的にはとらえられてきた。これを「人口転換（demographic transition）論」と呼ぶ。出産すなわちここでは出生力に着目すると、その長期的かつ不可逆的低下（出生力転換）が近代の特徴ということになるが、この過程はより詳細にはどのように概念化できるのだろうか。さらに婚姻出生力と婚姻率に分けて研究の進展を整理しておこう。

婚姻出生力についての古典的人口転換論による解説は、転換前には何の抑制もなくほぼ生物学的限界に達していた出生力水準が、近代になり避妊法が導入されることにより低下したとするものであった。しかしその後の実証研究により、転換前の人口にも意図的（避妊、堕胎、嬰児殺しなど）あるいは無意図的（性交頻度、授乳期間などについての慣習）出生抑制が存在し、婚姻出生力の水準もさまざまだったことが次第に明らかになってきた。では婚姻出生力抑制の面から近代的出産の特徴を指摘するのは不可能なのだろうか。

この問いに対するひとつの解答は一九六〇年に国立人口学研究所（ＩＮＥＤ）紀要の特集「家族における出生の予防——その近代における起源」（ＩＮＥＤ 1960）として一応

経済 ⇄ 人口〈 死亡率 / 出生力〈 婚姻率 / 婚姻出生力

図１　人口学の概念枠組

の総括を得たフランスの避妊研究から提出された。転換前には売春や婚外性交などの「もぐりの、人目をはばかる性的関係」（Ariès 1960b = 1983: 74）に限られていた出生抑制が、正式の婚姻に大規模に侵入してきたのが近代の特徴だとするのである。この解答はヨーロッパについてはほぼ妥当するようだ。

しかし他地域についての人類学的事例を見れば、婚姻内における出生抑制は必ずしも近代欧米に限定されてはいないことがわかる。そこでもうひとつのより精確な解答が必要とされる。アンリにより提唱されコールやノデルらプリンストン大学のグループにより活用されている「自然出生力（natural fertility）」概念がそれである。出生力転換前の人口に見られる「自然出生力」とは「子供の数を制限しようとする意識的努力がなされない婚姻出生力」で、その逆が転換後の人口に見られる「抑制出生力（con-

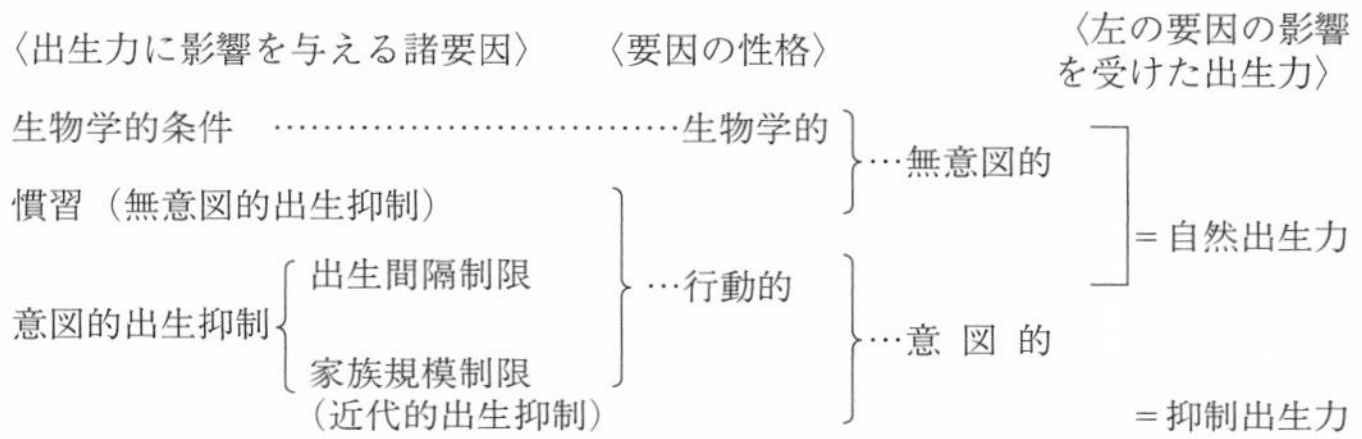

図2　出生力に影響を与える諸要因

trolled fertility）」である。「産児数（parity）に依存した出生抑制」である「家族規模制限（famil limitationy）」が行なわれるのが「抑制出生力」だと言いかえてもよい（Henry 1961, Knodel 1978）。留意すべきなのは、自然出生力には慣習による無意図的抑制や出生間隔を調節する婚姻内の意図的抑制も含まれる点である（図2）。年齢別婚姻出生力のグラフ（図3）を描いてみれば、これらの概念の意味するところは一目瞭然だ。夫婦が目標となる子ども数という観念をもち、それに達したら以後は子どもを作らないのが転換後の出生抑制である。以上より、近代的出産の婚姻出生力から見た特徴は、「婚姻内で家族規模制限型の出生抑制が広く行なわれるようになることによって婚姻出生力が長期的かつ不可逆的に低下したこと」とまとめることができよう。

一方、婚姻率に着目すると、出生力転換以前から近代欧米に固有の特徴を見出すことができる。マルサスの示唆を受け継いでハイナルが定式化した「ヨーロッパ的婚姻パターン（European marriage pattern）」がそれである（Hajnal 1965）。その特徴は晩婚（婚姻年齢が高い）・稀婚（生涯独身率が高い）[4]であり、当然低婚姻率、低出生率を帰結する。事実西欧では人口転換以前から他の早婚・皆婚地域に比べ、低水準の出生率を示していたことが知られている。

以上より近代（欧米）における出産は、歴史人口学的には二類型の出生抑制、すなわち「ヨーロッパ的婚姻パターン」により社会的に規制する婚姻率抑制と、「家族規模制限」により家族が媒介となって意図的に抑制する婚姻

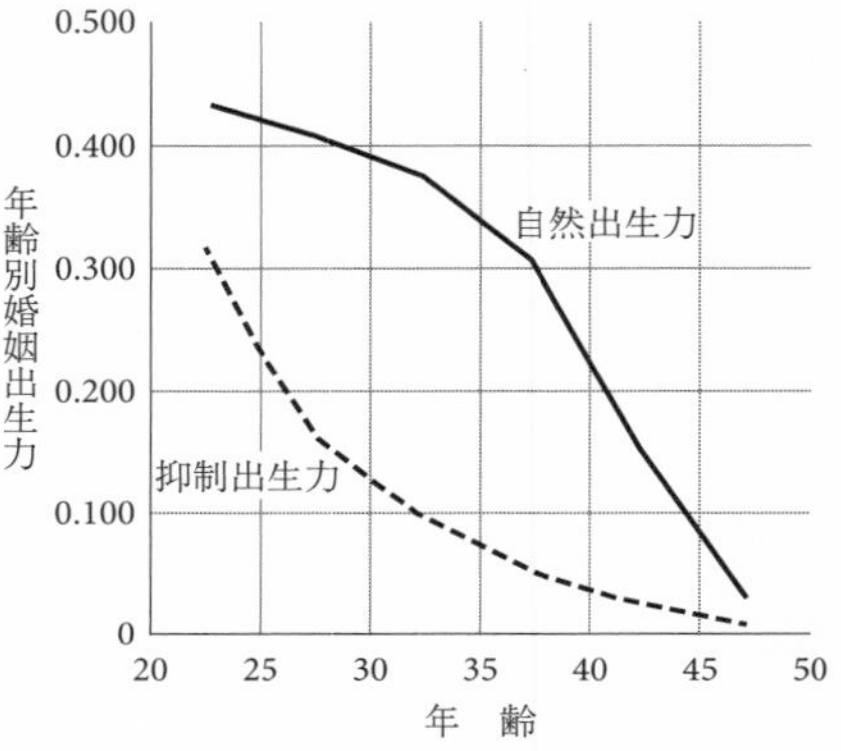

図3　自然出生力と抑制出生力の例
（出典）　Henry（1972）より．

出生力抑制によって特徴づけられていると言うことができよう（図4）。

二類型の出生抑制の歴史的展開

では、これら二類型の出生抑制は歴史的・地理的及び階層的にはいかなる具体的展開を示したのだろうか。この問題についてはさまざまな地域、さまざまな時代についての厖大な量の実証研究が積み重ねられてきた。

まず、ヨーロッパ的婚姻パターンの始期は必ずしも明らかとは言えないが、イングランドなどわずかな例外（Smith 1979）を除いては、一六、七世紀の北西欧（アイスランドを含みフィンランドを除くスカンジナビア諸国、イギリス諸島、ベネルクス三国、ドイツ語圏及び北フランス）に出現した、とするのが現段階の一応の共通見解と考えていいだろう。その後一九世紀には、それまで早婚だった南欧（南フランス、イタリア）、フィンランド、バルト諸国が同婚姻パターンの域内にはいって「レニングラードとトリエステを結ぶ線」（Hajnal 1965）が境界となり、さらに二〇世紀初頭には東欧及びロシアでも婚姻率低下のきざしが見えた（Hajnal 1965, 1982; Coale 1969, 1973）など）。階層的に見るとこの変化は一般民衆に典型的で、貴族及び上流階層では、変化の始期が遅れるか、あるいは明確な変化を経験することはついになかったようだ（Hollingsworth 1964）。

このようにして成立したヨーロッパ的婚姻パターンは、一九三〇～四〇年頃、全地域でほぼ一斉に崩

出生力	= 婚姻率	× 婚姻出生力
出生抑制	婚姻率抑制	婚姻出生力抑制
社会的慣習的	婚姻パターン 近代欧米では ヨーロッパ的婚姻パターン（晩婚稀婚）	性・育児慣習 （授乳慣習・性的禁忌など）
家族的個人的意図的	選択的非婚・晩婚	意図的出生抑制 （避妊，堕胎，嬰児殺，棄児） 近代欧米では 家族規模制限

図４ 出生抑制の諸類型

壊する。すなわち早婚・皆婚化して婚姻率が急上昇する。興味深いことには一八七〇年頃からこれもほぼ一斉に婚姻出生力が低下しはじめ、それが一応底をついたのが一九三〇～四〇年頃、つまり婚姻率上昇の時期と一致するのだ（Coale 1969, 1973）。あたかも婚姻内への出生抑制の導入により婚姻への情熱が解き放たれたかのように。婚姻率抑制型出生抑制から婚姻出生力抑制型出生抑制への交替が生じたのである。

婚姻出生力の低下（出生力転換）あるいは家族規模制限の普及という出生抑制の第二類型の展開は、何よりもまずその変化が急激かつ一斉であったことに特徴づけられる。ヨーロッパ的婚姻パターンの展開が三～四世紀を要したのとは対照的だ。ただし、フランスは例外で、他の諸国にほぼ一世紀先んじて、フランス革命とほぼ同時期の一七七〇～八〇年頃からゆるやかな低下を開始している（Gautier & Henry 1958, van de Walle 1974 など）。また他の諸国はわずか数十年ほど（一八七〇～一九三〇・四〇年）の間に集中して低下を経験したのではあるが、その中のわずかな差を見れば北西欧、

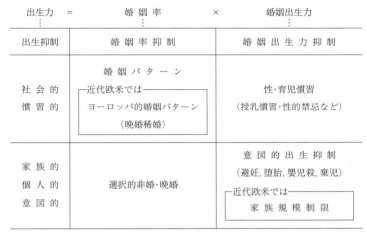

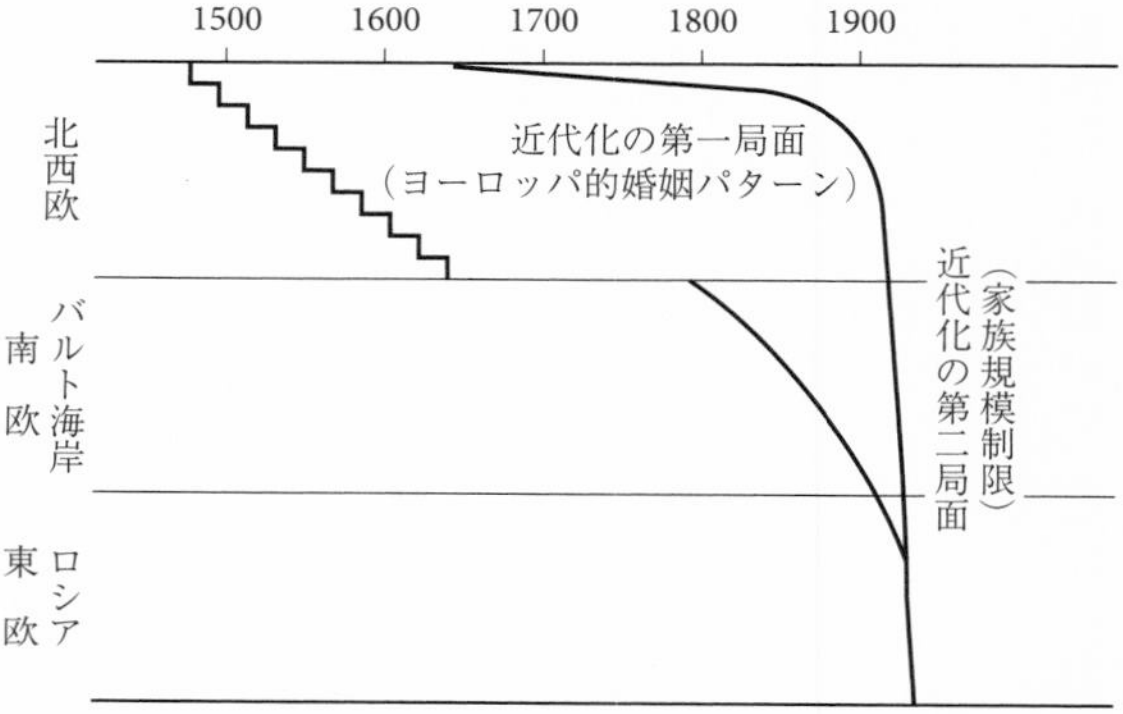

図5　出産の社会史における二つの近代（1）
歴史人口学から

南欧、東欧、ロシアの順を見出すことができる（Coale 1969）。また階層的には貴族・上層ブルジョワジーなど上流階層が先行し、次に中流階層、最後に労働者など下層へと普及したことが明らかだ（Wrigley 1981 など）。

以上でごく簡略に再現してきた歴史的展開から、近代（欧米）における出産は、歴史人口学的に見れば異なる二つの型の出生抑制に特徴づけられる二つの局面を経験してきたと結論することができよう。それぞれの局面を経験する年代は地域や階層により異なる。地域的には、あえて大胆に模式化してみれば、どちらの局面への変化においても、

① 北西欧（独立後の米国を含む）
② 南欧及びバルト海岸（フィンランドを含む）
③ 東欧及びロシア

がそれぞれひとつのまとまりある地域としてほぼ運命を共有していると見ることができるかもしれない。以上を考慮すれば、二つの局面は図5のように図示することもできよう。本節で近代的出生抑制の二類型への注目により見出された歴史人口学的二局面は、それぞれ何らかの社会学的意味をもっているのか、もっているとすれば何を含意しているのかを明らかにすること、それが次なる課題となろう。

3　出産をめぐる心性と社会関係

出産をめぐる社会学的側面については、ごく近年成果をうみはじめた出産に関する社会史的研究の他に、女性学的志向に牽引された医学史及び医療人類学からも多くを知ることができる。これら諸系統の研究から得られた資料を社会史的視角から、すなわち人々の日常生活の細部に顕現する心性や社会関係[5]社会構造を再構成するよう努めながら検討していくことにしたい。なお対象地域は欧米圏ではあるが、資料の制約からとくに西欧及び米国についての知見に依拠した言及が多くなることを、あらかじめ断わっておきたい。

近代化以前の出産

まず比較のため、近代に向かう変化が生じる以前の出産を再現しておこう。図6を見てみよう。出産のとき産婦は産室内で分娩椅子に腰を下ろしている。近代化以前の地域に広く行なわれた「坐産」である。「坐産」は今日一般的な「仰臥位産」に比べて、産婦がいきみやすい産婦本位の姿勢である。産婦のまわりには伝統的産婆と近隣及び親類の女性たちが集い、各々の体験に基づいて口々に助言したり手助けしたりしている。折にふれて民俗宗教的なさまざまな儀礼や呪術が行なわれる。伝統的出産の理念型的イメージはだいたいこのようなものであろう（Laget 1982a, 1982b など）。産婆は社会的には女性たちの代表でありしばしば宗教者でもあった。出産は身体的な過程であると同時に社会的・宗教的な出来事であるとみなされていたのだ。ここから当時の人々の心身未分化的生命観をうかがうことができよう。

図6　近代化以前の出産：16世紀ドイツ
手前が産婆．後ろは占星術師
（出典）　Speert（1973）より．

また産室に集まった女性たちは「ゴシップ（gossip）」と呼ばれ（北本一九八三）、その語が後世もつようになった語義からも推測されるような活発なコミュニケーションを産褥期の数週間の祝宴にまでわたってくりひろげた。こうした女性たちの緊密な関係は当時の村落の構成原理であった性別（gender）[6]文化の一環をなしていた。

魔女狩りと教会の出産への介入

このような伝統的出産を変質させる最初の一撃となったのは、意外に思われるかもしれないが魔女狩りであった（Ehrenreich & English 1973; Donnison 1982 など）。魔女狩りは新旧教会の関与のもと、一六世紀から一七世紀初頭をピークにヨーロッパとくに西欧の全域を席巻したが、その際に追及された魔女の罪には、①悪魔との性交などの邪淫にあらわれる女性のセクシュアリティ、②サバト（魔女集会）に集合し組織を作ること、と並んで、③健康に影響を与える魔力をもっていること、が含まれる。健康に害を与える術ばかりか治療行為までもが「神に属さない魔術を用いるから」という理由で罪に問われたのだ。薬草の知識をもち民衆のための唯一の医療者として働いていた産婆は「魔女産婆（witch-midwife）」と呼ばれ、当時最も普及した魔女狩り手引き書である『魔女の槌』においても最も危険かつ数の多い魔女として特筆されている。なかでも人を不妊にしたり流産させたりすること、出産中に秘かに生児を殺すこと、新生児・死産児・へその緒を悪魔に捧げることなどが最大の悪徳とされたが、これらは今日の目から見れば出生抑制の介助である。一方で生殖に結びつかない快楽本位のセクシュアリティが罪に問われたことを考え合わせれば、性・生殖及び生命に関する新たな心性が出現したと読みとることができよう。

この新たな心性は、性と生殖の一致という厳格な性規範を含むがそればかりではない。より重要なのは生命の管理権が当事者や村落の手を離れ、教会に象徴される超越的で普遍主義的な存在のもとへと移行しつつあったことである。魔女狩りにおける産婆排斥の一方で、魔術や堕胎を行なわないと宣誓した産婆には公的な（教会や行政長官などによる）営業許可が与えられ、産婆は新たな秩序の末端に取り込まれていった。悪魔の子である「化け物」の出産を報告する、瀕死の新生児に教会に代わり「緊急洗礼」を施すなどが産婆の業務に新たに加わった（Donnison 1982）。そもそもそれまで許容されていた堕胎や嬰児殺しを罪とするようになった論理は、今日想像される人道主義的配慮とは異なり、教会に属すべき霊魂を洗礼を施す前に永遠に救済されない闇の彼方（悪魔の領分）へ追放することになるから、というものであった。教会に帰属する生命を意のままにする権利は親にも村にも許さないということである。同じ論理はまた子どもを教会に帰属させ霊魂を救済する秘蹟である洗礼の低年齢化をもたらした。一一〜一二世紀には幼児がかなり成長してから受洗させていたものが、一六世紀以降には出生直後になり（Ariés 1960a = 1980: 9–10）、ついには出産の途中で死亡する子どもの魂を救うため長い管を用いて子宮内の

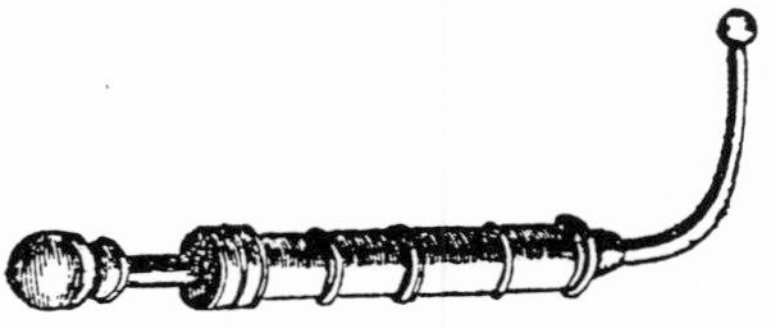

図７　胎児洗礼用の器具
（出典）Haggard（1928）より．

胎児に水をかける「胎児洗礼」（図７）までも考案されるようになった（Haggard 1928）。

魔女狩りの社会的背景には、中世末期から近代初頭にかけて民衆への浸透を強化しようとしたエリート文化（キリスト教文化としばしば重なる）と、それにより変容されつつ悪魔と結託するという象徴的なかたちで抵抗を試みた民衆文化との衝突という社会変動があったとするのが、近年の社会史の見解であるが（Chaunu 1969; Muchembled 1973）、村の社会関係のそれを超えた普遍主義的社会関係による包摂という社会変動の一環として、生命や出産に関する心性の大きな変化が存在したと考えることができよう。

出産への医師の立ち会い

次なる変化の最も明瞭なメルクマールである出産への医師の立ち会いは、一六世紀後半のフランスの貴族・上流階層に最初に見出される。異常産のさい非常手段を施すために外科医を招いたのが最初だが、一六一〇年代には正常産にも男性医師を招くようになった。この新しい習慣は、地理的にはフランスからイギリスそして欧米全域へ、階層的には貴族・富裕層から中産階級そして一般民衆へと拡大していった。最大の転換点は西欧の中産階級が大挙して習慣を変えた一八世紀後半で、医師と産婆の職業的対立が激化し、男性医師を「男産婆（man-midwife）」の蔑称で呼んで倫理的に非難する社会的反発も湧き起こった（Donnison 1982 など）。

各方面からの抵抗にもかかわらず、男性医師が永年男子禁制であった産室で職業的に勝利をおさめた理由は、出産の社会史における最大の問題である。第一に予想される解答は近代医学の技術的優越であろうが、実際には当時の医師と産婆の安全性を比較すると、同等かむしろ後者の方がやや優れていたようでさえある。産婦本位の「坐産」に替えて介助者本位の「仰臥位産」を導入したことに象徴されるように、産婦の身体を客体として扱い積極的に器具や薬物を用いる「おせっかいな助産（meddlesome midwifery）」がかえって災いしたのだ（Leavitt 1982 など）。医師の勝利の原因は技術以外に求められるしかない。では、それは何であったのだろうか。

女性文化の崩壊と近代家族の誕生

ここで医師による助産を受容した人々の側に目を転じてみよう。一九世紀中頃の米国のある高名な医師は「何事かをなすべし」というモットーを掲げていた。医師ならば器具や薬品をたくさん用いるはずだという産婦たちの役割期待に応えるのが営業のコツだという意味である（Leavitt 1982）。ここには産婦の側がすすんで近代医学的心性に染まっていった様子が見出せる。身体的安全への要求の飽くことなき昂進、そのために自分の身体をあたかも客体のように喜んで他人任せにする態度、近代医学への実態にそぐわない期待……。客体としての身体偏重の近代医学的生命観が、社会全体を覆う心性となったのだ。

受容者側のもうひとつの要因としては、伝統的出産を支えていた女性文化の変質・崩壊とそれに代わる新しい社会関係である「近代家族」(7)の創出が挙げられよう。医師が出産を介助するようになってからも産室には従来どおり産婆を含めた産婦の友人たちが立ち会っていた。初期にはどの医師をよぶかという選択からそれぞれの技術の使用の許可まで、女性たちの裁量に委ねられていた。年代が下がるにつれ産室内での医師と女性たちの勢力関係は次第に逆転していくが、二〇世紀になって病院分娩が支配的になるまで女性文化の出産への関わりは消滅はしなかった（Leavitt 1982）。しかしひとたび出産以外の場面にも目を向けると、女性文化の変容は隠しようもない。かつての女性文化は、労働・社交など村の生活の全領域を貫く性別原理に支えられ、相互援助・規範維持など多くの機能と活力を有していた（Segalen 1980など）。それが一九世紀には出産などわずかの儀礼を結節点としたインフォーマルな友情関係に矮小化されてしまった（Smith-Rosenberg 1975）。出産にあたっての女性たちの交流は一見不変と見えたが、実はそれは女性文化の「最期の砦」あるいは残滓でしかなかったのだ。日常の実質的な相互援助網を失った家での出産が、産婦にとって居心地のよいものでありつづけるはずはなかった。だからこそ産婦は、しばしばやむをえず病院にはいっていった。「もちろんですとも、家で子どもを産めたらどんなにいいことか！　でも誰が子どもを沐浴させるんですか、誰が私に食事を運び寝具を替えてくれるんですか！」という嘆きを残して（Leavitt 1982）。

女性文化に代わって出産の周囲に結晶してきた新しい社会関係が「近代家族」である。一九世紀米国の中産階級では出産への夫の立ち会いが流行し、医師や識者の賛否両論を巻き起こした。夫たちは「愛する妻の精神的支えになるために」産室にはいってきたと言う（Suitor 1981）。それまで性別文化の中に溶融していた「夫婦」が、情緒的にも機能的にも密接な単位としてはっきりと析出してきたのである。またちょうど同じ時期に、やはり中産階級を先導として、母乳哺育が一般化する（Sussman 1977）。つい先日まで、授乳は滑稽で不潔で礼儀に反するとして乳母を雇ったり里子に出したりしていた都市の母親たちが、「母性愛」の強さを競って争って母乳を与え始め、一日の大半の時間を子どもへの献身に費やすようになった（Badinter 1980）。相互の強い愛情と家族意識という新たな心性で結ばれた夫‐妻‐子、すなわち「近代家族」という新たな社会関係が誕生し、それ以前にはもっと広い社会関係の中に置かれていた出産や育児をその中に囲い込むようになったのである。

近代国家の出産への介入

医師の出産への立ち会いに示されるような変化を促進した要因としては、もうひとつ、近代国家の果たした役割を見逃すことはできない。国家介入は前述の教会の介入を内容的にほとんど継承し、その徹底と世俗化を図ったものだった。

一八世紀になるとフランスをはじめとするヨーロッパの大陸諸国は争って産婆養成所を設立し、医師を教師として近代医学に基づく産婆の養成を開始した。そして医師及び新たに養成された産婆のみを正式の助産者として認める助産制度を確立した（Donnison 1982）。これは伝統的産婆の地歩を決定的に脅かす一方で、専門職業化した新種の助産者を国家機構の一端に取り込もうとするものであった。一六、七世紀の教会の介入の際には伝統的産婆を媒介として村落を包摂した普遍主義的社会関係が、この時期には国家として結晶し、一切の媒介なしに人々の生命を把握せんと乗り出してきた。同様の志向は、やはり教会により創始された堕胎罪が近代国家の法体系内にとりいれられ、刑罰を伴う犯罪として初めて実効をもつものとなったことにもあらわれている。この時期には堕胎罪による死刑も相当数執行されたようだ（Manniche 1982）。

注意すべきなのは、こうした出産への国家介入の強さ及び時期は国によりかなりの相違があることである。概して言えば大陸諸国では一八世紀から強力な介入が見られ、イギリスではそれが二〇世紀初頭まで遅れ、米国ではついにほとんど行なわれなかった（Donnison 1982）。この相違は直接には軍事的必要、ならびに重農主義イデオロギーにより鼓舞された人口増強政策の強弱と関連している。政治・経済構造の変動により、人間が兵力・労働力として集合的に客体化可能になり計算・計画の対象となったことに、この政策は根拠を置いているが（Gélis et al. 1978）、こうした条件が政策という積極的な形をとるための動機が英米には欠けていたらしい。イギリスは島国で兵士の数がそのまま軍事力につながらなかったこと、米国は移民により十分な人口増加を得られたことなどが個別的な理由として挙げられるが、ここではもっと一般的な理由、すなわち先進国は自由主義的な国家、後進国は「先進国に追いつけ」という国家目標を掲げて介入主義的な国家になりやすいという傾向を思い出しておいた方がいいだろう。英米などの先進国では、国家が積極的に介入するまでもなく人々は村落から解き放たれ、出産も新たな形態をとらざるをえなくなった。

出産の社会史の二局面

以上の出産の社会史の検討からわれわれは、出産をめぐる社会学的状況は近代化の過程でやはり二局面からなる変動を経験したと考えることができよう。変動の本質に関わりかつ最も可視的である助産者の変化に着目すれば、一六世紀前後に開始される伝統的産婆の排撃（魔女狩り）と教会秩序への取り込みに示されるのが第一の局面、一八世紀後半に本格化する伝統的産婆から医師または近代的産婆への交替に示されるのが第二の局面である。どちらの局面も生命や出産に関する心性及び社会関係の大きな変化を伴っている。ごく簡略にまとめれば、第一の局面は教会の出産への介入、性と生殖の一致を命ずる厳格な性道徳、人間の教会への帰属という新たな人間観、教会に象徴される普遍主義的社会関係による村落の社会関係の包摂などを特徴とする。第二の局面は、身体を客体視する近代医学的生命観、女性文化の衰退と新たに誕生した近代家族による出産の囲い込み、近代国家の出産への介入、人間の国家への

	～16.7 世紀	16.7 世紀～	18.9 世紀～	20 世紀前半	1970 ？～
現象	伝統的産婆	医師進出開始	医療進出本格化 近代的産婆養成	医師の勝利 施設分娩 安全性上昇	自然出産 産婆再評価
心性	民俗宗教 ⇩ 心身未分化的 人間観 村に帰属する 人間	キリスト教 ⇩ → 心身二元論的人間観 魂偏重 → →神に帰属する 人間	近代科学　国家 ⇩ (世俗化) 身体（客体）偏重（医療化） ＋ (世俗化) 国家に帰属する人間（国家化） ＝ 計算・計画可能な 集合としての人間		
社会関係	性別文化 （村） 人格的交際	キリスト教 ⇩ → （変質） → 普遍主義的 社会関係成立	国家 ⇩ →近代家族の誕生（家族化） → 普遍主義的社会関係の強化 （国家化）		→脱近代家族 ？

図 8　欧米における出産の近代化

帰属という人間観などを特徴とする。二つの局面は見方によっては著しく対照的だが、大局的には後者において全面開花する諸特徴が前者において胚胎された関係にある（図8）。これら二局面の歴史的展開を地域的・階層的ずれを考慮して図示すると図9のようになろう。

　われわれの同時代人が「出産の近代化」と聞いて最も常識的に思い浮かべるのは、おそらく出産の「医療化」であろうが、それは「近代化」の第二局面の特性であってそれに先行する第一局面を準備段階として必要としたこと、また第二局面においても「医療化」は出産の「家族化」「国家化」とも呼ぶべき社会的側面の変化なしには生じえなかったことも以上の検討から明らかになった。

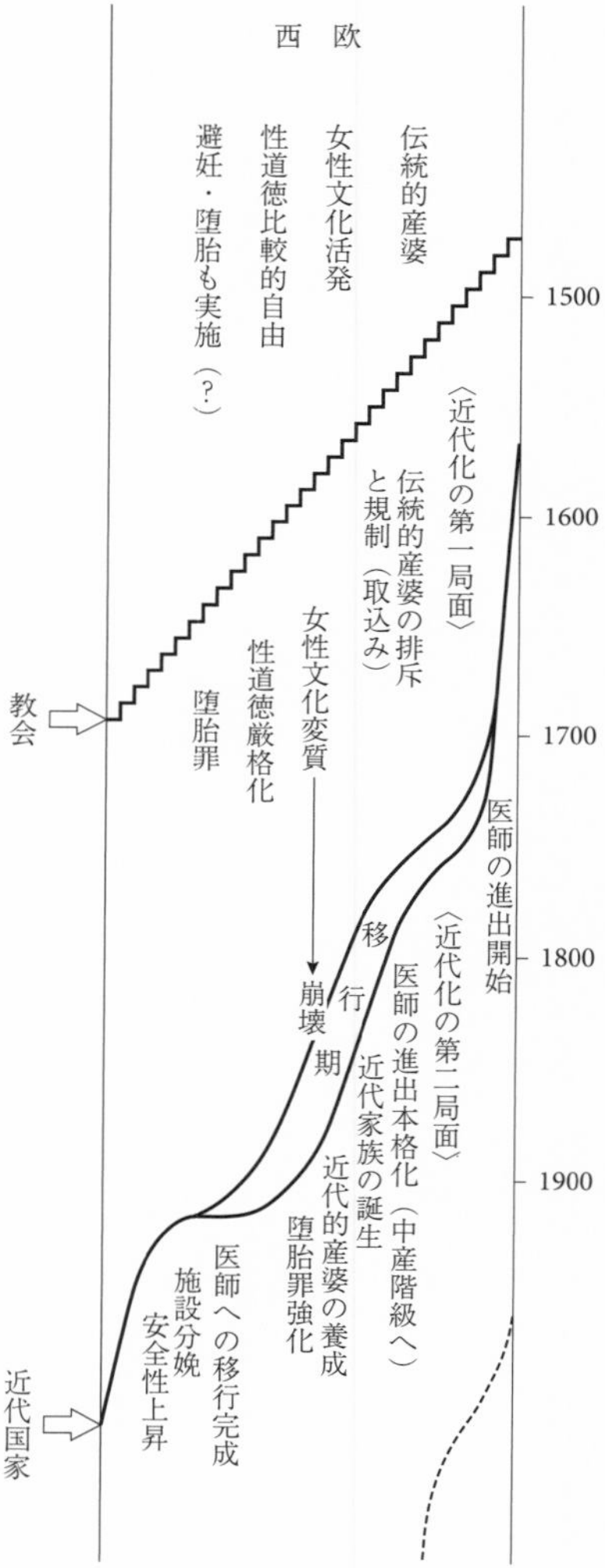

図9　出産の社会史における二つの近代（2）
心性と社会関係から

なお第1節で触れたように、一九六〇～七〇年代になって自然出産運動、産婆の再評価をはじめとする「医療化」批判の新しい動向が生じているが、それが第三局面を拓くものであるか否かはわからない。本章では、こうした現代の動向の前提となった第二局面までを論考の対象としたい。

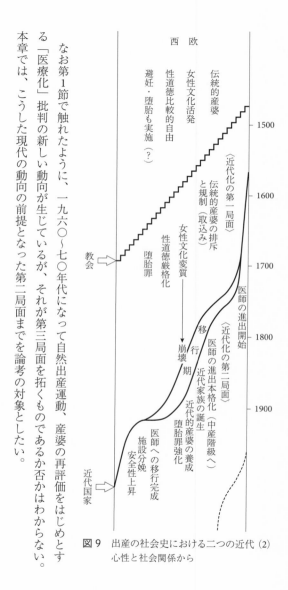

4　二つの近代の社会学的意味

第2、第3節では、歴史人口学及び心性や社会関係に注目しつつ、近代化過程における出産の社会史的変化を展望してきた。第2、3節いずれの検討からも、出産の社会史的変化は二つの局面を経てきたことが見出された。図5に図9を重ね合わせ、さらに詳しく地域的・階層的展開についての対応（例えば2、3いずれにおいても第二局面への転換は地域的にはフランスから、階層的には中・上流階層からであったことなど）も考慮すれば、2と3は同じ変化を異なる角度から照射したものと考えられる。しかも「ヨーロッパ的婚姻パターン」による婚姻率抑制型の出生抑制は魔女狩りを契機に強化された厳しい性道徳（性と生殖と婚姻の一致）なしには機能しえず、「家族規模制限」は計画の対象であると同時に主体でもある「家族」の析出なしにはそもそも意味をなさなかったというように、各局面の人口学的諸現象は、それぞれの局面の社会学的諸現象の複雑な連関の中に埋め込まれている。(8)「出産」から見れば近代化過程は二つの局面から成っている、すなわち「二つの近代」が見出されると結論することができよう。

では、この「二つの近代」は社会学的にはどのような意味をもっているのだろうか。第3節での社会史的知見をとくに社会関係に注目して社会学的に再検討してみると、出産に対してそれぞれに重要な、しかし異なったしかたでの関わりをもつものとして、二種の社会関係が浮かび上がってくる。

その一方は、家族、婚姻など出産を直接に担う社会関係である。家族が村落など家族外の人間関係に対し開放的であるか否か、あるいはそもそも家族なる単位が機能的かつ情緒的に他から截然と区別される明確な集団を作っているか否かなどは、出産のあり方に大きな影響を与える。もちろん出産が家族や婚姻によって「担われない」場合があることも社会史的にきわめて重要である。社会によっては婚姻外出生力がかなりの高さを示したり、あるいはそもそも「婚姻外」「婚姻内」の区別がほとんど問題にならないほど婚姻外出産の禁忌が存在しない場合もある。出産が家族、婚姻などの社会関係といかなる関わりをもっているか、また家族や婚姻などそれ自体がどのような性格のものであるかは、その社会における出産の形態を規定する重要な要素なのである。

他方、出産には村落、国家など、より広範囲の社会関係も関わっている。それらは出産を間接に援助したり規制したりするのだが、一見見逃しがちなこれら広範囲の社会関係の関与の重要性は、第3節の出産の社会史で十分に示されている。こうした社会関係とは、もう少し厳密には「出産に関する規範(例えば出産が前述のようないかなる局所的社会関係により直接に担われるのかなど)を共有し出産によって成員を供給される範囲」と理解すればよかろう。あるいは「全体社会」と言いかえてもよいかもしれない。誕生する人間は、ある家族や婚姻に属する(属さない場合もある)と同時に社会の成員ともなるのであるから、全体社会が出産に関与するのはきわめて本質的なことと言うべきだろう。

このように出産に関わる社会関係は二重性をもっている。社会変動に際しては二重の社会関係が連動しつつ変動し、それに伴って出産という社会現象も変化するのである。

以上のようなモデルに依拠すると、出産の社会史における「二つの近代」は次のように整理することができよう(図10参照)。

まず近代的変化の生じる以前の伝統社会における出産は直接には家族や婚姻により担われるのを基本としてはいたが、比較的自由な性道徳によりそれらの外で生じることも許容されていた。また家族や婚姻は今日のような明確な単位を作らず村落内の性別文化の中に溶融していた。村落社会は出産に対して、産室に集まる女性たちや民俗宗教という形をとって、具体性の高い規範による規制を行ない親密な援助を与えていた。なおこの場合の「全体社会」はいくつかの村落を包含した「地域」であった場合もあるだろう。

近代化の第一局面にはいると村落社会が規範共有の基本的範囲であるのは変わらないものの、まだ漠然としてはいるが村落を超えたより普遍主義的社会関係に支えられた規範(キリスト教に象徴される)が重層して登場し、産婆の排斥と取り込みなどを契機に村落の規範にも変質を加える。性と生殖と婚姻の一致を命ずる厳格な性道徳により出産は婚姻及び家族の中で行なわれるものとなる。一方「非解消」（離婚できない）の婚姻の普及（Ariès 1982）、家父長制の強化により婚姻、家族自体も単位として強化される。ただし、社交のネットワークにより村落社会によく溶け込んでいるという家族の開放的性質は損なわれない。

ところが近代化の第二局面にはいると村落社会はほぼ解体し、規範共有の範囲は唯一市民社会となる。

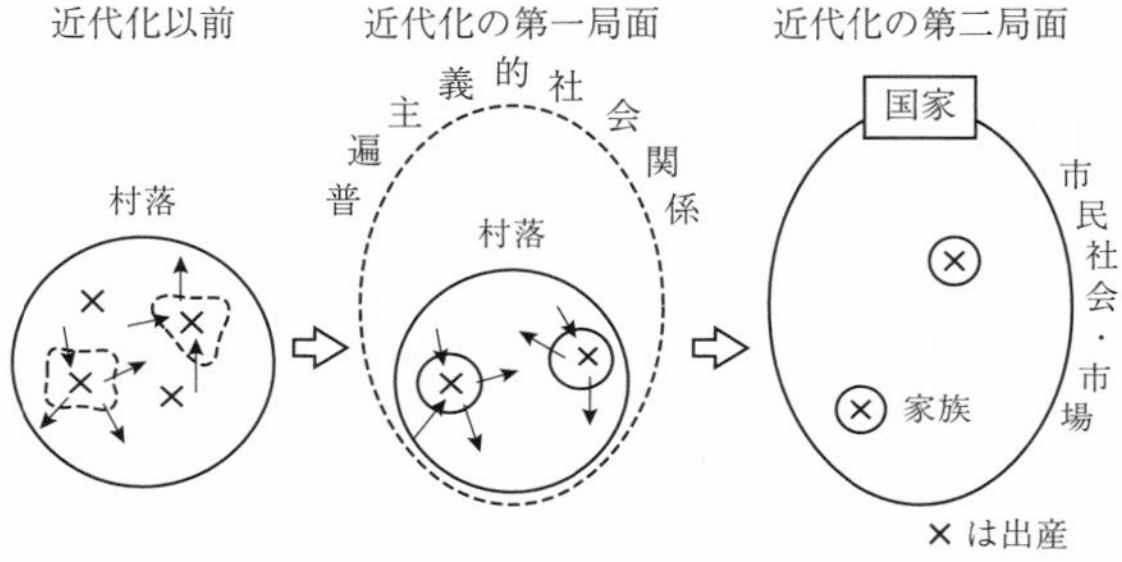

図10　二つの近代の社会学的意味

市民社会の法の護持者は近代国家であるから、いきおい国家の出産に対する関与が前面に出て、しばしば規範護持の任務を超えて人口増強政策などを計画的に遂行する主体としてさえ行為する。一方家族は、社交のネットワークを失って「公共性」（public sphere）から明確に分離した「家内性」（domestic sphere）を司る閉鎖的な集団と化し出産をその内に囲い込む。また家族規模制限などの意図的出生抑制により、性が生殖から分離され、婚姻の内外を問わず自己増殖をはじめる。

以上より（少なくとも欧米の）近代化過程における出産をめぐる社会関係の変動は、出産を直接に担う社会関係の限定と、規範を共有する社会関係の普遍主義的拡大の二局面にわたる進展であったと整理することができよう。第一局面は、後者の社会関係として村落と普遍主義的関係が並存しているなどの点で相対的に独自の段階を作ってはいるが、大局的には変動の過程に位置していた。第二局面における出産の「家族化」と「国家化」は、こうした変動の言わば行き着く果てであったのである。

5　近代化過程における家族変動論へ

本章では社会現象としての「出産」及びその社会史的変化の過程に注目することから、

(1)（欧米の）近代化過程は「出産」に注目する限り二つの局面からなっていること（図5、図9）

(2)(1)の社会学的含意は、「出産」に関わる二重の社会関係のうち「家族、婚姻など出産を直接に担う局所的な社会関係」の限定と「出産に関する規範を共有し出産により成員を供給されるより広範囲の社会関係（全体社会）」の普遍主義的拡大が、近代において、部分的には対照的だが大局的には連続している二段階を経て進展したことであること（図10）

(3)(1)の歴史的展開は、地理的には、①北西欧、②南欧及びバルト海岸、③東欧及びロシアという地域によって、階層的には貴族、中産階級、下層の別によってずれを含みつつ進展したこと（図5、図9）

などがわかった。

われわれは本章の考察を社会における「出産」の位置の理論化をめざすという目的の下に進めてきたのではあるが、その結論は(2)に示されたように広い意味での「家族変動」と深く関わっていた。おそらく(1)、(3)も含め、「出産」についてのみでなく、家族及びそれに関連する事柄一般について適用できるかもしれない。そうした方向で実証研究を検討し家族変動論を整備していくことは、「出産」研究という本来の目的にとってもきわめて重要な理論的課題であろう。なお「広い意味での『家族変動』」と言ったのは、本章では最初から対象を「家族」に限ることをせず、「出産」の周囲に結晶する社会関係を見るという方針をとったため、家族外の関連現象や、定義によっては「家族」の生成や消滅とまで考えうるような「家族」の性格の大きな変化（「家族」が集団をなすか、「公共性」と区別された「家内性」を司っているかなど）まで視野におさめられたこと、及びそうした「家族」的領域の変動をつねに全体社会の変動との関連で考察したことを含意している。どちらもいわゆる「家族変動論」としてはやや逸脱かもしれないが、数百年にわたる「家族」の社会史的変化（及びおそらく今日問題となっているような「家族解体」現象）を分析するためには、むしろ必要不可欠な枠組の拡大であると積極的に主張したい。

また本章で「出産」の社会史的変化あるいは「家族」変動に着目することから見出された「二つの近代」が、「近代化」と呼ばれる全体的社会変動の中にどのように位置づけられるかも重要な問題である。第2、3節の分析から、第一局面は一六世紀前後に開始し、第二局面は一八世紀後半から一九世紀に進展して二〇世紀中頃までに完成したことがわかっているが、これらの年代はちょうど一般的な近代化論における最も重要な変動期すなわち近代の始期（大西洋貿易の成立、宗教改革などに注目した場合の）、産業化期、変質期（「現代」への転換期）にあたっている。第二局面は「産業化」を契機とした本格的な「近代」の展開に、第一局面はその準備段階ともいうべき「近代」の始動期に対応していると言って、おおまかには間違いないだろう。「市場化」あるいは「市民社会化」の進展、及びそれと裏腹の「個人化」という現象との関連で、二局面の社会学的含意を理論的に深めることができるのではないかと思われる。また図5に示したような地域による変動過程の相違を重視するなら、「近代化」の多系性と各地域間の相互依存性を強調する「世界システム論」的方向への発展の可能性もある。図5の三地域は「世界システム論」（Wallerstein 1974, 1979）によると一六、七世紀における中核（core）、半辺境（semi-periphery）、辺境（periphery）地域にかなりの程度合致しているようなのも興味深い。

以上のように、本章における「出産」の社会史的考察は、家族変動論及びそれを重要な一分野として含む近代化理論への発展の道を拓くものでもあった。こうした諸問題についての本格的展開は、非欧米圏への論及と合わせて稿をあらためて行ないたい。

［注］

1　「心性（mentalité）」とは社会史の鍵概念であり、「たとえ社会とはいわずとも、少なくとも集団の全員に共通な思考・行動様式である」（G. Duby）。「集合心性」とも訳す。「社会的なるもの（le fait social）」であり構造をもつことをその特色とし、社会学的概念に翻訳すればデュルケームの「集合意識（la conscience collective）」に近いと考えられる。なおAriès（1960a＝1980）の翻訳では「社会的な意識のあり方」と訳されている。

2　社会史は伝統的な実証主義歴史学へのアンチテーゼとして提唱された歴史学の新しい潮流で、①日常生活への注目、②長期波動（la longue durée）においてしか変動しない構造への注目、③歴史的社会科学（historical social science）への志向などをその特色とする。

3　いわゆる「近代化論」の一国を単位とした同型的社会変動としての「近代化」理解に対し「従属（dependency）理論」「世界システム（world system）論」からの有力な批判が提出されている今日、「世界社会」における多系性を考慮せずに「近代化」を論じるのは問題である。

4　「稀婚」とは阿藤誠氏の用語である。

5　ここでの「社会関係」概念は通常の社会学的用法よりゆるく、社会史の「心性」と並ぶ鍵概念である“sociabilité”（社交性、交際関係、人的結合関係、社会的結合関係）が意味するような、より流動的で具体的・可視的な人と人との交流も含むものとして用いたい。

6　近年の社会史では、伝統社会においては世帯（ménage）より性別（gender）の方が重要で労働も社交も世帯を超えて村落内に拡がる性別のネットワークにより担われていたとする見解が有力である。Segalen（1980），Verdier（1979），Illich

（1981b）参照。

7　家族形態に関する「核家族化」と家族の性質に関する「近代家族化」とは異なる現象であることに注意。

8　Hajnal（1982）はかつて自分の提唱した「ヨーロッパ的婚姻パターン」なる人口学的概念は「北西欧的世帯形成システム（Northwest household formation system）」なる社会制度及び社会規範の複合体（①晩婚・稀婚、②新婚夫婦は新世帯をかまえる核家族制度、③未婚者の奉公制度などからなる）の一環をなすものだとする方向に近年論考を発展させてきている。

5　江戸時代の出産革命
――日本版「性の歴史」のために――

1　日本版「性の歴史」のために

フーコーと「日本」

いま、「日本」が面白い。少し前まで日本論というと、どちらかというと、「またか」という感じをひとに抱かせるテーマではなかったかと思う。「遅れた近代」という欧米の不出来なレプリカか、あるいは全くの文化的異人としての「不思議の国ニッポン」か。それがこの二、三年、ますますゆるぎないものと認められてきた「日本近代化の成功」と急速な「国際化」の風潮を受けて、論としても新しい局面を迎えつつあるのは衆目の一致するところだろう。これまでの二項対立のどちら側にも堕さない「日本」像を描き出すこと、のみならず返す筆で欧米中心の「近代」イメージをも塗り変えることが、いま日本論に求められている課題だと思われる。

さて、そこでフーコーである。『性の歴史』の翻訳が進み、死後三年たって日本ではフーコーに魅了される人々が再びふえつつあると聞く。われわれが確固たる拠所だと思っていた知の枠組を次々にくつがえしてきた彼の仕事には、わたしも少なからぬ感銘を受けたし、とくに今回の「セクシュアリテ」というテーマにはかねてより関心をもっていた。しかし「いま」という時点で、「日本」という具体的な素材を手にしながらあらためて『性の歴史』を振り返ってみると、美しい歌声で船を難破へと誘うセイレーンではないけれど、うかうかとこの書物の魅惑に引き込まれてはあぶないぞ、という危惧の念をおさえることができない。

危惧とは、単純化のそしりを受けることを承知で言えばこういうことだ。おそらくあらゆる文明と同様に、「近代」の文明にも、普遍へと向かうベクトルとその文明に属する各文化の固有性へと引き寄せられるベクトルとの、二つの方向性があるだろう。フーコーが強引とも見えるデッサンと細心の筆さばきで描き出してみせる「主体」という形象は後者、すなわち西欧文化の個性を強く反映した「近代」の一側面ではないのか。したがってその側面から光をあてると、告解の伝統も精神分析の習慣もない日本は「主体」不在で「近代」に似て非なるものとして浮き上がるよりほかなく、議論は再び「遅れた近代」とか「不思議の国ニッポン」とかに舞いもどってしまうのではないか。

「主体」が西欧文化の固有性だという点に関しては異論があろう。「主体」こそが「近代」の中核であり出発点であるとする考え方は、もちろん少数派ではない。しかし今日では、このような言わばデカルトを範型とするような「近代」観には、西洋思想史の内部からも批判が出ている。

「近代」が全地球をおおった今日のような時代にあっては、問題はウェーバー以来の「なぜ西洋だけが」ではなく、「なぜ地球上のすべての文化が」とならざるをえない。それに対応して「近代」の定義も、より普遍化しやすい部分に、一つの文化から他の文化へ移転するのにさほどの困難は必要としないような部分に焦点をずらさざるをえない。

では、われわれはフーコーから何を学ぶべきなのか。権力論、方法論……さまざまな答えが出てこよう。しかしわたしは名人芸を名人に任せることにして、フーコーの華やかな思索を支えている堅実な土台の方に目を向けたいと思っている。土台とは、フーコーの発想の母胎となり、思考の厖大な材料を提供した、アナール学派をはじめとする歴史社会学である。もちろんフーコーの仕事は「フィリップ・アリエスが企てた日常生活の社会史」とは次元を異にするとも言える。しかしイリイチやドゥーデン、ウォーラーステインらが、それぞれのしかたで歴史社会学を確かな足場としつつ次元を跳躍していったように、フーコーもまた歴史社会学の伝統なしにはあの仕事を成し遂げることはできなかったはずだ。フーコーの方法を「近代」の普遍へとつなげる手懸りを得るためには、フーコー得意のひねりが加えられる以前の歴史社会学の実直な積み重ねにまで立ち戻ってみるほうが、案外早道なのかもしれない。

『性の歴史』再読

というわけで本章では、日本版「性の歴史」のための、歴史社会学的な準備作業を行なおうと思う。しかしその前にもうひとつだけ、フーコーについて確認しておいたほうがいいことがある。それは『性の歴史』の歴史社会学的意義である。

『性の歴史』の基本モチーフは、のちに若干の手直しを加えられることになったとはいえ、『知への意志』の抑圧仮説論駁の部分に大筋は集約されていると考えられる。無粋を覚悟でその歴史としての骨格だけを取り出してみれば、「古典主義の時代に始まり二〇世紀の間に緩やかに閉じられていく一つの大がかりな抑圧の時代」があったという仮説を、とくに「一六世紀中葉」と「一九世紀初頭」を画期とする性についての言説の不断の「増殖」があったという仮説に置きかえようというのがフーコーの主張である（邦訳一五二頁）。これは、近代工業社会には「性＝生殖」を厳守させようとするのとは別のメカニズムが働いていたということでもある。階層的には「増殖」はブルジョワジーによって担われるので、庶民的階層にとってはかなり遅れ、一八世紀末及び一八三〇年前後を画期として、最終的に社会全体に普及するには一九世紀末をまたねばならなかった（同一五五頁）。

「増殖」の過程とは、別の言い方をすれば、「親族関係の固定と展開の、名と財産の継承のシステム」であり「生殖＝再生産」を重要な要素とする「婚姻の装置」を、一八世紀以降、「快楽」を通じた「流動的かつ多形的かつ情況的な技術」で「身体を刷新し、併合し、発明し、貫いていくこと、そして住民をますます統括的な形で管理していくこと」を存在理由とする「性的欲望の装置」が覆わんとしているということでもある（同一三六頁）。女の身体のヒステリー化、子どもの性の教育化、生殖行為の社会的管理化、倒錯的快楽の精神医学への組み込みなど、新しい戦略はすべて「家族」を通じて成立する（同一四五頁）。

さて、いま、これらのテーゼを目の前にして、わたしは正直言って斬新さに目を見張るよりは、その歴史社会学的妥当性にいちいちうなずいてしまう。フーコーの仮想敵であったところのマルクーゼやライヒなどの性解放論者が今ではすっかり勢いを失なってしまったことも、そのひとつの理由であるだろう。もちろんフーコーのこの書物自身の影響力も大きかった。しかし何よりも大きな理由は、フーコーは当時の歴史社会学の最新の成果を貪欲に総合してこの書を書いたという当たり前のことだ。この書は一部の人々が期待しているほど、あらゆる常識に論争をいどむものでも、他から隔絶して独創的なものでもない。

歴史社会学の見解によれば、近世・近代ヨーロッパの家族制度は、二段階の大きな変化を経験した。はじめの段階が家父長制的で下男下女などの他人を含む「家」であり、二番目の段階が肉親の親密な情愛で結ばれた「近代家族」である。晩婚で生涯独身率も高いという「婚姻」をかなめとした人口調節を行ない、そのかわりいったん結婚したら「性＝生殖」を遵守させて産児制限を許さなかったのは「家」の方である。「近代家族」では皆が早く結婚するかわりに、夫婦間でも産児制限を行なって「目標産児数」を達成する。性と生殖の分離だ。「近代家族」は中産階級では一八世紀から一九世紀にかけて、庶民では一九世紀末から二〇世紀初頭に成立したと言われているが、これはフーコーの「増殖」あるいは「性的欲望の装置」の普及にきれいに対応する。フーコーは、家族制度と人口調節メカニズム（それに付け加えれば労働の制度）からなるシステム（これを歴史人口学では「世帯形成システム」と呼ぶ場合がある）(Hajnal 1982)(1) が、「家」型から「近代家族」型へと転換するのに伴った心性の変化を詳述したとも言えるのである。

今にして思えば、近代工業社会は生殖につながらない性を抑圧したという「抑圧仮説」には全くの無理がある。産児制限はフランスの中産階級では大革命の頃から普及している。ヴィクトリア朝時代人はすでに産児制限への心性の明らかな傾きの上にいる。

しかし性と生殖の分離が、すなわち性解放ではないのはマルクーゼらの直観のとおりだ。「目標産児数」という観念を抱くようになった夫婦にとって、性は生殖のために、また健康や自己実現のために、合理的に正しく行なわれねばならないものとなった。「人は性について……経営・管理すべきもの、有用性のシステムの中に挿入し、万人の最大の利益のために調整し、最適の条件で機能させるべきものとして語らねばならない」（邦訳三四頁）というくだりで、また性についての言説の増殖を論じるすべての箇所でフーコーが表現しようとしているのは、性抑圧でも性解放でもない、こうした心性のことだったのだ。性のみならず、生命、人間、身体、子どもをもつことなど、あらゆることについての感覚が共に変わったのは、アリエス、ドゥーデン、フランドラン他、多くの歴史社会学の業績が示しているとおりである。

フーコーは歴史社会学者として決して異端者ではない。われわれはますます、フーコーの方法を他の文化に適用するために、人口、心性、家族等に関する歴史社会学の厖大な蓄積に応援を頼んでよいはずである。

前置きが長くなったが、次に、日本における「性の歴史」を見出すために、わたしがささやかながら手がけている準備作業の一端を紹介させていただこう。

2　江戸時代の出産革命

三つの出産革命

フーコーと違い、わたしは「出産」すなわち生殖との関わりの側から、「性の歴史」を見ている。もちろん「産むこと」の反対は「産まぬこと」（生殖の意図的・無意図的回避）なのであるから、その両方を視野におさめてのことだ。フーコーは近代の性を生殖との関わりで見るという「正攻法」にあえて異を唱えたが、日本ではまずその「正攻法」での知見を集めることから始めねばならない。

「出産」から日本の近代史を見ると、二つの画期があると従来から言われていた。民俗的な産婆が近代医学教育を受けた産婆に取って替わられる明治後期からの変化と、医師や病院助産婦による施設分娩が増加した第二次大戦後の変化である。藤田真一は前者を「第一次お産革命」、後者を「第二次お産革命」と呼んだ（藤田一九七九）。

わたしはこの二つの画期について、産婆経験者の聞き取り調査を軸に研究をまとめたことがある。近代的産婆は、自転車に乗り、銀色に光る道具類をつめこんだ皮カバンを下げるなど、新しい心性を象徴するかのように見えながら、人間関係では民俗的産婆とさほど変わらないものを受け継いでいた。「第一次お産革命」では村や郡という地域的単位が重要な媒介項であったのだ。それに対し「第二次お産革命」では、初対面の医者にでも取り上げてもらうようになるなど、そうした地域自体の消失が特徴となる。第二次大戦中の保健所網の整備など国家による中央集権化の推進が、「民主化」した戦後の出産をめぐる人間関係の変化の地ならしになった（落合一九九〇a）。

二つのお産革命についての検討を進めるうちに、わたしの関心は次第に時代を遡り、江戸時代へと向かうようになった。二つのお産革命はそれぞれ、明治三二年の「産婆規則」と、占領期のGHQの施策とを拠所とし、「行政主導」で「欧米模倣」という日本近代化の通念によく合致しているように見える。しかし果たしてそうなのか。

産婆に関する法令は「産婆規則」以前にも出ている。明治七年の「医制」はすでに欧米の模倣だとしても、早くも明治元年の「太政官布告」で、産婆は人命にも関わる重要な職業であるから売薬の世話や堕胎などを行なってはならない旨、述べられている。通常これらは「第一次お産革命」の前史として扱われるが、むしろ江戸時代にすでに始まったある傾向に連続したものなのではないだろうか。もしもそのような「江戸時代のお産革命」とも言うべきものがあったとしたら、それこそ「性から見た日本近代」を解き明かす鍵になるのではなかろうか。

ところで、「お産革命」について、もう少し正確な規定を与えておいた方がいいだろう。用語を少し変えて「出産革命」と呼ぶことにするが、「出産革命」とは、出産に関する制度、慣習、心性、人間関係などの変化の総体であると言えよう。もちろんそれらはつねに少しずつ変わっているものだが、その変化が相対的に急激にだいたい時期を同じくして生じた場合を、比喩的に「革命」と呼ぶ。「出産革命」はしばしば人口学的構造変化や家族制度の変化を伴うことがあるし、社会全体の変動がそれに重なることもある。

「出産革命」という語に、人口学の「人口転換（demographic transition）」という概念を重ね合わせてみることもできるだろう。「人口転換」とは、教科書的には、ある社会の近代化に伴っていわゆる多産多死型から少産少死型へ人口学的構造が転換することだが、広い視野をもつ人口学者コールはこれを人口学的構造変動一般を意味するように拡張して用いて、「西欧は二回の人口転換を経験した」と述べた（Coale 1973）。一回は一九世紀末頃の通常の意味でのそれ、もう一回はそれをはるかに遡って一六世紀か一七世紀、晩婚で生涯独身率の高い「ヨーロッパ的婚姻パターン」が成立したときである。前節で触れたことを思い出してほしいが、この二つの時期はちょうど「家」型のシステムと「近代家族」型のシステムの始期にあたっている。「人口転換」とは単に狭義の人口の変化のみではなく、家族や社会全体の変動をも含意するふくらみをもった概念たりうる。

もちろん、これまでに言及した日本の三つの「出産革命」が、皆そのような重要な画期であるとの保証はない。しかしそのような画期を発見するための有力な手懸りではあるだろう。どの「出産革命」がどのようなシステム変動の露頭であるのか、それを明らかにするのが日本の「性の歴史」の最初の課題であろう。

間引き・堕胎批判の言説の増殖

「江戸時代の出産革命」が存在したのではないかと考える根拠のひとつは、一八世紀末頃からの、間引き・堕胎批判の「言説の増殖」である。

江戸時代の間引き・堕胎の実態については諸説が入り乱れている。かつての定説では、江戸時代の農村では飢饉と搾取による窮乏化のために間引き・堕胎が常習化しており、それが人口停滞の原因となったと言われていた。しかしそれに対し、常習ではなく飢饉などの異常事態においてのみだったのではないかという常習性についての異論や、窮乏化ゆえではなく生活水準を上昇させるための計画的産児制限であったろうという動機についての異説が出され（典型的なものはHanley & Yamamura 1977）、現在に至るまで結論は出ていないと言ってよい。この論争はそれ自体重要であり興味深いものではあるのだが、わたしがここで注目したいのは実態ではなく言説、そもそもかつての定説の根拠となった見聞録の作者らによる間引き・堕胎批判が、江戸時代後期になって頻出してくるのはなぜなのかという点である。

間引き・堕胎は、現代のわれわれの心情に反して、この時期以前にはそれほど忌まわしく思われてはいなかったようだ。むしろ子沢山を笑い、間引きを尻込みするようでは一人前の主婦とは言えないと村人が言いならわしているという記録も見られる。七歳や一五歳の年齢より以前に死んだ子どもの霊魂は成仏せずにあたりにとどまり、遠からず生まれ変わってくるという生命観が背景にあるという。

農村の間引きに対して都市では堕胎が多く行なわれ、姦通や私通を隠したい町人のみならず、経済的に困窮した小禄武士にもこれを行なう者があった。初期には大名家や将軍家の大奥でも堕胎の記録が見られ、将軍家光に愛された於萬方は「懐胎を禁」じられ、水戸光圀とその兄頼重もあやうく「水になされる」（堕胎される）ところだったという。少なくとも正保（一六四四〜）以前には、中条流の産婆や女医

（産科医）など、「子おろし」を専業にする者がすでに現われていた。堕胎に関する初期の判例を見ても、堕胎の結果や原因である堕胎致死や不義密通は重罪とされても、堕胎自体はほとんど問題にされていない（高橋一九三六）。

このように慣習化していた間引き・堕胎に批判的な言説が浴びせかけられるようになるのが、一八世紀後半のことである。佐藤信淵は『経済要録』の中で、「……今の世に當て陸奥、出羽の兩國ばかりにても、赤子を陰殺すること年々六、七萬人に下らず、然れども此れを驚歎して罵る者の有ることを聞ず、却て此れ異むべき甚き者に非ず乎」と、新しい心性の勃興を象徴した言葉を遺している（高橋一九三六）。有名な秩父菊水寺の「子がえしの絵図」（図1）ではもっと露骨に、子を圧し殺している母親の顔を鬼に変えて残忍さを可視化し、「子殺しをする女は動物にも劣る鬼だ」「子供は貧乏の原因ではなく家繁昌の基だ」と道徳的・経済的見地から間引きを戒めている。この頃、富農・町人などの篤志家や僧侶に加えて、儒者や国学者など、間引き・堕胎を告発した知識人の発言は枚挙に暇がない。なかには言論だけではなく、貧児を養育する費用にと私財を差し出したり、自宅や寺で孤児院のような試みを始めたりする者も現われた（高橋一九

図1　秩父　菊水寺「子孫繁昌手引草」より「子がえしの絵図」
（出典）　日本医史学会編『図録日本医事文化史料集成』第四巻より.

三六)。

藩、幕府による間引き・堕胎の禁令もしばしば出されている。水戸藩、笠間藩など関東各藩、仙台藩、秋田藩、米沢藩など東北各藩と並んで、西国でもかなりの例が数えられる。これらの藩では、ほとんどの場合、入百姓、分家の取立、聟取・嫁取の簡便化など人口増殖策の一環として間引き・堕胎の矯正を取り上げている。儒者や僧侶を派遣して間引き・堕胎は悪だという教化活動を行なう一方で、妊婦に届を出させて出生の折には赤子養育米を数年間与えるというような物資救助も施された(高橋一九三六、関山一九六六)。

このような言説や政策を見ていると、わたしはヨーロッパの一八世紀を思い出さずにはいられない。軍事的必要と重農主義イデオロギーにより人間を兵力・労働力として計算・計画の対象とするようになった近代国家は、この頃「人口」に熱い視線を注ぎ、貧しい者の結婚出産に補助を与え、孤児院を作り、堕胎罪を設け、間引き・堕胎を請負う民俗的産婆の駆逐に本腰を入れ始めた(Gélis et al. 1978)。日本でも一七二一年に幕府により全国人口調査が実施され、これ以後「子午改」として定着した。明らかに同じまなざしが生じ始めている。

ヨーロッパの間引き・堕胎批判は一六・七世紀の魔女狩りに端を発し、キリスト教的生命観の浸透を前史としていたが、日本でも仏教、儒学、国学など当時の思想が一致して間引き・堕胎批判の論理を模索しているのは注目に値する(2)。幕末に簇生した新興宗教でも「出産」は教義の中の重要な位置を占めている。さらに子の葬法や腹帯などについての民俗の変化が掘り起こされれば、日本においていかなる心性の変化が性の「近代」を準備したのかが浮かび上がってくるだろう。

地理的に見ると、間引き・堕胎批判は全国的な現象ではあるが、地域差もある。千葉徳爾らは、『日本産育習俗資料集成』(恩賜財団母子愛育会編一九七五)によると京・大坂では間引き・堕胎に関する伝承が得られないことに注目し、都市部ではそれらを「口にするのもはばかられること」とする心性が早く成立したと考える。この新しい心性が農村の旧い生命観・霊魂観とぶつかって、これを教化しようとしたというのである(千葉・大津一九八三)。

また、間引きをする母を鬼として描いた「子殺しの絵馬」が分布し、住民教化に熱心な藩主や代官が輩出した北関東や東北南部は、間引き・堕胎批判がとくに激しかった地域だと考えられる。江戸の新しい心性と直接に衝突するという地理的条件の他に、江戸への人口流出や興隆してきた養蚕・絹織物生産のために人口増加が必要となったという社会経済的条件が、その原因となったのではなかろうか。当時の日本は、独立性の高い藩が廻船などの交通手段で結ばれて地域間分業が構造化され、小型の「世界システム」の様相を呈していた。間引き・堕胎をめぐる心性の変化も、そのような地域特性の創出と合わせて考察するべきだろう。

マクロな人口学的構図に目を向けてみると、間引き・堕胎批判の言説が湧き起こった一八世紀末は、ちょうど一八世紀に停滞していた人口が一九世紀の増加へと転じる転換点にあたっている。一七世紀の成長とその一八世紀での終熄からなる江戸時代的な人口変動の波(鬼頭宏〔一九八三〕によれば「第三の波」)が終わって、明治維新、産業革命、そして現代へと続く「第四の波」がまさに始まろうとする点である。間引き・堕胎の減少が人口増加を直接帰結したのかどうかは今後の検討にまつとしても、この人口変動との関連は重要だ。

おそらくはこの頃から明治、大正、昭和の戦前期まで、日本女性はそれ以前と比べても以後と比べても、はっきりと子沢山の生涯を経験する。乳幼児死亡による喪失を考慮しなくとも、そもそもの産児数自体がそれ以前より多くなっている。ここに「出産革命」を想定したいという誘惑にかられるのは、わたしだけだろうか。

産科学の革新

同じ頃、医学の中心地京都でも大きな出来事が起こっていた。賀川玄悦（一七〇〇―一七七七）の登場による産科学の革新である。[3]

玄悦以前の産科としては、室町期以来の著名な医家、内薬中心で手術（手指を用いる技のこと）は行なわない安芸家（大膳亮家）の系統と、戦国の副産物として発達した金創医が産科も兼ねたものとがあった。後者の代表が中条帯刀である。中条流は前述のように次第に堕胎医の代名詞となり、取上婆（産婆）を助手にし、腐水薬を売って「中条はむごたらしい蔵を建て」などとうわさされたが、「貧家多産で育てる力がない者」に対する義憤から堕胎を行なう医師もいたという。当時の産科学書・産婆への手引き書には堕胎についての記述があり、堕胎の知識はかなり広範囲に知れわたっていたものと思われる。

さて、賀川玄悦が「革新」であることの理由は、ひとつにはその医学修得の方法にある。名の知れた医家に師事するのが通例の当時にあって、玄悦は独学で体験に学んだ。彦根藩士を父とするが、庶子ゆえに母の姓を称したという玄悦は、百姓仕事のかたわら鍼法、導引、按摩術を学び、さらに三〇歳頃京都に出て貧困に耐えながら、古医方を学んだらしい。賀川流の名を世に知らしめた「回生術」（難産に際し胎児を鉄鉤で切り砕いて引き出すことにより母体を救う術）も、隣家で産婦が難産で苦しんでいるのを見かねて、苦しまぎれに考えついたものといわれる。明和二年（一七六五年）に『産論』を著わした際にも、漢文が書けず、文章はひとにに頼んだ。『医心方』以来の古典の学習を鉄則とする思弁的な当時の医学の主流に対して、玄悦は徹底して自分が体験・体得したことしか信じない親試実験主義の立場をとった。

玄悦の著名な業績に「下首上臀説」というのがある。胎児は出生直前に子宮内でひっくり返って頭から出てくるという定説に対し、胎児ははじめから頭を下にする姿勢をとっているという事実を発見したのだ。これはヨーロッパでの発見とほぼ同時期・独立で、当時の日本産科学の水準の高さを示す好例とされるが、定説にとらわれず触診などの体験から判断したがゆえの成果と言えよう。

また、親試実験主義とは自分の経験を根拠に伝統的な意味体系を離脱することでもあるから、「因習」「迷信」の批判に結びつく。玄悦は著書の中で、腹帯や産椅（産後数日間正座する椅子、図2）などの慣行はいかに害多く無益かを強く説いている。この説は当時の医師たちの支配的論調となり、無学な「穏婆」（産婆）批判、あるいは穏婆の教化に彼らが情熱を傾ける根拠となっていく。

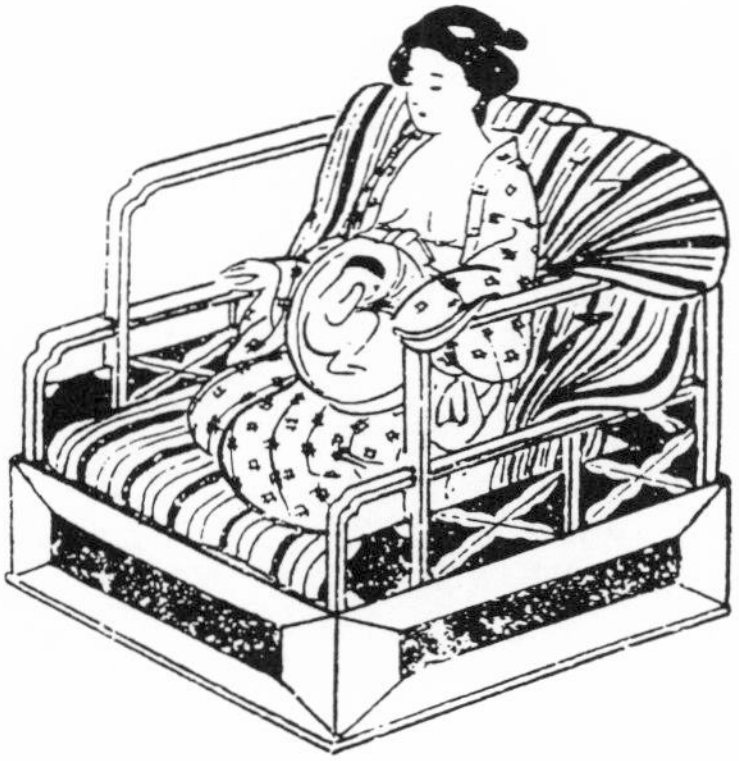

図2　産椅：『賀川氏産術筆記』より
（出典）『図説産婦人科学の歴史』（Speert 1973＝1982）より.

玄悦について語っているとつい脳裏に浮かぶのが、西洋外科学・産科学の祖と言われるアンブロワズ・パレ（一五一〇–九九）である。パレは田舎の床屋の小僧からパリ市立病院の外科助手となった。当時の医学界の主流ヒポクラテス派とカレン派から離反し、自分の従軍体験などから定説を否定し、ラテン語ではなくフランス語で医学書を書いた（Haggard 1928）。石原力も指摘しているように、パレと玄悦の経歴、学風には偶然とは思えないほどの共通性がある。日欧の共通点は他にもあり、産科学は外科学より強い影響を受けたこと、医師の出産への介入は異常産から始まったことなどが挙げられる。玄悦の時代にはすでに解剖学を中心とした西洋医学の輸入が開始されていたが、当時の日本産科学はむしろ医学の他の分野より後まで西洋医学に席巻されなかった分野だった。類似性も単なる模倣とは片付けられず、古医方以来のゆるやかな流れ、こう言ってよければ日本版「臨床医学の誕生」として検討すべきものかもしれない。

玄悦及び賀川流産科学の心性の新しさのもうひとつの側面は、彼らが「回生術」に対してとった態度の中にあらわれている。「回生術」は賀川流の言わば目玉なのだが、彼らはひたすらそれを隠す「秘術」として書物には著さず、実際その術を施すときも、器械や切り砕いた胎児を人目から隠すようにと言い伝えられた。母体を救うためとはいえ、胎児（原則としては死胎）を鉤でかきだす方法が残酷だからというのである。玄悦以後、賀川流では母子ともに救う「回生術」をあみだすことが悲願とされ、さまざまな産科鉗子の類が工夫されて奥劣斉の「雙全術」に至ってついに目的を達することができた。

堕胎・間引きが横行していた当時の風潮を考えると、賀川流のこのこだわりはむしろ異様に映る。堕胎批判に外聞を気にしてというよりも、胎児観・生命観の何らかの変化につき動かされてのことのように感じられる。賀川流は「堕胎の術を禁ず」の一項を家憲にまで入れている。堕胎の実行とその激しい嫌悪・忌避――当時の医師たちはその両極の間にどのように棲み分けていたのだろうか。

これまで挙げた二つの特徴は、どちらかというとヨーロッパの近代産科学の草創期によく似ていたが、最後に異なる面にも触れておこう。それは玄悦にもそれ以降にも見られる、按腹法（触診）や手技（胎児回転術、揉乳法など）への関心の高さである。玄悦はもともと按摩術の心得もあるが、「腕力人にすぎ、手指は細長で力があり、これを用いることも巧みであった。」太さ四寸五分長さ一寸の竹筒の向こう側に盛った饅頭を指ですべて取り出すことができたという。「下頭上臀説」も按腹法により発見した。玄悦に続く医師たちも、指をさし入れて正常胎位にない胎児を直す胎児回転術の洗練に力を注いだ。乱暴に鉗子をかけては胎児を損壊させることが多かったというヨーロッパの医師とは、志向をかなり異にしている。

日本産科学のこの特徴は、民間医療や漢方の伝統に負うところが大きいだろう。按腹法は民俗的産婆の技術でもあった。日本の産科学書にはしばしば「自然の過程を乱さないように」との意の注意が添えられているが、ヨーロッパでは逆に「何事かをなすべし」が金言とされていたという。そうした技術観あるいは身体観の違いが背景にあるようだ。

この頃発達した手技は明治以降の近代的産婆にも受け継がれた。会陰保護や手技の巧みさは彼女たちの誇りだった。こうした技術は現在も、病院助産師や医師、乳房マッサージ師などに伝えられている。

さて、玄悦以後、賀川流は全国に爆発的に普及していった。玄悦の『産論』及び二代玄迪によるその増補『産論翼』（第6章図5）は、東北から九州まで津々浦々の医師が写本を一冊ずつは備えるものとなった。しかも賀川流ではこれに改訂を重ね、ついには国定産科教科書の観を呈したという。

賀川流及び西洋医学による産科学革新の影響は、医師の世界のみにはとどまらなかった。医師たちは、変革すべき「因習」の担い手である産婆の啓蒙のために、『産科教草』『坐婆必研』などと題した手引き書を競って著した。和文総ふりがななど読みやすい工夫がしてあり、識字率を考慮すると、かなりの範囲で読まれたのではないかと考えられる。

わたしは山形県村山地方で、看護婦の資格をもつ村の女性が「漢方」と呼ばれていた医者から明治三六年に借りて書写した『産婆術手本』という小冊子を入手した。各月の胎児の成長の様子が、「……五月べそどちこつのまんなかよりしこすあがり、六月へそよりいほんゆびあがる……」などと山形弁の発音そのまま仮名書きされた数え歌なども、その内容に含まれている。この小冊子がどの系統に属するものかは不明だが、庶民までの流通の経路、様態などを示唆する事例として興味深い。

医師たちはまた養生論などとして、より広く一般の人々向けの医学的な啓蒙書も著した（樺山一九七九）。農学者などその他の知識人もこれに加わり、子育ての書や女大学の中にも産科学の成果が取り入れられた（山住・中江一九七六・七七）。これらの書物の中でとくに強調されているのは、穏婆、俗習、堕胎の批判である。穏婆批判は、一言で言えば「物学びたることなく……」ということである。俗習批判では、産椅、腹帯、坐産、産後の坐位、食物禁忌などが槍玉に挙げられるが、無害な場合には妥協的なこともある。堕胎批判は、産婆が独自に行なうのは危険とするものが多く、だから産婆に任せるよりは医師が行なうべきだと主張する者もいる。

産科学の革新として、最後に、産婆の職業化について触れておかねばなるまい。これまで「民俗的産婆」と書いてきたが、民俗の中では「産婆」は専門の職業ではなく、血縁や地縁の出産経験者がつとめたもので、技術的助産というより、宗教的・儀礼的な意味の方が大きかった。ところが、一説によると織豊期・江戸初期から、技術的助産が一種の職業となって「取上婆」などと呼ばれるようになった。資産も一定の職業もない老嫗が近隣知己のお産を手伝い、見覚え聞覚えてなったものという。一八世紀には都市部を中心に各地方にこの職業が広まった。中条流は取上婆を助手に使い、賀川流も取上婆向きの産科教科書を書いたというように、取上婆が次第に医師の影響下に置かれていく過程も平行して起こったと思われる。これもヨーロッパの一八世紀と酷似している点である。

産婆の職業化は、裏返してみれば、出産をとりまく人間関係や心性が変わったということである。都市ではしかるべき血縁者や地縁者が得られないことが、職業的取上婆の成立を可能にしたのだろう。技術的助産の比重が高まるにつれ、出産は宗教儀礼としての意味を薄れさせ、単なる身体的過程とみなされていった。新しい産科学の親試実験主義も、このような都市住民の心性を前提にしてはじめて可能になったのではなかろうか。

3　留意すべきこと

ここで結論めいたものを述べるのはやめにしよう。本章は「江戸時代の出産革命」に始まる日本の「性の歴史」のごくラフなスケッチを示しただけで、考察はまだ糸口を見つけたばかりなのだから。日本論は、性急にまとめると、前出の二項対立のどちら側かにすべり落ちてしまいがちだ。ただ、いくつか、わたしが留意したいと思っていることだけを挙げておこう。

そのひとつは、一八世紀のおそらくは後半か末から始まる「江戸時代の出産革命」が重要な画期だからといって、その前の時代をその後と著しく対照的な「前近代」というようなものと決めてかかってはいけないということだ。間引き・堕胎が慣習化していた時期にも、生活水準を引き上げようと産児制限を行なった合理的な村人像を描き出してみる立場もある。この立場の場合、間引き・堕胎自体が日本の「近代」を準備する不可欠の要素だったということになる。直系家族制が成立して婚姻率が上昇した「婚姻革命」(速水融)というものが何らかのかたちであったとするなら、そこまで遡ってみる必要があるかもしれない。産科学の側から見ても、金創医に発する中条流を、すでにある方向への一歩を踏み出したものと見ることもできよう。

また、「江戸時代の出産革命」の後、「第一次出産革命」により、また全く別のシステムが出現したのかどうかも難しい。今のわたしの印象では、むしろ「第一次出産革命」は「江戸時代の出産革命」の徹底というか、変化が地域的・階層的に大幅に拡がったものではないかと思われる。次のシステム変動は「第二次出産革命」で起こったと見たほうがよいのではなかろうか。

ヨーロッパとの比較については、なおさらまだ語るべきではないだろう。ただ、出産や性、身体を「合理的」な（という表現が的を射ているかどうかさえ疑わしいが）まなざしの下に置くということは、江戸時代にもそれなりにあったと思う。キリスト教の存在とは関係なく、「近代化」に伴って「性」は確かにある方向へ変化を起こす。

さらに江戸時代の「近代化」を考える場合、中国の影響を見のがしてはならない。中国は日本にとって、ヨーロッパ以前の「普遍化」の契機であった。「近代化」を、ヨーロッパ固有のものと考えるのではなく、中国、イスラム、インド、ヨーロッパ、そして日本などが入り乱れた、一六世紀前後あるいはそれ以前からの、国際交流の中から生まれたものととらえ直すことも可能かもしれない。

言葉がないと思う。[4]「日本」を、「性」を、語る言葉がまだない。しかしきっと近い将来、わたしたちはそれを得るだろう。

［注］

1　二段階の変化については、本書第4章参照。なお、「二段階の大きな変化」や「二回の人口転換」という表現は、第二次人口転換に言及した後年の拙稿（落合一九九四など）では異なる意味で用いているので、注意していただきたい。また、近世ヨーロッパの家族を「家」と呼ぶことの妥当性は、「家」をどう定義するかによる。

2　国学については、カリフォルニア大学のヘンリー・スミス教授に貴重なご教示をいただいた。

3　玄悦については主に杉立（一九七七）、緒方（一九一八→一九八〇）、酒井（一九八二）を参照。

4　本章は一九八六年八月に開催された日米合同シンポジウム「江戸期のセクシュアリティ」での報告に基づいたものである。参加者の方々からいただいた多くのご示唆に、あらためてお礼を申し上げたい。

6　近世末における間引きと出産
——人間の生産をめぐる体制変動——

1　徳川体制からの人口学的離陸

徳川時代の人口変動に少しでも関心をもった者であれば、一八世紀の「停滞」が一九世紀の新たな人口増加へと転じていくカーブの鮮やかな立ち上がりかたに、興味をそそられたことがあるだろう。転換点は一八世紀の末、一七九二年頃と見ることができる。初期（一七九二—一八四六年）の増加は年率〇・一五％でさして大きくはないが、その前の時代（一七二一—九二年）の年率〇・〇七％の減少に比べると、趨勢の変化は明らかである（鬼頭一九八三、六八頁）。天保の飢饉による減退も短期に回復し、徐々に増加の速度を速めながら、明治維新以降の年率一％前後[1]という成長に連続していった。年率一％という人口増加率は今日の第三世界や近代ヨーロッパ、たとえば産業革命期のイングランドの一・四％に比べればむしろ緩やかだが（梅村一九六一、斎藤一九八五、一三二—一三三頁）、日本社会の人口変動の大きな画期であったのには違いない。日本は縄文時代以来四回の人口増加の波を経験したと言われているが（鬼頭

一九八三、一四頁）、そうした巨視的な視点に立って見直してみれば、一四–五世紀に始まった「第三の波」の増加が上限に達したのが一八世紀のいわゆる「停滞」、そしてそこから新たに「第四の波」が起こってくるという境目に問題の時期は当たっている（図1）。幕末というこの時期に人口あるいは人間の生産（reproduction）という領域において解明しなければならない重要な変化が起こったという仮説を立てるのは、十分に意味のあることであろう。

「停滞」の原因および増加のメカニズムについては、これまでも多くの議論が重ねられてきた。地域差に目を向けると、「停滞」の一言で片付けられがちな一八世紀も、中国・四国・九州・北陸の人口増加、東北・関東・近畿での人口減少が互いに相殺しあって、全体としては上に述べたような結果を生じていたのだということがわかっている（速水一九八八、七章）。逆に一八世紀末以降では、東日本での増加が特に著しかった（速水一九八八、一八三頁）。

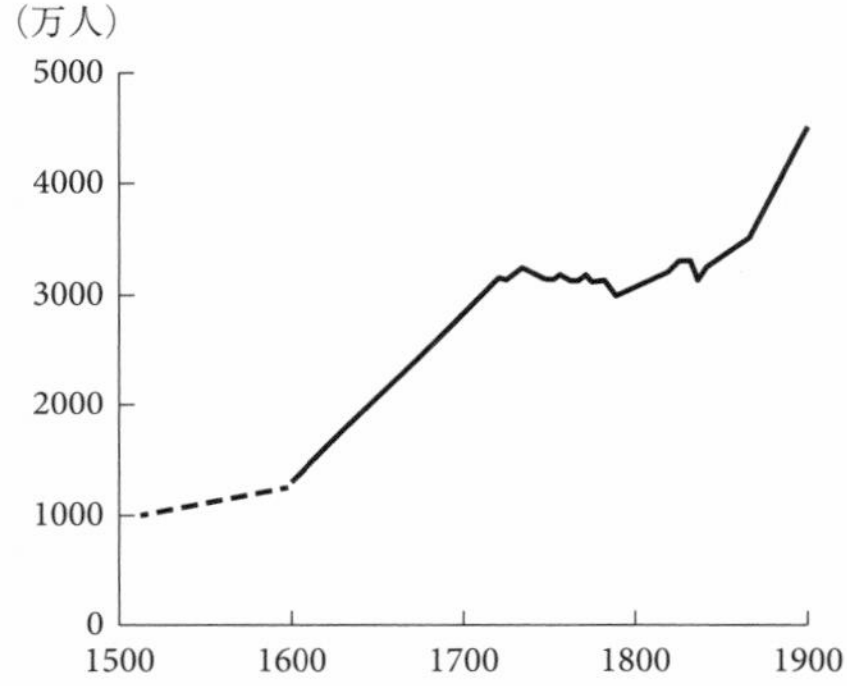

図1　近世日本の人口変動

（出典）　鬼頭宏『日本二千年の人口史』PHP 研究所，1983 年，68 頁．

人口に直接影響を及ぼすメカニズムとして、一貫して議論の焦点になってきたのが「間引き」である。しかし間引きをめぐる議論は、経済史の時々の動向を反映して紆余曲折してきた。飢饉と領主の苛酷な年貢取立てにあえぐ農民の間では間引きと堕胎が慣習となっていたというのが、かつては教科書的な通説であった。このように考えれば間引きと堕胎が人口「停滞」の主なる原因で、その悪習が止みさえすれば人口は自然に増加に向かったはずだということになる。その後間引きの動機について、貧しさゆえではなく、より高い生活水準を獲得するために家族規模を意図的に制限（deliberate family limitation）していたのだという反論がなされた（速水一九七三; Smith 1977; Hanley &Yamamura 1977［1982］）。いわば合理的経済人としての徳川農民像を打ち出し、日本の近代化の成功の秘密を早くもそこに見出そうというのである。「家族規模制限」とは子供は何人いれば十分という考えをもって、既にいる子供が一定数になったら産み止めるという行動（stopping behavior）をとることで、近代的すなわち人口転換（the demographic transition）後に特徴的な出産行動と言われる。これに対し、さらに近年では、間引きはいずれの理由からであったにせよ信じられていたほど広く行われていたわけではないという見方が出てきた。そもそも高い死亡率や頻繁な出稼ぎのため、間引きをするまでもなく出生率は低かったというのである（Saito 1922, p. 373–5）。

最も新しい議論では、地域差に注目する重要性が強調されている。コール-トラッセル（Coale-Trussel）モデルを用いた友部（一九九一）によると、東日本ではもともと婚姻出生力の水準が低いうえにときには子供数による家族規模制限も行なっていたのに対し、生活水準の高い中央日本・西日本では婚姻出生力が高く家族規模制限はほぼ見出せないという対照が明らかである。性比（sex ratio）の全国分布を求めた黒須も、東北地方では平年の性比が他より明瞭に高く（男性が女性より多く）、女児の選択的な間引きが行われていた可能性が強いことを示唆している（Kurosu 1994, p. 89–102）。どうやら東北地方では家族規模を制限し女児を減らすために間引きという手段を少なからず用いたが、それは生活水準を上げるための予防的制限というよりは貧困のため余儀なくされたことであって、それに対し他の地域では間引きはまれにしか行われなかったというのが、「間引き」についての（現段階での）全国的見取図のようである。これは一八世紀の人口変動の地域差についての先に紹介した観察とも、よく符合するように思われる。

徳川時代の人口、特に間引きについてのこうした研究動向を受けて斎藤修は、第一世代の作った暗く陰気な徳川時代像ばかりでなく、反対にことさらに明るい要素を見つけだそうと人口現象を経済発展とばかり結びつけがちだった第二世代のスタンスも問い直し、人口変動と経済変動に関するより複雑な要因連関に目を向けるべきと提案する。「われわれが今とるべきおそらく最善の戦略は、徳川時代の人口動態を長期にわたって構造的安定性を保ちえた一つの『体制（regime）』と考え、人口学的変数は互いにいかに関連しあっていたのかを検討したうえで、この人口システムを経済システム……と関係づけることである」（Saito 1992, p. 378）。

わたしはさらにそのレジームを経済システムとばかりではなく、社会システムや文化システムとも関係づけていく方向を提案したい。人口学的あるいは人口－経済学的な体制はそれだけで自足しているのではなく、カール・ポランニの表現を借りれば（Polanyi 1977［1980］邦訳一〇五頁）、文化も含めた社会現象全体の中に「埋め込まれている（embedded）」という理論的枠組を忘れるべきではないと思うからである。たとえば文献史料の中では、東北以外の地域でも、父親が四二歳の年の子だから、双子だから、あるいは性別が占いの結果と異なるからといった、今日の目で見たら「迷信」としか呼びようのない理由で間引きや堕胎が行われた事例にしばしば出会う。(2)「丙午」をめぐる「迷信」など、コミュニケーションネットワークの発達に伴って、徳川、明治、昭和とかえって人口学的効果を全国に広げていったことがわかっている（Kurosu 1994）。そうした世界観が各時代の人々にとって経済的現実と同じか、あるいはそれ以上にリアリティをもっていたのであろうことを過小評価してはいけない。経済的理由による間引きや堕胎もそうした文化的文脈の中で考察し直されなければならない。

というわけで本稿では、一八世紀末の人口変動を社会と文化の変化という広い文脈の中におきなおし、むしろ背景のほうに焦点を合わせるという方法で再論してみたい。徳川時代の人口学的レジームとはどのような社会－文化的な土壌に埋め込まれており、その全体がどのように変容することで新しいレジームが生み出されてきたのだろうか。人口現象が人間の生産をめぐる諸行為やそれを律している規範・心性や社会関係の総合的結果であることを考えれば、これは人間の生産（reproduction）をめぐる歴史の試みであるとも言えよう。

2　異質なマンタリテの衝突

徳川時代には間引きが常習となっていたという伝統的な見解の根拠とされてきたのは、一八世紀末から一九世紀初頭にかけての多くの文献が、こうした悪習の横行を嘆き批判していたことであった。たとえば農学者の佐藤信淵は『経済要録』の中で、「今の世に当て陸奥、出羽の両国ばかりにても赤子を陰殺すること年々六、七万人に下らず、然れども此れを驚嘆して罵る者の有ることを聞ず、却て此れ異むべき甚き者に非ずや」と書いている。司馬江漢の『春波楼筆記』には「紫陽処々の子多きことを欲せず、五子あれば二子を殺す……子の多き事を欲せざる国、筑前、筑後のみに非ず。豊前、豊後、日向或は常陸、出羽、奥羽に至て農夫早く娶る。故に子を産む事十に過ぐる。殺すもの多し」とある。他にも、「都に遠き在々にては、間引きとて安産したる子をすぐに殺すよし」（大蔵永常『田家茶話』）、「奥州の民間には子を産すれば即ち殺して育つる事なし。これ取り揚げ婆の産所に於て斯くすることとぞ。常州の俗に同じきか」（松浦静山『甲子夜話』）など枚挙にいとまがない。日本人口史の草分け高橋梵仙の『堕胎間引の研究』(一九三六→一九八一)にはこのような文献からの引用が延々と紹介されている。

これらの史料は今日の歴史人口学者にはなんら信じるにあたらない史料的価値のないものと見なされている。なぜならこれらはどれもみな当事者の農民ではなく学者・僧侶・役人などの上層の人々が、事実を正確に伝えるというよりは教化のために書いたもので、実際の見聞よりは伝聞によるところが多いのが明らかだからである。特に数字は誇張が多く全くあてにならないと言われている(千葉・大津一九八三、五二―五四頁;Saito 1992, p. 376)。しかしわたしはこのもっとも信頼するに足らないと思われる史料を出発点としようと思う。問題はこれらの史料から堕胎・間引きの実態を読み取ろうとするから起きる。しかしこうした慣習の存在を指摘し戒める言説が一九世紀初頭に各方面から沸き上がってきたことじたいは、紛れも無い事実なのである。ミシェル・フーコー流に言えば、堕胎・間引きを戒める「言説(discours)」の増殖ということになろうか。[3]「此れを驚嘆して罵る者の有ることを聞かず、却て此れ異むべき甚き者に非ずや」という佐藤信淵の一節に図らずも示されているように、堕胎・間引きという一つの事象に対し相反する態度が併存し、それらの間にコンフリクトが生じていた様子が、こうした「言説」からうかがえる。

堕胎・間引きに対する相異なる態度の存在は他の種類の資料からも見出すことができる。民俗学的資料を用いた千葉徳爾と大津忠男の研究(一九八三)は、これらの異質な態度(あるいはフランス社会史の概念を用いて「心性(mentalité)」と呼んでもよかろう)[4]の地理的分布についての洞察を与えてくれる。図2は柳田国男の企画指導のもとに行われた全国産育習俗調査の結果である『日本産育習俗資料集成』に基づき、「間引き」あるいは「子おろし」が行われたという伝承のある府県を千葉らが地図上に整理したものである。調査は一九三五年に古老の聞き書きというかたちで実施されたため、回答はだいたい明治初

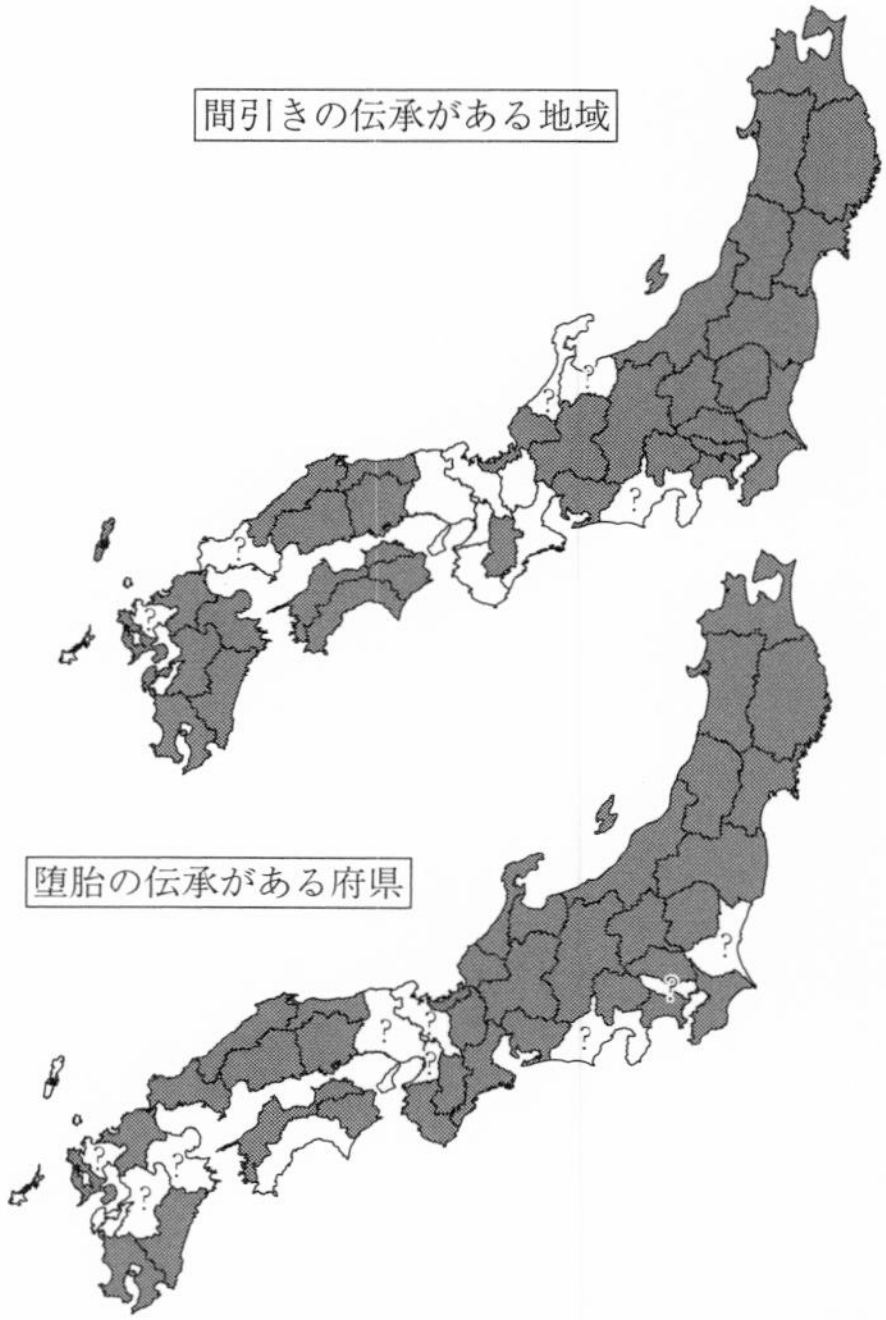

図 2　間引きと堕胎の伝承のある地域
（？は調査不十分）

図 3　間引き絵馬・印刷物の分布図

（出典）　図 2・3 ともに千葉他『間引きと水子』より．

期を念頭においたものと考えられよう。調査者の力量にばらつきがあるので、報告なしとか調査不十分で？印をつけられた府県もいくつかあるが、おおまかな傾向を読み取ることはできよう。間引き・子おろしとも全国の府県で伝承されているが、近畿地方では間引きの伝承が得られなかった地域が多く、子おろしについても、？つきとはいえ、関西の中心である三府県では伝承が得られなかった。伝承が得られないということは事実が無かったということだとは必ずしもいえない。それを口にするのもはばかられるという規範が存在するからということもありうる。他の資料と考え合わせて千葉は次のような解釈を示している。

間引きと子おろしとは、近世から明治時代にかけて、全国的慣習として存在した。ただし、関西地方を中心として大都市の文化的影響が直接およぶ地域では、相対的に間引きは稀で、しかも公言をはばかる風がみられる。京坂地方を中心に、間引きにかわって子おろしの風が早くからひろがり、特に商業地において、胎児を秘密に処理する目的でこの方法が用いられた（一三三頁）。

千葉はもうひとつ、マンタリテの衝突をうかがわせる手掛かりとして、いわゆる「間引き絵馬」の分布を挙げている。「間引き絵馬」とは、間引きを戒める目的で各地の社寺に掲げられたもので、奉納者は女人講であったり地域の篤志家であったりする。絵柄は産褥の女が生まれたばかりの嬰児を押さえつけており、その女の影に鬼のような角が生えているといったもの、産婦ではなく取り上げ婆（産婆）が赤ん坊を押さえつけているものなどが一般的である。これらと同様の絵を木版画に刷って、代官や寺が配ることもあった。年代的には木版画のほうが古くて一九世紀の初めから、絵馬は一九世紀半ば以降で明治二〇–三〇年代のものが多い（七一–七八頁）。

千葉は現在までにわかっている間引き絵馬と印刷物の分布をやはり地図上に示した（図3）。間引きの伝承は全国にあり、特に間引きがさかんだったと言われるのは東北北部であったが、絵馬や印刷物の分布は明らかに北関東から東北地方南部に偏っている。千葉はこう解釈する。

後者（関西）は間引きそのものが、明確に社会に公表される形をとっておらず、したがって絵画を示してそれを戒める必要もなかったといえる。それに反して江戸のほうでは、市街地は武家と町人でみたされていたが、その近郊はすでに奥羽地方とほぼ同程度に前代の農民社会の意識や慣習が残っていたのである。したがって、庶民に対する「教化」はこの地域でもっともその効果を発揮しなければならなかった。(一三四頁)

まさに異質なマンタリテが出会っ場所に「間引き絵馬」が作られる必要が生じたという解釈である。先に紹介した歴史人口学の最近の見解と照らし合わせてみると、北関東から東北南部という地理的分布は一層深い意味をもっているように思われる。そこはそもそも徳川中期から人口学的に異なる行動パターンをもっていたと見られる東北日本とその他の地域との境界領域なのである。

間引きや堕胎の是非に関する異質なマンタリテの地理的分布についての、千葉らの示唆をまとめると次のようなことになろう。一九世紀前半の日本では間引きや堕胎の是非について異質なマンタリテが併存して摩擦を起こしていた。都市、とりわけ関西の大都市を中心とするおそらくは新しいマンタリテは、代官や寺を媒介として農民、とりわけ東北農民のおそらくは古いマンタリテを侵食しつつあった。ではそれぞれのマンタリテとは各々どのようなものだったのであろうか。また一方による他方の侵食とは、どのようにして起こったのであろうか。

3　農村における妊娠の理解

マンタリテというと、范漠としたとらえどころのないもののように思われるかもしれないが、そうではない。マンタリテには構造があり、時間意識・空間意識のような非常に基本的な思考の枠のようなものから、もう少し具体的に分化した認識の層までが、内的一貫性を与える「世界観(vision du monde)」の働きにより統合されている。(5) 出産や間引きといった事柄に対する態度を問題にする場合には、それぞれのマンタリテの中核にある生命観や身体観を明らかにする必要がある。

間引きを「子返し」と呼んで比較的罪の意識なしに行う態度のもとには、「七つまでは神のうち」ということわざのように幼い子どもの生命はまだ神の世界（あの世）とこの世との境界領域にいるのだと考え、間引かれた嬰児はまた神の世界にもどされただけのことであって、また近いうちにこの世に生まれかわってくるのだという生命観があったのだとしばしば言われる（千葉・大津一九八三、序章・五章）。説経僧や比丘尼により全国の民衆に広められた仏教の輪廻転生思想の影響ももちろんあろうが、さらに基層には東アジアから東南アジア一帯に共有されたより古い層の霊魂観も反映されていると考えられる。

しかし本稿ではこうした民俗学的・宗教学的分析を繰り返すことは避け、妊娠という事態と胎内で起こっている出来事とを当時の人々、とりわけ女性たちはどのように認知していたのかという身体観に焦点を絞ってみよう。このような女性の身体の認知という問題については近年、医学史や女性学の分野で急速に研究が進んだ。よく知られているのはバーバラ・ドゥーデンの『皮膚の下の女性』、アンガス・マクラレンの『性の儀礼』、『避妊の歴史』などである（Duden 1987［1991］; MacLaren 1984［1989］, 1990）。身体や性の歴史はいまや歴史学、特に女性史や家族史の中では一つの領域を獲得したように見えるが、「身体を歴史的に見る」という作業には落とし穴がついてまわる。「身体とそれにまつわる事象が、時間的にも空間的にも個々の文化と社会に応じていかに多様で異なった形態を取ってきたか、とりうる可能性があるかについては、文化人類学をはじめとするこれまでの研究からもある程度推察できるはずなのだが、それでも私たちは身体があまりにも自分にとって身近な存在であるために、ともすれば身体＝生物学的・解剖学的与件＝不変、もしくは自明という思い込みから出発しがちである」（荻野一九九三、四三頁）という問題である。ドゥーデンは『皮膚の下の女性』の第一章で警告している。「わたし自身の身体を過去への架け橋として使用しないよう、どんなに用心してもしすぎることはない。わたしは身体を持っている。しかしシュトルヒの女性患者の誰ひとりとして、同じ意味で身体を持ってはいなかったのだ」(Duden 1991, p. 2)。こうした注意深さでドゥーデンは一八世紀前半のドイツはアイゼナッハの医師ヨハン・シュトルヒが残した女性患者についての記録から、子宮は体内を動きまわるとか、子どもにも月経があったり月経が無くても妊娠できるとかいった、今日の常識とは掛け離れた一八世紀ドイツの女性たちの身体観を明らかにした。

日本の史料を用いたものではまだこうした視点からの研究は少ないが、仙台藩東山地方の死胎披露書を分析した沢山美果子の仕事は、数少ないそうした試みの一つといえよう(6)。死胎披露書とは、間引き・堕胎一掃をめざして一八〇七年に設けられた仙台藩の赤子養育制度の中で、懐妊出生調書や養育料支給願と並んで作成されることになったもので、流産、死産、嬰児死亡にあたり、農民の申し立て、ならびに制度の実施や教諭のために並百姓の中からとりたてられた赤子制道役の見聞を記録したものである(7)。赤子養育制度じたいが新しいマンタリテから生じたものではあり、死胎披露書もそもそも間引き・堕胎摘発のために作成されたということによるバイアスはもちろんあるが、これまで間引き・堕胎研究に用いられた史料が学者や役人によるものでしかも主に伝聞に基づいて書かれたものであったのに対し、死胎披露書は農民の証言を同じ農民である赤子制道役が記録したものであるという点で注目される。

では沢山の紹介にしたがって死胎披露書の中に見られる妊娠・出産観を追ってみよう。まず妊娠は「血行指障候」すなわち月水の止まることとしてとらえられている。しかし、「十月臨産、懐妊調べに申しあげなかったことについて理由を申し上げる。妻は大体持病の血積で……たずねたところ、妻が言うには二月頃から月水が止まっていたが、四、五月頃に少しあり、それ以来はまったくなかったから、はっきり懐胎とも思えず、いずれ持病のためかとばかり思って話していたところ……」「かねてから病身の婦人なので懐妊だとは見込みがたく、二月調べにも申しあげないうちに……」[8]といった申し立ても見受けられる。これらはどちらも（流産に先立ち）懐妊届提出を怠っていたことへの言い訳ではあるが、月水停止を病気と解釈して妊娠とは認識しないという認知もありえたのでなければ、このような言い訳も成り立たない。とすれば、薬物を服用するなどして月水を復活させることが明確に「子おろし」と意識されていたのかどうかも考慮に値する。

沢山の発見でもっとも興味深いのは、七、八ヵ月で流産した胎児は「死胎」と表現されるのに対し、二、三、四ヵ月の流産は「人形にもないものを出産」などと記され、「死胎」という語は用いられないという指摘である（沢山一九九一）。月水停止を即妊娠と判定しないということとも関連して、われわれの言う「妊娠初期」は死胎披露書の時代の農民にとっては妊娠期間中に含めて理解されていなかったのではないか、あるいは少なくともその後の時期とは明らかに区別されていたのではないかという推察が成り立つ。ちょうどその区切りの時期にあたる五ヵ月目に着帯の儀式がおかれていたことも興味深い。ヨーロッパのキリスト教社会にあっても、最初に胎動を感じた瞬間を魂が胎児に宿った瞬間と考え、それ以前の堕胎は一九世紀まで罪の意識なしに行われていたことが知られている（Degler 1980, p. 233–4）。外から見て、あるいは少なくとも母親自身の内観で胎児の存在が明らかに感知される時期に区切りがおかれるというのは、考えてみればちっとも奇妙なことではない。もしも（後述のように）近代医学的な知識で「見えない」胎内を「見える」ような気にさせられているのでなければ。

実は胎内の図解は近代医学以前にもあった。熊野比丘尼が絵解きに用いた胎内図は中世まで遡ることができるし、それらは徳川時代には節用集や女大学にも掲載され、広く人々の目に触れた。しかしそれらの図解では妊娠初期の四ヵ月目までの胎内には人形のかわりに錫杖・独鈷・三鈷・五鈷などの仏具がしばしば描かれた（『女重宝記・家内重宝記』）。農民の妊娠観との対応が興味深い。

死胎披露書の記述に戻ろう。「死胎」は前述のように七、八ヵ月に集中しているが、その理由としてもっとも多く挙げられているのが「月不足」である。つまり「早産」と言ってよい。そのきっかけは「畑へ働きにいき、ふと石を踏み倒れ、けがをした」「この女ふと転び、それより腰痛、悪露が下り……」など、さしたる原因のない転倒やけがが多い。「ふと転び……」というのはあるいは当事者にとってもおそらく赤子制道役にとっても都合よく説明を省ける定型的表現であったかもしれない。母親が転ぶと死胎になる説明がまた興味深い。いったん人の形になった胎児は胎内で乳房を吸っていると考えられており、九月目ともなると「一夜に一升三合の乳を飲む」と言われていた。母親が転ぶと赤子が胎内で乳房を放してしまい死胎になるのだという。これを「乳放」と呼んだ（沢山一九九一）。こうしてみると、いったん人の形になったと認識されて以降の胎児については、かえって今日より出生後に近いものを想定していたようである。胎教に類する民俗的言い伝えが多く伝わっていたのも、このような胎児観に基づいていたものであろう。

妊娠後期での「死胎」の原因としては転倒のほかに薬物によるものもあったようだ。「六月四日頃より時候にあたり熱気が甚だしくあり薬用も加えた」というケースはまだしも、「死胎の赤子はいたって小さく色が少し黒めになっているほかには、疑わしい筋はない」というケースなどは堕胎薬を用いたのではないかと十分に「疑わしい」。それをあえて「疑わしい筋はない」と記録するように、赤子制道役と当事者の間には農民どうしの事なかれ主義の関係がしばしば成り立っていたように思われる。そのため明記されることはまずないが、薬物や意図的な転倒による人工流産（早産）が行われていたのはおそ

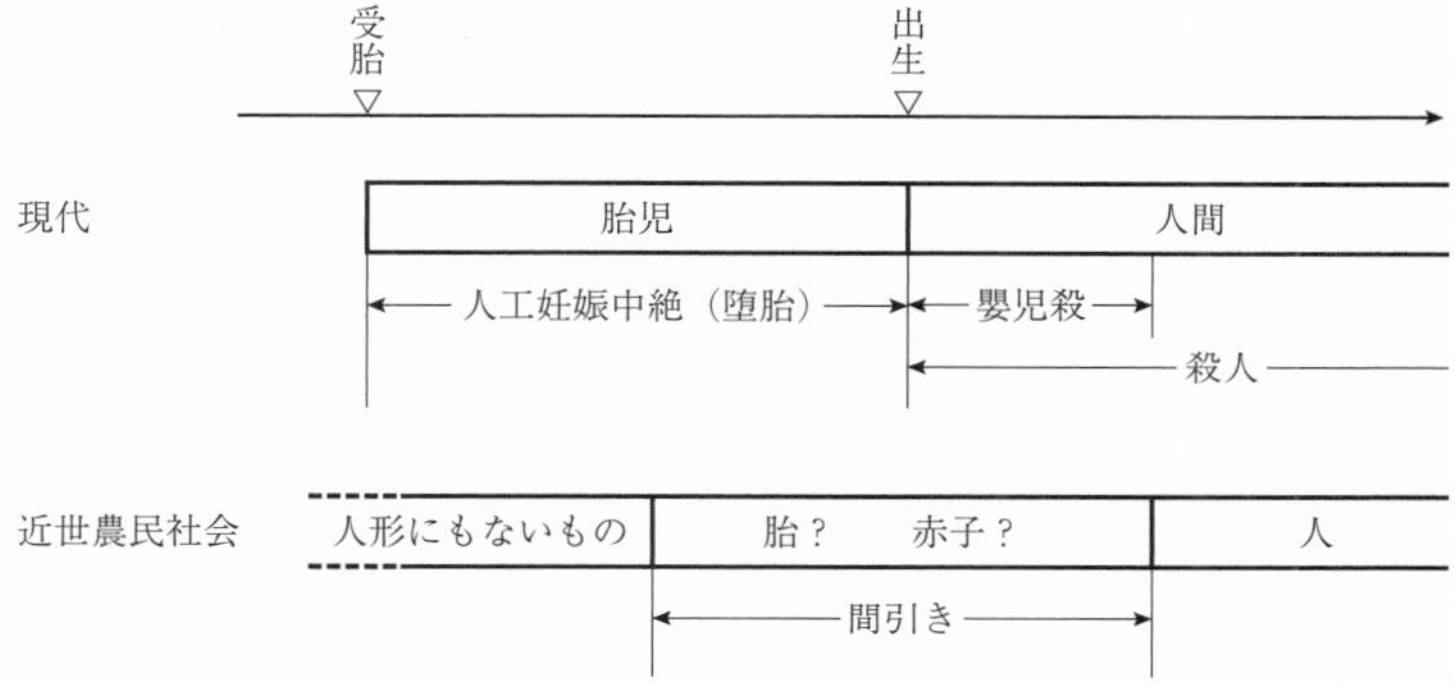

図4　妊娠・出産とその中絶をめぐる諸概念（試案）

らく事実であろう。沢山（一九九二）は五ヵ月までの堕胎はチゴロシと言い母体に危険と考えられていたため、当時は六ヵ月以降に早産させるのが一般的な人工中絶法であったと述べている。堕胎といえば初期に行うのが一般的な現代とは全く対照的な方法を当時の農民はとっていた。

　ここであらためて再考しなければならないのが、「子おろし」を「堕胎・人工妊娠中絶（induced abortion）」、「間引き」を「嬰児殺し（infanticide）」と了解して議論を進めることの妥当性である。人工妊娠中絶が妊娠後期に人工的な早産として実行されるのが一般的であったのだとすれば、早産された子は生後しばらく生存した後に死亡したことも少なくなかったであろうから、その行為と嬰児殺しとの境ははるかにあいまいである。しかもそもそも嬰児殺しは圧殺などの積極的な方法ばかりではなく、寒中の放置などという消極的な方法で行われたことも多かった。

　人口学的アプローチでは特に、胎児が生きて母体の外に出る「出生」の時点を決定的な境界とみなす今日の定義を徳川時代にも採用し、受胎から出生までに人工的に妊娠のプロセスを中断させるのが「子おろし」、出生後に嬰児を殺害するのが「間引き」であったとみなして議論を進めてきた[9]。しかし死胎披露書の記述から見てきたように徳川時代の農民にとって意味のある境界はむしろ妊娠中期におかれており、また民俗学者の言うように「出生」後しばらくの間（泣き声を上げるまで、一晩、三日など諸説がある）はまだ赤子は「あの世」と「この世」の境界地帯にいるものとみなされていたのだとしたら、むしろ妊娠後期から生後まもなくまでの行為を「間引き」と一括して考えるのが当時の農民の意味世界に適合的ではないだろうか（図4）。当時の文献では「堕胎」という漢字に「マビキ」という仮名をふるといった用法も見受けられる（宮負一九七一）。

しかし腹部が目立つようになった妊娠後期に早産というかたちで人工妊娠中絶を行うには、ある社会的条件が必要である。その妊娠が社会的に指弾されないものであり、すなわち婚姻関係による妊娠であり、かつ「間引き」をするという選択が夫や家族ならびに近隣の人々により承認あるいは黙認されているという条件である。同時期、都市部では薬物（「月水早流し」、「朔日丸」（密か事＝晦日の後という洒落）などが有名）による妊娠初期の子おろしがさかんだったが（高橋一九三六→一九八一）、妊娠観の違いと並び、都市部では妊娠じたいを人に知られては困る奉公人など未婚女性のケースが多かったからという理由もあろう。

まとめると、徳川時代の農民社会における妊娠の理解は現代の我々とはだいぶ異なるものであった。その違いが、妊娠初期においても後期や出生直後においても、堕胎や間引きを許容しやすくしていたという面はあろう。あるいは実際には堕胎や間引きはそれほどの頻度でなかったとしても、生命観や胎児観の違いじたいが、都市民や知識層には顰蹙であったのかもしれない。異質なマンタリテの衝突から生まれる堕胎・間引き批判の言説の意味は、もっと深部から考えなおさなければならない。

4　拡散する産科学のまなざし

さて、こうした農村のマンタリテと対立した新しい妊娠観の出現と普及には、一八世紀後半から産科学の世界で起こっていたパラダイム転換が、深いところで大きな役割を果たしていただろうというのがわたしの仮説である。[10] 賀川玄悦（一七〇〇―七七年）が創始した賀川流産科学の登場は、思想的にも社会的にも画期的な出来事だった。それまで医学の領域の外におかれてきた出産に医師が積極的に発言しはじめるようになったのである。ヨーロッパでも産科学は大学を出た医者（physician）からではなく身分の低かった外科医（surgeon）の系統から一六世紀に派生したが、玄悦も鍼法、導引、按摩術から出発した点、同時に儒者でもあることの多かった従来の医師とはそもそも異なっていた。医学全体では親試実験主義に連なる古医方が影響力を広げていたが、玄悦もまた古医方を学びこうした経験主義的学風に属していたのである。例えばそれまで胎児は娩出直前に子宮内でひっくり返って頭を下にして出てくる（子返りをうつ）と信じられていたのだが、玄悦は胎児は胎内ではずっと頭を下にしていることを発見した（上臀下首説）。触診や、堕胎しようとして傷つけられた胎児を多く見た経験から玄悦はこの説に到達したのであろうと言われる。[11]

玄悦は旧来の出産法に対して精力的な批判を繰り返した。まず腹帯や産椅（産後数日間静座する椅子）などの慣習は有害無益な因習・迷信であると、主著『産論』巻四において産椅論、鎮帯論の項を設けて論じた（増田ほか一八九五、一二八―一二九頁）。また当時の主な助産者であった産婆（穏婆、坐婆などとも呼ばれた）の助産法の誤りも折りにふれて指摘した。このようないわば科学主義と専門家主義の態度はこの時期以降、明治維新以後まで含めて、産科医の著作に少なからず共通して見出せる。産婆向けの啓蒙書が産科医により多く著されるようになったのもこの頃からのことだが、その中の一つ『とりあげばば心得草』（一名『坐婆必研』、一八三三年）の冒頭の部分には次のような件がある。「……坐婆のたぐひは、死生に係る一大事を任として、容易ならぬ業なるを、人に賤侮ること、その故いかに問ふに、みなその術拙く、志篤からずして、みずからこれをとれるものなり」（一〇一五頁）。産婆が賤視されていたことがうかがえるが、それを無学なゆえとし、産科知識を教育しようというのである。

玄悦の創始した「回生術」と称する技術のその後の発展もまた新しいマンタリテへの交替をとりわけ印象づける。「回生術」とは難産に際し胎児を鉄鉤で引き裂いて体外へ出すことにより母体を救う術だが、玄悦はその残酷さを恥じ、賀川流の名を高めたその術を秘術として書物に著そうとしなかった。またその術を施すときも器械や切り砕いた胎児の破片を人目から隠すようにと言い伝えた。玄悦の死後、賀川流では母子ともに救う術を開発することが悲願とされ、さまざまな産科鉗子の類いがくふうされ、奥劣斎が母子双方を救う「雙全術」を発明するまで試行錯誤が繰り返された[12]。賀川流が台頭するまで一世を風靡した中条流は子おろしの代名詞にまでなったというのに、胎児の生命保全にかける賀川流のこの執念は何だろう。堕胎・間引きを罪悪視するマンタリテの側に彼らは明らかに属している。

賀川流以降の産科学の発達はもう一つのさらに注目すべき結果をもたらしたとわたしは考えている。それは胎内について人々が持つイメージを刷新したことである。ミシェル・フーコー流に言えば、胎内への「まなざし（gaze）」を変えたということになろうか。玄悦の主著『産論』（一七六五年）には図はないが、彼の養子で後継者である玄迪が著した『産論翼』坤之巻（一七七五年）には、正産・倒産・横産などさまざまな胎位とさまざまな部位からの娩出を図解した「懐孕図」（図5）が載せられている。この図は画期的なものである。例えばこの図を平安時代に丹波康頼が中国の医書から編集して以降基本的なテキストとして用いられてきた『医心方』（九八四年）と比べてみよう。『医心方』で唯一図が載せられているのが巻二二の妊婦の経絡を示した図なのだが（図6）、その図には子宮は描かれておらず、ただ全裸の妊婦の腹部に頭を上にした胎児が身体を伸ばしたままふわりと浮いているかのように描かれているのみである。胎児を描いたことにはこの女性が妊婦であることを表す以上の意味はなく、頭を下に向けていないのはやむをえないとしても、胎児じたいを写実的に描こうという意図はまったくうかがえない。また元禄時代に香月牛山が著した『婦人壽草』（一六九二年）[13]と比較しても、違いはさらに明白である。そもそも『婦人壽草』には妊婦や産婦の裸体やましてや胎内を描いた図は皆無である。挿絵はみな出産前後の暮らしぶりを描いたもので、胎児の性別を占っている場面、臨月に髪をひとに梳いてもらっている場面、屛風の前に座り天井から下げた力綱を握っている出産場面（図7）、屛風の蔭で重ねた布団に寄りかかりながら座っている産後の場面などが描かれているが、いずれも妊婦・産婦は着衣で部屋全体の様子や他の人の行動の全体が画題となっている[14]。これらに対し『産論翼』の「懐孕図」ではまさに胎児を娩出しつつある産婦の胴体が首も手足もなく並べられ、その腹部に円くあけられた穴と陰部から、写実的に描写されたさまざまの胎位の胎児や胎盤・臍帯・羊膜などの様子が見えるという描き方になっている。「懐孕図」は単に身体の内部を描いてあるというばかりでなく、写実性、身体の匿名性といった描写の態度まで含めて、近代医学の解剖図のまなざしを共有していると言えよう。錫杖に始まる神秘的であいまいな胎内イメージは、経験に裏打ちされた解剖学的イメージに取って代わられた。

賀川流の産科学を日本独自の内発的発展と見るのか、オランダを経由して入ってきたヨーロッパ近代医学の影響を受けたものと見るのかについては議論がある。玄悦が胎児は頭を下にしているということ

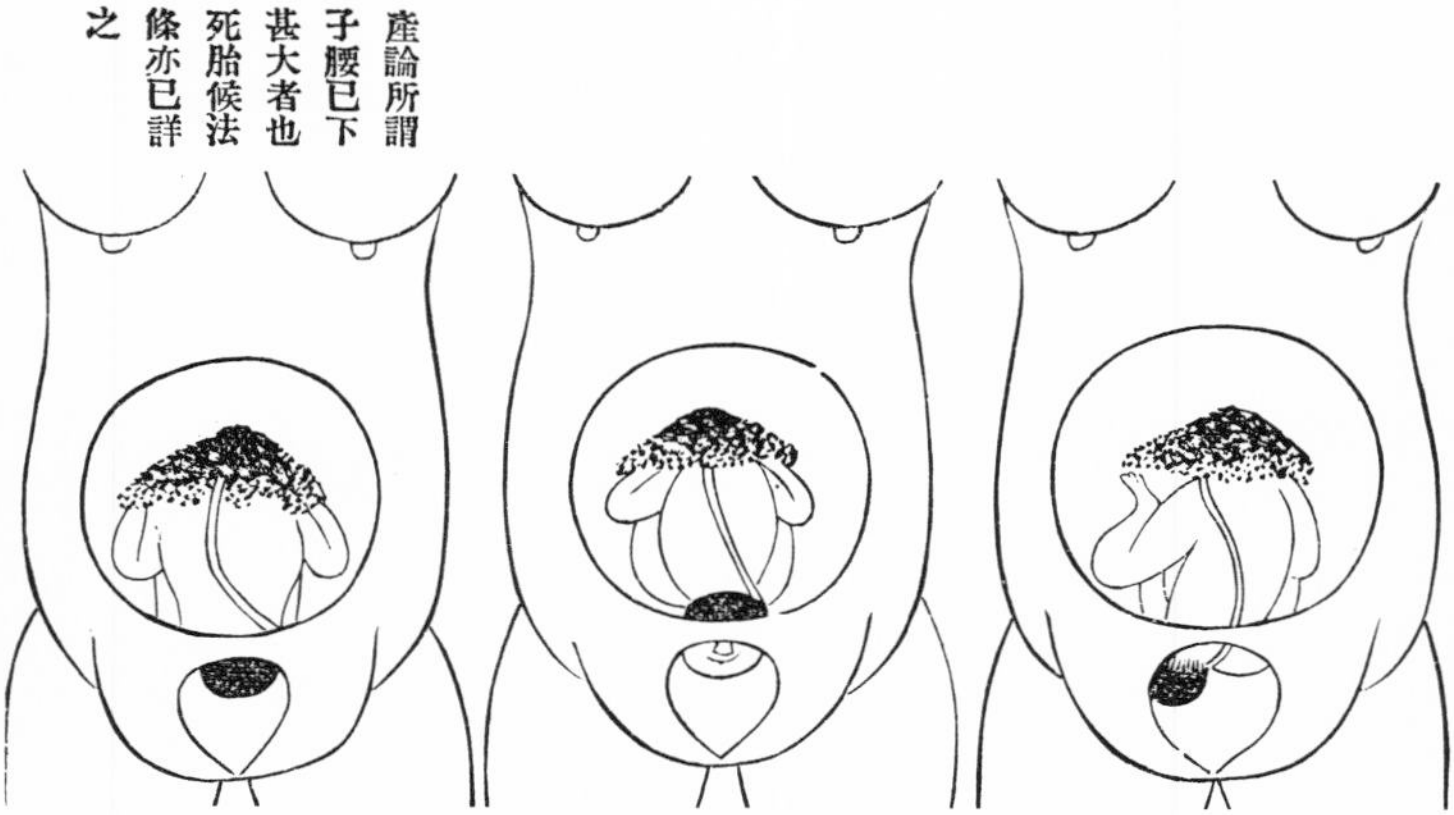

図 5　『産論翼』（1775 年）
（出典）　増田他『日本産科叢書』より．

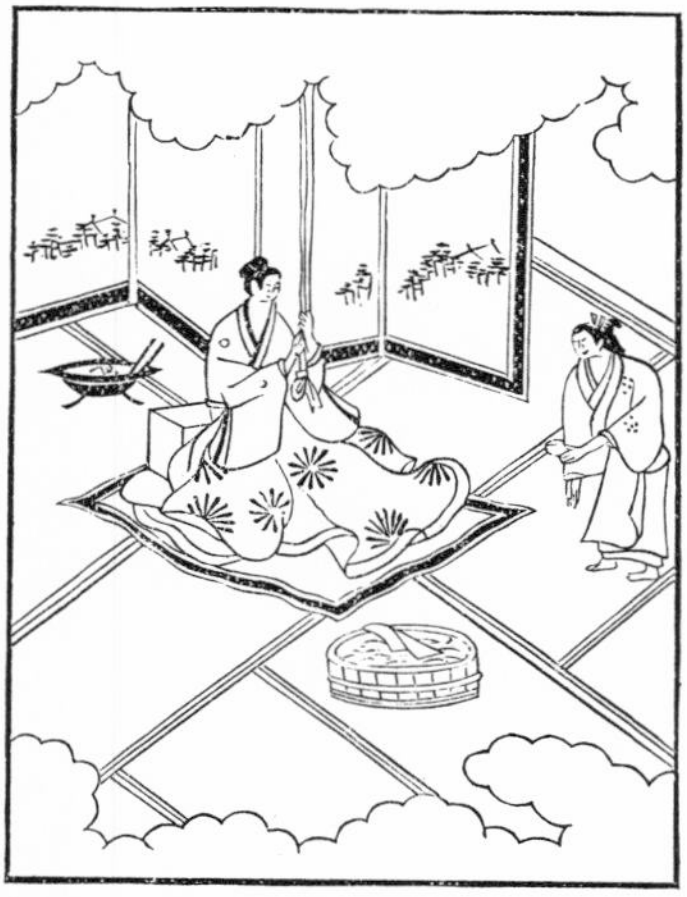

図 7　『婦人壽草』（1692 年）
（出典）　増田他『日本産科叢書』より．

図 6　『医心方』（984 年）
（出典）　日本医史学会編『図録日本医事文化史料集成』第 1 巻より．

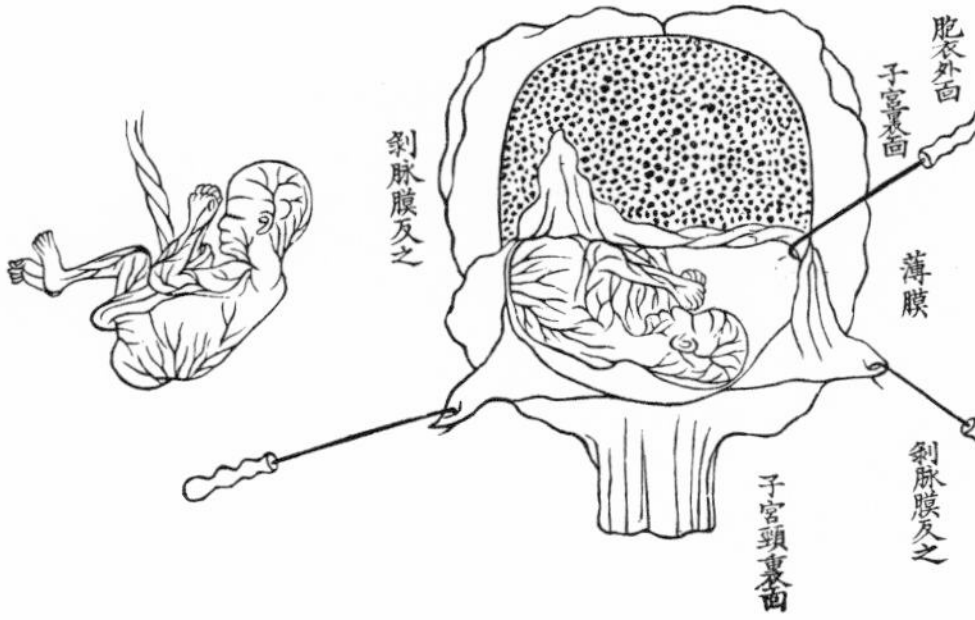

図9 『南陽館一家言』(1838年)

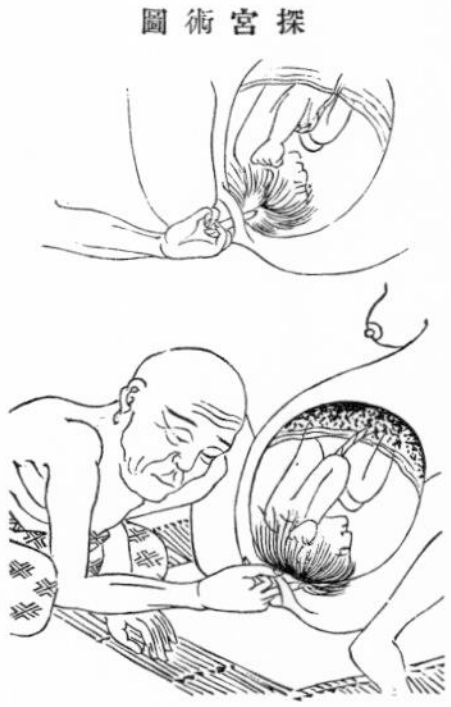

図8 『醇生庵産育全書』(1849年)

(出典) 図8・9ともに,増田他『日本産科叢書』より.

を発見したのは、ヨーロッパにおいて同じことが発見された時期とほとんど変わらず、独立発見の可能性が高い[15]。しかし解剖学が日本に紹介されたのはちょうど玄悦の活躍した時期にあたっており、山脇東洋が初めて公に許された人体解剖を実行したのが一七五四年、その結果が『蔵志』として公刊されたのが一七五九年、杉田玄白らが『解体新書』を翻訳出版したのが一七七四年である。賀川家と山脇家との間には交渉があり、玄迪の「懐孕図」に『解体新書』はともかく『蔵志』の影響がなかったとは思えない。しかしその後に書かれた産科書、例えば『醇生庵産育全書』(水原義博、一八四九年、図8)、『南陽館一家言』(賀川惇徳、一八三八年、図9)の図がより解剖学的に精巧であるのと比べると、「懐孕図」には子宮も描かれておらず、胎位別の娩出法の見やすい図解といった程度のものなのは否定しえない。そういう目で見てみると、同じ解剖学書とはいえ『解体新書』と『蔵志』とでは絵画的描写のスタイルが明瞭に異なっている。玄白は東洋が古医方の体内観の外に出られなかったことを批判し、「面目をあらためる」という言葉で彼ら先人たちとの断絶を強調したと、医学史研究者の栗山茂久は指摘している[16](Kuriyama 1993)。そ

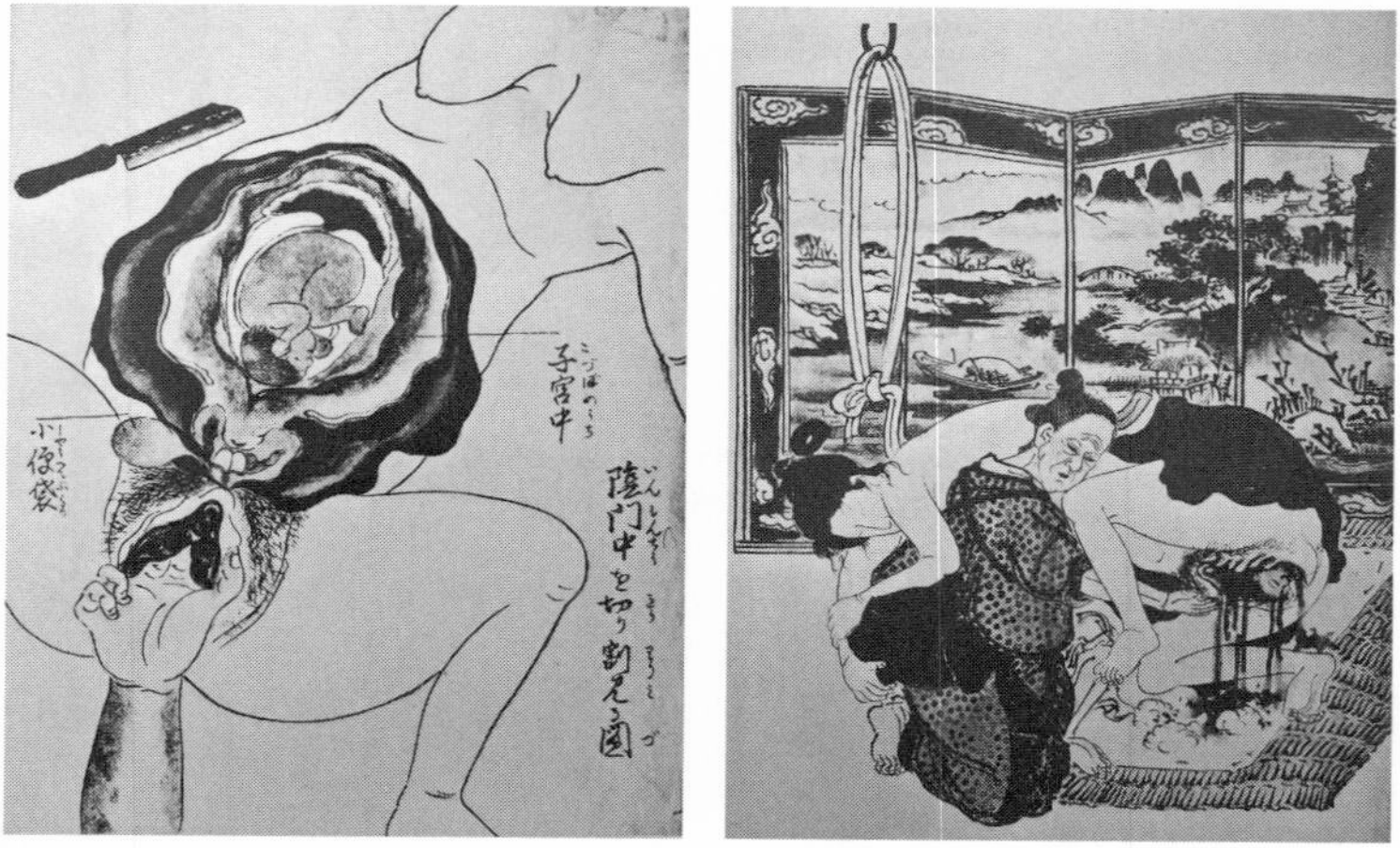

図 10 『孕家発蒙図解』(1851 年)

図 11　長谷川其吉画「父母の恩を知る図」(1882 年)

(出典)　図 10・11 ともに，日本医史学会編『図録日本医事文化史料集成』第 1 巻より．

ういう意味では「懐孕図」は、西洋医学的な胎内観を日本産科学が獲得していく過渡期を示していたと言うべきであろうか。

玄悦の『産論』と玄迪の『産論翼』は東北から九州まで津々浦々の医師が必ず備える国定教科書のような存在となった。これらに続き、各種の産科書や産婆向けの啓蒙書が多くの医師により執筆され、あるものは写本で、あるものは刊行されて広まっていった。その中には前に挙げた例のように解剖学的写実を追求したものもあれば、「懐孕図」のような表現を踏襲したものもあり、多様な表現が混在する時代が明治維新以降もしばらく続いた。中には品川の女性産科医山田久尾女が著し写本で伝わった『孕家発蒙図解』(一八五一年序、図10)のように、写本の過程で浮世絵の手法と合体して強烈なエログロ趣味を見せるものもあった。

胎内の図解は医学書の枠を越境して、次第に庶民の生活文化の中へと侵入していった。当時隆盛を見せた女訓書や養生論には、しばしば胎内十月図が登場した。錫杖に始まる古いタイプのものも相変わらずあったが、新説を取り入れて頭を下に描くものも出現した。山東京伝は一八〇四年に作者が胎内に本の構想を宿してから産み落とすまでを描いた『作者胎内十月図』を出版したが、これなどこうした時代思潮を反映したパロディなのかもしれない。こうした「胎内のぞき趣味」は明治に入ってからも続いた。エログロ趣味の粉飾をほどこされながら解剖図が民間に広く流行した造化機論ブームとちょうど重なっ

図12 団扇
(出典)『図説産婦人科学の歴史』(Speert 1973=1982)より.

ている。胎内を割って見せた美人の妊婦群像が長谷川其吉画「父母の恩を知る図」（一八八二年、図11）のような錦絵に、双六（一八一五年）に、果ては団扇の模様（図12）[17]にまで登場した。こうしたさまざまなかたちで体内と胎内を「見る」経験が、庶民の身体や妊娠過程の認知を変えていったのではなかろうか。

5　変化の推進者

ところで新しいマンタリテの推進者は誰であったのだろうか。

まず幕府はというと、堕胎・間引きに対して、幕府はあまり実のある対策を講じてはいない。一六四六年（正保三）、一六六七年（寛文七）にはすでに堕胎を業とすることに対する禁令が出されたが、刑罰は町内追放という軽微なものにすぎなかった。その後も、禁令は出されたが、堕胎の原因になった不義密通や、堕胎致死は罰したものの、堕胎じたいを問うたわけではない。一八四二年（天保一三）に至ってようやく、「堕胎相頼み候者並に価を取り頼みにより堕胎いたさせ候者も江戸四方十里処罰」と一定の刑罰を制定したが、見るべき効果はなかったようだ。しかもこれらの禁令は江戸で施行されたもので、農村部での間引きに対しては、一七六七年（明和四）の「出生之子取扱之儀御触書」で「以来右體之儀無之様、村役人ハ勿論、百姓共モ相互ニ心ヲ附可申候」と、互いに警戒するよう促しているのみである（高橋一九三六→一九八一）。

対策に熱を入れたのは藩のほうだった。人口減少が農地の荒廃と租税収入の減少に結びつく藩では特に深刻で、入百姓、分家の取立、婿取・嫁取の簡便化などの人口増加策の一環として、堕胎・間引き対策を講じた（高橋一九三六→一九八一）。

たとえば笠間藩の事例を見てみよう。天明の飢饉の後、疲弊の極みで藩主となった牧野貞喜は、堕胎・間引きと離散による人口減少・租税収入の減少に危機感を持ち、堕胎絞殺の悪習を矯正すべく、「有司に命じて農民を誨喩し、あるいは儒臣を遣わして堕胎の悪習にして人理に背けることを説かしめたが、其実績の特に見るべきものがなかった。されば僧侶の職は素と殺生戒を特に長ずると以て、そのことと併せて国土の恩、仏法の恩を愚民に知らしめば其効果著しきものあらむと考え、封内諸寺の住職を集め、諄々此事を商議し」（八一頁）た。「仏事等の節怠りなく教訓被致その徳を以て領内の者共出生の子を養育いたし萬事風儀相直候様被致度候」（八二頁）というわけである。檀家制度で民衆をよく把握している寺を上手に利用したと言えよう。教化の他方で、貞喜は物質救助のため、下吏（勧農方巡り方）に村を巡視させ、妊娠五ヵ月に及ぶ者を申告させて、出生したら米三斗を給与した。また領民教化を依頼され、これに共鳴した真宗の住職良水は、「我宗の門徒は加賀北越に多く、北陸の民を移植せば如何、と進言した」（八二頁）。入植もまた当時各地で実施された人口政策である。真宗は堕胎に厳しいことで知られている。

他藩に目を転ずれば、宇都宮藩では藩儒鈴木石橋が、柴山藩では名主大高善兵衛兄弟が、新荘藩では僧栄天が、松江藩では僧義天と豪家秦瀬兵衛父子が、幕府領では各代官が、養育制度にかかわる功労者として特筆されている（高橋一九三六→一九八一）。こうして見てくると、藩の実動部隊となったのは、僧侶・儒者・村役人層であったことがわかる。子殺しの絵馬を掲げた寺や奉納した人物も、このような役割を担っていたのだろうか。

堕胎や嬰児殺しはヨーロッパでも近世から近代にかけて次第に厳しく禁圧されるようになった経緯が

ある。ヨーロッパでは一八世紀から熱情的に開始された人口政策と並び、それ以前からのキリスト教の生命観に及ぼした影響が大きかったことが知られている（落合一九八四→本書4章）。これに対し日本では人口政策がもっぱらの禁圧の動機で思想的問題はほとんど伴わなかったと言われることがあるが、それは事実ではない。興味深いのは仏教、儒学、国学、医学、農学など宗教的・思想的立場の違いにもかかわらず、宗教者も俗人も、同時期に同じ方向、すなわち堕胎・間引き批判の方向へと傾斜し、前述のように当時の知識人たちは異口同音にそうした「言説」を発しだしたという点である。堕胎・間引きへの態度を決定させたのは各々の教義や思想体系ではない。それぞれの体系の中の適切な部分を時代が活性させたかのごとく、各種の思想はそれぞれの思想体系の中から堕胎・間引き批判の理論を紡ぎだしていった。かつては手島堵庵のように、「身上軽き家とくなき人は、先妻子無用たるべき者なり」（『身体柱立』一七七〇年）（高橋一九三六→一九八一）などと産児制限論ともいうべき主張を展開する者もあったのだが、時代は変わり始めていた。

たとえば国学では、生と死を善と悪に対応させ、堕胎は神からの贈り物を冒し、日本国の国力を弱めることだと論じた。そして仏教は堕胎・間引きを必要悪として黙認すると言って、この問題を仏教攻撃のいい材料にした[18]。しかし実際には、村々でより効果的に活動したのは仏教のほうであった。たしかに仏教の輪廻転生思想は、もっと原始的な循環的生命観とあいまって、間引きを許容させる役割を果たしたかもしれない。しかし仏教にはまた殺生戒も生類憐みの思想もある（塚本一九九三）。さきほどの笠間藩の事例でも見たように、堕胎・間引き批判の時代にはむしろそちらの側面が強調された。

幕末に叢生した仏教系、神道系の新宗教にも同様の傾向が見られた。例えば金光教の経典である創始者金光大神の自伝『金光大神覚』（一八七四年起筆）には、病気と並んで多くの妊娠・出産場面が出てくる。勤勉な一農民として前半生を生き、「土着の文明開化ともいうべき」「合理性、開明性」を備えた「理性に背反しない信仰」を生み出したと言われる金光大神だけあって、[19] 農民の立場からの出産観や、その組み替えを見る感があって興味深い。金光教も原則的には「月（月経）の延びたのを流す事、末の難あり」（『金光大神覚』、二二二頁）と堕胎・間引きを戒める。しかしこれまで見てきたような知識人たちの言説と異なるのは、間引きをせざるをえない側の立場に寄り添い、頭ごなしに叱責したりはしない点である。たとえば金光大神自身の妻が妊娠したときの「金神様」の対応は次のようなものであった。

私妻卯の年妊娠、重し。金神様御願申上。「氏子の考え違いあり。『此子育てん』と思いおる。此子育てい。今日から身軽うしてやる。此子育てねば親にあたり付。此子育てい。留の子にしてやろふぞ」と御知らせ。帰りて妻に申付。「児供多いし、こんどの子は、おくまいと思うておりました。そんなら育てる気に成りましよう」と申。神様え御断申上。翌日から身軽う成、布機織りよう成、仕事差し支へなし。何でもでき、御蔭請、ありがたし仕合に奉存候。御礼申上候。（一七－一八頁）

妊娠を歓迎していないとき、妊婦がしばしば身体の不調を感じるのは、今日も報告されているところである（Macy & Falkner 1979［1983］）。心の葛藤が身体的症状を引き起こすのだと考えられる。間引き批判の急先鋒に立った知識人の側からは鬼のように言われた間引きをする母親の内心は、実は穏やかではなかったようだ。したがって、むしろ「留の子にしてやろふぞ」と心配事を取り除いてやることでそれを思い止どまらせるほうが、はるかに事情にかなっているということになる。

しかし皮肉なことに金光大神の妻はまた四五歳の年に妊娠してしまった。そこで金光大神が聞いた神の言葉は融通無下と言ったほうがよい。

「生ても」、私には「起きるに及ばず」と御知らせ。「今度の子は育てな。育ゝぬぞ。産声だき。脇え押し寄せておいて、卯の年、平生の通りに休め」と御知らせ。「腹がはる」と申て目おさまして起き、早々安産、やすし仕御蔭請候。月の御入時、男子生、其まゝ片附おいて、又休み。私明十一日御礼申上。「子は七夜迄内におき、七夜立、川え流し。……」と御知らせ。（『金光大神覚』、五〇－五一頁）

季節は二月。寒い季節には嬰児を放置して死に至らしめるという間引き法もあった。そのような場合、母親や家族は「嬰児殺しをする」という明確な意識を持ってはいなかったかもしれない。強い子なら生き延びることもあるだろうから、神の選択に委ねたという気持ちにもなれたことだろう。「金神様」のお知らせはまさにそうした意味合いで間引きを事実上容認するものであった。間引きはよくないと思ってはいても時と場合によっては避けられない――「新しいマンタリテ」を身につけつつあった当時の農民の状況はおそらくそんなものではなかったのかと想像される。

また、次のような「お知らせ」もあった。

女の身上の事。月役、妊娠、つわり、腹帯、腹痛まず、産前身の軽し。産後の倚かれ物、団子汁、子に五香いらづ、母の乳え御酒附、親子共いたゞき、頭痛、血の道、虫、病気なし。不浄、穢、毒断なし。平日の通りに相なる事。（五一頁）

腹帯、産椅、食物禁忌、不浄感などを退けるのは、前述の賀川玄悦のように同時代の医師たちにも共通の態度である。さすがに「合理性、開明性」を備えていると言われた金光大神だけのことはある。しかしこのような「合理化」の運動は、速やかに農民たちに受け入れられたわけではなかった。「新しいマンタリテ」は明治維新以降どころか大正期までかけて、ゆっくりと全国の村々にまで浸透していった。

6　人間は誰のものか

金光教の事例からも一端がうかがえるように、「新しいマンタリテ」は村に対して上から注入されたものとばかりは言えない。例えば先にふれた仙台藩の赤子養育制度は、藩の人口政策として採用されたが、実はそもそもは村方役人層が案出した制度であった。藩レベルでの制度化以前の一七九六年にはすでに、農民たちが積み立てた金石を生活困難な家族への赤子養育手当にしていた村がいくつかあった。制度化以降も藩の赤子養育方係横目は年に三度ほど村々を廻るくらいで「実施を日常的に監督指導し、実際にその職務にあたったのは、村方役人層であった」のもこうした成り立ちを知るとうなずける（沢山一九九二）。

しかしなぜ村方役人層は赤子の養育と堕胎・間引き対策に力を入れたのだろう。徳川期の村は徴税単位であり、村方役人層は徴税に責任を負っていたということが一つの理由である。しかしそれに加え、出産をめぐる日常的な社会関係（sociabilité）にも注目しておく必要がある。沢山の紹介している死胎披露書の記述には、そうした面がうかがえる箇所もある。それによると「……風邪でふせっていたが、熱が日増しにひどくなり……、家族があわてて親類組合は申すに及ばず、隣家も集まって介抱した」「近家の組合の者たちが昼夜かわるがわる世話をしたけれども……」など、出産ごとに難産の場合には家族のみならず組合、近隣、親類がみな集まって交替で世話をしたことがわかる。出産は今日のように密室で行われる家族の私事ではなく、村人たちが広く係わる出来事だったようである。「赤子養育制度が、親類、組合を基盤にして展開しえたのも、こうした出産をめぐる状況があったからだと言えよう」と沢山（一九九一）はまとめる。

出産が私事でないということは、「産む」場面のみならず、「産まない」場面でもあらわれた。「若し之を為すに忍びざる者あれば、人妻たるの働きなしと哄笑する者さえあり、後には何人も恬として怪しむものなきに至り……」とは、高橋梵仙が佐倉藩について紹介している事例である。親類や近隣の人々は、各夫婦がもうける子供の数にも当然のこととして干渉していたという。土佐藩でも似た報告がある。「一家男二人女一人許りの児を挙ぐるを程度となすの風習あるを以て、其男にあれ其女にあれ此程度を超過するときは、穏婆に嘱して壓殺せしむ」「児多きに過ぐれば、父母及他児の衣食足らずと云うを以て、之を挙げざる者あり、而して他人も亦児多くして家貧しきを見ては、己が分をも顧みずして多く児を挙げ、他日の困却を慮らざる不覚悟者なりと、嗤笑するに至る」（高橋一九三六→一九八一）。

徳川時代の農民社会で、出産はまだ家族に囲い込まれてはおらず、村の半ば公的な出来事であった。村は個々の子どもの生育をさまざまなネットワークで支え見守ったが、同時に過剰な子どもや不適切な子どもの誕生には厳しい態度をもって干渉もした。それは子ども、長じては人間は各々の家や家族に属しているばかりではなく、村の成員として他の村人の運命にも少なからぬ影響を与えうる存在であったからであろう。それゆえにこそ村は自ら慣習の変革に乗り出した。それが幕末期における村方役人層を中心とした村落再編成の根拠であった。しかしこの動きは、村の従来の社会関係に支えられて実現したものとはいえ、皮肉なことに、同時にそれを切り崩す方向性を内包してもいた。「死胎の証明には医師の証状を必要としたこともあり、赤子養育制度の進行は、医師による出産管理の進行でもあった」と沢山（一九九一）は指摘する。出産を専門家にゆだね、それまでの時代の出産を支えてきた人々を出産の場から排除しようとする動きが始まろうとしていた。

近世末の出産をとりまく変化は、一方では藩、他方では村という二重の社会集団に先導されて起こった。この両者はどちらも子ども、長じては「人間」からさまざまな意味で恩恵を受けたり負担を被ったりする。近代国家の前身ともみなせるこの時期の藩にとっては「人間」は「国富」の源泉であり、村にとってはもっと直接的に村を構成する家々の安定と繁栄を担う労働力であり「生殖力」である。比喩的な言い方をすれば、「人間は誰のものであるか」という問いへの答えが、人間の生産に強い関心を示す社会集団の範囲を決定したのである。

では明治維新以降、出産はいかなるゆくえをたどったのだろうか。出産あるいは人間の生産をとりまく心性や社会関係の徳川体制から離陸をさまざまな角度から検討してきた本稿の最後に、新しい体制はいかに樹立、運営されていったのかを概観しておくのは必要なことではあるだろう。

早くも一八六八年(明治元)、明治政府は太政官布告で、産婆は人命にもかかわる重要な職業であるから売薬の世話や堕胎などを行なってはならない旨を打ち出した。政府のこの問題にかける意気込みは伝わるが、政策内容に維新以前の各藩や知識層以上の新味があるわけではない。近代国家の先駆として人口政策に着手した藩の役割を、統一された明治国家が受け継いだと見るのが妥当であろう。ついで一八七四年には「医制」が発布され、政策的焦点は産婆の管理に絞られたが、しかし近代医学教育を受けた産婆の養成と登録が実効ある制度として確立されるには、さらに一八九九年の「産婆規則」を待たねばならなかった。この時期からの変化は、藤田真一(一九七九)によって「第一次お産革命」という名を与えられている。

しかしその時点でも産婆養成と登録を含む衛生事業は各県の警察部の管轄であったし、「この村からも産婆を出したい」と他の村や郡と競い合いながら適任者の勧誘から奨学金の手当まで熱心に動いたのは近世末同様、村の上層部であった[20]。近代国家の枠の中で、近世末以来の二重構造は一定の役割を果たし続けた。また新たに養成された産婆の役割も、迷信の打破、旧産婆の撲滅、医学知識の啓蒙など、近世末に賀川玄悦や金光大神が提唱した問題の遅ればせの実現であったと言ってもよい。全国的に見れば地域差が大きく、東北地方と先進的な近畿地方とでは出産に関わる変化も一世代分くらいずれてはいたのだが[21]、少なくとも地域によっては、一八世紀末に出現した新しいマンタリテは二〇世紀の初期まで有効性を保ち続けていたと言えよう。この論文で検討してきたのは、実に一世紀以上の長きにわたって日本社会をある方向に導いてきた運動の始まりの部分であったということになる。

次なる全く新たな局面は、都市部では大正期に芽生えてはいたものの、全国的には昭和に入ってから、それも満州事変以降に本格化したようだ。一九三七年の保健所網の設立、三八年の厚生省発足、四二年の妊産婦手帳交付と、中央集権的な管理や指導が急速に強まってきたのである。村や郡の自律性は失われ、産婆は国家機構の末端に組み入れられたかたちとなった。同時に、産婆の登録、無免許産婆の取締り、堕胎・間引きの禁止など規制中心であった権力の発動のしかたが、講演会開催への協力、出生届記入の手伝いなどを産婆に求める動員へと、質的転換を遂げた[22]。

戦後日本社会は大きく変わったように見えるが、戦争中に強まった中央集権と地域解体は高度成長を迎えて促進されこそすれ弱まりはしなかった。知り合いの産婆に介助される自宅分娩が減り、医師に介助される病院分娩が増えることで、産婦の身体はいっそう受動的な医療の対象と化し、脈拍や血圧を測定する機器につながれ陣痛促進剤を注入されるのが常態となっていった。この変化は「第二次お産革命」と呼ばれる[23]。

「第二次お産革命」を経て、二〇世紀も終わりに近づいた今日、出産は私事化し、子どもに関心をもつのは家族か、それとも出生率に神経を尖らす政府かしかなくなってしまった。これはすなわち、いまや人間は家族と国家のものになってしまったということであろう。いや、さらに近年では、家族にとっても出産すなわち子どもをもつことの意義が自明ではなくなり、一九五〇年代後半以降安定していた出生率は七五年以後低下のトレンドを歩み出した。巨視的に見れば現代の日本の人口は第四の波の終息期を迎え、再び徳川中期のようなゼロ成長期に入りつつある。われわれは今いかなる人間生産の体制を創りつつあるのであろうか。近世末に起きたことはわれわれにとってもけっして昔話ではないようだ。

［注］

1 斎藤（一九八五、二〇二頁）には、明治期の人口増加率についての赤坂・梅村および安川による推計結果がまとめて紹介されている。

2 一例を挙げれば、第5節で詳しく紹介する金光大神著・村上重良校注『金光大神覚』（一九七七）にも父親が四二歳の時の子を間引くかどうかという件がある。第2節で紹介する柳田国男らによる民俗調査でもこうした習俗が全国で収集された。柳田らの調査結果については恩賜財団母子愛育会編（一九七五）を参照。

3 「言説」や「まなざし」に注目する方法論、および人間の生を管理・調整する「生の権力」の分析という課題はフーコーから受け継いでいる。しかしフーコーが乗り越えようとした心性史的、人口史的あるいは社会史的アプローチによる成果のほうが重要であると筆者は考えている。Foucalut（1976）、落合（一九八七a→本書第5章）を参照。

4 「心性（mentalité）」とはフランス社会史で重視されてきた概念で、特定の時代・地域の人々が共有している認知的・感情的・評価的な枠組みのこと。「集合心性」とも訳される。デュルケムの概念である「集合意識」の流れをくむもので、広い意味での「規範」、あるいは考え方・感じ方のルールと考えることができる。注5参照。

5 Le Goff（1974）、三浦（一九八三）。

6 沢山（一九九一）。本稿脱稿後沢山の二本の論考（一九九四a、一九九四b）が相次いで公刊された。

7　仙台藩赤子養育制度については、菊地（一九九〇）が詳しい。

8　沢山（一九九一）末尾につけられた死胎披露書の内容要約より引用。本文中の死胎披露書からの他の引用も同様。

9　千葉・大津（一九八三）は、日本史の通説では「間引き」とは「江戸時代の中期以降、全国一般に行われた堕胎と生児圧殺の風習をさす俗言」（北島正元執筆、『日本歴史大辞典』河出書房、一九五九年）とされていたのに対し、「人口史の研究者たちは、堕胎と嬰児殺しとを区別し、江戸時代に『間引き』と称したのは出産後の生児殺しを指すとしている」と研究者間の定義の違いを指摘している。千葉らは後者の見解をとりいれるべきとしているが、おそらく当事者たちの用語法に依拠していたのであろう前者の見解をむしろ尊重すべきだとも考えうる。

10　この仮説はかつて落合（一九八七a→本書第5章）で提起したものである。

11　賀川玄悦については、緒方（一九一八→一九八〇）、杉立（一九七七）、Ishihara（1983）参照。石原力は賀川玄悦とヨーロッパにおける産科学の祖アンブロワズ・パレのライフヒストリー及び学問上の類似性を強調している。

12　首藤（一九九一）は回生術に焦点を当てながら、胎内への「まなざし」の問題を取り扱っている。

13　Terazawa（1993）も『婦人壽草』の挿絵を「懐孕図」と比較しているが、後者を日本の内発的なものとして議論しているのは後述のように単純すぎる見方と思われる。

14　絵巻に出産場面が描かれるときにも、ほとんどの場合は祈禱師や巫女、鳴弦をするなど出産の無事を祈る人々、かと思うと虎視眈々と見守る魔物たち、出産を祝って酒を酌み交わす従者たち、産婦の身体を支えたり湯を運んだりして出産を手伝う侍女などや、産婦を囲う屏風、白で縁取りした畳や御簾、さまざまな道具類など、出産を迎える家の様子全体が主題とされてきた。多くの場合、産婦はその中のひとこまとして小さく描かれるにすぎない。出産は医学より呪術や儀礼の対象であったことがうかがえる。「北野天神縁起」「慕帰絵詞」など参照。

15　ヨーロッパで最初に正常胎位を説いた産科書である William Smellie, *A Set of Anatomical Tables with Explanations and an Abridgment of the Practice of Midwifery*, London, 1754. が日本に入ったのは一七七〇年なので、玄悦は独立に正常胎位を発見したことになる。京都府医師会編（一九八〇、一一〇六–一一〇七頁）。Ishihara（1983）、杉立（一九七七）参照。

16　栗山は日本の解剖学によるものの見方の転換が可能になるためには司馬江漢らの努力による絵画における写実的な描

写法の獲得が不可欠の前提条件であったことを指摘し、医学と「美術」との呼応関係に目を向けている。本文中でこのすぐ後に論じる解剖学的あるいは産科学的な胎内へのまなざしの庶民文化への拡散もまた広い意味ではそのひとつの例と言えるのではなかろうか。

17 同種の趣向は国利戯画「妊婦八炎暑戯」(明治一四年)に見られる(中野一九八〇、一一九頁)。

18 例えば宮負定雄「国益本論」、鈴木重胤「世継草」など。いずれも芳賀・松本編(一九七一)所収。

19 村上重良「解説」、金光大神(一八七四→一九七七)『金光大神覚』。

20 落合(一九九〇a)。明治三〇年代から第二次大戦直後まで、すなわち「第一次お産革命」が始まってから「第二次お産革命」初期までの時期については他に、吉村(一九八五、一九九二)、西川(一九八九)参照。

21 落合(一九九〇b)。落合(一九九〇a)の東北地方の事例と本論文の近畿地方の事例とを比較すると、一世代分ほどのずれがあるようだ。

22 落合(一九九〇a)では、村で最初の近代医学教育を受けた産婆が、自分自身「第一次お産革命」を担ってきたにもかかわらず、一九三〇年代から戦後にかけての一連の政策的変化に強い違和感と不快感を感じた様子をオーラル・ライフヒストリーの分析から示した。「第一次お産革命」とは異質な変化が開始されたものと解釈される。

23 藤田(一九七九)。「第二次お産革命」の過度の医療化批判は吉村(一九八五、一九九二)、松岡(一九八五)。

7 近代家族における子どもの位置
——妊娠・出産の意味を考える——

1 子どもの位置は変わりつつあるか

家族の養育・教育機能の低下が問題になっている。家族問題研究会の一九八六年度のシンポジウム「家族は子どもを育てられるか」も、「いじめ」という社会問題を発端に、より一般的なこの問題に取り組んだものであった。しかし、今年度（一九八八年）のシンポジウムは発想の方向がやや違っている。養育・教育などといった機能をあらかじめ設定してその充足の可否を論じるのではもはや足らず、そもそもそうした機能をどのようなものとして現代の家族について設定しうるか、言いかえれば現代家族にとって子どもを産み育てることはどういう意味をもっているのかを、問い直そうというのである。研究者が外側から概念を設定するエティック・アプローチよりは当事者により生きられている意味に迫ろうとするエミック・アプローチ（エスノメソドロジカルな視点と言いかえてもよい）、通歴史的・汎文化的概念（ある種の機能など）を立てる普遍主義よりは歴史的・文化的相対主義に近い立場、と言ってよいかもしれない。現実の家族や社会の変化の方が急で、学問的認識がその後追いをしている現在のような状況では、どうしてもこうした立場をとることが必要になる。

言うまでもないが、子どもを産み育てる意味は社会によって異なる。子どもの将来の労働の成果を取得するのは誰か、いかなるパーソナリティが評価されるのかなどさまざまな条件によって、子どもに対する意味付与ならびに望ましい養育・教育法は当然変化する。極端な例を挙げれば、頻繁に間引きを行ったり、乳母に任せきりにしたり、娼妓や奴隷あるいは食肉として売るために子どもを生んだりする社会も現実に存在したが、これとてそれなりに社会的条件や生命観・子ども観に支えられていたはずで、単に非人道的と非難すれば事足りるというものではない。

われわれが自明と思ってきた子ども観は、どのような要素のどのような結合から成っているのか、それはいかなる歴史的過程を経て形成されてきたのか、現代の子どもをめぐる諸問題はその変化の兆候と言えるのか――妊娠・出産に焦点を合わせつつ、こうした問いを問うてみよう。

2　近代家族における子どもの位置

子ども中心主義

まず、われわれが常識として受け容れ、日常的にはそれを生き、研究においてはそれを理論構築や正常－逸脱の判断の暗黙の基盤としてきた子ども観はどのようなものなのか、反省してみよう。

周知のように、この点について最初に注目すべき見解を提出したのはアリエスである。アリエスによれば、今日当然視されている「大人と区別される子ども」という観念が確立したのは「近代」（一六、一七世紀以降、より典型的には一八世紀以降）のことである。その観念はさらに、「可愛がりの対象としての子ども」と「道徳的・心理学的配慮の対象としての子ども」という両面に分解することができる（宮坂一九八五）。家族との関わりで言えば、そのようなものとしての「子ども」が、それ以前の時代の子どもの居場所だった乳母の村や奉公先を去り、当時成立しつつあった「近代家族」の中心に居座るようになって、母親のフルタイムの愛情と献身を受けるようになったのである。いやむしろ、「子ども」の周囲に「家族」が結晶してきたと言ったほうが正確かもしれない。これを家族における「子ども中心主義」と要約しておこう。

では妊娠・出産から見ると、この過程はどのように見えるのだろうか。妊娠・出産への注目は、「子どもの誕生」が、生命観・人間観や宗教、地域の人間関係の変容や国家形成、「科学」的思考の発展などと複雑にからみあった現象であることに気付かせてくれる。

西欧の中産階級で「近代家族」が本格的に成立し、「子ども」が誕生する一八世紀、出産習俗もまた同じ地域の同じ階層から大きな変化を経験した。助産の役割を担う者が伝統的・民俗的な産婆から近代的医学教育を受けた医師や新しいタイプの産婆に交替する出産の「医療化」として（少なくとも表面的には）とらえられる変化である。

魔女狩りとキリスト教的生命観

しかし、この変化には前史がある。[1] 遡れば一六世紀から一七世紀の初頭、ヨーロッパを席巻した魔女狩りのなかで、伝統的産婆は「神に属さない魔術（医療行為）を用いる」という理由で罪に問われ、「魔女産婆」と呼ばれて大量に迫害・殺害された。産婆の罪は、人を不妊にしたり流産させたりすること、出産中に秘かに生児を殺すこと、新生児・死産児・へその緒を悪魔に捧げることなど、今日の概念では出生抑制に類することに極まれる。当時、やはり生殖に結びつかない快楽本位のセクシュアリティが罪に問われたことを考え合わせれば、性と生殖の一致というカトリックのよく知られた性規範の浸透が、この混乱の背後にはあるようだ。ちなみに近年の社会史の研究成果では、ヨーロッパ民衆社会におけるキリスト教の影響力は俗説のように中世に最大だったのではなく、この時期の宗教改革・反宗教改革を通じてはじめて本格的に民衆生活のすみずみにまで浸透したのだということである。産婆は、キリスト教を中核とするエリート文化に対抗しつつ敗北していった民衆文化の代表者でもある。

せまい寝床で添い寝している親に（おそらくは故意に）圧殺される子どもがあとを絶たなかったこの頃の状況を考えれば、当時の生命観の変更は、今日の人道主義的人命尊重に直結するものと思われるかもしれない。しかし難産で胎児が死にかけると、その生命を救おうとくふうするかわりに、水鉄砲のような長い管を子宮内に差し入れて「胎児洗礼」を行ない、胎児の魂を天国へ送ることでよしとしたという風習はどうだろう。堕胎の禁止も胎児に魂が宿るとされる胎動以降に限られ、それ以前の「肉塊」については、一九世紀の既婚の淑女でさえ罪悪感もなくさかんに堕胎した。キリスト教的生命観は近代的生命観への道を拓いたが、そのものではない。

出産の「医療化」と家族・国家

男性医師による助産は、一六世紀後半のフランスの貴族・上流階層から始まった。異常産の非常手段として外科医を招いたのが始まりだ。外科学は近代医学全体の牽引車でもあった。のちに正常産にも男性医師を招くようになり、一八世紀の後半には西欧の中産階級へと拡がっていった。

出産の「医療化」の背後には、ひとつにはやはり生命観の変化がある。身体という客体としての人間とでも言おうか。能動的なのは医師の側のみで、薬物や器具をさかんに用いて身体の過程に介入する。医療による患者の疎外の原点である。

出産の「医療化」はまた、出産をとりまく社会関係の変化とも深く結びついている。かつての出産は、村の人間関係に向けて「開かれて」いた。出産の場には産婆をはじめとする村の女たちが手伝いに詰めかけ、口々に自分の体験を話したり知識を披露したりした。出産の公的な性格が、そのまま目に見えるかたちで示されていたのだ。ところがその女たちの輪の中に男性医師がはいってきて、はじめは遠慮がちに女たちの指図に従っていたものが、次第に主導権を握り、「生意気な」女たちを部屋の外に追い出そうとする。折しも時代は閉鎖的な近代家族の成立期、女たちのネットワークはそうでなくとも活力を失いつつあり、出産は家族の私事となった。近隣の女たちに替わって、産婦の夫が「妻を精神的に支えるために」産室にはいってきた。

他方、出産の公的性格は一挙に国家のレベルへと引き上げられる。教会による産婆の取締りは、一八世紀各国の助産者登録制度と近代医学に基づく新産婆養成に発展し、堕胎の禁止も刑法にとりいれられた。宗教改革・反宗教改革が人間を神に帰属させる運動であったとすれば、それに続いて起こったのは人間を国家に帰属させる運動であったと言えよう。人間を兵力や労働力という集合的な客体として計画・計算の対象とする考え方が生まれ、各国はさまざまな人口増強政策を展開した。フランスを例にとれば、マリー・アントワネットの出産祝賀における貧民の集団結婚のデモンストレーション、ナポレオンの人口計測の開始と、出産への熱いまなざしは政体の違いを超えて受け継がれた。

「人間の生産」という観念の誕生

妊娠・出産に注目すると、「子どもの誕生」はアリエス以来強調されてきた家族と学校の誕生のみならず、近代国家や近代的人間観の誕生をも含んだ、社会システム全体の変動の中で生じたことが一層明らかになる。産業主義の一面としての「人間の生産」あるいは「再生産（reproduction）」という観念の成立と言おうか。人間は労働力や兵力として意図的に生産せねばならぬものとなった。性の副産物として妊娠が生じたり生じなかったりするという自然の因果関係が逆転して、性は出産のためにするものとされ、出産に結びつかない性は「過剰な性」とみなされるようになった。産児制限も「人間の生産」への抵抗ではなく、より計画的で意図的な生産をめざすものと考えられる。

「人間の生産」の場として、新たに結晶してきた制度が「近代家族」である。「人間の生産」とは、身体と精神を備えた一人前の社会成員を社会に送り出すことであるから、出産のみならず養育・教育までも含む。出産・養育・教育は、このとき初めて家族にとっても社会にとっても意図的な目的となった。家族の基本的機能は子どもの養育であると一般的に言うことはできないが、「近代家族」についてはまさにそのとおりだ。なぜなら「近代家族」は最初からそういうものとして成立したのだから。

再生産平等主義

「子ども中心主義」とならんで、近代家族における子どもの位置を表わすにはもうひとつ、「再生産平等主義」とでもいう概念が必要ではないだろうか。

妊娠・出産と言うとただ子どもを生むことのみを思い浮かべがちだが、その裏面には子どもを産まないこと、すなわち出生抑制がつねに随伴している。さきに魔女狩りに触れた中で、魔女狩りは出生抑制の禁止、すなわち性と生殖の一致という規範の成立と関連していると述べたが、これは出生抑制のない社会への移行ということではなかった。ちょうどこの時期の西欧は、婚姻年齢が高く生涯独身率も高い「ヨーロッパ的婚姻パターン」の成立期にあたっており、婚姻率が低いために出生力が抑えられるというタイプの出生抑制が開始された。性と生殖はさらに婚姻とも一致せねばならぬというこの規範は、低婚姻率が低出生力に有効に結びつくための条件として働いたと見られる。

「ヨーロッパ的婚姻パターン」の時代の人々の生活を思い浮かべてほしい。婚姻した人々は子どもを産む。婚姻年齢が高い（男二七～二八歳、女二五～二六歳）のでその分子どもの数は減るが、それでも結婚生活を全うした女性は平均五～六人の子を産んだ。しかしこの社会には約一〇％（時には二〇％を超える）の生涯独身者が存在する。彼ら・彼女らは聖職についたり奉公人になったりして生計を立てているが、この者たちは（私生児出生もあるが）原則として子どもを作らない。われわれは今日、人はみな結婚して子どもをもつのが当たり前と考えがちだが、そのような「再生産における平等」は人類普遍の原則ではない。

「再生産における平等」がヨーロッパで成立するのはなんとごく最近、第二次世界大戦後のことでしかない。「ヨーロッパ的婚姻パターン」は、一九三〇～四〇年頃、ヨーロッパ全域ではほぼ一斉に崩壊する。それに先立って一八七〇年頃から産児制限が普及して婚姻出生力（婚姻した夫婦の出生力）が低下しており、みんなが結婚するかわりに結婚しても子どもは少ししか産まない、という新たなタイプの出生抑制が社会的に成立したのである。ただし二〇世紀の初頭には極小家族志向が生じ、子どもをもたない、あるいは一人しかもたないところまで産児制限する夫婦がかなりあった。第二次世界大戦後になってようやく、大家族もその反対の独身者や子無し夫婦あるいは一人っ子しかもたない夫婦もほぼ消滅し、ほとんどの家族が二人か三人の子どもをもつという平均化された状況が現出した。「再生産平等主義」の成立だ。言いかえれば、すべての人が「子ども中心主義」の家族を実現できるようになり、近代的な子ども観が実効をもちうるようになったのである。

3　日本の場合

以上は欧米についての概観であったが、では日本の場合はどうだろうか。日本の近代化を欧米の近代化のバリエーションとしてとらえるのは単純にすぎるものの、妊娠・出産の歴史に関しても少なからぬ共通点が目につく。

明治以降の変化は欧米の影響下にあるので似てくるのは当然だが、興味深いことに、出産の変化は江戸時代にすでに始まっている。一八世紀後半から一九世紀初頭にかけて、佐藤信淵などの農学者、儒者、僧侶、国学者などの知識人が、異口同音に堕胎・間引きを批判し始める。それまでは百姓・町人はおろか武士、それも将軍家や大名家でまで堕胎・間引きが行なわれていたことを思えば、これは明らかに新しい心性の登場である。いくつかの藩では人口増強策もとられた。また同時期、賀山玄悦により産科学の実証主義的な方向への革新が行なわれ、医学や身体についての新しい知識が啓蒙的な産科学書・医学書のみならず女大学や節用集にまで盛り込まれて、地方の庶民にまで広く浸透していった。蘭学の影響もないわけではないが、日本社会のもっとも根深いところから、この変化は生じているようだ。

明治以降では、明治三〇年代から昭和初年までの時期と、第二次世界大戦後のとくに高度成長期に大きな変化があった。これを藤田真一にならって、「第一次お産革命」、「第二次お産革命」と呼んでおこう（藤田一九七九）。「第一次お産革命」は、一言で言えば、助産者が旧来の産婆（トリアゲバアサン、コナサセバアサンなどと称される）から近代医学教育を受けた産婆へと交替する変化であった。明治三二年の「産婆規則」により、規定の医学教育さえ受けていれば二〇歳の娘でも産婆を開業できるようになった。「新産婆」(2)は助産のみならず「衛生」「栄養」といった観念を人々に広め、産神信仰などの肩身を狭くした。しかし反面「新産婆」は、村の女たちのネットワークの結節点になる、とりあげた子と特別な関係を結ぶなど、「旧産婆」の作っていた社会関係を受け継ぎもした。新産婆の養成は富国強兵の国策の線に沿うものである。同じ頃、刑法に堕胎罪も設けられたが、堕胎に加担しないことも新産婆が旧産婆と一線を画する大きな特徴だった。

実はわたしの母方の祖母は村で初めての近代的産婆だった。一八九四年生まれの祖母は、村長や郡役場の人に勧められて奨学金をもらって産婆養成所に学び、二〇歳そこそこで開業した。トリアゲバアサン（伝統的産婆）との軋轢もあったが、診察では料金をとらない、助産料もあるとき払い、農作物などの現物での支払いも認めるなど、当時の生活状態によく適応し、村の女性たちの評判も勝ち得て、順調に顧客をふやしていった。仕事に備えて夜も寝巻きに着替えたことなどない忙しさだったそうだ。

「生めよ殖やせよ」政策で厚生省が新設され、保健所網が整備された戦時中には、妊婦届、産婦名簿などの記入が義務づけられ、講習会にも参加せねばならず、産婆は「国策の尖兵」としてますます多忙になった。敗戦後の政府は掌を返したように受胎調整の講習会に産婆を集めるが、「産ませろって言ったり、産ませるなと言ったり、こっちは信用にかかわる！」と祖母は憤って、中途で席を蹴って帰ってきてしまったと言う。

「第二次お産革命」は、新産婆がさらに医師に交替する変化である。産婆が活動の基盤を置いていた村や近隣の人間関係は高度成長によって弱体化し、産婦と医師の人間的きずなは弱まり、出産は家族の私事となった。さらに産婦は家族からさえも切り離されて、病院で見知らぬ人々と器械に囲まれ、人間としての主体性も奪われて、出産させられるようになる。病院という「工場」で「人間」が大量生産されるがごとくである。「優生保護法」により人工妊娠中絶が事実上解禁され、避妊の普及もあいまって、いまや子どもは「授かる」ものから「作る」ものに変わった。日本でも近代化は、「人間の生産」という観念の成立をもたらしたのである。

4　現代家族における子どもの位置

では、家族変動が言われる現代、「子どもの位置」は変わりつつあるのだろうか。

焦点であるべきこの問いは、もちろん大変に重要ではあるのだが、正直のところ、わたしにはまだ答えを出すには時期尚早な問いだという気がする。「変動」は現在まさに進行中で、変化の方向性や深度を判定するには、もう少し現象（データ）が出そろうのをまつ必要がありそうだからである。それでも、現象面の変化は、互いに矛盾しあったりしながらも、すでにいくつか人目につきはじめている。

妊娠・出産に限ってみれば、松田聖子ら芸能人の出産に象徴されるように、出産を明るく楽しむ風潮がまず目につく。妊娠・出産を忌み・恥・病気として暗くとらえる意識は消え去り、ファッショナブルなマタニティウエアをまとい、堂々と妊婦水泳に通う「プレ・ママ」たちが急速にふえている。男児よりも女児を好む傾向も考え合わせると、出産・育児の親にとっての意味は、「人間の生産」というより、ますます情緒的なものに純化してきたようだ。ラマーズ法による夫立ち会いも、夫婦の情緒的絆の強化と関連している。「近代家族」の情緒性は一層高まりつつあると言えようか。しかし他方で、妊娠中も産後も美しく活動的であろうとする女性たちは、マタニティのスーツを着てオフィスに通い、紙オムツやベビーフードなどの育児産業も活用して、「母親」であると同時に一人の「個人」でもある自分を主張し始めている。

同様の複雑さは「医療化」に関しても見られる。七〇年代の後半頃から、近代医療の行きすぎによる産婦の非人間的扱いについて、社会的な批判が高まってきた。不必要な会陰切開や陣痛促進剤の使用、治療費稼ぎのための健康な子宮の摘出手術などがとくに問題となった。自然分娩・母乳哺育の流行は、「お産を自分たちの手に」とも言うべき、「医療化」に対する揺りもどしである。他方、避妊意識の徹底や陣痛促進剤による計画出産、さらには体外受精・代理母・精子銀行などとして話題になる生殖技術の発達など、「医療化」や「人間の生産」という考え方の一層の進展もうかがえる。

子ども観自体も変わりつつあるようだ。胎教の復活や胎児と「対話」する両親の登場は、「子ども」概念が「胎児」にまで拡張されつつあることを示している。近年の水子供養の流行もその裏返しの表現だろう。また、ブルーやピンクの「子どもらしい」子ども服の人気が落ち、サイズさえ変えれば大人も着られるような黒や赤のブランドものがよく売れ、反対に大人が幼児服メーカー「ミキハウス」のトレーナーを着たりするのは、「大人」と「子ども」の境界の曖昧化を示すのかもしれない。

育児にまで目を向けると、母親の就業率の上昇や関心の分散による「フルタイム・マザー」の減少、父親の育児参加、「近代家族」の閉鎖性を突き崩すほどの育児期の母親たちの育児ネットワークの発達、その対極の育児ノイローゼの蔓延、行政や保育施設による育児援助が共働きや片親の家庭のみならず一般家庭でも必要とされるようになったことなど、「子どもの位置」の変化を示唆する現象はさらに多い。

また、数の上ではまだ少ないにせよ、シングルズやDINKS（ダブルインカム・ノーキッズ）といった生き方を選択する人々が、日本でも声をあげ始めている。欧米ではすでに統計数字にも表われつつあるこの変化は、再生産平等主義の崩壊につながる。すべての人が子ども中心の家族作りに参加する事態は、過去のものになりつつあるのかもしれない。そればかりか、そもそも家族は「子ども中心主義」的であり続けるのか、子どもを産み育てるために「家族」という制度がこれからも必要とされるのかどうかも、これまでに見てきた諸現象を考えると疑わしい。

「脱産業社会」は「情報化社会」とも言われ、生産するモノの量はもはや最も重要ではないと言われる。ならばヒトも量より質、画一性より個性に価値が移るだろう。そうした時代に適合する新しい家族のかたち、あるいは「家族以後」の新しい社会関係のあり方が明らかになるのも、そう遠い日のことではないかもしれない。

［注］

1　アリエスの近代家族論にも「一七世紀家族」という概念があって、「近代家族」の先駆となっている。

2　「新産婆」「旧産婆」という名称は当時正式に用いられた表現である。

8　現代家族の育児ネットワーク

1　調査研究のあらまし

本調査研究の理論的位置

一九八六年に、わたしは兵庫県家庭問題研究所主任研究員として、兵庫県から委託された「核家族の育児援助に関する調査研究」を実施した[1]。核家族化によりもたらされる育児の困難を明らかにし、それに対するサポート・システムを構想するというのが、当初の調査目的であった。

ところが調査の過程で浮かび上がってきたのは、核家族であるなしにかかわらず、現代の育児は一般に各種のサポート・システムに支えられており、それなしには成り立たないという実態である。現代の育児は、近代家族の理念どおり家族、とくにそのうちの母親一人によって遂行されているというより、親族・地域・諸機関をまきこむ育児ネットワークに支えられてはじめて可能になっていると考えたほうが現実に近いようだ。

いま述べたような理論的方向を別の角度から導き出したのが、牧野カツコによる一連の「育児不安」研究である（牧野一九八一、一九八二、一九八三、一九八四、一九八七、一九八八、牧野・中西一九八五）。従来、母子関係の病理といえば、第一にとりあげられるのは初期の母性的養育の欠如である「母性剝奪」（maternal deprivation）であり、共働きの問題性が論議の的となってきた。しかし牧野は、育児で夫を煩わすことなく、仕事・趣味・社会活動などで外出することもせず、ひたすら近代家族の母親役割に忠実に生きている女性たちこそが育児不安、よく言われる言い方では育児ノイローゼやイライラの犠牲になっているということを、数次にわたる調査から実証的に明らかにした。「子どもから『離れる』ということと、よりよい育児態度が関連している」とは、従来の母子関係論の先入見を覆す衝撃的な発見であった。牧野の結論は、その後の他の研究者による追試によっても、乳幼児期についてはおおむね支持されている。本村ら（一九八五）は追試の報告の中で「援助システムの確立」を提唱しているが、育児不安をひきおこす母子の孤立と反対の状況が、母子にとって援助的なネットワークの存在である。

本調査は「育児不安」研究との関連で企図されたものではないが、結果としてそれと理論的補完関係にある位置を占めることとなった。両者は互いに補いあいながら、一致して近代家族的な母子関係論パラダイムに異議を申し立てている。

現代の育児環境

調査の内容にはいる前に、現代日本社会の育児をとりまく環境を概観しておこう。

まずはじめに表1は「子どものいる世帯」のみについて見た場合、核家族化はどの程度進んでいるかを示すものである。すべての世帯について見ると、核家族化は一九七五年以降七割半ほどで（森岡方式

表１　「子どものいる世帯」の世帯数および世帯類型別割合

（単位　1,000 世帯　%）

世帯類型	1970	1975	1980	1985
6歳未満児のいる世帯	7,759	8,548	7,543	6,559
親族世帯	100.0	100.0	100.0	100.0
核家族世帯	66.7	70.4	69.6	68.2
夫婦と子	65.1	68.8	67.8	66.0
男親と子	0.2	0.2	0.2	0.2
女親と子	1.4	1.4	1.6	2.0
その他の世帯	33.3	29.6	30.4	31.8

（出典）　人口問題審議会他編（1988）.
（資料）　総務庁統計局「国勢調査」

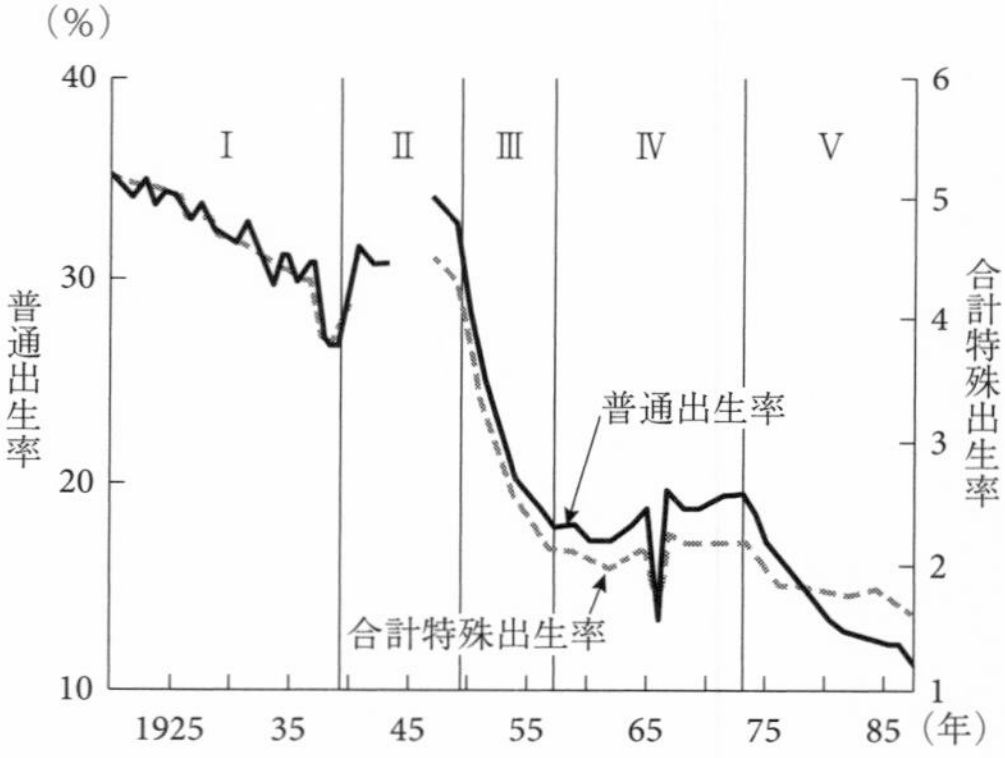

図１　普通出生率と合計特殊出生率の推移

（資料）　普通出生率は厚生省大臣官房統計情報部「人口動態統計」，合計特殊出生率は厚生省人口問題研究所『人口統計資料集』.

の算出法による）頭打ちになったが、六歳未満の子どもがいる家庭に限ってみても、核家族の比率は一九七五年以降頭打ち、あるいは漸減の気配さえ見せている。

これに対し出生率の低下は、一九七五年以降顕著になったもっと新しい現象である（図１）。女性が生涯に産む子どもの数（合計特殊出生率）は昭和一桁生まれコーホート（社会学的世代）で約二人に減少して以来さらに漸減しているが、出産年齢女子人口の減少と晩婚化により普通出生率は極端な低下を示している。現代という時代は、各家庭においてのみならず、社会全体においても「少子化の時代」である。家庭単位で見た少子化はすでに二世代目にはいっており、現代の乳幼児はきょうだいのみならず、いとこの数も少なく、乳幼児の親たちは自分も「二人っ子」であるため生育歴の中で乳幼児に接した経験がほとんどない。

もうひとつ、母親の就業率の推移を示したのが図2である。コーホート別の女子労働力率をグラフ化すると、未婚期と子離れ期に二つの山ができ、その間の育児期が谷になる「M字型」のパターンは共通しているものの、谷の切れ込み方が第一次ベビーブーム生まれの「団塊の世代」(C)で最も深く、それまでの二〇年は深くなる一方(A→B→C)、その一〇年後には一転してはね上がっている(C→D)。ともすると忘れがちだが、今の六〇歳以上の世代では農業や自営業に従事する女性が多く、「仕事も子どもも」はけっこう当たり前だった。その後、雇用労働と近代家族の時代に女性たちはいったん家庭にはいったが、現在ではまた、子どもの手が離れた母親の就労は当たり前になった。今日の二〇代後半での切れ込みの浅さは、晩婚化や初産年齢の上昇によるところも大きく、乳幼児をかかえた共働きの増加をただちに意味するわけではないが、条件次第では大きな変化が起こるかもしれない。

核家族化と少子化と母親の有職化――現代の育児環境のこれらの特徴が育児のありようにどのような影響を与えているのかを、これから見ていくことにしよう。

「育児援助」という概念

さて、本調査での基本概念である「育児援助」について、少々注釈を加えておこう。「育児援助」とは、母親に対して育児役割の遂行を容易にするために与えられる直接・間接の助力とする。育児役割の

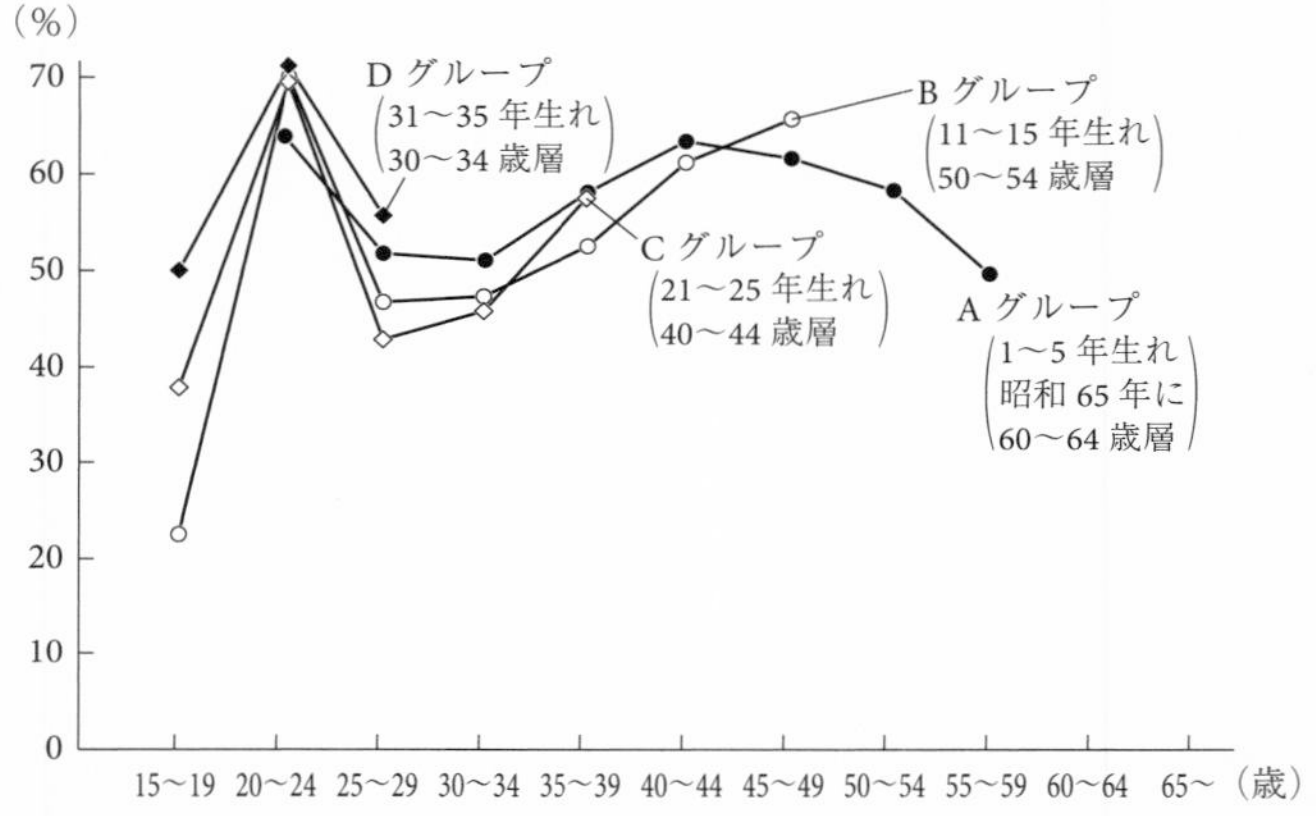

図 2　世代別女子労働力率

（資料）　総務庁統計局「国勢調査」（昭和 25, 30, 35, 40, 45, 50, 55, 60 年）生年は昭和

主要な遂行者は母親であるとする規範は、いうまでもなく従来の母子関係論を理論的根拠とした近代家族に特徴的な役割配分である。それを前提とした定義を採用するのは不適切だとの批判もありうるが、ここでは、社会通念と現状のずれを浮き立たせ、母子を周囲の人びとや諸機関が支えている実情を如実に示すために、あえてそのような概念化を選んだ。

育児援助はその内容によりいくつかの種類を区別することができる。まず、育児労働そのものの一部あるいは全部を代行する「直接的育児援助」と、母親の育児役割遂行を側面から支える「間接的育児援助」が区別される。「間接的育児援助」はさらに、母親を情緒的に支える「情緒的育児援助」、母親に育児知識を与える「情報的育児援助」、育児に必要な金銭や物品を与える「経済的育児援助」などに分けられるとする。

また育児援助の主な与え手としては、夫、子どもの祖父母を含む親族、地域、保育所や幼稚園その他の公的あるいは民間の諸機関などが考えられる。育児援助そのものとは言いにくいが、育児を容易にするような育児援助的商品や、育児援助的労働慣行なども、考察の対象とする必要があろう。

このようなさまざまな種類の育児援助を、どの与え手から具体的にどのように与えられながら現代の母親は子どもを育てているのか、そこでの問題は何なのか、いかなる解決が可能なのか、などを調査研究を通じて解明しようとした。

調査方法としては、兵庫県全域を対象とする質問紙調査により概況を視野におさめる一方で、特定の地域における育児ネットワークの具体像を事例研究として描き出すため、インテンシヴなインタヴュー調査を並行して行なった。

調査研究の成果は『核家族の育児援助に関する調査研究報告書』として一九八七年三月に兵庫県から発行されているが（落合一九八七b）、ここではその主要な部分をかいつまんで紹介しよう。

2　育児援助の諸相

質問紙調査の方法

まず質問紙調査の結果を概観しておく。

この質問紙調査は、兵庫県家庭問題研究所が、兵庫県立幼児教育センターの協力を得て、一九八六年一一月末に実施したものである。県下の二歳児を第一子としてもつ母親を対象とする無作為抽出調査で、郵送法により一五〇〇票を配布して五五四票を回収（回収率三六・九%）、うち有効票数は四九七票であった。各種の先行調査から兵庫県は全国の縮図に近いと言われており、本調査の結果から全国の状態を推量するのも、あながち的はずれではないかもしれない。

質問紙の構成は、回答者の属性を問うフェイス・シート的部分と育児援助の種類や与え手ごとに立てた質問項目とから成っている。他に育児の苦労や困難を問う項目も設けた。

調査対象の基本的属性

対象者は二歳児を第一子としてもつ母親であるが、そのうち約四割ではすでに第二子が誕生している。居住地域は都市部が六八・四％、郡部が三一・六％である。なおここでは便宜上「都市部」とは人口密度一平方キロメートル当たり一千人以上の市町とした。

夫の職業は勤め人が九割近く、残りは自営業（農業も含む）。夫の年収は三五〇万円を境に上下にほぼ二分される。

本人の学歴は半数が高卒、三割が短大卒、一七％が大卒以上である。三割弱が就業しており（それによる収入は、フルタイムは月八万円以上、パートタイムと自営業は二〜八万円、内職は二万円未満が多い）、趣味・教養に関する活動を行なっているのは二割、半数以上は家事以外の活動は何もしていない。ただし六割近くが将来は現在ついていない職業につきたい（転職も含む）と思っており、将来にわたって家事以外の活動（趣味・教養に関する活動も含む）をするつもりのない人は五％にも満たない。

平日の昼間、子どもの世話をしているのは回答者（母親）自身が八三・九％で多数を占めており、保育所は七％弱。夫方（四・八％）と妻方（三・八％）を合わせると、祖父母により世話をされている子どもの方が、保育所に通っている子どもより多い。

また、出産前の乳幼児育児経験は、「ほとんどしたことがない」と「少しはした」がそれぞれ四割ずつで、「かなりした」は二割しかいない。

表2　家族類型×住所（都市部・郡部）　（　）内は％

	夫方同居	妻方同居	夫方隣居	妻方隣居	夫方近居	妻方近居	孤立核家族	合計
都市部	67 (20.0)	12 (3.6)	32 (9.6)	23 (6.9)	62 (18.5)	23 (6.9)	116 (34.5)	335 (100)
郡部	83 (54.1)	17 (11.0)	13 (8.4)	7 (4.5)	15 (9.7)	9 (5.8)	10 (6.5)	154 (100)

祖父母による育児援助

調査結果の中には、現代の育児についての世間の先入観をくつがえすものがいくつかあった。核家族化の影響が懸念されるにもかかわらず、祖父母の育児援助が根強い力をもっていることも、そのひとつと言っていいかもしれない。

本調査では祖父母と同居か別居かという単純な二分法は用いず、同居、隣居（祖父母の住居まで一〇分未満）、近居（一〇分以上四〇分未満）、孤立核家族（四〇分以上）という四分法を採用した。その四分法にさらに夫方と妻方の区別を加えて（近くに住んでいる方を優先、同じ近さの場合は便宜上「夫方」とする）、家族類型を都市部・郡部別に集計すると表2のような結果が得られた。形態としては六三・四％が核家族であるが、そのうち孤立核家族は都市部でも半分の三割強にしかすぎない。郡部では六割強がどちら方かの祖父母と同居している。関西圏と東京圏その他ではこの比率はやや異なるかもしれないが、現代の育児を「核家族の育児」の一言で要約するのは誤解を招きやすい。

育児援助の種類では、直接的育児援助において、親族ごとに祖父母の果たしている役割がとくに大きい。

平日の世話をしているのは母親本人が圧倒的だが、郡部ではどちらかの祖父母がみている率が一六・八％にのぼる。

また、母親本人による育児役割遂行が困難な場合として、「a　母親本人の病気」、「b　二人目のお産」、「c　家族・親族の看病」、「d　まとまった買物」、「e　外に働きに出る」、「f　自営業・内職」、「g　葬式・結婚式に出席」、「h　地域活動・団体活動で外出」、「i　趣味・スポーツ・教養講座などで外出」の九通りの場合を挙げ、これまでにそのような状況になったとき子どもの世話をしたのは主に誰かを尋ねてみた。すると「b　二人目のお産」では祖父母が圧倒的、「e　外に働きに出る」では祖父母か保育所、「f　自営業・内職」では祖父母か母親本人、その他では祖父母か夫（子どもにとっては父親）か本人という回答であった。祖父母は一貫して最も心強い助力者である。祖父母と夫の両方が回答にあらわれる項目では、同居と隣居では祖父母、祖父母が遠のくと夫の比重が高まって孤立核家族では主に夫というように、祖父母と夫が、祖父母との距離によって、代替的に役割を果たしている。

祖父母は最も頼もしい直接的育児援助の与え手だから、「同居の姑に遠慮して家でちぢこまっている郡部の嫁」などというイメージは当たらない。就労にせよ、地域活動や趣味・スポーツなどにせよ、育児期にも活発に社会活動を行なっているのは郡部の母親たちのほうである。

情報的・情緒的育児援助については、同じ祖父母とは言っても、夫方か妻方かで全く重みが異なる。表3を見ると、夫方同居の場合さえ最も重要な相談相手は夫の親よりは妻の親と答える者が多い。夫の親は同居以外ではほとんど登場もしないが、妻の親はすべての家族類型を通して重要な精神的位置を与えられている。妻方同居では、他の場合にはつねに最も重視されている夫でさえ、すっかり影が薄くなるほどだ。同じ同居でも夫方同居と妻方同居の精神的構造は大きく異なる。直接的育児援助はいわば「遠くの血縁より近くの他人（姑）」といった原理で求められていたが、情緒的・情報的育児援助はそれと異なり、育児援助の種類により与え手が異なることを例証している。

表3　家族類型×最も重要な相談相手　（　）内は％

	夫方同居	妻方同居	夫方隣居	妻方隣居	夫方近居	妻方近居	孤立核家族
夫	33 (33.4)	3 (17.6)	12 (35.2)	9 (42.8)	17 (29.7)	10 (38.6)	41 (45.0)
夫の親	15 (15.2)	— (—)	2 (5.9)	— (—)	— (—)	— (—)	— (—)
妻の親	21 (21.2)	9 (52.9)	7 (20.6)	6 (28.6)	11 (19.3)	9 (34.6)	10 (11.0)
親以外の親族	3 (3.0)	— (—)	2 (5.9)	— (—)	6 (10.5)	2 (7.7)	3 (3.3)
近所の人	1 (1.0)	1 (5.9)	1 (2.9)	2 (9.5)	4 (7.0)	2 (7.7)	7 (7.7)
友人	11 (11.1)	— (—)	4 (11.8)	2 (9.5)	9 (15.8)	1 (3.8)	14 (15.4)
その他	15 (15.1)	4 (23.6)	6 (17.7)	2 (9.6)	10 (17.7)	2 (7.6)	16 (17.6)
合計	99 (100)	17 (100)	34 (100)	21 (100)	57 (100)	26 (100)	91 (100)

地域による育児援助

地域による育児援助についても、世間の通念からは意外な結論が出た。一般的な近所づきあいは都市部より郡部のほうがさかんであり、そのことは他の調査（たとえば『昭和六一年度兵庫県民全世帯アンケート報告書』兵庫県）でも確かめられているのだが、こと乳幼児の育児をめぐる近所づきあいに関しては、郡部より都市部のほうが明らかにさかんなのである（表4）。

この理由は、家族類型を考慮すると明らかになる（表5）。育児をめぐる近所づきあいは、祖父母との距離が遠いほどさかんな傾向がある。祖父母と地域は代替的なのである。あるいは、親族ネットワークと地域ネットワークの代替性と言ってもよい。郡部では三世代同居が多いので家族内でかなりの必要が満たされてしまうが、都市部では孤立核家族が多いためどうしても地域の助力を求めざるをえない。つきあいのきっかけを尋ねると、郡部では「子どもが

表4　住所（都市部・郡部）× 育児をめぐる近所づきあい　　（　）内は %

	だいたい毎日	週 2、3 回	月 3、4 回	ほとんどない	合計
都市部	136 （40.6）	96 （28.7）	45 （13.4）	58 （17.3）	335 （100）
郡　部	27 （17.4）	42 （27.1）	38 （24.5）	48 （31.0）	155 （100）

表5　家族類型×育児をめぐる近所づきあい　　（　）内は %

	夫方同居	妻方同居	夫方隣居	妻方隣居	夫方近居	妻方近居	孤立核家族
だいたい毎日	20 （13.3）	3 （10.3）	14 （31.1）	13 （43.3）	29 （37.6）	17 （53.1）	71 （54.3）
週に 2、3 回	45 （30.0）	10 （34.5）	13 （28.9）	7 （23.3）	28 （36.4）	9 （28.1）	26 （19.8）
月に 3、4 回	36 （24.0）	5 （17.2）	10 （22.2）	5 （16.7）	6 （7.8）	2 （6.3）	18 （13.7）
ほとんどない	49 （32.7）	11 （38.0）	8 （17.8）	5 （16.7）	14 （18.2）	4 （12.5）	16 （12.2）
合　計	150 （100）	29 （100）	45 （100）	30 （100）	77 （100）	32 （100）	131 （100）

生まれる前からつきあっていた」が五割近いが、都市部では「子どもの遊び相手がほしくて、意識的にさがした」が三割近くにのぼる。都市におけるさかんな近隣の育児ネットワークは、昔ながらの地域というわけではなく、現代という時代に人びとの必要によって創り出された「新しい地域」なのである。

育児をめぐる近所づきあいの具体的内容は表6のようなものである。公園・路地やだれかの家に集まって子どもたちを遊ばせながら親たちもおしゃべりをするといった、日常生活の自然な延長のような内容が多い。三歳までの親離れしない年齢では、子どもたちをいっしょに遊ばせることが、親どうしの交流ももたらす一石二鳥の効果をうむ。計画性の必要な行動では、「ハイキングなどにいっしょに出かける」が二割ほどの人たちによって行なわれているが、最近全国各地で始まっている育児のための自発的結社（voluntary associa-

表6　どのようなことをして遊ばせますか。（あてはまるものすべて）

（　）内は％

公園や路地などで、親が見ながらいっしょに遊ばせる	371（95.9）
だれかの家へ集まって、親どうしはおしゃべりなどしながら、遊ばせる	220（56.8）
ラジオ体操やジョギングなどをいっしょにする	5（1.3）
ちょっとしたハイキングや動物園などにいっしょに出かける	81（20.9）
親子で集まって、絵本を読み聞かせたり、工作をしたりする	35（9.0）
その他	11（2.8）

tion）に類するような活動を行なっている層は厚いとは言えない。

育児をめぐる近所づきあいの頻度は、母親の行なっている社会的活動にもより、フルタイム・パートタイム就労や自営業では低く、家にいて時間の融通もきく自由業や内職、趣味・教養に関する活動を行なっている人や「何もしていない」母親では高い。平日の昼間、祖父母か保育所に預けている場合では、祖父母に預けているほうが近所づきあいは多く、保育所の子どもは所内の集団体験は積めても地域にはどちらかというと溶け込みにくい様子がうかがえる。

機関による育児援助

祖父母など親族に期待できない場合、保育所・幼稚園その他の機関は直接的育児援助のほとんど唯一の安定的な与え手である。

機関による育児援助についても、機関に頼っているのは都市の核家族であるというイメージを抱きがちだが、これもまた先入観にすぎない。保育所入所希望は郡部でのほうがはるかに高いし、入所希望年齢も低年齢だ。郡部では保育所の定員が余ってはいりやすいため、どの子もまず保育所にはいり、次に幼稚園に移って小学校に上がるというルートがほとんど定着しているのである。「保育に欠ける子」を対象とするという保育所についての規定は、郡部では比較的柔軟に取扱われているようだ。

郡部と都市部の差はしかし、入所条件のみによるのではなかろう。「保育時間をもしも自由に選べるとしたら」と断って理想的保育時間を尋ねても、都市部の希望は郡部より短時間であり、また家族類型では孤立核家族のほうが短時間を希望する。母子を密着させておこうとする近代家族的理念が、郡部より都市部で、三世代家族より孤立核家族で、一層強いのかもしれない。

母親の社会的活動と機関の利用が関連するのは当然だが、有職・無職の二分法ではなく、有職でも内職、自営業、自由業では保育所の利用は少ない。これは自宅就労者に不利な保育所入所基準によるところが大きいだろう。しかし前述のように、自営業では子どもを地域の子と遊ばせる余裕はないし、内職をしているあいだ子どもが野放しにされて近所に迷惑をかけている例もインタヴュー調査でいくつも聞かれた。行政的に再考の余地のある問題である。

保育制度は現在再編成の渦中にある。これからの望ましい保育制度のあり方を探るため、すでにふれたように理想的保育時間を尋ねてみた。隔日保育や短時間保育などの多様で変則的な保育への希望が得られるかと予想して設けた質問だったが、希望日数は週五、六日に多く集まり、現在の幼稚園や保育所の慣行を支持したかたちになった。希望時間数は五〜九時間で、現状の幼稚園よりは保育所に近い。全体として保育時間への要求は、短時間・隔日保育等を認めるような柔軟化の方向よりも、「どうせ預けるなら毎日・長く・規則的に」を求める長時間化の方向であることがわかった。

なお、保育所・幼稚園や習いごと（七割以上が希望している）など機関による育児援助は対価が必要なことが多いが、子ども一人当たり一ヵ月に支払ってもよいと考えるのは最高二万円か一万円までとの回答が多かった。

機関による育児援助は直接的なものばかりではなく、情報的育児援助やそれと付随する情緒的育児援助を主たる任務とする機関もある。公的機関及び民間機関による育児相談事業がさかんになってきたが、電話相談などの内容は「ミルクの飲みが悪い」とか「夜泣きをする」とかのささいなことが多く、身近に相談できる人がいないなどの事情や、育児書を読めばわかる知識でも人の口から聞いて安心したいという心理がうかがえる。深刻な育児ノイローゼの相談になることもときにあるという。

幼児教育センターや幼稚園、公民館、児童館などで、育児についての講座を開いたり、親子で参加する共同子育てグループを組織したりしている試みもある(2)。インタヴュー調査にうかがった明舞幼稚園では、入園前の母子を親睦のため遠足に連れて行ったところ、各々の子どもがボールを他の子に渡せずに一人占めしてボール遊びにならないので問題を感じ、二歳児教室を始めたそうだ。週一回一時間半ずつ母子が集まって歌を歌ったりお遊戯をしたりして二、三ヵ月後、子どもたちは一緒に遊べるようになり、どんどんしゃべるようになって、母親が感激する場面もあったという。体験学習は親にとっても子にとっても得るところが大きく、これにより育児ノイローゼから救われたケースにインタヴュー調査で次から次へと出会ったのには驚かされた。

夫による育児援助

父親が子どもを育てるのを育児援助と呼ぶのは不適切とも思われるが、ここでは前述のような理由で便宜的にこの表現を用いることとすると、前に見たように夫は情緒的育児援助の与え手としてほとんど常に(妻方同居の場合以外)最も重要な役割を果たしている。直接的育児援助については、妻が育児役割を遂行できない非常時には、仕事中で不可能な場合を除いて祖父母と代替的に登場していた。

では、夫の日常的育児参加の実態はどの程度なのだろうか。図3を見ると、夫もけっこう育児に手を

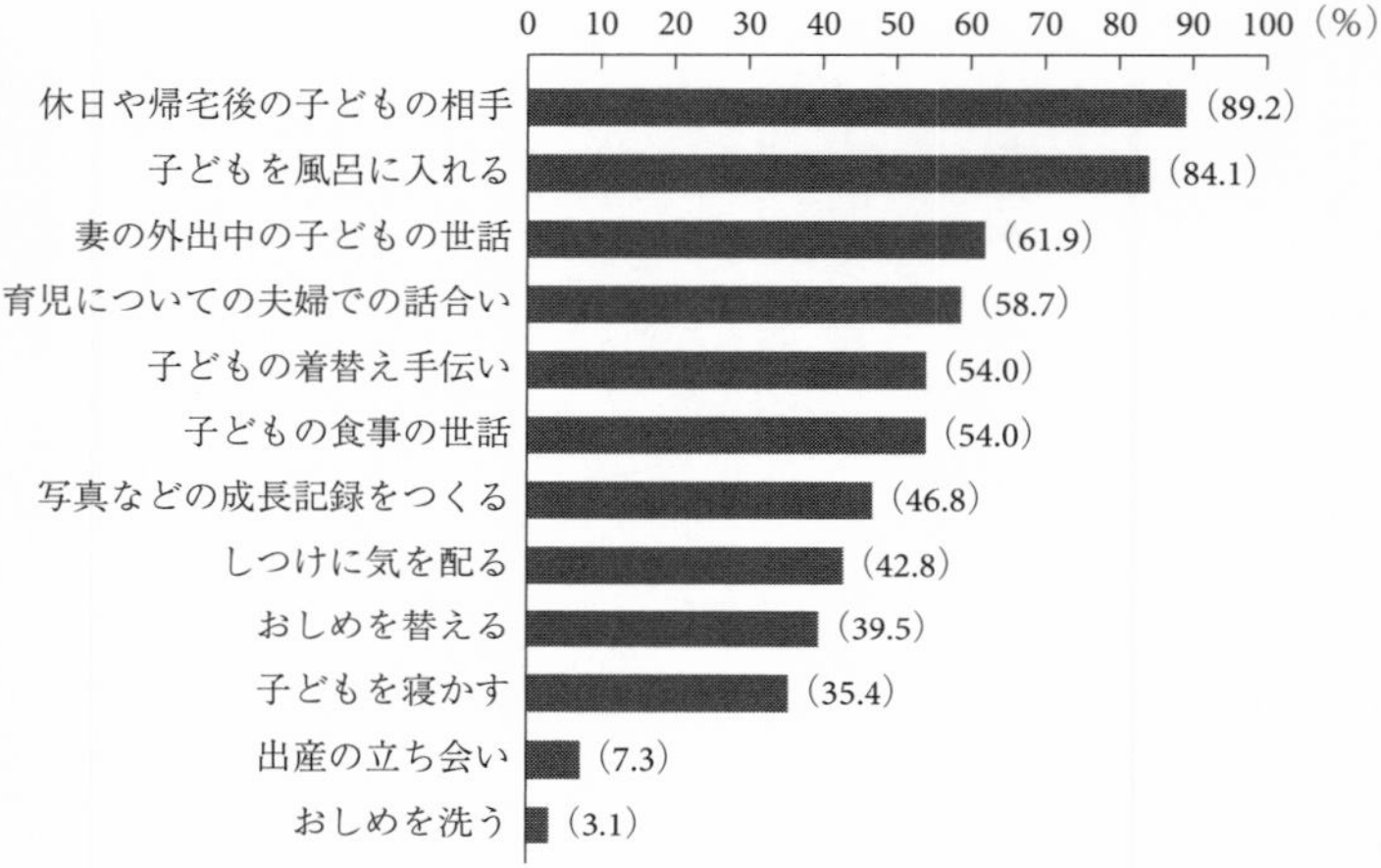

図3　夫の育児参加

出しているものだと思われるかもしれない。日常のこまごました身体的世話をするのは母親の役割で、父親はしつけの重要な場面で登場して精神的役割を果たせばよいと言われることがよくあるが、この調査結果を見る限り、若い父親たちはかなり「母親的役割」も果たしている。他の調査によると、若い夫たちは家事の分担には気が進まないが、育児はけっこう喜んで引き受けているという。日常的育児参加の程度は家族類型や都市部・郡部の別によるのではなく、妻の就労などの社会的活動いかんにかかわっている。夫の帰宅時間も決定的と言えるほどの差には結びつかず、早く帰っても育児に意欲をもつかどうかは本人次第と言える。規範が分化しているのである。

なお、母親の育児不安や育児の苦労と夫の育児参加程度との関連は、あまり見られなかった。母親たちは夫が手伝ってくれなくとも、近所とうまくいっていれば、あるいは二人目の子であれば、あまり問題なく育児をこなす。しいて言えば、夫の帰宅時間の遅い人が「孤立感」をやや強く訴えたくらいである。この結果

10月の新刊

勁草書房
〒112−0005 東京都文京区水道2−1−1
営業部 03−3814−6861　FAX 03−3814−6854
ホームページでも情報発信中。ぜひご覧ください。
https://www.keisoshobo.co.jp

〈つながり〉のリベラリズム
規範的関係の理論

野崎亜紀子

「個人に閉じた自由」は「自由な社会」を構築しない。生と死に直面し〈向き合ってしまった関係〉から構想する関係性の法理論へ。

A5 判上製 272 頁　定価 5500 円
ISBN978−4−326−10343−0

ムーミンの哲学　新装版

瀬戸一夫

刊行から20年超、好評を博してきた入門書を新装刊行。『ムーミン』の8つのエピソードが織りなす西洋哲学の旅。メルヘンの深層へ。

四六判上製 272 頁　定価 3080 円
ISBN978−4−326−15490−6

〈沖縄学〉の認識論的条件
人間科学の系譜と帝国・植民地主義

徳田 匡

「台湾有事」は抑止できるか
日本がとるべき戦略とは

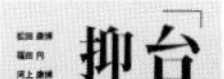

松田康博・福田 円・
河上康博 編

Book review

勁草書房

DECEMBER
2024

https://www.keisoshobo.co.jp

10月の新刊

異文化コミュニケーション入門
ことばと文化の共感力

宮津多美子

多様性の時代に、異なる文化的背景をもつ人と交流するときに必要な、相手への共感力、普遍的な人間性を理解する力を身に付ける。

A5判並製 288頁　定価 2970円

ISBN978-4-326-60376-3

明治の芸術論争
アートワールド維新

西村清和

明治時代の芸術論争分析を通じ、作品に「芸術」の身分を授与するディスクール＝「アートワールド」が日本に形成される過程を素描。

A5判上製 308頁　定価 4950円

ISBN978-4-326-80066-7

10月の重版

新装版 アブダクション
仮説と発見の論理
米盛裕二

科学的発見や創造的思考を生み出す

民主主義を学習する
教育・生涯学習・シティズンシップ
ガート・ビースタ 著
上野正道・藤井佳世・中村(新井)清二 訳

民主主義の学習とは、政治における

バイリンガルの世界へようこそ
複数の言語を話すということ
フランソワ・グロジャン 著
西山教行 監訳／石丸久美子・大山万容・杉山香織 訳

幼い頃からの訓練が必要？

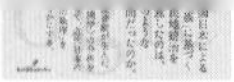

A5 判上製 432 頁　定価 7700 円
ISBN978-4-326-20067-2

四六判上製 336 頁　定価 3300 円
ISBN978-4-326-35193-0

重点解説　不正競争防止法の実務

岸 慶憲・小林正和・小松香織・相良由里子・佐竹勝一・外村玲子・西村英和・山本飛翔 著

これ1冊で、不競法の"使いどころ"がよくわかる。適用可能な場面ごとに、基礎から実務の重要ポイントまでコンパクトに解説。

A5 判並製 280 頁　定価 3850 円
ISBN978-4-326-40439-1

経済発展の曼荼羅

浅沼信爾・小浜裕久 著

開発経済学の中心をなす重要な概念である経済発展の展開、成功、挫折等々に果たす経済成長の要因や問題点を総合的に考察する。

A5 判上製 304 頁　定価 4400 円
ISBN978-4-326-50504-3

公教育における運営と統制の実証分析

「可視化」「分権化」「準市場化」の意義と課題

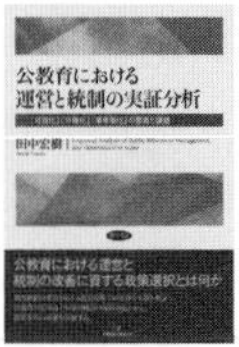

田中宏樹

日本の公教育における運営と統制の改善に資する政策選択は何か。本書はこの政策課題を議論・判断する論拠を提示する。

A5 判上製 192 頁　定価 4400 円
ISBN978-4-326-50505-0

日本の分断はどこにあるのか

スマートニュース・メディア価値観全国調査から検証する

池田謙一・前田幸男・山脇岳志 編著

分断の激化が叫ばれるアメリカ。では、日本はどうか。変化するメディア接触との関連は？　調査データから日本の「分断」が見えてくる！

A5 判並製 296 頁　定価 4290 円
ISBN978-4-326-60375-6

は牧野の育児不安調査ともほぼ一致する。牧野によると、母親が「夫は子育てに責任を持っていないと思う」程度と育児不安は強い関連があるけれど、夫の実際の家事育児参加程度と育児不安の間には有意な関連が見られない。母親たちは、夫の情緒的育児援助は強く期待するけれど、直接的育児援助ははじめからあてにしていないということではなかろうか。

3　育児の困難と要望

困難の種類

さて以上より、さまざまな育児援助に支えられた現代の育児のありようが見えてきた。ではそのような中で母親たちが抱いている育児上の困難は何なのだろうか。

選択式で育児上の困難を尋ねた質問では、「他のことをする時間がなくなる」が第一位で六割の母親たちが訴えている。これは、三〜四割の訴えのあった「寝不足」「疲れ」などと並んで直接的育児援助の必要を示したものと言える。これに対し経済的育児援助にかかわる「何かとお金ががかる」は一割と少ない。学齢期と違い、乳幼児期の育児は金よりも手がかかる。また情緒的・情報的育児援助が必要な精神的困難では、「こんな育て方でちゃんと育ってくれるのか不安になる」「子どもが思いどおりにならずイライラする」など育児自体についての悩みの方が、「孤立感」「充実感がない」のような母親自身についての悩みよりも多い。

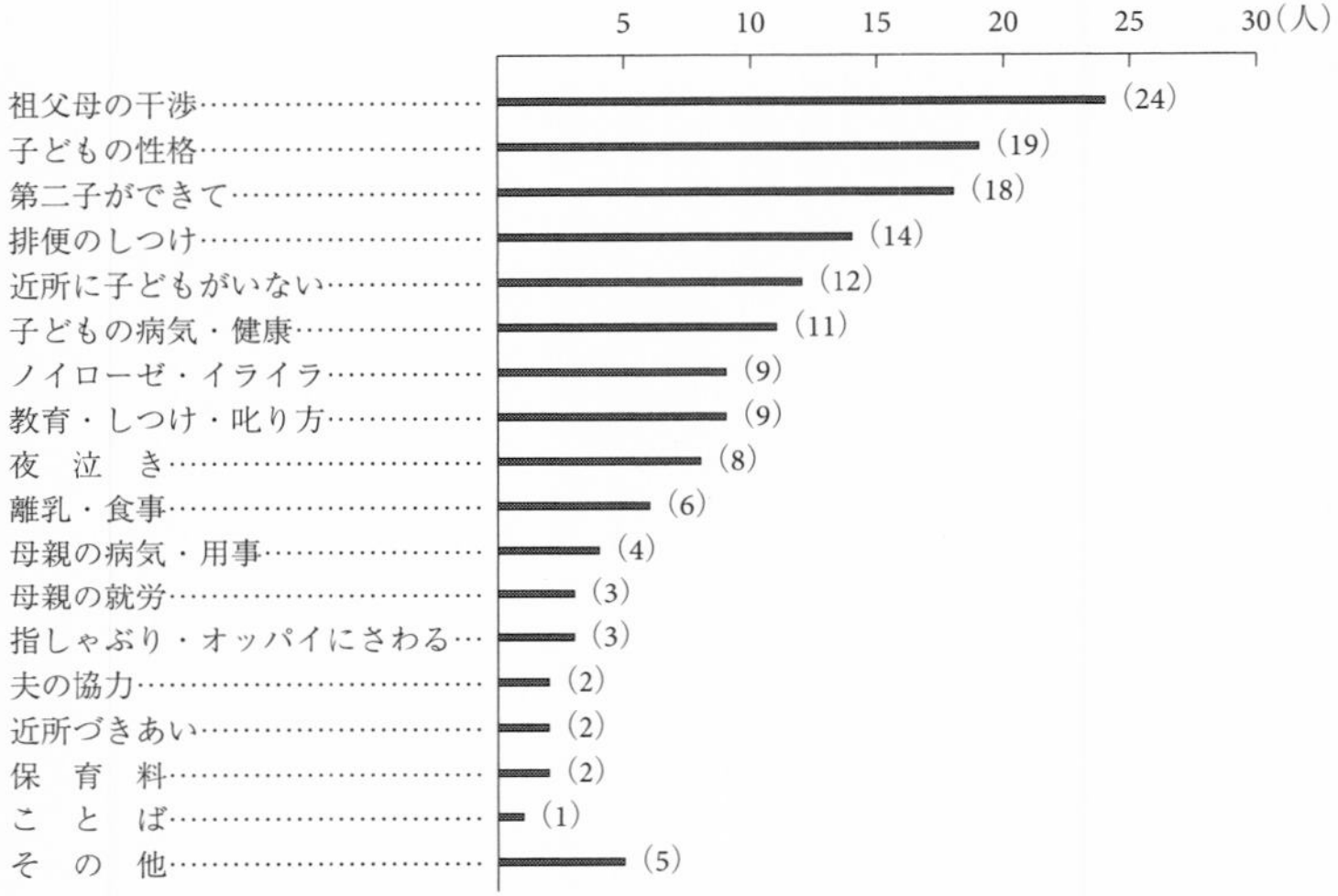

図４　育児について困っていること

自由回答に見る困難

自由回答法によりもっと具体的に育児遂行上の困難を尋ねると、一五二人から寄せられた回答は自由回答であるにもかかわらずいくつかの内容に集中し、これらがかなりの程度社会的に共有された社会問題であることをうかがわせた（図４）。

最も多かった悩みは「祖父母の干渉」（とくに夫方）で、いくら核家族に問題があるとはいえ、三世代同居が育児問題解決の決め手であるなどとは言えない。「夫の両親と同居なので助かる面もあるが自分の思うような育児ができない」として挙げられる争点は、厚着や甘いものを与えることの可否、無添加食品の選択などで、個別の家庭の問題というよりも、この三〇年での育児法の変化が背景にある。また祖父母の甘やかしを問題にしているケースも多い。

二番目に多かった「子どもの性格」と三番目に多かった「第二子ができて」という悩みは、第一子が二歳という時期のむずかしさを反映している。

第一子が反抗期にはいったところへ第二子がうまれ、第一子は「赤ちゃんがえり」する――乳幼児期ににおいて育児援助を必要とするひとつのピークがこの時期なのである。

注目されるのは、五番目に「近所に子どもがいない」という少子時代ゆえの悩みが挙げられていることである。「一歳四ヵ月になる女児だが、夜中に何度も泣くので熟睡できず疲れる。原因は同年齢の子どもとの遊びが足りないからだとよく保健婦さんに言われるが、近くに全くいないので車で一五分もかけて公園に出かけるので、毎日はつれていってやれない」「一歳四ヵ月の時に近所のない所に引越したときに子どもがノイローゼのようになり、壁に頭をぶつけて私に『バイバイバイバイ』とずーっと二時間泣き続け、それが何回かあって、友だちを見つけて毎日遊ばせるようになったら治ってきた。今ではいっぱい友だちもでき、考えられないくらい明るくなっている」など、深刻な事例もある。

また、育児ノイローゼや恒常的イライラ状態、すなわち牧野の言う育児不安に陥っている例も少なくない。「私はすぐにイライラとしてしまい、そのためか子どもも〝おかあさんはキライ〟と言ってあたってくるのです。それにすぐに手がでてしまい、子どもがひねくれないか心配です」というような場合である。「生まれてからなかなか体重が増えなかった。保健所から体重のことで毎月呼び出しがあり、そのためにかえってノイローゼのようになった」「近所の人の育児に対する考え方にわたしがついていけず、ノイローゼ状態になり、子どもも情緒不安定になった。子どものすることが全くわからなくなり、このままではダメだと思ってクリニックに通いはじめた」など、ひとの注意を深刻に受けとめすぎることがノイローゼの引き金となっている例が目立つ。近所の人のアドバイスを避けるため転居したケースまであった。育児雑誌で文通相手を見つけたり、「すごく健康でいい子だ」と医者に言ってもらったりすることで、母親自身が精神的孤立からぬけだして気を楽にもてるようになることが、解決の糸口であるようだ。

育児ノイローゼというと、特別になりやすい性格の人がなるもののように考えられがちだが、必ずしもそうではない。インタヴュー調査で会ったNさんは現在はある共同育児グループのリーダーで、話しぶりも明朗そのものだが、夫の転勤で今の地域に転入してきた当初は近所ともうまくいかず、「このままだったらノイローゼになる」と思いつめたそうだ。「親が不安定やと、どうしても子どもしか見るものがないでしょう。うちの場合なんか、主人がこっちに来てから遅いんですよ。毎日一〇時頃。そうすると、子どもとベッタリでしょう。ほしたら、憂うつなんですよね。もう本当に一点に集中してしまうというか。だからもう結局、何か八つ当たり的な叱り方になってしまうんじゃないかな。発散の場がないと、何かにつけて子どもに当たって。」Nさんの場合は今の共同育児グループにとびこむことで危機を脱したが、条件しだいで誰でも育児ノイローゼになる可能性はあるし、実際インタヴュー調査でも、とくに育児ノイローゼを聞取りのテーマにしていたわけではないにもかかわらず、驚くほどの頻度で体験者に出会った。

育児援助への要望

では、このようなさまざまな困難をかかえた母親たちは、どのような育児援助を要望しているのだろうか。いくつかの種類の機関による育児援助や育児援助的労働慣行をあらかじめ設定し、それへの要望を尋ねたのが表7である。

これによると、「ぜひとも必要」という回答が最も多かったのは「(d)育児・医療相談」と「(f)育児休暇制度」で、「(e)夫もとれる出産休暇や育児休暇制度」がこれに続く。「(b)ベビーシッター」を除いたい

表7　育児を今よりやりやすくするために，次のような施設や制度があったらよいと思いますか。

	ぜひとも必要	できればほしい	必要ない	合　計
(a)　必要なときに短時間、あるいは数日間、子どもを預かってくれる保育施設	112 (22.8)	252 (51.3)	127 (25.9)	491 (100)
(b)　必要なときに短時間、家に来て子どもをみてくれるベビーシッター	50 (10.3)	164 (33.7)	273 (56.0)	487 (100)
(c)　幼稚園入園前の子と親を対象とした育児教室や集団生活の練習の場	119 (24.3)	285 (58.3)	85 (17.4)	489 (100)
(d)　育児や医療についての相談に応じてくれる機関	240 (49.0)	231 (47.1)	19 (3.9)	490 (100)
(e)　夫もとれる出産休暇や育児休暇制度	191 (39.1)	211 (43.1)	87 (17.8)	489 (100)
(f)　何年後かに職場復帰できる育児休暇制度	229 (47.3)	193 (39.9)	62 (12.8)	484 (100)
(g)　その他	14 (100)	— (—)	— (—)	14 (100)

ずれにも、「ぜひとも必要」「できればほしい」を合わせて七五%から九五%を超える高率の要望が寄せられた。

希望者の属性との関連を見ると、孤立核家族のパートタイマーと地域活動をしている母親には必要時の短期的な直接的育児援助（a）、フルタイマーやパートタイマーには夫婦双方への育児援助的労働慣行（e・f）、そして家族類型や母親の社会的活動のいかんにかかわらずすべての母親に対して情報的（・情緒的）育児援助（c・d）の充実が必要なことがうかがわれた。

情報的育児援助に関連して、育児の習得のしかたについて尋ねると（複数回答）、「親や年長者から聞いた」「年齢の近い友人・知人から聞いた」を挙げるのがそれぞれ五割ずつで、親族・地域・友人というインフォーマル・ネットワークに主に依存していることがわかる。それを補完しているのが「育児書・テレビ」などのメディアである（四割）。「弟妹などを世話した経験」という自分の体験を挙げたのは二割強しかいない。前述のようにそもそも四割はその経験がない。生育歴の中で育児法を自然に学習する機会が少ないのだから、保育教育の制度化が必要なのだが、「家庭科の授業」が役立ったとの回答がわずか〇・四％だけであったように、学校教育はほとんど何もしていないに等しい。「母親学級・育児教室」を挙げたのは一五％だが、社会教育の必要がもっとあるのではなかろうか。

なお、育児援助的商品である紙オムツの使用について尋ねたところ、「ほとんどいつも使った」が一〇・三％、「場合により使った」が八六・九％で、「使ったことはない」はわずか二・八％にすぎなかった。調査を実施した八六年以降も価格の低下と使用率の上昇が続いているのは疑いえない。紙オムツや調理済ベビーフード（離乳食）などの商品の利用には批判もあったが、いまやこれらが育児慣習のなかに定着したという事実を前提に、品質向上などの現実的対応をはかるべきだろう。

4　地域の育児ネットワーク

都市型の地域育児ネットワーク

以上、各種の育児援助と育児上の困難をそれぞれ見てきた。しかし実際の生活の中ではこれらは各々独立しているのではなく、重層的にからまりあいながら機能している。また、一人の母親や一家族を分析の単位にするのでは、ネットワークの全体が見えにくいという限界がある。そこで次に地域を単位として、そこに住む数十家族の生活とはりめぐらされた育児ネットワークをなるべくまるごととらえようとした事例研究の試みを報告したい。

調査地は二地区ある。A地区は阪神間の新興の一戸建住宅地域の中の八〇軒ほどからなる。B地区は神戸市内のある一棟の文化住宅（アパート）とその周辺で、文化住宅には八家族が住んでいる。どちらも都市部の事例だが、経済的階層はかなり異なると考えてよい。両地区とも、六家族の母親に対してインテンシヴなインタヴュー調査を行なった。

第2節で述べたように、都市部と郡部とでは育児をめぐる状況はきわめて対照的だ。育児援助の与え手に着目すると、都市部では夫と地域、郡部では祖父母と機関の組合せが主要な役割を担っている。近隣の育児ネットワークは都市部のほうが発達していること、それは昔ながらの地域ではなく、親族ネットワークが薄い人びとの必要によって創り出された「新しい地域」であることを第2節で指摘したが、事例研究の二地区には、いずれも自然発生的な育児ネットワークがさかんに機能している地区を意図的に選んでみた。

一戸建地区

まず、一戸建住宅地域にあるA地区の事例を見てみよう。この地域は近年新しく宅地として造成され、三年ほど前にいっせいに入居が開始された。計画された道路に整然と区切られた区画に、庭つきの邸宅が並んでいる。植木の緑と玄関に飾られた鉢植えの花々がいかにも生活のゆとりを感じさせる。

この地区には幼稚園児と小学生をもつ家庭が多く、まれに中高生もいる。前出の質問紙調査よりも母子ともに高年齢であることに注意してほしい。

一日の生活

この地区の育児ネットワークのかなめのような存在となっているかたをRさんとしよう。Rさんは小一の長男、幼稚園年少組（四歳）の長女、一歳七ヵ月の次男の三児の母である。夫は勤務医で核家族。

Rさんの両親は同じ阪神間に住み、夫の親はもっと遠い。Rさんは社交的な性格で、地域の自治会役員、生協の世話人、学校の学級委員と一人で何役もこなしている。インタヴュー調査中にも、長女の友だちの女の子三、四人が庭のビニールプールで遊んでいた。

Rさんの一日の生活は次のようなものだという。

まず家族全員が起床するのは七時半。八時に夫と長男が家を出る。八時五〇分までに長女を幼稚園に送りとどけた後、午前中は家を片付けたり、次男の遊び相手を捜したり。近所のSさん宅に次男と同い年の女児がいるので、遊びましょうと声をかけて来てもらうことも、向こうで預かってもらうこともある。預かってもらったときは、一時間か一時間半したら一応迎えに行く。

午前中には週二回、Rさんの自宅に近所の母親たちが何人か集まって、いっしょに英語の勉強をする。また、月に一回、次男をSさんに預けて料理を習いに行く。作った料理が余ったらそれをSさんへのお礼がわりにすることもある。逆にSさんがプールに行くときや、他の人が懇談会や学校の委員会・参観日などで出かけるとき、病院に行くときなどは、子どもを預かる側になる。

幼稚園のお迎えは、普通は一一時四〇分で、弁当のある日は一時四〇分。「何かぐちゃぐちゃしているると、すぐに迎えに行かんなあかんようになるんです。」用事があるときなど、お迎えを頼み合うこともある。次男は一時から二時か三時までお昼寝なので、その間に掃除をしてしまう。

長男と長女は、帰宅後はだれかの家や公園で友だちと五時頃まで遊んでいる。幼稚園にはいるまでは、子どもがどこにいるか聞いたり電話したりして確認するようにしていたが、幼稚園に行き出したら、わりと自分で行動できるから尊重しようということにした。親同士も、幼稚園児以上は預かるというのではなく、遊んでいても放っておいて、出て行っても放っておくということに話がついている。次男はお姉ちゃんたちと一緒に遊んでいるが、お姉ちゃんたちが公園など外に出るときはついて行けないので、Rさんが暇になったら連れて行ってやる。

五時になったら帰りなさいと幼稚園では言われているが、夏などは家の近くで七時頃まで遊んでいることもある。「どなり倒して」連れ帰って、ご飯を食べさせ、風呂に入れ、寝支度をしてから七時から八時くらいの間、本を読んでやる。子どもたちは八時には寝る。

洗濯は夜にすませる。朝はなるべく家事以外のことをするようにしているし、昼からはみんなが入れかわり立ちかわり出たりはいったりしているので、買物に行く時間がない。行かなくても、生協の共同購入と近くの青空市場、魚屋の販売車や、ダイエー、グルメ、ペリカンのパックでだいたい間に合っている。

夫の帰宅は普通九時頃で、こっちからあまり期待してはいないけれど、子どもがすごく好きなので、たまに早く帰ってくると散歩したり、日曜日には長男が通っているラグビースクールのコーチをしたりしている。「おまえは一日中どなっているぞ」などとたまにボソッと言われて、反省の機会になることもある。

Rさんの一日の生活ぶりで目につくのは、まずたいへん忙しいことだろう。細切れの時間に追い立てられ、買物に行く暇もない。とくに小学生とそれより小さい子どもの両方がいる場合には、学校の用事と幼児の世話が重なって最も忙しいと言われる。

忙しいけれど、母親たちはすでに自分たち自身のための活動を始めている。子どもが幼稚園にはいるのが活動開始のめやすだそうだが、もっと下の子がいても「親がもう待ちきれなくて」見切り発車となる場合も多い。ただし育児に支障がないというのが条件で、例えば子どもたちの遊んでいる姿が見えない構造の集会所は、会合の場所に不適切とされたりする。

近所づきあいは非常に頻繁だが、子どもの存在が近所づきあいの促進要因になっていることがよくわかる。もっとも一口に「子ども」と言っても、三歳ぐらいまでとそれ以上とでは、要請する育児ネットワークの型が異なる。三、四歳以上の子どもは自力で子ども同士のネットワークを形成できるので、母親たちはそれを傍から見守っていればよい。母親たちはむしろ、それまでの育児ネットワークの人間関係を基盤に、勉強会など自分たち自身のためのネットワークを機能させはじめている。

しかし三歳以下では終始大人が見ていないといけないので、用事があるときはひとに「預ける」というかたちになる。とはいえ子どもが三歳以下のときは出かける用事も少ないので、公園やマンションの前の砂場などで子どもたちを一緒に遊ばせながら親同士は立話をしたりとか、だれかの家にスナック菓子でも持ち寄って「親はもう、べちゃべちゃ、べちゃべちゃしゃべりながら、子どもを遊ばしている」とか、親子ぐるみのネットワークを形成しやすい。

育児ネットワーク形成の条件

A地区でこれほどさかんな育児ネットワークが形成された条件を考えてみると、次のような点があるようだ。

まず第一に、同年齢や年齢の近い子どもが多かったことである。幼児は成長が早いので、二歳も違うと遊び相手にはなりにくい。都市部には同じようなライフ・ステージにある住民が集住する地域や集合住宅がしばしば存在するが、これは育児には良い条件である。

第二に、ネットワークのまとめ役の存在も不可欠である。人柄がよくまめであるとか、多少不遠慮だが面倒見がいいとか、パーソナリティ・タイプは一様ではないが、活発なネットワークには中心になる人物がいるものだ。

第三に、ネットワーク形成のきっかけとなるような出来事があるとよりよい。A地区では、入居時期が一致したことに加えて、Rさんが自分の子どもたちと夕方マラソンを始め、だんだん他の子どもたちや母親たちも加わって、しまいに母親三、四人、子ども一〇人くらいで走るようになったことがよいきっかけになったという。生協の共同購入や町内の運動会やお祭りも同様の役割を果たすことができよう。

第四に、適当な遊び場も必要だ。A地区では自動車のあまりはいって来ない道路、庭、家などがこれにあたる。実はこの地区には小さな公園もあるが、地区の端なので子どもたちも行きにくく親の目も届きにくいため、ほとんど利用されていない。都市計画のむずかしさを示していると言えよう。

育児ネットワークのルールとトラブル

当事者たちは必ずしも明確に意識化しているわけではないが、育児ネットワークには暗黙のルールが存在することがうかがえる。近所づきあいにはトラブルがつきものだが、それは単なる感情的対立であるより、ルール違反に関連していることが多いようだ。A地区の母親たちの行動や言動から、彼女たちが従っていると推察できるルールは次のようなものである。

①遊びや自分の利益のために援助を求めない

地域ネットワークの援助を求める最も正当な理由は、学校の用事や本人の病気など、母親役割の遂行のために援助が必要な場合である。しかしテニスに行く、自動車学校に通うなど、遊びや直接に自分の利益に結びつく理由で近所の人をわずらわすのは普通は好ましいとはされない。パートなどで収入を得るために子どもを預けるような場合には、地域ネットワークの通常の範囲を逸脱したことを象徴するかのように、金銭的返礼がなされたりする。ただしこの点は後述のように経済階層差がありそうで、母親の就労が珍しくないB地区ではそのための援助も比較的抵抗なくなされる。

②過度の負担はかけない

地域の育児ネットワークに求められるのはちょっとした手助けである。食事時間にかかる、長時間預けるなどの場合は、できれば親族ネットワークに依存するほうが選択される。ただしこれも地域差があり、後述のB地区ではもっと許容度が高い。「お泊まり」は親の必要のためではなく、子どもの特別な楽しみのためならすることもある。「おしっこ」が言えるかどうかもめやすになる。

③互酬性（ギブ・アンド・テイク）を保つ

援助を受けたらこちらからも相応に与えなくてはならないが、その釣り合いが微妙で難しい。返礼は原則としては「行為には行為で」で、子どもを預かってもらったら相手の子をいつか預かる。おやつをもらったときなど、食べ物には食べ物で返礼することもあるが、物の返礼が多すぎると「気をつかわせる人」だと言われる。返礼としては「絶対お金はない」が、前述の場合のような例外もある。

④自発性を重んじる

必要な側が援助を頼むより、困っていそうな様子に気づいた側が自発的に「してあげる」かたちのほうが望ましい。もっともこの「自発性」を、③の互酬性のルールにより互いに暗に強制しあうことで、育児ネットワークが存続するとも言える。「言うたら、預けておいてもらったほうが、また自分も預けなければいけないから、まず三回預っておいたら、あとで預けられるという安心感があるみたいなところがあって……」というわけだ。

⑤わが子中心にしない

わが子可愛さが前面に出すぎるのもトラブルのもとである。自分の子がよその家でけがをした場合でも、ちょっとしたことならあまり責任を追及しない。縁側から女の子が落ちて頭がまっ青なアザになっても、親は「いや、いいんです。うちは、いつでもこんなんですから」などとこらえて言ったりする。また、よその子が悪いことをしたらしっかりしかるのも預かる側の責任で、ときには「ぺしぺしもやる。」「そういうのが気にさわる人は、遊びに来させませんよね、次からは。」

⑥互いの家庭に深入りしない

親しさが過ぎて、互いの家庭生活にはいりこみすぎてもいけない。一般に、夫が家にいる日曜日はマイホーム単位の行動が多くなり、地域のネットワークは不活発になる。いまや家族の閉鎖性の核は夫なのかもしれない。夫を含めて家族ぐるみで、というつきあいかたはA地区ではあまり行なわれていない。もっともこれも地域の特性によるところが大きく、夫が参加する地域ネットワークは安定性が高まるとも言われている。

文化住宅地区

次に一棟の文化住宅（アパート）を中心とするB地区に目を転じてみよう。文化住宅が三棟ならび、その前に自動車があまり通らない道がある。道の反対側には一戸建が並んでいるが、そのうちの二軒と、一棟の文化住宅の八家族が育児ネットワークを形成している。子どもの年齢は、小学校高学年・中学生と三歳以下とにわかれている。居住年数は一〇年以上と四、五年にわかれる。育児ネットワークの活性化は七、八年前に数家族の子どもたちが一緒に幼稚園に通うようになった頃からで、歴史が長い。

地域ネットワークの親密さと活発さはA地区以上である。インタヴュー調査の時期が夏だったこともあり、各戸とも入口のドアを開放しており、インタヴュー中にもその入口から子どもや大人が頻繁に声をかけてきた。

子どもたちは三歳以前から自由に文化住宅の中を行き来しており、親はそれを心配もせず、よその子が来たときは、わが子のように迎え入れて遊ばせる。「育児援助」などという他人行儀な言葉より「育て合い」であり、ある人がインタヴューの中で言ったように、「すごい大家族やね」とでも表現したほうがいいようだ。実際、Oさんの子はHさんを「ママ」と呼んで誕生プレゼントを渡し、Hさんの子はOさんに母の日のカーネーションをもってくるという。「『ご飯一膳足らんの。貸して』とお茶碗をもっていったり」など、育児以外のつきあいも親密だ。昼食を一緒に食べたりもする。

このような日常的な関係に加えて、朝は自主的に集団登校し、ネットワーク内（今はそのうちの五軒）の子どもの誕生日には母子がみんな寄ってパーティをする。子どもたちは「次、だれ？　次、だれ？」と誕生パーティを楽しみにし、母親たちは前日から買物に行き、「食べるだけだったらあかんよ」と助け合って準備をする。

年に一、二回は、少し離れた公園に皆で弁当をもって遠足に出かけたりする。一度だけだが、お父さんたちを留守番にして淡路島に一泊旅行に行ったこともある。もっとも、世話役が固定化して、他の人は「行きたい、行きたい」と言うくせにいざ日を決めた後で勝手に別の約束を作ったりしたので、今年は世話役が腹を立てて遠足は実現していない。子どもたちの学校行事が忙しくなったせいもある。ネットワークの最盛期は「二、三年前までやね」という声も聞かれた。

地域ネットワークの中の共働き家庭

地域ネットワークの中で共働き家庭が置かれている位置は、A地区とB地区できわめて対照的である。A地区では専業主婦が当然で、共働きは地区内でNさんただ一人だった。Nさん夫婦は共に教師で、高校一年の長男と小学校一年の長女の二子がいる。下の子は小学校入学前は保育所に通っていた。A地区で育児ネットワークが活発なのは前に見たとおりだが、Nさんの目に映る地域の様相は全く異なる。「お互いに、あまりここは知らないというかしら、一つ筋違えばわからないでしょう。」「やっぱりわたしは親同士が仲良くなることがすごく大切なことだと思いますね。（けれど、ここでは）近所にも同じ子がいると思うんですけれど、お互いに訪問してどうのこうのということはないですからね。お互いにベチャベチャおしゃべりするのは見ませんしね。」共働き家庭の母子が地域に居る夜間と日曜日は前述のように父親中心のマイホーム単位の行動が多いため、Nさんの目には地域ネットワークが見えないのである。保育所や学校が一緒の子の家はあまり近くにないので、長女はあまり近所の子と遊んでいない。

そのかわりNさんが頼っているのは実家の母親、つまり子どもには祖母で、夫に死別してからはNさんの忙しい時期に数ヵ月泊まり込みで子どもの面倒をみにきてくれる。

Nさんも前住地では近所とよくつきあっていたと言う。夫の両親の家の裏に住んでいたためもある。保育所設置運動をした仲間との結束も強かった。しかし新興地に転居したこと、Nさん自身の年齢が上がって仕事が忙しくなったし若い頃ほどの活力もなくなったことなどから、現在のような状態になったものと思われる。

これに対しB地区では、パートや内職などの仕事をするのが母親の当たり前の生活とみなされている。全員、結婚後も就労経験があった。ただし働き方はNさんとは大きく異なり、第一にフルタイムではなく、内職やパート（ラーメン屋、スーパー、喫茶店など）を数ヵ月から長くて三年くらいやってはやめ、しばらく家にいて、また別の仕事を始め……といった、あくまで家計補助としての働き方だ。保育所は費用が高く割に合わないうえ、入所許可をもらうのが難しいため利用しない。保育所はよくない所だという偏見も強い。したがって子どもが幼稚園や学校に行っている時間に主に働くことになる。

B地区では、A地区と異なり、母親が仕事をするために地域ネットワークの援助を受けることも少なくない。例えばOさんは、子どもが幼稚園にはいるより前に初めて外に働きに出たが、そのときはHさんがお昼の二〜三時間子どもを預かった。ダイエーに勤めたときは、Hさん宅に鍵を預け、子どもはHさんに「ただいま」を言って鍵をもらうことにしていた。子どもの夏休みにも一〇時から二時頃まで仕事だったときには、昼ごはんを子ども一人で食べさすのがかわいそうでHさんに相談したところ、「そんなん、せんでもいいから、放って行き。弁当作るの、よけい気分悪いわ」と言われ、「ほんなら、もうせいへんわ」とすっかり世話になることにした。Oさんの子は一人っ子だが、Hさんの子と三人きょうだいのように育った。

質問紙調査の結果の中に、子どもが二歳のときに内職をしている母親は近所づきあいもよくしているという知見があったが、その実態はこのようなものだったようだ。

地域ネットワークからの孤立

A地区でもB地区でも、地域ネットワークから孤立している、あるいは孤立ぎみの人はいる。A地区では共働きの母親がそうだったが、B地区ではそうでないのは今見たとおりだ。

B地区では、祖母が近所に住んでいて毎日孫の顔を見に来るTさん宅が孤立しかけていた。「おばあちゃんがしょっちゅう来ているんで、近所のかたがあまり声をかけられないとおっしゃるのです。」姑の手があるので、地域による育児援助に頼る必要もまたない。質問紙調査で示された親族ネットワークと地域ネットワークの背反の例である。

また、ルール違反が重なった場合もトラブルにつながる。B地区で誕生会や遠足に子どもだけ出しているケース、A地区で子どもが勝手によその家に上がりこんでいるのに親は顔も出さずあいさつもしないケースは、③の互酬性のルールへの違反と言えよう。ルール違反をする人はそもそもルールを内面化していないのか、他のルールにも抵触しやすい。

地域ネットワークに参加するつもりがまるでないケースもある。私学の幼稚園と公文式の算数、ピアノ、英語、プールに子どもを通わせ、子どもは遊ぶ暇がなく、「変な時間にポイッと外にほうり出されちゃったらその時間に遊ぶ」というA地区の例などがそれである。機関による育児援助だけで子どもはよく育つのかどうか、検討すべき課題と思われる。

育児ネットワークの効用

育児ネットワークの効用として、A地区の母親たちはまず育児の鬱屈感やストレスからの解放を挙げる。「勝手なもんでね、かわいいと思うときもあれば、わが子でありながら、ちょっとうっとうしいと思うときもあるし。他人の子というのはわりと距離をもって見られるから、よその子をみるのは苦痛じゃないです。」「自分がそう思うから、小さいお子さんなんかがお母さんに甘えてギャッと言ってお義母さんが困っているとき、その子をサッと連れて行ってあげたりとかね。」いっとき子どもが離れて外に出ることのできた母親の喜びにはすごいものがある。わずかの時間ながら梅田をブラつけた経験を語るときにも、輝くような解放感にあふれていた。

育児ネットワークはまた、よその子を見ることで、自分の育児のしかたを振り返らせる効果もある。「よそのお子さんが来て、無理を言いますね。でも、逆にホッとしますね。『どこの子も一緒なんだわ』と。それが自分の子だったら、感情的になって『やめなさいよ！』と言うんですけれども、よその子だったら『ああ、子どもはこんなもんだ』と。」

育児ネットワークに助けられるということは、裏返せば幼稚園や保育所などの機関への不満を意味することもある。「幼稚園がかえって忙しいときがあるんですね。早く迎えに行かなければならないから。○○幼稚園では、病院に行ったりして近所に頼めないときには、ちょっとおやつ代渡して『今日、お願いします』とメモを書いておけば、五時まで預ってくれるんです。でもここは公立だから四角四面というのか……。」「そこの○○保育所なんか見ていたら、もう子ども同士でずっと遊べるんですよね。幼稚園に入れて早く帰ってきて、友だちがいなくて家でショボンとしているよりか、保育所に入れて夕方まで友だちの中でもまれて遊ぶほうが、見ていても子ども自身がすごく楽しそうなんです。」母親たちは地域の育児ネットワークから多くを得ているが、少なくともその一部は機関によって肩代りされたほうがいいと考えており、地域ネットワークの育成が万能の解決策ではないことも示唆される。

5 結論

本調査研究の結論は次のようなものである。

第一に、現代の育児は重層化した種々の育児ネットワークに支えられ、それらからさまざまな育児援助を与えられることによって成り立っており、けっして母親ひとりあるいは家族のみによって担われているのではない。育児援助の与え手別に見ると、祖父母による育児援助は負担の大きい直接的育児援助及びとくに妻方の祖父母からの情緒的・情報的育児援助、地域による育児援助は負担の小さい直接的育児援助及び情緒的育児援助、夫による育児援助は重要な情緒的育児援助及びできる範囲での直接的育児援助が中心であり、機関による育児援助は規則的な直接的育児援助が主であったが近年情報的・情緒的育児援助の比重が高まっている。育児援助の組合せの地域別の特徴を見ると、三世代同居の多い郡部では祖父母と機関による援助を受けて母親は早くから就労などの社会的活動にいそしむ。孤立核家族の比較的多い都市部では夫と地域による援助を受けながら母親は比較的遅くまで育児に専念する。もっとも都市部でもフルタイムで就労している母親は機関と祖父母に援助を求める傾向がある。育児援助が受けられず孤立した母子は、母親は育児不安に陥りやすく、子どもも発達に問題が生じる場合がある。

第二に、今述べたことに関連して、都市部では、同年齢かそれに近い子どもをもつ母親同士が自発的かつ自然発生的に生み出した地域の育児ネットワークが、欠くことのできない役割を果たしている。もちろん、それぞれの母親は親族ネットワークや機関にも支えられているのだが、最も日常的な関係である地域ネットワークが基盤になって、重層する諸ネットワーク間の関係を調整しているようである。一九八八年一一月、『横浜市女性の生活実態と意識調査報告書』が、横浜市市民局婦人行政推進室から発行されたが、そのなかで矢澤澄子が本調査研究に言及しつつ、横浜市の若い母親たちの間でも「同年齢の子供の母親同士による『地域の子育て』（預け合い、共同保育、育児相談などの『育て合い』活動）」が広く受容されていることを報告している。矢澤もまた、これを「『子育ての危機（育児ノイローゼ、母子密着の病理、社会性欠如など子供の発達障害）を回避するために、都市型社会の若い母親たちが自発的に生み出した女たちの育児ネットワークによる新しい『育児様式』」ととらえている。本調査研究の結果が特殊事例ではないことが裏づけられて心強い。

第三に、本調査研究からの行政への提言として、これからの時代に必要な育児援助は、まずは少子時代、しかも親自身も「二人っ子」世代となったことに対応して、親には育児経験・育児知識の不足を補う情報的育児援助を（場合によっては孤立感を緩和する情緒的育児援助を伴いつつ）、子には同年輩の子どもたちと育ちあえる機会を与えることだろう。安定したレベルに達した核家族化に対応しては、核家族化とは直接的育児援助の主要な与え手である祖父母の家族からの消滅を意味するから、直接的育児援助の代替的与え手（例えば機関）を用意する必要があろう。保育所・幼稚園のような規則的な直接的育児援助は少子化によりほぼ充足してきているが、フルタイマー以外で子どもが幼稚園入園前の場合、幼稚園から帰宅後の時間、臨時の用事の場合などはまだ取り残されている。母親の有職化と言っても働き方はフルタイムから内職までさまざまであり、社会的活動ということでは地域活動や趣味的な活動とも連続しているのであるから、従来のような有職主婦と専業主婦の二分法的発想はいまや有効性をもつとは思われない。牧野の言う「育児不安」を防ぐためにも、すべての母親は就業を含む社会的活動をしうるということを前提に、多様な活動形態に見合った直接的育児援助を充実させねばなるまい。

最後に、本調査研究は、母親が一人で育児役割を遂行するという育児や母子関係についての近代家族的な理念は、現代日本社会の現実からずれているという理論的な問題提起を行なう。もっともこれがすなわち脱近代家族的な方向への社会変動を示しているとは断定できない。なぜなら、近代家族の最盛期にあっても、現実は理念からずれていたかもしれない。一九世紀のヨーロッパでは母子関係についての今日的理念の原型が形成されたが、実質的に子どもを養育し、子どもの愛着の対象となったのは乳母であったという（河野一九八六）。いずれにせよ、母子関係論の再考が焦眉の課題である。たとえばバウァーのように、母子相互作用論を社会的相互作用論に発展的に解消させ、乳幼児の社会性、あるいはコミュニケーション能力の発達に力点を移すのもひとつの考え方であろう（Bower 1977）。本章もまたそのような再構築の試みのひとつのステップとなることを期待している。

［注］

1　本調査研究の全過程を通じて、当時の兵庫県家庭問題研究所長、故増田光吉先生から無数の貴重なアドバイスをいただきました。「育児援助」という概念も増田先生がご教示下さったものです。ここに記して感謝いたします。

2　『核家族の育児援助に関する調査研究報告書』（落合一九八七b）では、兵庫県立幼児教育センターならびに明舞幼稚園幼児教育センター母親教室・二歳児教室の事例を報告した。経営的な難しさがこの問題の焦点だと思われる。

9　家族の社会的ネットワークと人口学的世代
――一九六〇年代と八〇年代の比較から――

1　社会的ネットワークとしてのコミュニティ

二一世紀コミュニティについて家族とのかかわりで展望せよというテーマを与えられた。未来予測のつねとはいえ、いささかとらえどころのない感じのするこの課題に向かうに当たり、わたしは二つの方法的限定を設けることにした。

第一の限定は、コミュニティを社会的ネットワークとしてとらえるということである。もはや古典と呼ぶべき著書のなかでエリザベス・ボットが指摘したように、家族社会学で「コミュニティのなかの家族」というとき、コミュニティとは「集団」であると暗黙のうちに想定されていることが多い。たとえばシステム論的アプローチを用いた場合、家族とコミュニティとの関係は、二つの集団間の関係としてとらえられる。「しかし、都市の地域というものはほとんどの場合において、凝集的な社会集団という意味でのコミュニティと呼べるようなものではない」(Bott 1957)。そこでボットは「コミュニティ」という概念に代えて「社会的ネットワーク」という概念を用いることを提案した。「都市家族の直接的な社会的環境は、家族がそのなかで生活している地域としてではなく、家族がはりめぐらしている具体的な社会的諸関係のネットワークとして考察するのがもっとも適切である。この社会的諸関係が一定の地域内に限定されているか、その領域を超えて広がっているかは問題ではない」(同書)。わたしはボットのこの提案を採用したいと思う。

社会的ネットワーク論は、集団的コミュニティが存在しない場合はもちろんのこと、存在する場合をも一種の特殊ケースとして含むことができる。もしもネットワークの密度が「緊密(close-knit)」であるなら、言い換えればある家族のネットワークを構成している人々や団体どうしも(その家族に仲立ちされるまでもなく)互いに知り合いで関係を取り結んでいるなら、その地域は「組織された集団」としてのコミュニティの性格が強い。村落は理念型的にはそのようなものとしてとらえられよう。これに対しネットワークの密度が「ゆるい(loose-knit)」なら、言い換えればある家族のネットワークを構成している人々や団体は広範囲に散らばっていて互いに関係がないなら、その地域は「組織された集団」としてのコミュニティにはほど遠い。各家族にとっての親族、隣人、友人、職場仲間などのネットワーク・カテゴリーは、明確に分化する。多くの都市地域はこうしたものと考えられる。本章の課題のためには、後者のような、集団ではなくネットワークとしての都市的コミュニティを考察の中心にすえるのが妥当だろう。

ボットはさらに、家族のもつネットワークのあり方と、家族の内部構造とが相互に関連しあっていることにまで分析を進めた。この見方をさらに徹底すると、家族を集団としてではなく関係の束として、すなわちネットワークとしてとらえるという家族論自体の組み替えと連動せざるをえまい[1]。コミュニティと家族の双方を集団ととらえる立場から、双方をネットワークととらえる立場への転換である。そこからさらにコミュニティと家族との境界があいまいになって、状況により「家族」の範囲が伸縮するような、きわめて刺激的かつ現代的な家族論への展望も開けてくる。

さて、未来予測を行うためには、そのような社会的ネットワークの歴史的変動に関する何らかの理論的枠組が必要なわけだが、そこから第二の限定が出てくる。それが歴史的変動を世代的変化としてとらえるという世代論的分析方法である。戦後日本についてこの分析方法をとることは、単なる便法の域を超えた本質的な重要性があると考えるが、その点については後に論ずることにして、都市家族をめぐる研究動向を社会的ネットワークに着目しながらごく簡単に整理しておこう。

2　都市家族の「孤立化」と社会的ネットワーク——欧米の研究から

都市家族研究の出発点には、都市家族の「孤立化（isolation）」という仮説がある。この「孤立化」には二通りの意味がある。第一の意味は、近隣社会をはじめとする家族外のいっさいの社会関係からの孤立ということである。都市化とともに第一次集団的でインフォーマルな人間関係は衰弱していくという社会解体論は、シカゴ学派以来の古典的見解というべきだが、今日影響の大きい論者でも、ハバーマス（Habermas 1962）、セネット（Sennett 1976）、ラッシュ（Lasch 1979）らのいう「私秘化（privatization）」、およびアリエス（Ariès 1960a）をはじめとする社会史家が指摘する「社交（sociabilité）の衰退」などはこうした意味での家族の孤立化を想定している。ハバーマス、アリエスらは、一八世紀には存在した都市中産層の公共性が、一九世紀を経て二〇世紀になると失われるという見方をする。

第二の、より狭いほうの意味は、親族からの「孤立化」ということである。パーソンズが『家族』(Parsons 1956) の中で用いた「孤立した核家族」という表現は、親族システムからの構造的孤立のことであった。この双方の意味での「孤立化」仮説への反駁として、家族の社会的ネットワーク研究は発展してきた。

第一の意味での「孤立化」仮説に対する反証になったのが、アメリカの郊外コミュニティ研究である。そこでは社交がないどころか、「アパートでさえも遮蔽物とはなっていない。すなわち、人々はノックすることが平気で、すさまじいばかりに行き来する」と、ホワイトは『組織の中の人間』で述べている (White 1957)。人々はコミュニティに参加したいからこそ、郊外に移住してくるのだという。都市的コミュニティ、あるいは都市的近隣ネットワークへの視角がそこから開かれる。

第二の意味での「孤立化」仮説への反論は、まずサスマン (Sussman & Burchinal 1962)、リトワク (Litwak 1965) らの社会学者により出された。五〇年代から六〇年代のアメリカ社会でも核家族を超えたインフォーマルな親族ネットワークが広く存在しており、既婚子と老親との間の相互扶助や社会的移動のために重要な機能を果たしていることを彼らは実証した。リトワクはこの異居近親関係 (kin family network) を修正拡大家族 (modified extended family) と呼んだ (森岡一九六四)。サスマンやリトワクおよびボットらの観点や理論的提案を受けて、その後、家族の社会的ネットワーク研究は次第に理論的精緻さと実証研究を積み重ねている (Cochran et al. 1990 など)。

また歴史学的観点からも、第二の「孤立化」仮説は乗り越えるべき課題であった。産業化は伝統的拡大家族や親族ネットワークを解体に導いた、なぜなら産業化は孤立核家族と適合的であるから、という仮説は、労働史、家族史でもほぼ定説であったが、産業革命の初期 (一八三〇年代初めまで) についてはスメルサー（Smelser 1959）が、一九世紀中期のランカシャーについてはアンダーソン（Anderson 1971）が、二〇世紀初期のアメリカについてはハレブン（Hareven 1982）が、それぞれ反証となる研究を提出した。農村から都市への移住および産業的環境への適応のために親族ネットワークが欠くことのできない役割を果たしたこと、移住後も労働者たちは出身地の慣習や文化を保ち続けて近代産業システムへの適応に利用したことなどが明らかにされた（Hareven 1982）。一九三〇年代から五〇年代頃までのイギリス都市労働者階級についてはヤングとウィルモット（Young & Willmott 1957）が、「マム（Mum）」と近接して住む既婚の娘との関係を中心とする母方居住制拡大家族的な生活を描き出した（金屋一九八二）。

イギリス都市労働者の生活様式は過去二五〇年間に二度変化したというウィルソン（Wilson 1963）の指摘は、歴史的変化のおおまかな見取り図を描くために役に立つ。一度目の変化は産業革命の初期に農村から都市へと移住してきたことに伴う変化で、彼らは工場近くに密集して住み相互扶助によって貧しさをしのいだが、その狭い近隣社会に広い範囲の親族が集住してとくに緊密な関係を取り結んでいたことが特徴的だという。この「古い労働階級のコミュニティ」は農村的なムラをモデルにして構成されていたことがうかがえる。二度目の変化は五〇年代以降の経済的繁栄に伴う伝統的消費様式からの離脱、社会的・地理的移動の増大によるもので、労働者たちはムラ的な近隣・親族社会に縛られなくなった（金屋一九八二）。

3　六〇年代日本家族の社会的ネットワーク

では日本における都市家族の社会的ネットワーク研究としては、どのような先行業績があるだろうか。

そのような研究が盛んに行われたのは、一九五〇年代の後半から六〇年代を通じてのことと言ってよかろう。都市への人口集中が進みアパート団地などの新しい都市環境も生まれ、そのような地域での家族のあり方が研究者の関心を集めた。それと並行してパーソンズの「孤立した核家族」仮説やリトワクやサスマンによる批判が紹介され、日本における仮説検証も課題となった。

比較的初期の問題関心をよく示したものに、増田光吉の「鉄筋アパート居住家族のNeighboring」(増田一九六〇)がある。「近時のアメリカにおける、郊外住宅居住者に関する報告では、Suburban community において社交活動が一般に盛んであること」が認められているのだが、「わが国の郊外鉄筋アパート住宅などについて、これまで行われた実態調査の結果では、いずれも世帯主若しくは主婦のNeighboring が低調であると報告されている」[2](増田一九六〇、二頁)。そこでNeighboring を規定している「わが国固有の諸要因」を考察しようというのが増田の趣旨である。

一九五八年に西宮市北口団地で行った調査に基づいて、鉄筋アパート団地の主婦のNeighboring を促進する要因と阻止する要因を検討した増田は、わが国固有の諸要因として次の四点を挙げる(増田一九六〇、四頁)。

①促進要因としての子供の重要性
②阻止要因としての主婦の実家への依存
③阻止要因としての親類への依存
④阻止要因としての強度のファミリズム

②については、実家へ帰る頻度が高い主婦ほどNeighboring に対し消極的であることが統計的にはっきりと示されている(表1)。

これらの要因はすべて④のファミリズムに端を発すると増田は分析する。ファミリズムとは家族中心主義ではあるが、家制度とは異質で、「単に前近代的な共同体社会に対する反抗的な姿勢に過ぎず、それが単に異常な求心性となってあらわれているに過ぎない」。「ファミリズムにもとづく家族的エゴイズム」は一方では義理人情の社交生活を否定し個人生活を確立しようとするところから「孤立主義」におちいり、他方では「経済的な連帯を底辺とし、心理的な同一化を頂点とする、実家ないし親類への依存」を便宜的かつ惰性的に招来する。「故郷を遠く離れ、都市地域の住宅団地に移り住んでも、人々はなお血縁への郷愁をぬぐいきれない。人々は新しい土地で、新しい地域社会生活を開拓しようと努力しないで、失われていく血縁への依頼心を深めている。故郷と精神的・物理的に断絶したアメリカ郊外居住者と異なっているのは、まさにこの点においてではなかろうか」（増田一九六〇、四頁）。

表1　Neighboringに対する態度別に見た主婦が実家へ帰る頻度（年間回数）

単位：%

	0回	1–2	3–4	5以上	不明	計
好意的ないし積極的な態度	20.1	45.5	6.0	27.3	1.1	100
中立的ないし無関心な態度	10.0	45.1	15.3	27.7	1.8	100
否定的ないし消極的な態度	8.9	41.5	7.3	40.5	1.8	100

（出典）　増田（1960）より．

現在の時点から振り返れば、近隣ネットワークに対し孤立主義的なファミリズムとは、まさに成立しつつあった近代家族のプライベイティズムであったわけだが、それが他方では家制度的でない親族ネットワークに支えられていたという指摘はたいへん示唆的である。増田はそれを日本的特殊性と解釈したが、前節で見たようにその後の研究の進展により欧米においても都市家族は親族ネットワークに支えられてきたこと、ことに歴史的にはそれが顕者なことが明らかになった。

六〇年代日本の都市家族の社会関係についてのもっとも包括的かつ詳細な実証研究の一つは、森岡清美らが一九六五年に都下久留米町（当時）のひばりが丘団地で行った調査であろう（森岡ほか一九六八）。夫の年齢が三五―三九歳（昭和一―五年生まれ）で子供が一人以上ある夫婦健在の世帯の主婦が対象で、一二三世帯中一一六世帯までが核家族であった。夫は大企業のホワイトカラーが圧倒的に多く、高所得で、学歴も夫婦とも高い（夫　大卒九四％、妻　大卒三四％・高卒六五％）。夫の三三％、妻の四二％が東京出身者で、夫のほうが地方出身が多いのは団地居住世帯ゆえの特色といえよう。経済成長の波に乗って都市に流入して夫はサラリーマン・妻は主婦の核家族をつくった、まさに時代を代表する社会階層である。森岡らの調査は、ネットワークという言葉こそ用いていないが、近隣・親族・友人・集団のネットワークのすべてとそれらの間の相互関係を視野におさめ、それらを洞察に富む概念装置で分析した、非常に興味深い研究である。そこでここではこの調査論文を社会的ネットワーク論の立場から再読し、若干の批判を加えることで、六〇年代都市ホワイトカラー層家族の社会的ネットワークの構造を再現してみよう。

森岡らはこの論文の後半で調査対象主婦の社会参加の諸相をさまざまな角度から検討している。ここでいう社会参加とは、本章にいう社会的ネットワークと考えてよかろう。正確にいえば主婦個人のネットワークだが、「能うかぎり家族的個人としてとらえる立場を維持したい」（同論文、二〇二頁）というのが著者の姿勢である。なおこれらの主婦のうち七四％は就業経験があるものの、大半は結婚・出産退職したので現在職業をもって通勤している者（内職は含まない）は八人しかいない[3]（二一七―二一八頁）。

さて、森岡らは団地主婦の社会参加を次のような種類に分ける。

団地内｛フォーマル……集団加入
　　　　インフォーマル｛近隣関係……近接居住
　　　　　　　　　　　　友人関係……近隣外で選択的
団地外｛フォーマル……集団加入
　　　　インフォーマル｛親戚関係
　　　　　　　　　　　　友人関係

各人の社会参加の程度、すなわち各種の社会ネットワークの発達の程度に影響を及ぼす変数として考えられているのが、育児負担度、学歴、収入と、地元の社会生活に対する志向型である。育児負担度は末子年齢によることとし、三歳未満（X）、三歳以上就学まで（Y）、小学校児童（Z）の三つに分ける（二三九頁）。志向型は二種類の質問への答えから、社交型、中間型、プライバシー型の三つに分ける。志向型についての分布はそれぞれ、一七％、三六％、四七％で、「団地では、鍵一つで他の家から切り離されるので、他人とのかかわり合いは少ない。それの方が煩わしくないからよい」などと答えるプライバシー型が半数近くを占めた（二四二―二四三頁）。なおこれらの変数以外に、異なる種類の社会参加相互の影響関係も調べている。

ではまず育児負担度と各種の社会的ネットワークの発達との関連を見てみよう。育児負担度が高いほど、すなわち末子が小さいほど、団地内の三種の社会的ネットワークは明らかに未発達である（表2～4）。「育児に手のかかる主婦は相手の家に上りこんで話をするほどの暇をえにくく、したがってそのような間柄の隣人をもつ機会もすくないのであろう」（二四九頁）。このことは、近隣関係および団地内友人関係成立の契機としてもっとも多くあげられたのが「子供を通して」だったことと一見矛盾するよう

表 2　団地内集団加入　　（　）内は %

集団加入		加入者	非加入者	計
育児負担度	X	12（23）	41（77）	53（100）
	Y	15（31）	33（69）	48（100）
	Z	5（36）	9（64）	14（100）
志向型	社交型	8（40）	12（60）	20（100）
	中間型	14（34）	27（66）	41（100）
	プライバシー型	10（19）	44（81）	54（100）
計		32（28）	83（72）	115（100）

（出典）森岡他（1968）第 29 表・第 32 表より.

表 3　団地内近隣関係（親しくつき合う人数）（　）内は %

相手人数		0 人	1 人	2 人以上	不明	計
育児負担型	X	28（55）	19（36）	5（9）	1（2）	53（100）
	Y	20（42）	19（40）	8（17）	1（2）	48（100）
	Z	5（36）	4（29）	4（29）	1（7）	14（100）
志向型	社交型	5（25）	7（35）	8（40）	0（0）	20（100）
	中間型	20（49）	17（42）	4（10）	0（0）	41（100）
	プライバシー型	28（52）	18（33）	5（9）	3（6）	54（100）
計		53（46）	42（37）	17（15）	3（3）	115（100）

（出典）森岡他（1968）第 37 表より.

表 4　団地内友人関係（親しくつき合う人数）（　）内は %

相手人数		0 人	1 人	2 人以上	計
育児負担型	X	18（34）	16（30）	19（36）	53（100）
	Y	18（38）	15（31）	15（32）	48（100）
	Z	2（14）	3（21）	9（65）	14（100）
志向型	社交型	4（20）	5（25）	11（55）	20（100）
	中間型	11（27）	15（37）	15（37）	41（100）
	プライバシー型	23（43）	14（26）	17（32）	54（100）
計		38（33）	34（30）	43（37）	115（100）

（出典）森岡他（1968）第 40 表より.

に思われる。しかしそれは子供の年齢によるのだろう。子供が成長して活動範囲が広がると「主婦の交際範囲もこれに応じて空間的に拡大していくことが窺われる」という（二五四頁）。

では、乳児や小さい幼児がいることは社会的ネットワークの形成を阻害するが、大きい幼児や小学生がいることは社会的ネットワークの発達を促進するといえばよいのだろうか。著者の結論はその方向であるが（「団地主婦の社会参加がある程度志向型によって影響され、志向型はかなりの程度において育児負担度によって規定されていることが明らかになった」二七三頁）、団地外のネットワークについての調査結果を見ると、必ずしもそういい切れないようだ。団地外友人関係については「育児負担度の大きい主婦の方が友人つきあい度が高いという、予想を裏ぎる結果になっている」（表7、二六九頁）。団地外集団加入では差が出ない（表5）。また親戚付き合い度については、はっきりした傾向は読み取れないものの「育児負担度の低い主婦の方がいくらかつきあい度が高い」（二六七頁）とされている（表6）。団地外の友人とは半数が学校時代の友人、三分の一が職場での友人である。「学校時代の友人は妻のきょうだいに比肩しうるゆききを示」す（二六七頁）。乳幼児をかかえた主婦は子連れで親きょうだいや結婚前からの親友を訪ね、あるいは（おそらくはしばしば同じく子連れの）姉妹や友人の訪問を受けているのではなかろうか。乳幼児期には母子結合が強く社会的ネットワークを発達させることもできなければその必要もないという仮説を著者はもっているようで、それは当時の社会通念であったのだろうが、その仮説がこの調査により検証されたとはいえないように思う。子供が幼いときには母親主導で親族ネットワークや友人ネットワークが活性化され、子供が少し大きくなると子供主導で近隣ネットワークが広がるという、ネットワークの変質についての仮説に修正できるのではないだろうか。

次に志向型に話を進めよう。先に引用したように、団地主婦の社会参加に影響を与える要因として、

表5　団地外集団加入　（　）内は％

	集団加入	加入者	非加入者	計
育児負担度	X	5 (9)	48 (91)	53 (100)
	Y	5 (10)	43 (90)	48 (100)
	Z	1 (7)	13 (93)	14 (100)
志向型	社交型	1 (5)	19 (95)	20 (100)
	中間型	5 (12)	36 (88)	41 (100)
	プライバシー型	5 (9)	49 (91)	54 (100)
計		11 (10)	104 (90)	115 (100)

（出典）森岡他（1968）第44表より．

表6　団地外親戚関係　（　）内は％

	親戚つきあい度	0	1–2	3–4	5–6	7以上	計
育児負担度	X	2 (4)	16 (30)	14 (26)	14 (26)	7 (13)	53 (100)
	Y	3 (6)	13 (27)	9 (19)	10 (21)	13 (27)	48 (100)
	Z	2 (14)	4 (29)	1 (7)	2 (14)	5 (36)	14 (100)
志向型	社交型	2 (10)	7 (35)	4 (20)	3 (15)	4 (20)	20 (100)
	中間型	3 (7)	12 (29)	9 (22)	8 (20)	9 (22)	41 (100)
	プライバシー型	2 (4)	14 (26)	11 (20)	15 (28)	12 (22)	54 (100)
計		7 (6)	33 (29)	24 (21)	26 (23)	25 (22)	115 (100)

（出典）森岡他（1968）第49表より．

表7　団地外友人関係　（　）内は％

	友人つきあい度	0	1–2	3以上	計
育児負担型	X	12 (23)	23 (43)	18 (34)	53 (100)
	Y	17 (35)	18 (38)	13 (27)	48 (100)
	Z	6 (43)	5 (36)	3 (21)	14 (100)
志向型	社交型	7 (35)	6 (30)	7 (35)	20 (100)
	中間型	6 (15)	22 (54)	14 (32)	41 (100)
	プライバシー型	22 (41)	18 (33)	13 (26)	54 (100)
計		35 (30)	46 (40)	34 (30)	115 (100)

（出典）森岡他（1968）第52表より．

表 8　育児負担度別，志向型　　（ ）内は %

育児負担度 ＼ 志向型	社交型	中間型	プライバシー型	計
X	6（11）	17（32）	30（57）	53（100）
Y	10（21）	16（33）	22（46）	48（100）
Z	4（29）	8（57）	2（14）	14（100）
計	20（17）	41（36）	54（47）	115（100）

（出典）　森岡他（1968）第 54 表より．

著者は志向型に重要な位置を与えている。しかし志向型は固定的なパーソナリティの型ではなく、状況に影響されて柔軟に変化しうるものだとされる。志向型を強く規定しているのは、先にも述べたように育児負担度で、育児負担度が高いほど社交型が少なく、低いほどプライバシー型が少ない（表8、二七三頁）。すなわち子供が成長すれば社交型へ移行すると考えられるという。

団地内の三種のネットワークについて見ると、社交型ではネットワークが発達しておりプライバシー型では未発達で、容易に予測されるとおりである（表2～4）。ところが団地外に目を転じると、志向型とはそもそも何をあらわしているのかについて再考せざるをえなくなる。

まず団地外集団加入では、意外なことにプライバシー型のほうが社交型より加入率が高い（表5）。加入者数がそもそも非常に少ないので断定はできないが、「自分の好みに合ったところなら出入するというプライバシー型の方が、団地外にて加入すべき集団を見つけやすいのかもしれない」（二五九頁）。プライバシー型とはいっさいの社会的ネットワークを拒否する志向なのではなく、近隣関係のような非選択的・義務的ネットワークは好まないが、選択的なネットワークならすすんで広げることもあるという、いわば市民社会的な社交志向の面がありそうだ。

親族ネットワークとの関係について見ると、志向型のまた別の側面が見えてくる（表6）。「僅かな差ではあるが、社交型の方がつきあい度が低く、プライバシー型の方がそれが高いことがわかる。……むしろ、親戚つきあいの少ない人が団地において社交型となり、多い人がプライバシー型になる傾向があるとみるのがよいであろう」（二六六頁）。「親戚つきあい度の高いものは社会関係が飽和に近いのでプライバシー型になりやす」い、ともある（二六八頁）。社会的ネットワークの総量には限界があり、親族ネットワークと近隣ネットワークとは互いに排他的な関係にあるという仮説である。しかも親族ネットワークのほうが「義務的拘束的性格」（二七一頁）が強いので、そちらの条件がまず働く。親族ネットワークとの相互関係を検討してみると、近接居住により義務的な性格が比較的強い近隣関係では親戚つきあい度との関連は見られないが、いささか選択の余地のある団地内友人関係（これも広義の近隣ネットワークに含めてよかろう）は親戚つきあいが頻繁なほど阻害される傾向が見出される（表9）。親族ネットワークが活発だと近隣ネットワークは最低限に抑えられるようだ。

こうしてみると、社交型とプライバシー型という志向型は、社会的ネットワークの総量への志向を意味するとはいいにくい、近隣ネットワークに比重をかけるか、親族ネットワークや友人ネットワークに比重をかけるかという質的な違いがあるのではなかろうか。

ある家族（あるいはその主婦）がもつ社会的ネットワークの構造を規定していたものとして、親族ネットワークの重要性が浮かび上がってきた。では親族ネットワーク自体はどのような構造をもっていたのだろうか。

親戚とのゆきき（訪問）の頻度を調べてみると、圧倒的に親きょうだいへの集中が見られる（表10）。親ゆきき率（ゆききのありうる者総数に対する少なくとも一人以上とゆききのある者の比率）を出してみると、親八六%、きょうだい七一%、おじおば（どの夫婦にも一人以上あるとする）二二%、いとこ（どの夫婦にも

表 9　親戚つきあい度×団地内友人関係（親しくつき合う人数）

（　）内は %

親戚つきあい度 ＼ 相手人数	0 人	1 人	2 人以上	計
0	1（14）	3（43）	3（43）	7（100）
1–3	15（37）	10（24）	16（39）	41（100）
4–7	13（28）	16（34）	18（38）	47（100）
8 以上	9（45）	5（25）	6（30）	20（100）
計	38（33）	34（30）	43（37）	115（100）

（出典）　森岡他（1968）第 42 表より．

表 10　親戚とのゆききの頻度

（　）内は %

親戚 ＼ 頻度*	週一、二回	月二、三回	月一回	年数回	年に一回	ゆききなし	小計	非該当**	合計
夫の親	2	13	18	43	10	20（19）	106（100）	17	123
妻の親	4	20	18	44	11	18（16）	115（100）	8	123
夫のきょうだい	1	7	11	17	2	79（67）	117（100）	6	123
妻のきょうだい	2	7	26	28	1	56（47）	120（100）	3	123
おじおば	1	1	6	12	5	?	?	?	123
いとこ			3	2		?	?	?	123
甥姪			1			?	?	?	123

（出典）　森岡他（1968）第 46 表より．

（備考）　* 親とのゆききの頻度以外は，それぞれの範疇内に一世帯に対して 1 件以上あるときは最も高い頻度をとった．

**非該当の事由には，もとから不在，死亡，対象世帯への同居がある．

一人以上あるとする）四％となる（二六一頁）。親族ネットワークとはいってもその範囲は夫婦が育った定位家族にほぼ限られる。これは小山隆（一九六六）によれば、創設世帯に、「なかでも都市の、それも地理的移動を経験した創設世帯にとくに顕著にあらわれる傾向」だという。この傾向は、大橋・清水（一九七二）などでも確かめられている。

ではその親きょうだいとのつきあいは、夫方か妻方かによって違いがあるのだろうか。ゆきき率を出してみると、妻方のほうがいくらか高い。とくにきょうだいとのゆきき率では、妻方五三％（うち月一回以上二九％）、夫方三三％（同一六％）と差が著しい（二六二頁）。主婦は子連れで姉妹とゆきしてはいとこどうしを遊ばせているといったところだろうか。もっとも本調査の対象世帯では妻のほうが東京出身者が多く距離の差の効果もあるので、非対称性についての結論はここでは出せない。ちなみに同時期のアメリカでも親戚とのつきあいは妻方がやや肥大しており、それは親戚つきあいのリーダーシップをとるのが妻であることによると著者は付け加えている（二六二頁）。

日本の親族ネットワークについては、家制度との関連も当然考慮されなくてはならない。夫方・妻方の比較以上に家制度的な性格を反映すると思われるのが、跡取りとそれ以外の者との比較である。とはいうものの、本調査の対象となった世帯はわずかの例外を除いて核家族なので、長男である夫は大半が親との同居を何らかの理由で放棄した長男であり、かわりにしばしば弟が親と同居していたりする。そうした場合を含めて、長男はやはり次三男や娘とは異なる関係を別居している親との間に結んでいるのだろうか（表11）。

地理的距離をコントロールすると、まず次三男と比べた場合、長男は親が東京在住の場合はもちろんのこと、地方在住の場合でも「ひんぱんに」ゆききしている者が明らかに多い。次三男はたとえ親が東

表 11　親とのゆききの頻度　　（　）内は %

	居住地＼頻度	ひんぱんに	たまに	めったにない	計
夫の親（長男）	東　京	16（64）	8（32）	1　（4）	25（100）
	それ以外	8（32）	14（56）	3（12）	25（100）
	計	24（48）	22（44）	4　（8）	50（100）
夫の親（次男）	東　京	6（27）	16（73）		22（100）
	それ以外	6（18）	23（70）	4（12）	33（100）
	計	12（22）	39（71）	4　（7）	55（100）
妻の親	東　京	33（65）	17（33）	1　（2）	51（100）
	それ以外	12（19）	44（71）	6（10）	62（100）
	計	45（40）	61（54）	7　（6）	113（100）

（出典）　森岡他（1968）第 48 表より．
（備考）　ほかに無回答が夫の親に 1，妻の親に 2 あり．

京在住であっても、地方在住の親をもつ長男ほどにもゆききしない。「長男は親と同居せずとも、親の扶養について、また親ととくに緊密な接触を維持していくことについて、責任を有すると考えられているのである」（二六五頁）。家制度的規範は後退しても消滅してはいない。

　では、娘である妻と妻の親との関係はどうだろうか。娘である妻たちは、東京在住の親との間では長男並みに頻繁にゆききしているが、地方在住の親との間では次三男並みのゆききしかしない。息子と親との関係がフォーマルな家規範に規定されているのに対し、娘と親との関係は機能的・情緒的・状況依存的で、インフォーマルな性格が優位する。

　森岡らは最後に諸ネットワークの相対的な重さを比べている。「参加率（ゆききする親戚もしくは友人がある主婦の率、友交点三以上の友人もしくは隣人がある主婦の率、集団加入率）を目安として判断すると、親戚（親八六、きょうだい七二）がもっとも重く、友人（七〇-六七）・隣人（五三）がこれにつぎ、集団（二八-一〇）が最後になる」（二七一頁）。算出法の妥当性の問題は残ろうが、親族ネットワークを中心とするネットワークの構造がここからもうかがえる。

森岡らの調査の再考は以上で終えるが、家族の親族ネットワーク、あるいは任意集団への参加などを一種類ずつ扱った調査研究は他にも多い。森岡らの調査に関連する知見をあげると、親族ネットワークを分析した大橋・清水（一九七二）では、森岡らと違い夫方親族への傾斜が見出されている。これは大橋らの調査対象が労務系俸給者や自営業者を多く含むせいかと考えられる。親族ネットワークの中でも、妻方と夫方、親ときょうだいのどちらのリンケージを活用するかについては、野尻（一九七四）の詳細な研究がある。また大橋・清水（一九七二）、野尻（一九七四）は主婦の就業の有無や在宅か否かによって親族ネットワークの構造が大きく異なることを指摘している。

以上のような検討から六〇年代（高度成長期と言い換えてもいい）日本の都市家族の社会的ネットワークの構造的特徴をまとめると、親族ネットワークの比重の大きさと、それに支えられるかたちでの家族（とくに乳幼児の育児期にある）の近隣ネットワークに対する消極性が浮かび上がってきた。六〇年代の都市家族には「マイホーム主義」という言葉が浴びせかけられ、プライバシー志向の強化すなわち「私秘化」が観察されたのだが、それは通常受け取られているような家族の「孤立化」ではなかったということを強調しておきたい。近隣に対するプライバシーを標傍する裏側で、家族はひそかに親族から家制度的ではないインフォーマルな援助を調達していたのである。

4　人口学的世代

さて、わたしはここで「世代」の概念を用いることを提案したい。ライフコース研究との関連で近年「世代」概念が注目を集めているが（森岡・青井編一九八五、一九八七）、本章で用いたいのは人口学的な含意のある「世代」概念である。

近代化が進むと人口学的にも変化が起こり、ごく模式的にいうと社会は多産多死の状態から多産少死をへて少産少死へと移行するといわれる。いわゆる人口転換である。多産多死時代には生まれるきょうだい数は多いが乳幼児死亡率が高いので、成人するまで生き残るのはほぼ二人、つまり二人の親から二人の子が育つということになり、親世代と子世代の人口規模は変わらない。移行過程にあたる多産少死時代には、きょうだい数が多くしかもほぼ皆成人するので、子世代は親世代よりも人口規模が大きくなり急速な人口増加が起こる。少産少死時代になると、きょうだい数はほぼ二人となりそれが皆成人して、再び親世代と子世代は同じ人口規模になる。

日本の人口転換の特徴はそれがきわめて短期間に起こったということである。たとえばイギリスでは一九世紀半ばには多産少死時代に入っていたが少産化の完成は一九三〇年代を待たねばならず、出生率の低下だけにも七〇年もの歳月を必要とした。しかし、人口学者の伊藤達也によれば、日本では多産少死であったのは一九二五年から五〇年までの二五年間に出生したコーホート（cohort）のみである（伊藤一九八九）。二五年といえば奇しくも親子と見なせるという意味での世代（generation）に匹敵する。日本では親・子・孫の三世代のうちに多産多死から多産少死へ、そして少産少死へという人口転換を経験したというわけだ。

そこで本章では、伊藤（一九八九）に倣い、一九二五（大正一四）年以前に生まれた世代を第一世代、一九二六（昭和元）年から五〇（昭和二五）年までに生まれた世代を第二世代、一九五一（昭和二六）年以降に生まれた世代を第三世代と呼ぶことにしよう。一九七五年時点で比べると、第二世代と第三世代はどちらも第一世代のほぼ二倍の人口規模を有している。

戦後日本の家族変動は、このような人口学的な世代の移行により引き起こされた面が大きいと伊藤は言う（伊藤一九八九）。たとえば一九五〇年代後半から急激に進行して戦後の家族変動の代名詞のようになった「核家族化」は、成長した第二世代と第一世代との同別居をめぐって起こった。第一世代の夫婦一組当たり第二世代の子供夫婦は二組いるので、一組が跡取りとして親と同居しても、もう一組は核家族とならざるをえない。実際、核家族化の進行にもかかわらず、拡大家族の世帯数はほぼ一定数を保っていた（湯沢一九八七、一九九五）。一九七五年以降、核家族化が頭打ちからむしろ逆転の傾向を見せているのは、人口規模がほぼ等しい第三世代と第二世代との同別居が問題になる時代が始まったからにすぎない。

高齢化がこれからますます問題になるのも、人口の多い第二世代が第一世代の負担を引き受けてきた時代から、第三世代が第二世代の負担を引き受ける時代へ転換しつつあるからである。同様に育児についても、第二世代が親になったときには「少なく産む」という意味で少産化を初めて体験したが、現在は自分自身が「少なく生まれ」て弟妹の世話をした経験もない第三世代が親になり、新たな困難が生じている。

前節で検討した六〇年代の都市家族は、まさにこの移行期世代である第二世代がつくった家族、しかもおおかたは都市に移住した非跡取りがつくった核家族であった。他のさまざまな面について特徴あるこの世代がつくった家族は、社会的ネットワークという面についても移行期世代独特の特徴をもっていたということはないだろうか。また、その子供にあたる第三世代がつくり始めている家族は、親世代の家族と、とくに社会的ネットワークという観点から見てどのように異なっているのだろうか。次節ではこのような世代論的視点をもって、八〇年代の日本家族を検討してみることにしよう。(4)

5　八〇年代日本家族の社会的ネットワーク

第三世代が成人して家族をつくり始めたのは七〇年代後半以降のことだ。しかし世代的特徴を意識した調査研究はまだそれほど多いとはいえない。そこで本章では、一九八六年に筆者が兵庫県家庭問題研究所にて行った「核家族の育児援助に関する調査研究」（落合一九八七b、一九八九a→本書第8章）を社会的ネットワーク論の立場から解釈し直してみようと思う。この調査研究は、兵庫県全域の二歳児を第一子としてもつ母親からサンプルを無作為抽出して実施した質問紙調査と、芦屋市および神戸市の二地域で重点的に行ったインタビュー調査とからなっている。

現代の育児の実態を解明する目的の調査であったので、社会的ネットワーク研究としては制約も多い。育児担当者と社会通念上みなされている母親＝主婦に対して与えられる育児援助を尋ねるという方法をとったため(5)、第一に家族がもつネットワークではなく主婦をエゴとした個人ネットワークの分析となったこと、第二にそのネットワークを通じて与えられる援助は育児に関することが中心になったこと、第三にその援助が与えられる向きはエゴへの一方的な流れとなったことなどの限定がついた。ただし第一の点は、世帯内の同居親や夫とのリンケージも分析対象として家族をもネットワークとしてとらえる道を結果として開くことになったので、あながち否定的に見るべきでもあるまい。本調査対象のライフサイクル上の位置は、幸いなことに第3節で紹介した森岡らの調査対象に近い。比較を念頭におきながら見ていくことにしよう。

まず、育児援助の回路になる社会的ネットワークは、「親族・家族ネットワーク」、「近隣ネットワーク」、保育所や幼稚園などの「機関ネットワーク」の三種類に分けた。ただの親族ネットワークではなく親族・家族ネットワークとしたのは、前述したように同居親や夫が育児にかかわった場合も育児援助と見なすからである。

社会的ネットワークの回路を通じて与えられる育児援助の内容は、財、サービス、情報に三分し、それぞれ、「経済的育児援助」(金銭や物品の授与)、「直接的育児援助」(育児そのものの代行)、「情報的・情緒的育児援助」(育児知識を与えたり、相談にのったりする)と呼ぶ。乳幼児期には金よりも手がかかり、本調査でも経済的育児援助の必要を訴える者は少なかったので、重要なのは直接的育児援助と情報的・情緒的援助ということになろう。直接的育児援助はさらに、泊まりや食事の世話など負担の大きい直接的育児援助と、短時間預かるなど負担の小さい直接的育児援助とに分けて考察するのが有効である。

さて、それぞれのネットワーク・カテゴリーごとに育児援助の実態を見ていこう。

まず一九六〇年代の調査で日本家族の社会的ネットワークのなかでもっとも重要とされた親族ネットワークであるが、八〇年代にも変わらぬ重要性を保ち続けているだろうか。まず同居・別居という単純な二分法にかえて、隣居(親の住居まで一〇分未満)、近居(一〇分以上四〇分未満)というカテゴリーを加えた四区分を用いることにすると、双方の親(きょうだいは除く)から四〇分以上離れている孤立核家族は都市部でも(少なくとも関西圏では)三割半ほどにとどまる(第8章表2参照)。社会的ネットワークを考慮すると、親族から実質的に孤立している核家族は見かけよりかなり少ないというべきだろう。このような観点からも、同居親と別居親を峻別しない親族・家族ネットワークというとらえ方が必要ではないかと思われる。

六〇年代の調査と比べて特徴的なのは、直接的育児援助においても情報的・情緒的育児援助においても、きょうだいの果たす役割が顕著に低下して、定位家族どころかついに親のみに親族ネットワークが極限化されてしまったことだろう（表12・13）。きょうだいとの関係が弱まったというより、第三世代ではきょうだいが双方一人か二人しかおらず、助け合おうにも相手がいないという人口学的理由が大きいだろう。

とはいえ親の与える援助は相変わらず重要である。内容面から見ると、負担が大きい直接的育児援助、たとえば一日中とか泊まりとか食事時にかかるときなどには、機関に頼れる場合以外は、親がもっとも強力な援助者である。だから親と同居の場合のほうが主婦の社会的活動性は高い。ただし情報的・情緒的育児援助について見ると、妻方親と夫方親での非対称が際立つ。夫方同居の場合でさえ妻方親のほうが相談相手になっているあたり、電話というコミュニケーション手段の普及がこの傾向をよけいに強めていることがうかがえる。

前述のように夫も親族・家族ネットワークに含めることにしたが、夫と親とはもっとも重要な援助者として、ある意味では代替的な、ある意味では相補的な役割を果たす。直接的育児援助では、たとえば主婦が病気のときやまとまった買い物に出かけるときのようなたまの場合には、親と同居・隣居の場合には親、孤立核家族ではおもに夫というように、親との距離によって親と夫が援助者として代替的に登場する（表14）。とはいえ昼間仕事をしている夫には、主婦が仕事に出ている間の毎日の子供の世話などはできず、親か保育所に頼らざるをえない。また、情報的・情緒的育児援助ではほぼ一貫して夫がもっとも重要な相談相手で、二番目が妻の親だが、妻方同居の場合のみは一位と二位が逆転し、さすがの夫も影が薄い（第8章表3参照）。

次に近隣ネットワークに移ろう。六〇年代には子供が小さいほどプライバシー型が多く、乳児や小さ

表12　育児についての相談相手

育児について，困ったことやわからないことがあるとき，あなたは，だれ（またはどこ）に相談しますか。　（　）内は％

	夫	夫の親	妻の親	親以外の親戚	近所の人	友人	保母保育所	医師病院	保健所	電話相談	巡回相談	育児書	育児雑誌	その他	相談できない	合計
最も重要	127	17	73	16	18	41	4	16	8	5	1	13	6	1	1	347
	(36.6)	(4.9)	(21.0)	(4.6)	(5.2)	(11.8)	(1.2)	(4.6)	(2.3)	(1.4)	(0.3)	(3.7)	(1.7)	(0.3)	(0.3)	(100)
主なもの5つまで	374	185	349	104	237	265	31	153	94	25	5	232	141	10	2	
	(77.1)	(38.1)	(72.0)	(21.4)	(48.9)	(54.6)	(6.4)	(31.5)	(19.4)	(5.2)	(1.0)	(47.8)	(29.1)	(2.1)	(0.4)	

（出典）　落合（1987b）より．

表13　非常時の子供の世話

これまでにあなたが次のような状況のとき，お子さんの世話をしたのは主にだれ（またはどこ）ですか。　（　）内は％

	夫	夫の親	妻の親	親以外の親戚	近所の人	友人	保育所	ベビーシッター等	ベビーホテル等	託児室	妻自身	その他の人	子供だけ	経験なし	合計
あなた（妻）が病気になったとき	139	117	111	8	1	0	0	0	0	0	30	1	0	71	478
	(29.1)	(24.5)	(23.2)	(1.7)	(0.2)	(0.0)	(0.0)	(0.0)	(0.0)	(0.0)	(6.0)	(0.2)	(0.0)	(14.9)	(100)
まとまった買い物に出かけるとき	114	112	91	9	8	3	2	1	0	0	126	1	3	10	480
	(23.8)	(23.3)	(19.0)	(1.9)	(1.7)	(0.6)	(0.4)	(0.2)	(0.0)	(0.0)	(26.3)	(0.2)	(0.6)	(2.1)	(100)

（出典）　落合（1987b）より．

表14　家族類型×妻が病気のときの子供の世話　　（　）内は%

	夫方同居	妻方同居	夫方隣居	妻方隣居	夫方近居	妻方近居	孤立核家族
夫	23 (15.9)	2 (7.1)	8 (18.2)	5 (17.9)	22 (29.7)	17 (54.8)	62 (49.2)
夫の親	81 (55.8)	3 (10.7)	18 (40.9)	— (—)	10 (13.5)	1 (3.2)	4 (3.2)
妻の親	13 (9.0)	21 (75.0)	11 (25.0)	15 (53.5)	20 (27.0)	9 (29.0)	20 (15.9)
親以外の親戚	1 (0.7)	— (—)	1 (2.3)	— (—)	3 (4.1)	— (—)	3 (2.4)
近所の人	— (—)	— (—)	— (—)	1 (3.6)	— (—)	— (—)	— (—)
妻自身	7 (4.8)	1 (3.6)	2 (4.5)	— (—)	7 (9.5)	2 (6.5)	11 (8.7)
経験なし	20 (13.8)	1 (3.6)	4 (9.1)	7 (25.0)	12 (16.2)	2 (6.5)	26 (20.9)
合計	145 (100)	28 (100)	44 (100)	28 (100)	74 (100)	31 (100)	126 (100)

（出典）　落合（1987b）より．

い幼児をかかえた主婦は近隣ネットワークより親族ネットワークや友人ネットワークを活用していたが、八〇年代の都市部ではこれとほぼ同年齢の子をもつ主婦たちが活発な近隣ネットワークを繰り広げている[6]。今日でも都市部と郡部とを比べると一般的には郡部でのほうが近所づきあいは盛んだが、幼児の育児をめぐる近所づきあいに限っては都市部のほうが盛んである。

その理由は、育児をめぐる近所づきあいの頻度と、親との距離による家族類型とをクロスさせてみると明らかになる。親との距離が近いほど近所とは疎遠であり、孤立核家族ほど近所と頻繁に付き合っている（第8章表5参照）。親族・家族ネットワークと近隣ネットワークとは代替的である。すなわち、親との距離が都市部のほうが遠いため、都市部のほうが近隣ネットワークが発達しているのである。

近隣ネットワークと親族ネットワークとの代替性あるいは背反性は六〇年代にも見出された。しかし重要な相違は、六〇年代には都市部でもかなり強力な親族ネットワークが存在したため、乳児や小さい幼児がいる場合には親族ネットワークに頼り、子供が大きくなるにしたがって近隣ネットワークを発達させるという、子供の加齢に伴う質的な変化が見られたのに対し、八〇年代には親自身のきょうだい数が減って親族ネットワークが弱体化し、乳幼児をかかえていても親族の援助が得られない家族が少なくなく、必要に迫られて早い時期から近隣ネットワークを形成しているという点である。しかもきょうだいが少ない第三世代の子供たちはいとこというピア・グループをほとんど失ったため、子供どうしで触れ合う経験をさせるためには、たとえ親の援助を受けられる場合でも、近隣ネットワークを広げざるをえない。

乳児や小さな幼児をかかえた場合にいかなる近所づきあいが可能なのかを示すため、インタビュー調査から関連部分を抜出してみよう（落合一九八七b）。

「鍵型にマンションがあって、その内側に砂場とブランコ、ジャングルジムがあったんですよ。午前中なんか行ったら、三つくらいまでの子がわーっ、と遊んでいるようなとこだったのですよね。マンションだから、上から見たら見えるから、誰かいはったら降りて行って、ごちょごちょお母さんどうし話しあって、子供は遊んでいるというような、そして、どどどどどっと増えていって、ひどいときなんか一〇人くらい大人がみんな立ち話して奥さんらも、それ以外に用事ってないし、それを楽しみにしていたとこがあるのじゃないかなあと思うのですけどね」

「あんまり預けることはなかったけれども、どこかの家で子供はたしかに遊んでいました。『今日はこの家で遊んでいるよ』と言ったら、そこの家へみんな行かせてもらうから……」

「親も一緒というのが多かったですよ。……みんなお菓子を、スナックをひとつずつもってきて、わっと食べながら、親はもう、べちゃべちゃ、べちゃべちゃしゃべりながら、子供を遊ばしているという感じでね」

子供が小さいため親子が一緒にネットワークをつくらざるをえないが、そのため子供にとっての遊びの機会が親にとっての気晴らしの機会にもなっているのである。近隣ネットワークは軽度の直接的育児援助と情報・情緒的育児援助を提供するといえよう。この後、四、五歳くらいになると子供たちはしだいに独自の友人ネットワークをつくるようになる。子供たちのネットワークと親たちのネットワークは必ずしも重ならなくなり、親たちのネットワークは次第に生協の共同購入や勉強会などに変質を遂げていく。

では今日の育児にとって機関ネットワークはどのような位置を占めているのだろうか。機関とは保育所・幼稚園のほか児童館や公民館、各種の幼児教育センターなどの公立・民間の諸機関をさす。負担の大きい直接的育児援助は、親族・家族ネットワークから以外では機関からしか得られない。では親族・家族ネットワークと機関ネットワークは代替的なのかというと、そうとはいえない。親族・家族ネットワークがより保持されている郡部でのほうが、保育所入所率は高く、したがって機関の利用年数は長い。郡部の主婦は親と保育所の直接的育児援助を受けて活発に社会的に活動し、都市部の主婦は夫と近隣ネットワークの軽度の直接的育児援助しか受けずに主婦業・母親業に専念するという、対照的な姿が浮かび上がる。

育児援助を与える社会的ネットワークという観点から見ると、八〇年代の育児はいくつかの型に分けられるようだ。まず今述べたように、郡部型と都市型とに大別できる。ただし都市部でも主婦が就労している場合には、社会的ネットワークの型は郡部型に近くなる。

都市型の育児ネットワークは、さらに地域の特性や居住者の職種、階層などにより下位区分できる。本調査では一戸建て住宅地区と文化住宅（アパート）地区（どちらも近隣ネットワークが活発な地区を意図的に選んだ）でインタビュー法による比較調査を行った。起こりやすい近隣トラブルのパターンなどから育児をめぐる近隣ネットワークを支えているルールを推定してみると、両地区のルールは基本的には類似しているものの、互いの生活に入り込みすぎてはいけないというプライバシー意識は一戸建て地区のほうが強く、就労主婦が近隣ネットワークに参加しやすく援助も受けられる度合いは文化住宅地区のほうが高い。

本調査に見るかぎり、八〇年代都市家族は、同じようなライフサイクル上の位置にある（乳幼児の育児期にある）六〇年代家族と比べて、きょうだいリンケージをほぼ失って親族ネットワークが親に極限化されたこと、それを補うように子供がまだ乳児や小さい幼児のうちから近隣ネットワークを発達させていることが見出された。夫が家庭内で果たしている役割については六〇年代との比較はできないが、夫もまた親族・家族ネットワークの欠落を埋める重要な要員である。

とはいえ、乳幼児の育児期にある八〇年代家族が、すべてネットワーク構造の再編成に成功したわけではない。親族ネットワークを失いながら、それを補填すべき近隣ネットワークも十分発達させられない場合もある。移動性の高い地域では近隣ネットワークの形成は難しく、また社会全般での出生率低下のため、地域によってはそもそも近隣に適当な年齢の子供がいない場合も少なくない。

牧野カツコ（一九八一、一九八八）は、現代の育児において頻発している社会問題を「育児不安」、すなわち「子供や子育てに対する蓄積された漠然とした恐れを含む情緒の状能」ととらえた。子育てをめぐるイライラや落ち込みで、こうじると育児ノイローゼのようになり、最悪の場合には子殺しや母子心中にさえ結びつく。筆者の調査でも育児の悩みを自由回答で尋ねた質問に対し、育児不安と明らかに判定できる回答が九例あった。牧野の数次にわたる調査と他の研究者による追試の結果を総合すると、育児不安を抑制する主な要因は、「夫の協力」と「母親自身のもつ社会的ネットワークの広さ」の二点である。裏返せば、八〇年代的な社会的ネットワークを十分形成できずに母子が孤立したとき、育児不安という問題が起きているのである。近頃、若い親たちの育児力低下が取沙汰されることが多いが、育児力を低下させたのは、育児を取り巻く社会的ネットワーク全体の構造変動なのである。(7)

6　二一世紀への展望

以上、社会的ネットワーク論の観点から、六〇年代に人口学的第二世代がつくった都市家族と、八〇年代に第三世代がつくった都市家族とを、とくに乳幼児の育児期というライフステージに焦点を絞りつつ比較検討してきた。そこから得られた知見の意義は、次の二点にまとめることができるだろう。

第一点は、六〇年代のマイホーム主義家族はじつは孤立していたのではなく、第二世代固有の相当に強力な親族ネットワークに支えられていたことを確認した点である。六〇年代には家族の孤立性、良くいえば独立性が、日常意識においても家族理論のうえでも信奉されるようになった。たしかに同族団に組み込まれた村落の家と比べれば、高度成長期の都市家族を取り巻くコミュニティは希薄に見えたろう。しかしひとたび親族や地域を集団としてではなくネットワークとしてとらえてみると、六〇年代家族もまた社会的ネットワークに、とりわけ親族ネットワークに支えられていたことがはっきりと見えてくる。近隣ネットワークが比較的低調であったのは、代替的関係にある親族ネットワークが十分に活発であったからである。

第二点は、八〇年代になってつくられるようになった第三世代の都市家族では、人口学的理由から親族ネットワークが親のみに限定され、それによって家族の社会的ネットワーク全体の構造が六〇年代とは異なるものに再構成されつつあるという点である。乳幼児の育児期というライフステージでは近隣ネットワークの重要性が高まっているが、第三世代が他のライフステージに移行していくにしたがって、友人ネットワークや機関ネットワークなど他の種類のネットワークが活性化される可能性もある。他方、社会的ネットワーク構造の再構成が順調にいかない場合には危機的現象があらわれる。

このような危機的現象をとらえて「家族の機能低下」といわれることがあるが、家族の社会的ネットワーク論の立場をとれば、こうした分析は誤りであると明言しておかねばなるまい。第一点で指摘したような、六〇年代家族の独立性についての誤解がこうした分析の前提にあるのだが、家族が独力で他のいっさいの社会的ネットワークの援助なしに子供を育て高齢者を介護したことなど、じつは六〇年代にもなかった。八〇年代になって変わったのは、家族の力量ではなく、社会的ネットワークのほうなのである。

家族に多くを依存する「日本型福祉社会」という発想の誤りも指摘しておかねばならない。六〇年代の日本において国民に福祉を提供していたのは家族ではなく、親族・家族ネットワークであった。同時期の欧米と比べればたしかに日本でのほうが親族・家族ネットワークは強力であったろうが、それは日本の文化的特性ではなく、人口転換過程と都市化過程のどの位置にそれぞれの社会があったかという違いにすぎない。第三世代が家族をつくり始めた八〇年代以降、その条件はすでに失われる方向にあるのだから、「日本型福祉社会」はもはや実現不可能な幻想でしかない。

二一世紀を展望するとき、親族ネットワーク、とくにきょうだいリンケージに恵まれているという第二世代の特徴は、まだしばらくはいくばくかの重要性を保ち続けるだろう。六〇年代に一緒に子供を育てた姉妹たちは、高齢期に向かい、とりわけそれぞれの夫と死別した後、ともに余生を楽しみ、あるいは病身を看病しあっている。

しかし、より二一世紀的な状況は、人口学的移行期が終わって生まれた第三世代がライフステージを進めるごとに、明確な姿をあらわしてくる。たとえば現在進行中の第三世代の結婚は、父系的な家制度を最終的な変質に導くと思われる。少産化により娘だけしかいない場合も多く、若夫婦の親族ネットワークは双系化せざるをえないからである。また第三世代が高齢期に入ったときには、第二世代のようにきょうだいリンケージに期待することもできないので、高齢化に対応する社会的ネットワークの再編成はいよいよ本格的にならざるをえまい。こうしてみると、ヨーロッパにおける社会福祉制度の整備やボランティア活動の慣習化は、一足早く起きた社会的ネットワーク再編成という意味もあったのではないかと考えられる。

本章では、家族を社会的ネットワークとして見るという見方も一部取り入れながらも、基本的には家族の社会的ネットワークを考察するという姿勢を保ってきた。しかし次の段階としては、家族に属しているといないとにかかわらず個人をエゴとする社会的ネットワークを描き出し、その交差圏として家族が見出せるときはそれを家族と呼ぶという方向に方法的徹底を推し進めるべきではないかと思う。家族の社会的ネットワークから社会的ネットワークとしての家族へ、コミュニティ論と家族論はそこを共通の新たな出発点とすることができるはずである。

［注］

1　集団論的家族社会学パラダイムの限界と乗り越えの可能性については、「家族社会学のパラダイム転換」（本書第2章）を参照。

2　増田はここで大橋（一九五四）、大藪（一九五八）、磯村・大塩編（一九五九）を参照している。

3　その八人のうち一人は夫の母親と同居だが、あとの七人（うち六人は未就学の末子をもつ）は、子供を近所の主婦に預けて勤めに出ているという（森岡他一九六八、二三九―二四〇頁）。第5節で見るように、八〇年代の都市ホワイトカラーの近隣ネットワークは就業主婦への直接的育児援助はあまり行わないのと比較すると興味深い。

4　社会的ネットワークの変動についての実証研究としては、日本では野尻（一九七七）がある。これは同じ五家族のサンプルに五年の間隔をおいて精密な反復調査をしたもので、家族のライフサイクルと社会的ネットワーク変動との関連を調べるという比較的ミクロな関心に基づいていた。これに対して本章は、人口学的変動との関連というマクロな関心に基づいている。

5　この枠組は母親を回答者とするという調査の設計に規定されたものだが、母親が育児の主たる担い手であると前提している点、育つ子供本人より育てる側を主体と考え、それに対する援助を分析している点などの問題が残る。理論的には子供本人をエゴとし、父母および父母双方の祖父母・きょうだい・おじおば・いとこなどの親族・家族ネットワーク、友人・友人の親などの友人ネットワークや近隣ネットワーク、幼稚園・保育所などの機関ネットワークが、育児援助ならぬ成長のための援助を子供本人に与えるといった枠組を用いたほうがよいであろう。家族の社会的ネットワークではなく個人の社会的ネットワークを描き、家族も社会的ネットワークの一部としてとらえるという本章末の提案は、具体的にはそのような枠組の転換を意図するものである。

6　矢澤（一九八八）も同様な発見を報告している。インフォーマルな近隣ネットワークから発展して、あるいはそれとはまた別に、共同育児を目的とした自発的結社（プレイグループ）を結成した例も全国各地にある。しかし、近隣ネットワークが発達すれば問題がないと考えるのは短慮である。「公園デビュー」という流行語に象徴されるように、育児援助のための近隣ネットワーク自体がストレスの原因となるケースも目立ってきた。一九九九年に東京都文京区で起きた幼女殺害事件は、近所付き合いのストレスから母親が友人の子供を殺すという、この問題についての象徴的な事件であった。

7　公的あるいは民間の機関による電話育児相談サービス、下の子のお産や他の突発的な事情ができた場合のための一時的な保育サービス、子供が少なかったり近隣ネットワークがつくりにくかったりする地域での幼稚園や公民館などによる母親教室や親子教室などの各地での試みは、この問題に対する機関ネットワークの対応である。前出の文京区の事件でも、保育所での受け入れや育児相談機会の充実など、機関による何らかの介入があれば問題解決の糸口となったかもしれないので、今後は近隣ネットワークをサポートする機関ネットワークの整備が課題となろう。

III

フェミニズムとジェンダーの歴史社会学

10　フェミニズム理論における「家内性」と「近代」

1　問題の構図

「女性」を考察の対象とするのは、大方の予想をはるかに裏切るほどに困難な知的作業である。「女性」は差別され軽んじられてきたがゆえに、知の明るみにひき出されるようになって間もないが、そうした研究歴の浅さが困難の主要な理由ではないだろう。むしろ知あるいは言葉の側に「女性」を適切に語り得る仕組みが欠けていると言った方が、この問題に取り組んだ多くの人々の焦燥によく合致するように思われる。

ではこうした事態は、いったい何ゆえに生じるのであろうか。それはおそらく「女性」という問題が、今日の知が最大の解くべき課題として試行錯誤を続けている「近代」という問題にきわめて本質的にからみあって存在しているからではないか、というのがわたしが本章を構想した出発点である。こうした事情からであろう、「近代」はフェミニズム諸理論の暗黙の前提には常にといってよいほど忍び入りな

図1　「近代」の評価によるフェミニズム思想の三類型

類　　型	「近代」の評価	該当するフェミニズム思想
(1)	プ ラ ス	自由主義フェミニズム 伝統的マルクス主義 マルクス主義フェミニズム？
(2)	中　　立	ラディカルフェミニズム マルクス主義フェミニズム？ オートナー派女性人類学
(3)	マイナス	疎外論的女性論 マルクス主義フェミニズム？ （女性の社会史）

がら、理論内部に明示的に組み入れられたことは意外なほど少なかった。本章はこうした曖昧さに決着をつけ、「近代」をフェミニズム理論に言わば内部化しようとする試みの一歩である。

本論にはいる前に、以下の論述の便宜のため、フェミニズム諸思想はそれらがしばしば暗黙の前提としている「近代」の評価によりどのように類型化できるか、わたしの抱いている枠組をあらかじめ呈示しておこう（図1参照）。フェミニズム思想は少なくとも出発点においては女性の抑圧からの解放を目指すすぐれて実践的な思想であるので、「近代」の評価はその思想における「近代」の理論的位置を集約した好適なメルクマールである。

フェミニズム思想における「近代」の評価を単純化すれば、女性解放にとって「近代」は、(1)プラスである、(2)中立である、(3)マイナスである、の三類型とすることができよう。

(1)は「近代」になって女性の抑圧は以前より改善されたとする見方で、従来最も一般的な、いわゆる解放史観がこれにあたる。ジャガーとストルール（一九七九）の整理以来広く流布した分類で言えば、自由主義フェミニズムも伝統的マルクス主義も等しくここに属する。(2)は女性の抑圧は歴史貫通的に基本的に不変で「近代」が本質的に重要なわけではないとする見方で、よく知られた例ではラディカルフェミニズムの諸思想がこの立場に近い。(3)は「近代」になって女性の抑圧は以前より悪化したとする見方で、日本のリブの多くが親近感を抱いていた疎外論的な女性論などがここに属する。「近代」の社会通念に根ざし、圧倒的な影響力を誇ってきたのはもちろん(1)である。しかしごく近年かなりはっきりと(2)や(3)に類する立場をとり、ラディカルフェミニズムや疎外論的な女性論より自覚的かつ理論的に、自分たちの棲む「近代」という時代を相対化しようとする思潮が登場してきたようにわたしには思われる。相対化が理論化への第一歩であるのは言うまでもない。

本章では周知の(1)解放史観についての再論は避け、それへのアンチテーゼとして日本でも脚光を浴びているマルクス主義フェミニズム、オートナー派女性人類学、女性の社会史の三者を取り上げ、それらの中で「近代」という概念が理論的要所を占めるものとして次第に浮かび上がってきた経緯を明らかにしたい。そしてそれぞれの思想における「近代」の理論的位置づけを比較検討し、最も妥当な理論化の方向を見出したい。

なお「近代」と「女性」を理論的に媒介するために、わたしは「家内性（domesticity）」という概念を鍵にするが、上述の文脈におけるこの概念の重要性は行論の中で示していくことにしよう。

2　マルクス主義フェミニズム

マルクス主義フェミニズムは、ジャガーとストルールによる分類では、伝統的マルクス主義とラディカルフェミニズムの止揚により、「女性」及び「女性の抑圧」の問題を初めて社会的・歴史的文脈に置いて社会科学的に考察する道を拓いたものとして高く評価されている。マルクス主義フェミニズムの理論的エッセンスは、「性支配」と「階級支配」の二つのシステムを相対的に自律的なものとして区別し、それらの相互作用の下に現実の女性の抑圧があると見る点にある。これをヤング（1980）にならって

「二元システム理論（dual systems theory）」と呼んでおこう。マルクス主義フェミニズムの独自性は「性支配」概念をマルクス主義の図式につけ加えた点にあるが、その独自の「性支配システム」（あるいはしばしば「家父長制」と象徴的に呼ばれる）の性格づけによっていくつかの立場が存在する。まず「性支配システムはイデオロギー的・心理学的なものであるとするミッチェルらの心理学的アプローチと、同システムは生産関係と相対的に独立な社会関係であるととらえる社会構造的アプローチとが大きくわかれる。後者では、「性支配」の社会関係は社会のあらゆる領域に見られるとするハルトマン、アイゼンシュタインなどの「社会貫通モデル」も批判勢力としては存在するものの、「性支配」の社会関係は家族に限定されるとする「分離領域モデル」が多数派を占める（Young 1980 参照）。こうして見るとマルクス主義フェミニズムには多様な立場が存在するようだが、家族及び心理（あるいは意識）という元来のマルクス主義にぬけ落ちていた領域を「性支配システム」として主要な分析対象としているのが、ほとんどの論者に共通した特徴だと言えよう。

さらにここで扱われる心理が主に家族内のものであることを考慮すれば、社会科学としてのマルクス主義フェミニズムの骨格をなすものとして、「家内的存在」である「女性」を「家族」を媒介として「社会」構造内に位置づけるという理論モデルが浮かび上がってくる。このモデルでは、「家族」と「社会」はそれぞれ固有の原理をもちしばしば葛藤も生じるが、全体としては相互に依存し合い、言わば「弁証法的」な統合関係にあると考えられている。例えば近代資本主義社会においては、女性の家事労働というイリイチ（1981a）言うところの「シャドウ・ワーク（視えない・評価されない労働）」により無償あるいは不当な安価で労働力再生産を行なうことによって、また社会の要請する男女の精神構造を日々の生活や育児の中で再生産することを通して、「家族」は「女性」を経済的・心理的に搾取・抑圧しながら「社会」の再生産に貢献していると考えられる。この理論モデルを現実に適用した分析としては、スミス（1973）、ザレツキー（1976）、ローバトム（1973）などが日本でもよく知られている。

さてここで注意しておきたいのは、「女性」を正面切って「家内的存在」と規定することは、フェミニズムの歴史の中では意外に新しいということである。もちろん周知のとおり日常生活ではそうした女性観は自明とされている。しかしひとつにはそうした日常的女性観への反発のため、より根本的にはフェミニスト自身そうした女性観を考察の対象とするまでもない自明の理として共有していたため、解放史観を中心とした従来のフェミニストの関心はむしろ「家内的存在」から脱出しようとしている「女性」へと向けられてきた。そこでは言うなれば「個人」としての「女性」が直接「社会」に対置される理論モデルが想定され、「家族」は彼女が職業あるいは恋愛などにおける自己実現を目指す際の桎梏のひとつとして扱われるにすぎなかった。もちろん生命再生産を担う「家族」への着目の糸口をつけたエンゲルスやファイアストーンなどの先達は存在するにせよ、「女性」―「家族」―「社会」の関係を理論モデルと呼べるまでに定式化し、「女性」は第一義的に「家内的存在」であるとする前提そのものを社会科学的考察の俎上に置いたのは、実はマルクス主義フェミニズムの功績だと言ってよい。

さて、以上のマルクス主義フェミニズムの理論的要約の中では、本章のテーマである「近代」は明示的には登場してこなかった。しかしいったんその歴史的射程に目を向ければ、この理論の中で「近代」が隠れたアキレス腱とも言うべき位置を占めていることが明らかになる。

最も根本的な問題は、「家内性」に照明を当てたというマルクス主義フェミニズムの最大の長所は、「家内性」と「公共性」との分離を前提としているということである。そもそも「性支配」と「階級支配」の二つのシステムを想定する理論装置自体が、実質的にはこの分離に根拠を置いているのではなかろうか。「家内性」と「公共性」との分離は、一般には「近代」社会に顕著な特徴だと言われている。もし分離が「近代」固有の現象であるなら、マルクス主義フェミニズムの歴史的射程は「近代」に限られることになる。しかしもし分離がより一般化された形態、例えば次節で扱うような形態や、出産・育児を中核とする「再生産領域」と「生産領域」との分離などとしてであれ、「近代」以外の社会にも普遍的に見られると言明できるなら、「マルクス主義フェミニズム」は歴史貫通的な普遍妥当性を主張できる。「近代」はこのように「家内性」を媒介としてマルクス主義フェミニズムの理論的価値を大きく左右する位置にあるのである。

しかし、この点についてのマルクス主義フェミニズムの態度はきわめて曖昧である。分離が明確になった近代産業社会における「家父長制的資本制」、あるいは「資本制的家父長制」こそが二元システム理論の最適の分析対象であるとする見解が一応定着してきたとは言うものの、それ以外の社会（例えば封建社会）も、やや異なる形態をとった二元システムとして分析できるとするのが大方の了解である。さらに、封建社会では矛盾の小さかった二つのシステムの関係が資本主義社会では大きく矛盾するようになったとして、むしろ封建社会の方が妥当な分析対象であったとするかのような論調も存在する。こうした歴史的射程の曖昧さは「近代」評価の両義性にもつながり、上述の三つの態度はそれぞれ「近代」マイナス評価、中立評価、プラス評価に結びつく。マルクス主義フェミニズムは「近代」をその理論的かなめとしながらそれを充分自覚せず、「近代」に明確な理論的位置を与えることを怠ってきたのである。

では、もしマルクス主義フェミニズムの理論に「近代」を明示的にとり入れるとすれば、いったいいかなる展望が拓けるだろうか。

もし「家内性」と「公共性」との分離は「近代」固有の現象だと考えるなら、二元システム理論は「近代」社会に固有の女性の抑圧を扱う特殊理論として自己限定することになる。二つのシステムの存在しない「近代」以前や以後の社会については語ることはできない。したがってこの場合、この理論は「近代」の女性抑圧のメカニズムを詳論することはできても、その抑圧を形づくる二つのシステムの生成・消滅という根本的変動、ひいては解放への途を示すことは論理的にできない。これはフェミニズム理論としては重大な欠陥である。

また、もし「家内性」と「公共性」との分離、あるいはそのより一般化された形態は普遍的現象だと考えるなら（実はこの論証は後述のように少なくとも次節の方法では不可能なのだが）、二元システム理論は「近代」以外の社会にも妥当することになる。「近代」以外の社会は、「近代」とは異なるタイプではあるが、やはり二つのシステムをもつものとして把握できる。この場合、この理論は「近代的」二元システムから他のタイプの二元システムへの転換として、少なくとも「近代的」な女性抑圧からの解放の途を示すことはできる。しかしこんどはマルクス主義、精神分析など現状のマルクス主義フェミニズムが依拠している方法が、この歴史的射程の遠大さについてゆけるか否かが大きな問題となろう。例えば最も重要な方法であるマルクス主義は、「近代」においてさえ「市場」以外の領域――典型的にはまさにマルクス主義フェミニズムの主要な対象である「家事」――については、家事労働論争（久場（一九七九）、竹中（一九八〇）、上野編（一九八二）参照）で露呈したように適切な概念装置を備えているとは言いがたい。これをメイヤスー（1976）らのマルクス主義的経済人類学のように適用すれば、ベッドに合わせて脚を切り、当該社会についての理解を深めるよりは歪めることになるだろう。「マルクス主義の近代主義的限界」としてすでに言い尽されてきた批判が、マルクス主義フェミニズムにもそっくりそのままあてはまるのである。

以上のように「近代」をマルクス主義フェミニズムの理論に内部化する試みは、いかなる形をとるにせよ、この理論及び方法自身のもつ「近代」的限界に突き当たることになった。マルクス主義フェミニズムは「近代」の位置づけという基本的部分にあまりに大きな矛盾を含んでいるため、フェミニズム理論として完成することは不可能なのである。

マルクス主義フェミニズムは、解放史観が看過してきた「家族」あるいは「家内性」の領域に照明を当てた。「家内性」と「公共性」との分離と後者の優越という今日の社会の状況を無反省に前提とした解放史観に比べれば、これは「近代」相対化への一歩を踏み出したことにはなろう。しかし「家内性」と「公共性」との分離と「近代」の関連についての歴史的規定を欠いたこの理論は、踏み出した足をおろすべき場所を見出せないまま、再び「近代」に足をすくわれてしまった(1)。

3　女性人類学

マルクス主義フェミニズムの論者が二元システム理論の普遍妥当性を主張するとき、その論拠としてほとんど必ずと言ってよいほど挙げられるのが、オートナーの著名な論文「女と男は自然と文化の関係か?」(1974)に代表される女性人類学である。オートナー・パラダイムはいまや日本でも女性学及びより広く女性を考察の対象とする人々一般に、広範な関心をもたれている。

オートナー論文の骨子は単純明快である。彼女は最初にいかなる既知の社会においても女性が男性に従属している、あるいはある程度劣っているとみなされていることを事実として認める(実はこの事実認識そのものが誤りだとする反論がその後続出しているが)。女性のこの普遍的従属、あるいは過小評価の原因を解き明かすのが彼女の論文の課題だが、フェミニズム理論としては言わば完全な解放の不可能を論証するという実に皮肉な理論だと言えよう。

オートナーの立論は次のようなものである（図2参照）。女性は一般に、究極的にはその特有の肉体と出産機能という生物学的事実のため男性より「自然」に近い、いや、より正確に言えば「文化」と「自然」を媒介する中間的位置にあるとみなされている（②）。ところで「自然」と「文化」の区別は普遍的であり、かつ「文化」を優位に置くのが「文化」の「文化」たる所以である（①）から、女性は普遍的に男性より劣っているとみなされる（③）というのである。論のかなめである②の女性の「自然」への近さはさらに、〝種としての生〟のために多くの時間を費やさねばならぬ生理（Ⓐ）のため、授乳と幼児の社会化・文化化という社会的役割（Ⓑ）を担って「家内的関係（domestic context）」に縛られ公的社会に関わりにくく、そのため抽象性より具象性、客観性より主観性というより無媒介的な傾向を示す精神構造（Ⓒ）をもつに至るという三層において例証される。

自然＜文化……………………………………………①
女性／男性＝自然／文化＝家内性／公共性……②
∴　女性＜男性…………………………………………③

図2　オートナー・パラダイム

オートナー論文を収録した論文集（1974）の編者ロザルドは、同書の理論的総括の中で、ほぼ同じ論旨を「家内的（domestic）／公共的（public）」という対立を用いて繰り返している。「家内的」とは「一人又はそれ以上の母親とその子どもたちを直接にとりまいて組織された最小限の制度と活動様式」に関すること、「公共的」とは「特定の母子集団（複数）を連結し順位づけ組織しあるいは包含する活動、制度、連合の形式」に関することをさす。この用語法によると、複数の「家内的領域」とそれを連結する「公共的領域」の二領域からなる社会モデルが、オートナーの場合より一層鮮明に浮かび上がる。女性が生物学的理由により個別の「家内的領域」に束縛されることが、男女の非対称性の基礎だと言う。

人類学一般がそうであるように、この派の女性人類学も本性として近代社会を相対化し世界の諸文化における多様性と普遍性へと向かう志向をもっている。マルクス主義フェミニズムではその歴史的射程が曖昧だった「家内性／公共性」あるいは「自然／文化」の二領域の分離は、ここでは一挙に一般化されて人間社会に普遍の原理として扱われ、したがって女性の抑圧も普遍的だとされる。はじめに挙げた分類では「近代」の中立評価である。

オートナーら自身も明示しているように、理論的には『親族の基本構造』(1947) などレヴィ＝ストロースの構造主義的諸論考がその重要な拠り所となっている。構造主義はマルクス主義の「近代主義的限界」が常識となった現在、最も代表的な反「近代」(というより「近代」相対化) 思想だと言えようが、有力なフェミニズム思想はいつも何らかの有力な「近代」相対化思想をバックボーンとしている。

実を言えば、レヴィ＝ストロースに連なるこの系譜の思想は、女性人類学に限らずフェミニズム思想一般の歴史を強く規定してきたひとつの地下水脈であった。旧いところではボーヴォワールは、『親族の基本構造』の原稿を目にして、すでに書き上がっていた『第二の性』の一部を大きく書き改めたと言う。近年ではオートナーの他にクリステヴァ、山口昌男らの女性論にさまざまな形でその反映が見出される。山口の「他者」あるいは「自然と文化の媒介者」としての女性論は、オートナーの「中間的位置」にいる女性という発想ときわめて近しい。オートナーはこうした系譜に潜んでいた共通理解を思いきりドグマ化して描き出してみせたがゆえに、これだけの反響を呼んだのであろう。

しかし、当然ながらすべての女性人類学者がこの枠組に賛意を表したわけではない。例えばストラザーン（1980）はオートナー批判の論調の強い論文集の中で、ニューギニア高地のハーゲン社会での綿密なフィールドワークに依拠しながら、オートナーの「自然／文化」、「女性／男性」概念は西洋的偏向をもっており、ハーゲンの人々が用いている対立概念はこれとは相当ずれていることを実証的に指摘した。さらに西洋的意味でも、「自然／文化」と「女性／男性」の関連は一義的とは言えない。男性は反社会的で「自然」にもどりやすい動物で、女性はそれを文化化する「優しき性（gentler sex）」だと考えたアメリカ開拓時代、野獣である男性騎士の清浄なる貴婦人への献身を理想化したヨーロッパ中世の宮廷恋愛など、いくつかの反例をすぐにも思い浮かべることができる。このようにオートナー・パラダイムは、特定社会の「自然／文化」概念に即する限り、とうてい承認できるものではない。

しかし、こうした批判には小田（一九八三）などの再反論がある。オートナーの「自然／文化」概念はレヴィ＝ストロースを淵源とする理論的なものであり、西洋社会の日常語とは別ものだと言うのである。ここで一挙に議論の土俵をレヴィ＝ストロース本人の思想にもどした方がいいだろう。

女性人類学に継受された「自然／文化」及び「家族」概念について、レヴィ＝ストロースが全面的に言及している代表的な箇所は『親族の基本構造』の序説、及びそれに続く二、三の章であろう。そこでは「自然／文化」の対立と「近親婚の禁止」という普遍的規則の関連が語られる。近親婚の禁止は「文化」に属する事柄の中で唯一の例外として、「自然」に属する事柄と同様に普遍性をもつと言われている。すなわちわれわれの知りうるすべての社会は近親婚禁止の規範を有している。レヴィ＝ストロースは人類学の大きな謎とされてきたその理由を求めて諸説を渉猟した挙句、「家族」内で「性」を禁じることこそが「性」についてのコミュニケーションを社会的に成立させているということを発見する。逆に言えば禁止がなければ「性」は手近な各家族内で消費され、家族の上位にそれを包含するより広範囲の人間集合である「社会」が成立する契機は存在しなくなるということである。「人間の動物的性質の最高次の表現である」(同書邦訳七〇頁)「性」は、一部において禁止されることで「社会」あるいは「文化」への糸口を開くものとされる。近親婚の禁止は「自然から文化への移行が遂行される基礎的な手続きなのである」(八九頁)。さらに「家族(The Family)」(1956)と題された他の論文によれば、「社会は文化の領域に属するが、これに対し家族は、それなしには社会も人類も存在しえない自然の要請が社会の水準に現われたものなのである。」

レヴィ=ストロースのこのような立論が女性人類学の基礎としてとり入れられ、オートナー・パラダイムとして結晶したのであるが、注意深く検討するとレヴィ=ストロースの立論自体の中にも、またそれとオートナー・パラダイムとの接合部分にも、いくつかの論理的断層が見出されるようにわたしには思われる。

第一の断層は、一般に「自然」の禁止によってこそコミュニケーションが可能になり「文化」あるいは「社会」が成立するというのはよいとして、その場合の禁止がなぜ「性」の禁止(近親婚の禁止)に特定されなければならないのかという点である。「規範は禁止によりコミュニケーションを可能にする」という命題は、言うまでもなく構造主義の始祖ソシュールの言語理論から着想を得たものである。しかしソシュールの場合は、それ自体では連続体である音と「世界」(自然)に言語体系(規範)による恣意的な分節化(禁止)をもちこむことではじめてコミュニケーション(文化)が可能になるという、きわめて抽象度の高い理論であった。この意味で用いるとき、ある種の人間活動が他の人間活動に比べてより「自然」であるなどという言い方はあり得ない。人間活動はつねに「自然」である半面をもちながら、あらゆる点で規範により「文化」化されている。性も食も衣も住も言語使用も出産も、すべての人間活動は「自然」的であると同時に「文化」的でもある。レヴィ＝ストロースが「性」を、そしてそれを受け継ぐ女性論が「出産」を特権視したのは、近代人の生活実感からくる思い込みにすぎないのではないか。「あらゆる本能のうちで、性本能は、それがはっきりとした姿であらわれるためには、他人の刺激を必要とするただひとつの本能であるから」「社会生活への糸口である」（『親族の基本構造』邦訳七〇頁）という理由づけも、人間の本源的社会性という彼自身の信条に照らしても首肯しがたい。「自然から文化への移行」を支えるものとしては、近親婚禁止の普遍性などという特殊な例ではなく、規範というものの存在の普遍性こそを挙げるべきだったのではないだろうか。

第二の断層は、近親婚禁止の範囲を「家族」あるいは「家内的集団」などと言いかえるのは、誤用と言ってもいいほどにそれらの概念の通常の用法と異なっているという点である。「家族」についての概説を行なった論文の中で、レヴィ＝ストロースは「家族」という語を二通りの意味に用いている。一方では通常の用法、すなわち理念型的には(1)結婚により発生し、(2)夫婦とその婚姻により生まれた子どもたち（及びときには他の親族）により構成され、(3)法的・経済的・宗教的・性的・情緒的などさまざまの紐帯で結びつけられている社会集団という意味で。他方では彼独自の用法、すなわち近親婚禁止の範囲という意味で。前者はレヴィ＝ストロースによれば普遍的ではなく、当該社会における「家族」の機能的価値により規模も形態も変化し消滅さえしうる。後者は彼の理論にあるように普遍的である。両者が実体としてもずれるのは、われわれの社会で普通「家族」と呼んでいる範囲の外にもオジ、オバなど結婚相手に択べない人々がいるという経験からも明らかである。レヴィ＝ストロース自身はこれら二つの「家族」概念の区別を意識してはいるが、やはり誤解を招くことは避けられなかった。前掲のオートナーやロザルドの「家内性」概念は、明らかに生活集団としての「家族」に引きずられている。彼女たちが「家内性／公共性」分離の普遍性の根拠にしたレヴィ＝ストロースの理論は、実は近親婚禁止の普遍性という全く異なる事柄について述べていたというのに。

以上のようにレヴィ＝ストロースの論考にもどって検討すると、彼の理論を根拠にしてオートナー・パラダイムのように「女性／男性＝自然／文化＝家内性／公共性」を導くことはできない。オートナー・パラダイムは人類学の集積してきた事実と理論の双方に依拠して「家内性」と「公共性」すなわち「自然」と「文化」の分離の普遍性を証明し、そこから女性の男性に対する普遍的従属の原因を解明しようとしたのであるが、実は事実も理論も彼女たちの論拠になってはいなかった。オートナーやロザルドの用いたようなより一般化された意味においてであっても、「家内性」と「公共性」の分離を前提にして「女性」の問題を解き明かそうとした当初の問題意識に、そもそも「近代」社会の構造が知らず知らず影を落としていたのではなかろうか。そしてその後の理論化の途上でも一歩ごとに「近代的」偏向が加わり、最終的にオートナー・パラダイムとしてドグマ化が完成したときには、普遍性を標榜しながら実は「近代的」偏見の赤裸々な吐露以外の何ものでもないものに整形されていた。

4　女性の社会史

マルクス主義フェミニズムが照明を当てながら、「近代」の位置づけを欠いたために充分な理論的解明をなしえなかった「家内性」の問題を、オートナー派女性人類学は「家内性」と「公共性」との分離は「近代」のみならず人間社会に普遍であるとする方向で理論化を試みた。しかしその試みが成功と言えなかったのは第3節で検討したとおりである。ここでもうひとつの方向の理論化の可能性が浮かび上がってくる。それは、「家内性」と「公共性」との分離は普遍的ではなく歴史的事実であるとして、その生成のプロセスとメカニズムを追うという方向である。いわゆる「フェミニズム」思想ではないけれど、この方向を代表する思潮として女性の社会史を挙げることができる。

フランスのアナール学派などに代表される社会史は一般に、われわれが今日疑うことなく用いている基礎概念を歴史的時間の中に溶融する志向をもっている。その意味で人々に最も衝撃を与えた著書は、アリエスの『〈子供〉の誕生』(1960)であろう。アリエスはわれわれが人生の確固たる一時期だと信じてきた「子供期」が一六〜一八世紀に次第に見出されてきたものであることを、当時の絵画における子供の描き方や子供の服装などから解き明かした。「子供期」は「近代化」の産物であった。

アリエスによれば、「子供」の誕生は「学校」の成立と並んで、「近代家族」の誕生と本質的に関連している。「近代家族」とは単に核家族ということではない。形態としての核家族なら北西欧では少なくとも一六世紀にまで遡ることができる。「近代家族」とは①友愛結婚の出現、②子供への関心の増大、③家族規模の縮小(産児制限の普及)などをメルクマークとする、相互の強い愛情と家族意識という新たな心性で結ばれた家族である。われわれが「家族」という語で思い浮かべるような「家族」は、まさにこの「近代家族」であり、たかだか二、三〇〇年ほどの歴史しかもっていない。それ以前の「家族」は、非血縁の奉公人も成員として含み、相互の情緒的紐帯は弱く、労働においても社交においても村の人間関係のネットワークに溶けこんでいた。夫婦はそれぞれつれあいよりも村の同性集団の人びとに親しい感情を抱いていた。家屋の構造も開放的で近隣の人々が自由に出入りしていた。

こうした「近代」以前の「家族」を「開いた家族」と呼べば、「近代家族」は「閉じた家族」としてイメージすることができるだろう。「近代家族」の集団としての結合力の高さは、その排他性と裏腹であった。「家族」が社交のネットワークを次第に失い内向していく過程、これが「家内性」と「公共性」との分離の実態であったのである。「近代家族」は、それ以前には開かれた人間関係によって担われていた出産・育児他の諸活動をその内部に囲い込んだが、これらの諸活動はもともと特殊な領域を形作っていたのではなく、逆に「家内性」を付与されることによって、初めて他と区別されて「自然的」「再生産的」と呼ばれる領域となったのである。

「近代家族」の成立あるいは「家内性」と「公共性」との分離は、「子供」と同時に「母」も誕生させた。それ以前の母親は子供に対し無関心とは言わないまでも、生活上のさまざまな関心事のひとつとしての注意しか払ってこなかった。ところがやはり一八世紀になると、自分の生きる意味のすべてを育児に見出し、母乳哺育に専心し、一日の大半を子供への献身に費やすような母親が出現してくる。母性愛は当時の中産階級の流行現象であった。今日では母であることが女性の最も重要な役割であるとされているが、こうした「女性＝母親」像は女性本来の姿などではなく、「近代」の創造なのであった。大人とは異なる存在としての「子供」に愛情を注ぐという新しい習慣と、女性が家庭を生活の場とするという条件の成立、すなわち「近代家族」の誕生が、新しい「女性＝母親」像を創出したのである。生殖をつかさどる女性の役割が「母」として聖化される一方で、同時期に普及した産児制限により生殖から分離して自己増殖した性は、専ら性的存在としての「女」をうみだした。

「主婦」もまた時を同じくして誕生した。「主婦」とは家事に責任をもつ女性のことであるが、家事はしばしば言われるような前近代的労働ではない。男性は外、女性は家庭という性別分業の成立の上に立って、「近代」社会に適合する労働力再生産を効率よくこなすよう再編成された家内労働が今日で言う「家事」である。近代的労働である「家事」を担う「主婦」もまた「近代」的存在なのである。

以上の社会史的遡及は、「母」、「女」、「主婦」という今日の女性の主要な役割はみな、「家内性」の成立とともに「近代」に誕生したことを明らかにした。したがって少なくとも「母」、「女」、「主婦」として今日われわれが感じている抑圧は、「近代」以前に遡れるものではない。イリイチ（1982）は、「男女は『平等』であるべきだ」とする前提が生じなければ「差別」はあり得ないのだから、「女性差別」もその廃絶をめざす「フェミニズム」も「近代」に生じた同位対立物であると論じて波紋を投げたが、社会史的観点に立てばこうした発想は正当である。女性の社会史はフェミニズム的問いをつきつめたがゆえに、ついに「フェミニズム」自身をも相対化せざるをえない地点に立ってしまった。「近代」は、それを欠いては「抑圧」からの「解放」というわれわれの立てている問いそのものが雲散霧消してしまうほどに、フェミニズムの理論的中枢を占める概念であった。「女性の抑圧」は「家内性」と共に「近代」に成立した。「近代」が何らかの形で大きな変貌を遂げるとき、そして「家内性」あるいは「家族」がその閉鎖的性格を棄て去るとき、それが「近代」の終焉であるのか「近代」の新たな局面の開始であるのかはここではまだ問わないが、そのときこそが今日的意味での女性の抑圧が解消される、言わば「解放」のときであろう。女性の社会史は、ごく粗削りではあるが、「家内性」と「近代」を「女性」に関する理論の内部に位置づけることに成功した。

しかしここにもまた新たな理論的罠が待っている。「近代」が今日の抑圧の元凶であることに目を奪われるあまり、「前近代は良かった」式の安易な疎外論的図式へとすべりこんでしまう危険は非常に大きい。イリイチはこのノスタルジーという甘い罠に身をまかせたがゆえに、せっかくの卓見を時代錯誤にすりかえてしまった。「前近代」を「近代」の陰画としてしか把握しない思想は結局、「近代」主義の一変種でしかないというのに。われわれにとっての「抑圧」が「近代」の産物である以上、われわれの

「解放」も「近代」を前提としてしかありえないということ——社会史から学ぶべきはむしろこの醒めた現実受容の方であるべきだろう。

このように女性の社会史は図1の類型の単純な近代マイナス評価とは実は言えない。女性の社会史が明らかにしたのは、われわれの感じている抑圧は「近代」に起源をもつということで、他の時代には異なる形の「抑圧」も存在しないということではない。この認識は過去については一切のロマン主義的思い入れを禁欲した構造史学あるいはフーコー流のかわいた視線を向けることを要請するし、未来の「解放」に続く時代が女性及び人類全体にとって完全に幸福な時代であると保証もしない。社会史が本性上もつこうした禁欲的な自己限定を銘記すべきであろう。

5　家内性と近代

本章ではマルクス主義フェミニズム、女性人類学、女性の社会史の三つの新しいフェミニズム思想（最後のひとつにはもはや「フェミニズム」の名はふさわしくないかもしれないが）において、「近代」がいかに理論の外部から内部へと組み入れられてきたかを、各思想における「家内性」の位置づけとの関連で検討してきた。女性が出産・育児に規定されて「家内的存在」であることが女性抑圧の最大の要因だということは、近代のフェミニズム思想の（しばしば暗黙ではあるが）共通の認識となっている。しかし「家内性」の理論的位置づけ、とくに「近代」との関連の把握は、各思想によりさまざまであった（図3参照）。

従来、解放史観では女性が「家内的存在」であることは当然の前提であり、とりたてて理論化するにはあたらないとみなされていた。「近代」は女性の職業進出の進んだ時代として、社会通念どおりプラス評価される。しかしいったん「家内性」自体を論議の俎上にのせると、そうした「近代」の常識を相対化せざるをえなくなってくる。

図3　フェミニズム思想における「家内性」と「近代」

フェミニズム思想	「家内性」の位置づけ	「近代」の評価
解放史観	看　過	プラス
マルクス主義フェミニズム	注　目	混　乱
オートナー派女性人類学	普遍的	中　立
女性の社会史	歴史的	（マイナス）

マルクス主義フェミニズムは「家内性」の重要性にフェミニズム理論としては初めて正面から取り組み、それとの関連で女性の抑圧を解明する理論化の努力を行なった。しかし「家内性」の存立の根拠を問わず「家内性」と「公共性」との分離の歴史的規定を曖昧にしたため、「近代」概念に暗黙に肝要な位置を与えながら、それを明示しようとした途端に各所の理論的亀裂をあらわにせざるをえなかった。

オートナー派女性人類学は、マルクス主義フェミニズムが歴史的規定を曖昧にした「家内性」と「公共性」との分離の普遍性を論証することから、一挙に女性抑圧の一般理論を構築しようと試みた。しかし肝心の普遍性の論証に「近代的」偏見が忍び込み、致命的な誤りを犯した。

女性の社会史はオートナー派女性人類学とは反対に、「家内性」と「公共性」との分離及び女性の抑圧が歴史的現象であることを示そうとした。その結果、今日的な女性の抑圧は、「家内性」と「公共性」とが分離して女性が「家内性」に封じ込められるという、「近代化」過程における変化と軌を一にして生じた「近代的」現象であることを明らかにした。「近代」の女性は「家内性」から脱出しようと試行錯誤を繰り返しており、同時代人であるわれわれはつい「近代」のそうした方向性に目を奪われがちであったが、実はそれに先立って女性が「家内的存在」となる過程が存在せねばならなかった。それもまた「近代」の現象だったのである。「女性の抑圧」は、少なくとも今日につながるものとしては、「家内性」とともに「近代」に誕生した。

現代フェミニズム思想は、「女性の抑圧」の原因を女性が「家内的存在」であることに求めて、「家内性」の周辺を彷徨してきた。そして言うなれば、「女性はいかに家内的存在であるのか」（マルクス主義フェミニズム）から「女性はなぜ家内的存在であるのか」（オートナー派女性人類学）へ、そして「女性はいかにして家内的存在となったか」（女性の社会史）へと問いを転換することで、より適切な理論化の道をたずねてきた。歴史性を自覚した最後の問いが、すべての始まりに「近代」という壮大なるキーワードを見出したところから、われわれの新たな旅は始まるのである。

［注］

1　上野千鶴子氏は本論文の指摘を受けて、その後たびたびマルクス主義フェミニズムの限界を論じている（上野一九八六～八八）。

11　フェミニズムの諸潮流

1　フェミニズム論の百花撩乱

フェミニズムをめぐる言論が、にわかに論壇の表舞台に踊り出てきた。長谷川三千子氏の「『男女雇用平等法』は文化の生態系を破壊する」（一九八四）と、それに対する佐藤欣子氏らの反論は、『中央公論』、『諸君』などの誌上を賑わす大論争に発展した。青木やよひ氏ら「エコロジカル・フェミニズム」を自称・他称する一大勢力の登場は、イヴァン・イリイチの「ジェンダー」論の紹介ともあいまって、それへの賛同と反対に、フェミニストを大きく二分したと言われる（見田宗介、朝日新聞論壇時評）。また、江原由美子氏の「乱れた振子――リブ運動の軌跡」（一九八三〜一九八四）は、日本のウーマンリブ運動を本格的に総括する時機の到来を告げ、長谷川博子氏の「女・男・子供の関係史にむけて――女性史研究の発展的解消」（一九八四）は、女性史としての社会史の可能性の如何を問う「第三期女性史論争」（ゆのまえ知子）に火をつけたと言われている。

こうしたフェミニズム論活性化の背景には、おそらく、ウーマンリブと学生叛乱の激動から一五年、国際婦人年からでも一〇年の社会の変化がある。一五年前には敏感な若者のみが予感しえた社会の変化が、今日では抗いようもない現実として進展し、それにともなってフェミニズムをはじめとする当時の突出した主張は、いまや現実的対応を迫られる焦眉の課題としてすべての社会成員の前に掲げられるに至ったのである。

熱情のただなかではひとつの理想と見えたものが、現実化をめぐって同床異夢であったと知れることは多い。フェミニズムもいまや無限定に語られる時代から、どういうフェミニズムかの注釈をつけて語らねばならぬ時代へと歩み出しつつあるのだろう。この歩みが不毛な対立へ向かうのではなくより確かな道を選択するための一歩となりうるよう、現時点での可能な限りの交通整理をしておきたいというのが、本章の意図である。

2 「フェミニズム」という言葉

まず、「フェミニズム」という言葉の意味と由来を確認しておこう。

「フェミニズム」という言葉を最初に用いたのは、よく引かれる説では、一九世紀初頭のいわゆる「空想的社会主義者」フーリエであったと言われている。[1] この語を用いたことは、それ以前からの「婦人（が）問題（である）」というとらえ方を、女性の権利という観点から反転させる意味をもっていた。「フェミニズム」という言葉が女性運動の中で広く用いられるようになったのは、一八八〇年代頃からであったらしい。

「フェミニズム」の訳語としては、かつては「女権拡張論」が一般的であったが、これは婦人参政権獲得に収斂した戦前のフェミニズム運動（後述）に対応している。「ウーマンリブ」（women's lib＝女性解放）の初期の熱狂が過ぎた後、より中立的な印象の「ニュー・フェミニズム」という呼称が登場してからは、「女性解放論」と訳す方が適切な場合が多くなってきた。

今日では、女性の差別・抑圧からの解放をめざす思想と行動を広く「フェミニズム」と呼ぶことが日本でも定着しつつあるようである。

3　フェミニズムの二つの波

さて、フェミニズムの諸潮流を考える場合、まずおさえておかねばならないのは、フェミニズムの運動は歴史的に二つの大きな波を経験したということであろう。五〇年のへだたりをもって起こった二つの運動の間には、共通性と並んでかなりの異質性も存在する。それぞれの時期の社会状況が主要な論点を変え、その論点をめぐって分岐した諸潮流の配置を大きく異なるものとした。

最初の波とは、一九世紀中葉から二〇世紀初頭にかけて、ほぼ一世紀にわたって欧米諸国を席巻した運動のことをさす。この運動は、初期には女性の家庭内役割を批判するなど「女性の生活のあらゆる側面に関心を示し、広範で多面的」（ジョー・フリーマン一九七五）であったが、次第に婦人参政権に焦点を絞って、その他の面については攻撃の矛先を鈍らせていく。そして参政権獲得とともに急速に沈静化していった。これを「フェミニズムの第一の波」と呼ぶ。

フェミニズムの第一の波を形成した潮流としては、大きく分けて、自由主義的立場をとり参政権運動の中心となったいわゆるブルジョワ女性運動と、労働運動を主に担った社会主義女性運動との二派があった。日本でも明治末の『青鞜』発刊や大正デモクラシー期の婦人参政権運動などの一連の運動を、第一の波と呼ぶ。

これに対して第二の波は、一九六〇年代末から七〇年代初頭の、いわゆる「ウーマンリブ」（米国ではウイメンズ・リブ、フランスではMLF）の衝撃によって始まった。第一の波の終熄後約半世紀、「女は家庭に」という規範が定着して一見安定した社会の繁栄のただなかから、目に見えず不満を蓄積していた主婦層の鬱屈を背景にして、まさにその女役割への異議申し立てとしてリブは噴出した。作られた「女らしさ」の拒否、反結婚・家族解体の主張、性の積極的肯定――それまでの運動とは論理も感覚も担い手も全く異質のリブは、第二次大戦後の女性運動史の中でも全く新しい局面を切り拓くものだった。

リブの最盛期はほどなく去ったが、それを継承したフェミニズムの第二の波は、決して平坦ではない道を試行錯誤しながら、今日まで歩み続けている。一九六七年の国連の差別撤廃宣言に始まり「国連婦人の一〇年」へと続く中で、日本の男女雇用機会均等法や米国のERAをはじめ各国で法的取り組みが焦点化したが、それをめぐる運動がこの時期の大きな特徴となっている。また、世論調査などに顕著に表われる女性に関する意識の変化を直接・間接に促したことも、運動の成果と言ってよかろう。

リブはもともと六〇年代の新左翼運動の中から、そこに抜きがたく存在した女性差別を批判してとび出したものであったから、発想の基本に多かれ少なかれマルクス主義的な根をもちながらも、既存のマルクス主義への迎合を潔しとしない。女性解放のための独自の理論を求めて、豊かな、しかしほとんど四分五裂状態の思考実験と生活実験をくりひろげた。ここにフェミニズムのいかなる諸潮流を見出すかはまだ結論の出せない難問であり、本章の焦点も必然的にそこに絞られることになる。

さらに、フェミニズムの第二の波の全体像を公平にとらえるためには、リブの出現に先立って中年主婦層の鬱屈を告発し、女性解放の空気を醸成したベティ・フリーダンをリーダーとするNOW（全米女性機構）や、リブ以降の法的運動の主力は自由主義的勢力により担われていることを、十分に評価しなくてはならない。

4　フェミニズムの諸潮流

(1)　マルクス主義 VS 反マルクス主義

さて、いま見てきたように、フェミニズムは歴史的に第一の波と第二の波とでも呼ぶべき大きな二つの波を経験してきた。その二つの波を貫くように、しかしそのときどきで濃淡を変えたり混じり合ったりさえしながら、いく筋かのフェミニズムの潮流が流れつづけている。

フェミニズムの諸潮流のスタンダードな分類として最も広く知られているものは、「自由主義フェミニズム」「正統派マルクス主義」「ラディカルフェミニズム」「マルクス主義（社会主義）フェミニズム」の四分類であろう。この四分類は運動を推進した政治的各派の自称他称のおおまかな区分けにのっとっているため、共通理解を得やすかったものと思われる。前二者は歴史的にはフェミニズムの第一の波を形作った二大思想であり、第二の波ではそれらに加えて後二者の新思想が登場した。「ニュー・フェミニズム」と言う場合には、第二の波のうちの後二者の新思想を通常さすようだ。

自由主義フェミニズムと正統派マルクス主義については、初めてその名前を聞いた者でも内容のおおよその見当はつくであろう。

自由主義フェミニズムは、現存の社会体制の中で、とくに教育、職業などについて、女性が男性と平等の権利を実現することをめざす。最も普通な男女平等の主張であり、日常的になされる女性の権利についての主張の多くは、しばしば無自覚ではあるがこの立場とみなしてよかろう。

正統派マルクス主義は、社会主義革命による現体制の廃棄によってこそ階級抑圧とともに女性の抑圧も究極的に解消される、と考える。現体制の中では労働運動などのかたちをとり、しばしば女子労働保護、保育所設置などの社会民主主義的要求を掲げる。

これらに対し、ラディカルフェミニズムの主張ははるかにまとめにくい。シモーヌ・ド・ボーヴォワール、ケイト・ミレット、シュラミス・ファイアストーン、日本では田中美津などがこの派を代表するわけだが、彼女たちの著作は多くの場合、みずから手探りで各人なりの論理を捜し求めている試論的性格が強い（それがまたこの派の汲めども尽きぬ可能性の源泉であり、魅力でもあるのだが）。性抑圧からの解放、レズビアニズム、生殖機能の拒否あるいは賞揚、女性の主体化——さまざまな主張はあるが、リブの中で、あるいはそれに連なるものとして、従来のフェミニズム思想ではとらえられない現代の女の感性や論理を表現しようとした試みこそが、ラディカルフェミニズムだと言うほかはない。

彼女たちの共通点はむしろ、先行二潮流との異和として浮かび上がる。自由主義フェミニズムが前提する現体制の根本的（ラディカルな）改変なしには女性解放はありえないが、それは正統派マルクス主義の言う社会主義革命には決して解消されない、独自の論理と展望をもつものでなければならない。彼女たちの一番のキー・コンセプトは「家父長制」（patriarchy）という概念だが、ある種の家族関係を示すにすぎなかった用語を借りて、「女性抑圧＝男性支配」一般をシンボリックに意味するものに拡張したこの概念が、ラディカルフェミニズムの理論的貢献である。

マルクス主義フェミニズムは、正統派マルクス主義とラディカルフェミニズムとの止揚としてみずからを位置づける。理論的にも両者を結合して、「階級支配」と「家父長制」という相対的に自立した原理が、ときには葛藤、ときには妥協しながら現実の女性抑圧を形作ると考える。この派はジュリエット・ミッチェル以来多くのすぐれた論者を得て、実証も理論もそなえた良質の分析を次々と発表する重要な勢力に成長してきており、日本でも近年、水田珠枝（一九八〇）、上野千鶴子（一九八五）などの努力により関心を集めてきた。とくに、家事労働をはじめとする家族における女性の収奪に照明を当て、それがいかに資本主義社会の今日までの存続に不可欠であったかを明らかにした功績は、いくら強調してもしすぎることはない。

四つの潮流の内容紹介が以上で事足りるとはとても思えないが、目黒依子（一九八〇）、米田美津江（一九八一）によるていねいな解説がすでにあるので、詳細はそちらを参照していただきたい。

さて、このように見てくると、このフェミニズムの四分類は、それぞれの潮流がマルクス主義に対していかなる態度をとるかを軸になされていることに気がつくだろう。しかも第一の波、第二の波のそれぞれの時期における、マルクス主義的潮流とそれに対抗する潮流とを、区別しているのである。

マルクス主義は、言うまでもなく、その出現以来かなりの長い間、最も有力な反体制思想であり続けてきた。抑圧からの解放という思想は、マルクス主義によってその近代的かたちを与えられたと言っても過言ではない。その立場をとるにせよとらないにせよ、あらゆる社会運動はマルクス主義との関係を意識せざるをえなかったから、フェミニズムについてもこのような分類がある程度有効性をもつのは当然ではある。とくに第一波については、歴史的に実在した対抗関係から見ても、自由主義フェミニズムVS正統派マルクス主義というこの分類はよく妥当する。

しかし問題は第二の波である。前にふれたようにリブは新左翼運動から分かれてきたから、当初、「生誕地」マルクス主義からの距離で自分たちの位置を測った。マルクス主義との断固たる訣別を強調したい者は「ラディカル」を名乗り（その実、ほとんどマルクス主義であるような理論枠組をもち続けた者も多かったのだが）、マルクス主義の改良に活路を見出そうとする者は「マルクス主義フェミニズム」を名乗った。当人たちの意識としてはこれで実感に合った分類だったのかもしれないが、今日から振り返ってみるとおかしい点がいくつかある。

第一に、ラディカルフェミニズムは「性支配」に関心を集中するという一点でまとまっているだけの、多様な思想の寄り合い所帯である。「自由主義」のように明瞭な立場を共有しているわけではないので、マルクス主義と積極的に対立しているわけでもない。むしろ、マルクス主義VS反マルクス主義の軸には乗り切らない、多様な方向への萌芽の苗床と考えた方がいいのではないか。

第二に、そもそもリブの出発点であった新左翼自体が、正統派マルクス主義の意識的乗り越えの企てであった。ケインズが自由市場への国家介入の必要性を理論化して以来、現体制はマルクス主義的要素を実質的にとりこみ、「福祉国家」と言われるほどのものに変身をとげてきた。そこでは正統派マルクス主義はもはや反体制思想ではありえず、「福祉国家」の裏の顔である「管理国家」への異議申し立てを前面に据えた新左翼に席を明け渡さねばならなかった。マルクス主義自体の輪郭がぼやけてきた時代に、それを基準とすることなどできるのだろうか。

そもそもこの四分類は、自分の立場を最も高度に発展したものと位置づけようとするマルクス主義フェミニストによって用いられることが多い。マルクス主義の立場をとる者から見ればそれが軸になるのは当然だ。もっと自由な立場に立てば、より適切な、時代に合った軸が見出せるのではなかろうか。

マルクス主義者でありながらマルクス主義への最大の反逆者でもあった新左翼の後退からはや一〇年、漠然としたイデオロギーとしてのマルクス主義への共感はなくなってはいないとは言うものの、他方ではマルクス主義への特別な感慨から解き放たれた人々が、新たな軸を求めていっせいに発言を始めている。そうした全体の状況の中に置いてこそ、本章冒頭に挙げたフェミニズム論活性化の意味も、初めて明らかにできるのではなかろうか。

(2) 近代主義 VS 反近代主義

近年のわが国のフェミニズム論争の中で、何が一番画期的な出来事であったかと問えば、それは「エコロジカル・フェミニズム」の華々しい登場であったろう。雇用均等法やリブや社会史をめぐる論議も、エコロジカル・フェミニズムの提起した問題と直接・間接にからみあっている。これほどの話題性は、欧米では見られない特殊日本的現象ではあるらしいが、「エコロジカル・フェミニズム」とはいったい何なのだろうか。

エコロジカル・フェミニズムはエコ・フェミニズムとも言い（以下「エコ・フェミ」と略す）、その名の示すとおり、自然の生態系（エコ・システム）と調和のとれた生活のしかたをめざすエコロジー主義（エコロジズム）と、フェミニズムとを統合したものである。「緑の党」の活躍などで有名になったエコロジー運動の高まりの中、フランスのフランソワーズ・ドォボンヌにより「エコロジー＝フェミニズム」が提唱され、各国に同様の考えが広まっていった。日本では青本やよひ氏らによる紹介が契機となった。

エコ・フェミの主張は、だいたい次のようなものである。

――女性は生理的あるいは歴史的、象徴的、心理的に「自然」に近い。したがって、男性的価値観が優位して「自然」の支配・収奪が進行しているこの社会では、女性はおとしめられている。しかし、真の女性解放はみずからの「女性性」を否定することにはなく、「女性性」すなわち「自然性」を積極的に打ち出してその復権をはかることにこそある。そうすることによって逆に女性は、エコロジー的危機に陥っている現代社会を救うことさえできるのだ。

女性が自然に近いという根拠は、女性は出産する身体をもっていること、人間の自然性と切り離せない育児・家事を担ってきたことに主に求められる。女性人類学のシェリー・オートナーなどによれば、女性を自然と等置することは多くの社会に見られ、通常はそれこそが女性劣位の根拠とされるというが、エコ・フェミの議論のミソは自然と文化の価値を逆転させることによって劣性を逆に力に変え、エコロジーとフェミニズムをアクロバティックに結合するところにある。

実は同様の逆転の発想は、ジュリア・クリステヴァの記号論など、西欧文化のファロクラシー（男根支配）を批判する近年のポスト構造主義哲学にも、より洗練されたかたちで見出すことができる。フランスなどでは、フーコーやラカンの思想とフェミニズムを結合する試みもさかんのようだ。エコ・フェミの流行は決して偶然ではなく、また、「母性社会」日本の特殊性に還元できるものでもなく、今日の世界的文化状況と深く通底している。

日本のエコ・フェミの一部は安易にイヴァン・イリイチを持ち上げて、男女があくまでも異質であって「女性性」と「男性性」が生き生きと息づいていた（と彼らは言う）前近代社会をユートピアとして描き出したので、あまりに非現実的で反動的であると多くのフェミニズムから集中砲火を浴びた。しかし、エコ・フェミの提起した問題は、ただ「反動」の一言で一蹴できるものではない。マルクス主義系のフェミニストはエコ・フェミの賛否で論壇では二極分解してしまったようだが、そのことは、フェミニズムの諸潮流を分ける軸のマルクス主義から他のものへの急速な移行を象徴しているようだ。エコロジー運動の伸長などを含めた全体状況との関連で、その意味を一度真剣に分析してみるだけの価値をこの「エコ・フェミ現象」はもっている。

まず、エコ・フェミと反エコ・フェミを分けるのは、「マクシマリスト」(性差最大化論者、差別なき区別論者)と「ミニマリスト」(性差最小化論者、区別撤廃論者)の軸ではないかという意見がある。フェミニズムと言うとまず「男女平等」を唱えるミニマリストが思い描かれるが、実はフェミニズムの中には、性的特性を生かすことで女性の地位や力を高めようとするマクシマリストの伝統も、第一の波、第二の波を通じて脈々と流れている(MacFadden 1983)。よく言われる「職場進出論」と「家庭尊重論」の対立もこの軸の上にある。リブの初期にはファイアストーンのような極端なミニマリストが人目に立っていた。その後の運動の長期化と現実化の中で、現実にある性差から出発するしかないとする傾向が表面化してきたとされるが(上野一九八四)、エコ・フェミの隆盛もその文脈だろうか。

しかしこの説は、エコ・フェミニストの中にもミニマリスト的部分、すなわち両性具有主義者(アンドロジニスト)がおり、とくに欧米ではかなりの勢力をもっていることから、疑問にさらされる。両性具有主義もまたフェミニズムの伝統ある潮流のひとつである。両性具有主義とは、女性は内なる男性性を、男性は内なる女性性を高めてトータルな人格になること、生活の側面では女性は公的生活に、男性は家庭生活にもっと関わるようにすることをめざす。自然と協調的な女性性を評価し奨励するのはマクシマリストのエコ・フェミと同様だが、その担い手を一方的に女性に限定せず、男女双方がその徳性を身につけるべきだとするのが両性具有主義的エコ・フェミの主張である。

こうしてみると、エコ・フェミの最も本質的な特徴は、男女の「ジェンダー」(性別役割)の固定化にではなく、「女性性＝自然性」の積極的評価にあるようである。これは取りも直さず、「男性性＝人為性」の支配している近代産業社会への批判である。したがって「エコ・フェミVS反エコ・フェミ」の対立は、「反近代産業主義VS近代主義」と、とりあえずは読みかえられよう。

思い起こせば「反近代」は一九六〇年代末の学生叛乱の代表的スローガンであった。あの六〇年代末から七〇年代初頭、先進工業国は環境汚染、管理社会化など、豊かさゆえの危機に共通に苦しみ、「反資本主義」よりも「反近代産業主義」の方が一層切実なメッセージとして人々の心をとらえていた。マルクス主義をめぐる軸から近代産業主義をめぐる軸へ、という対立軸の転換——それがエコロジー運動の活性化の意味であり、フェミニズムの諸潮流の流れを変えたものでもあったのである。

さて、反近代産業主義が学生叛乱の嫡子であり、マルクス主義以後の最も正統な反体制思想であることはわかった。それなら、フェミニズムは挙げてエコ・フェミ（あるいは反近代主義的フェミニズム一般）となり、唯一の正しい闘いの戦列に加わるのだろうか——答えは、しかしそう単純ではない。エコ・フェミの出現は、フェミニストの間に皮肉な波紋をもたらした。もともと日本のリブには反近代主義の心情が色濃くあったが、その彼女たちの多くが、エコ・フェミにより反近代主義の具体像を突きつけられたことで、かえって迷いがふっ切れたかのように、次々と自分は反対陣営につくと宣言しはじめた。学生叛乱の夢を追い続けている男性知識人たちがこぞってエコ・フェミを歓迎しているのとは対照的に。

フェミニズムは、やはり本質的に近代の思想なのである。「万人の平等」という近代的理念に根拠づけられることによって初めて成立したのは、フェミニズムの第一の波の歴史を見ても明らかだ。身分によって、民族によって、貧富の差によって、人間の価値が異なって当然とされる、「差別」などという概念がそもそも存在しない社会にあっては、フェミニストは何を主張することができようか。

それればかりではない。反近代主義、とくに「女性は自然だ」というような場合の「自然」の賛美は、実はきわめて「近代的」な偏見なのである。自然、女性、未開人――これらは一八世紀末、産業革命の反作用として反近代主義が最初の盛り上がりを見たとき、文明化の汚れなきものとして繰り返し賛辞を捧げられた「反近代」の三つのシンボルである。「未開人」は「東洋」（オリエンタリズムにおける）、「第三世界」と時代により名称を変えたが、これら三つのシンボルは現在に至るまで反近代主義の神話でありつづけている。

しかし今、例えば、「産業の無い第三世界は汚れなき自然そのものなのですから、近代化しようなどとせずに今のままでいて下さい」などと言えば、その欺瞞は明らかだ。近代化過程における先進国による収奪の結果としてこそ、第三世界の現在の低開発はあるのだから（この点はアミン、フランクらの「従属理論」が明らかにしている）。

女性についても同様で、女性が今日、出産、育児、家事など「自然的」と言われる仕事に特化して、性格もそれに見合ったものとなっているのは、決して「自然」なことではない。近代化過程における公私の分離と「近代家族」の誕生に際して、女性が「主婦」、「母」として私的領域に封じ込められた結果、創り出された状況であるにすぎないのだから。「それでも女性の身体は自然に近いのだから育児・家事に向いている」などと固執する人には、「黒人の身体は自然に近いのだから肉体労働に向いている」などとうそぶいた奴隷農場主との違いを説明してもらおう。

このように反近代主義は、近代産業主義が創り出した周縁を「自然」と呼んで美化することで、かえって抑圧の正しい分析を妨げるイデオロギー装置として機能してしまう。そもそも今日のような無垢の「自然」という観念自体、産業革命による自然の収奪以後に創られた幻想にすぎない。危機意識から

「自然」を美化する心情はわかるが、「自然」の実体的担い手を想定するのは危険である。

かつて、反近代主義による体制批判として一世を風靡したロマン主義は、ファシズムへの道を拓いた。主張者の意図を超えた帰結を招くことなど、歴史の中では珍しくはない。今日のエコ・フェミもまた、性別役割分業の強固な「近代家族」を、その内での女性、子ども、老人、そして男性自身の抑圧ごと温存・再編成するイデオロギーとして機能し、みずからの夢をみずから葬り去る可能性が大きい。また、伝統回帰志向からナショナリズムに結びつく兆しも既に見えており、気がかりだ。

さて、反近代主義の危険性、とくにそれがフェミニズムを名乗った場合にもつ欺瞞性は以上のとおりである。しかしそれにもかかわらず、反近代主義の提起した問題、すなわち近代産業主義が曲がり角に来ており、人々は新たな方向を模索せねばならないという問題は、依然として現代社会の最も重要な課題であり続けている。

では、反近代主義ではないいかなる方向に活路を見出すべきか。この問いに答えるのは本章の任をあまりに超えているけれども、例えば、産業主義的でない近代の可能性を探ることもできよう。そうした柔軟で現実的な営みの中にこそ、フェミニズムの未来もまたあるのではないだろうか。

(3) ナショナリズムvsインターナショナリズム

以上までは、欧米と日本における諸潮流しか扱ってこなかった。第三世界のフェミニズムの多様な諸潮流にまで言及するにはあまりに力不足だが、世界的視野でフェミニズムを見た場合、一言触れておかねばならない問題がある。ナショナリズムとインターナショナリズムの対立である。

一九七五年国際婦人年メキシコ会議は、第三世界と「先進国」の代表どうしの「女の戦い」の場になったとマスコミに揶揄されたが、以来フェミニズムの国際会議ではしばしば似たような光景が繰り返されてきた。第三世界の女性たちは、男性支配よりも貧困と「先進国」による収奪の方が切実な問題であるとし、フェミニズムのみにこだわる「先進国」女性のエスノセントリズム（自民族中心主義）を批判する。また、同じ「フェミニズム」と言っても、アフリカにはアフリカ、太平洋地域には太平洋地域の固有のフェミニズムがあってよいと主張する。フェミニズムが「先進国」の範囲を超えて拡がるとき、文化による変異はいったいどれほど大きいものなのか。他の言い方をすれば、フェミニズムは「文化の異質性」と、それらにまたがって生じる「近代化の普遍性」との、どちらにより多く規定されるものなのか。

今日の世界では、第三世界、欧米を通じて、イスラム教や新・旧キリスト教などの宗教的原理主義と歩調を合わせ、ナショナリズムが強化される傾向が現われている。その中で、人工妊娠中絶反対、女は家庭に、など、これまでのフェミニズムの成果に逆行するような動きが強まっているのも事実である。「文化の異質性」を重視するフェミニズムは、それに対していかなる立場を打ち出しうるだろうか。

非欧米先進国の筆頭である日本におけるエコ・フェミと雇用平等法をめぐる論議にも、これと同型の構図があらわれている。伝統的な自然と生活のあり方を保持しようとするエコ・フェミは、「文化の異質性」からナショナリズムを帰結しやすい。長谷川三千子氏は「文化の生態系」という概念によってエコ・フェミと日本主義を結合し、日本型フェミニズムのあり方を示して見せた。これに対し、雇用平等法推進派は、国連の女子差別撤廃条約をひとつの拠所としているように、インターナショナリズムの立場に立った。第三世界のフェミニズムの抱える問題は、われわれ日本人にとってもけっして他人事ではないのである。

ナショナリズムとインターナショナリズム——世界的視野においてフェミニズムをとらえる見方は、これからますます重要になっていくに違いない(2)。

［注］

1　有賀夏紀はナンシー・コットを引いて、「フェミニズム」の語を最初に用いたのはフランス女性参政権運動の創始者ユベルティーヌ・オークレールであったとしている（有賀一九八八）。

2　本論文執筆の過程で藤枝澪子さんより多くをご教示いただいた。感謝の言葉を申し添えたい。

12 「近代」とフェミニズム
——歴史社会学的考察——

1　なぜ「近代」か？

フェミニズムや女性をめぐる論説の中で、ひとつの焦点のように浮かび上がってきた言葉がある。「近代」がそれである。女性の差別や抑圧からの解放のために、なぜ「近代」などという持って回った大問題を立てなければならないのかと、疑問に思う向きも多いことだろう。しかし最近の論争ばかりでなく、一九世紀以来のフェミニズム思想史を振り返ってみても、「近代」は、ときにより表現こそ違え、フェミニズム理論にとって肝要な位置を占め続けてきたように思われる。これは、なぜなのだろうか。

この問いに答える前に、近年の論争の中での「近代」の扱われ方を見直しておこう。

「近代」はまず、それへの賛同と拒否とへ、フェミニズム勢力を二分する「踏み絵」として口にのぼってきた。見田宗介は『朝日新聞』の「論壇時評」で再三フェミニズムをとりあげているが（一九八五年一月二九日付、六月二八日付）、その把握の枠組は一貫して、フェミニズムの近代主義と反近代主義への分裂と前者の危険というものであった。たしかに、青木やよひらのいわゆる「エコロジカル・フェミニズム」と上野千鶴子らとの対立は、産業社会批判と、それを前近代賛美のアナクロニズムと呼ぶ反批判という意味では、反近代主義対近代主義の対立と名づけうるものだった。しかし、ことはそんなに単純だろうか。

興味深い出来事は、青木とその批判者たちが初めて顔を合わせた日本女性学研究会の一九八五年五月のシンポジウムで起こった（日本女性学研究会'85・5シンポジウム企画集団編一九八五）。「激突！」が期待されたそのシンポジウムで両者が気づいたのは、お互いの食い違いは「女性原理」という言葉を使うか否かという用語上の問題にすぎず（もちろんそれもとるに足らない問題ではないけれども）、何を憤りどんな世の中を作りたいのかというイメージは意外なほど共有しているということだった。青木の理想は、肉体的にも男であれ女であれ、一人の人間の中に「女性原理」と「男性原理」がバランスよく兼ね備えられることだと言うが、それはその反対派のめざす「男も女も家事も仕事もする社会」とどれほど隔たっていようか。青木と相容れなかったのはむしろ、山本哲士ら男性の「エコロジカル・フェミニスト」の方だった（青木・山本・栗原一九八三）。

江原由美子（一九八五）は、フェミニズムにおける近代主義と反近代主義の対立はその問題構制の制約から生じる「擬似問題」だと喝破している。近代社会は「幻想として女性を外におきつつ、内部システムの一部とするという矛盾」した構造をもっているため、女性解放論は「内部システムの一部として正当な権利を主張」する方向（男並み平等！）と「外にある女性としての幻想に依拠」する方向（母幻想！）とに一見分裂してしまい、互いに足元をすくいあう二重拘束状況におかれてしまうというのである。女性解放をめざす者が本当に望んでいるのは、そのように分裂することのない「自己の全体性の獲得」であるにもかかわらず。

「近代」をめぐるフェミニズムの状況はこのように一筋縄ではいかない。賛同、批判のどちらの立場をとるのかと性急にたたみかけてくる「近代」の磁場に抗して、どちらの立場もとらず、またどちらの立場もとろうとする苦闘――フェミニズムの歴史は、たしかにそういうものであったろう。しかしそれは具体的にはどのような様相を示し、またどのような社会構造や変化に根ざしていたのか。わたしたちはまずフェミニズム思想史を遡って、この抽象的な分析の骨組に、歴史的体験の肉付けをほどこすことから始めねばなるまい。

2 「近代」をめぐる思想史

母性保護論争

「近代」という問題がフェミニズム論の表舞台に登場したのは一九七〇年代、「ウーマンリブ」運動と多様な反体制運動のさなかのことだったと言われる。しかし最近のフェミニズム思想史の成果によれば、フェミニズムにおける「近代」という問題の起源はさらに遠く、フェミニズム自身の起源とほとんど同じくらい遠くまでたどることができるようだ。従来、ブルジョワ派と社会主義派の対立がすべてをおっているかのようにとらえられてきた「フェミニズムの第一の波」(一九世紀後半から戦間期くらいまでの女性運動の高まりをさす)の中にさえ、目をこらして見れば、「近代」をめぐる葛藤が身をひそめているのがわかる。

さて、「第一の波」における「近代」をめぐる葛藤と言ったときにまず念頭に浮かぶのは、大正期日本で平塚らいてう、与謝野晶子らによってたたかわされた「母性保護論争」ではなかろうか。[1] この論争は一般に、らいてうの母性主義と晶子の近代個人主義の対立を軸にして展開されたと言われている。「母性主義」とは、女性の固有性を「母性」に見て、子どもを産み育てるという女性の役割をより一般的な価値に高め、そこに近代生活で失われがちなものを見出したり、かつてあった全体性の回復や共同的なるものの再生の拠り所としようとしたりする思想と考えればよかろう。「母性主義」は、したがって、反近代主義への傾きをかなりの程度もっている。わが国のフェミニズム思想史は、その本格的幕開けの「母性保護論争」から、「近代」へのフェミニズムのかかわり方を主題として始まったのである。

しかし、ここでも対立は単純ではない。

まず、らいてうや晶子は、母性主義なり近代個人主義なりをそれ自体として主張したわけではおそらくなかろう。彼女たちの人生と主張との間に皮肉な逆説がある。晶子は『青鞜』創刊当時すでに、「智的婦人としては世にも稀れな」(らいてう)多くの子をもつ母であった。

知らざりしかな昨日まで/わが悲しみをわが物と/あまりに君にかかはりて/君の笑む日をまのあたり/巴里の旅に見る我の/あはれ何とて悲しきか/ああわが心已む間なく/東の空にとどめこし/我子の上に帰りゆく

(「巴里雑詠」『青鞜』二巻九号)

晶子のうたは、自立した女の自我にも否応なくまつわりついてくる子への思いをうたっている。晶子の近代個人主義は、母であることの歓びも労苦も知り尽したうえで、それに浸りきりたくはなく、浸りきることもできない自我の支えのようなものではなかったか。

らいてうはそれとは逆に、産まない女であることから出発した。「新しい女」をもって任じ、「自己を重んじ、自己の仕事に生きてゐるものはさう無暗に子供を産むものではない」(「独立するに就て両親に」

分の愛の中にも潜んでゐる」（「個人としての生活と性としての生活との間の争闘に就いて（野枝さんに）」『青鞜』一九一四年二月）と公言してはばからなかった。そのらいてうが「母たらむとする欲望が実は自分の愛の中にも潜んでゐる」（「個人としての生活と性としての生活との間の争闘に就いて（野枝さんに）」『青鞜』一九一五年九月）ということを「だん〴〵と意識しはじめ」、ついに実生活でも妊娠・出産に踏み切り、育児も含めたその体験のおそろしさ、厭わしさとともに、不思議な希望、期待、今まで想像もつかなかった喜び、驚異について書くようになる。らいてうはこのとき、体験により狭隘な「近代的自我」が押しひろげられるような感覚を味わったに違いない。しかしらいてうのこの翻身は、ただ体験により外側から促されてのことではなかったろう。らいてうは「不必要なほど緊張しながら」（西川祐子）、すなわちおそらくかなり観念的に、妊娠と育児を体験した。彼女がフェミニズムを思想的に深化させていく過程で、どうしても必要となったスプリングボードが「出産」だったのではなかったか。

このようにらいてう、晶子は、それぞれ母性主義、近代個人主義を唯一無二の理想として提唱したのではなく、より高次の全体性をめざす道筋で、そのときの必要に応じて片方に比重をかけて主張したのであるように思われる。

また、らいてうの「母性主義」を簡単に「反近代主義」と決めつけてよいのかについても疑問が残ろう。たしかにらいてうは、エレン・ケイに傾倒しはじめた最初から、「女よ、人たれ」という女権論的問題構制は「男子の手によって造られたる現存の文明、その社会組織に対する深き理解と思慮とを欠い」（「母性の主張に就いて与謝野晶子氏に与ふ」『文章世界』第一一巻五号、一九一六年五月）ていると指摘し、婦人労働一般ではなく「現代産業組織のもとに於ける労働状態」（同右）が悪いと述べるなど、明らかに近代産業社会批判を主張の根幹に据えていた。しかし、そこからいてうが導いたのは、理念的な前近代社会の美化や近代産業社会の全面的破壊ではなく、あくまで現実的な社会改良すなわち国家による母性保護の要求であった。これを単純な反近代主義と呼ぶことはできない。あえて言うなら、社会主義や福祉国家主義がそうであるように、らいてうのめざしたものは、近代主義と反近代主義の「弁証法的」かつ現実的な乗り越えであった。

「母性保護論争」はエレン・ケイに代表される西洋思想の輸入でもあったが、同時に工場労働者の六割までが女子であるという当時の日本の社会的背景に根ざしてもいた。中産階級の生じつつある女権意識とそれと裏腹な「女は家庭に」という規範が、労働者階級の現実をまのあたりにして何らかのかたちをとろうとしたのが、この論争だったということもできよう。社会主義や社会政策など、ちょうど世界的に高まりを見せていた国家介入主義の思想の影響も大きかった。この後、「母性主義」の流れは高群逸枝という人を得て反近代主義のラディカリズムを一層強め、復古的日本主義と重なり合っていく。そして戦後も母親運動へ、また石牟礼道子や森崎和江らへと受け継がれて日本の女性思想の底流となり、表面を華やかに飾る近代個人主義を脅かしつづける。

欧米の「第一の波」

欧米における「フェミニズムの第一の波」は婦人参政権獲得運動とほとんど同義だったという誤解がある。公的・政治的世界における平等しか眼中にない近代主義者のブルジョワ・フェミニストと、それに対抗する社会主義者との競合だけが、第二次大戦までのフェミニズム運動のすべてだったというのである。しかし、これは全く真実ではない。

フェミニズム運動を研究している社会学者フリーマンの言葉では、「第一の波」も「初期には、女の生活のあらゆる側面に関心を示した、広範で多面的な運動であった」(Freeman1975)。職業選択の自由や女子教育、女性の社会的活動などの公的領域における要求とならんで、離婚権・親権・財産所有権などの家庭内での女性の地位や権利に関する要求も多く出された。自由恋愛を奔放に実践して、結婚制度を拒否したり、中絶の合法化・私生児の権利承認などを主張したりする、当時としてはきわめてラディカルな女性たちもいた。男女で異なる道徳の二重基準の排斥や、女性の身体を締め上げるファッションからの解放など、他にも多様な目標が掲げられた（姫岡〔一九九三〕など参照）。

ドイツやフランスなど大陸圏を中心とする「母性主義」の登場も重要である。「母性主義フェミニズム」は母性社会日本の文化的特殊性であるかのように説明されることがあるが、歴史的事実はそうではない。例えばドイツでは、代表的な女性団体であった「ドイツ婦人団体連合」（ＢＤＦ）の指導者ヘレーネ・ランゲやゲルトルゥト・ボイマーなどが「母性主義」を唱えた。ボイマーは、近代文明による人間関係の物象化や個々人の大衆的原子への解体を克服する「民族共同体」を樹立するために、自然になじみ人間性と暖かい情感にあふれた、調和と回復の原理である母性原理のインパルスを強調した。母性を単に出産やわが子の養育などの私的な領域に限定せず、公的な領域における母性理念の貫徹こそ重要だと訴えた。

このような思想の萌芽は「女性独自の視点」の主張というかたちで一八六〇年代から見られるが、「母性主義」として確立されて女性運動の中心的イデオロギーとなったのは一八九〇年代のことのようだ。そしてやがて、日本の場合と同じように、国家による共同性の回復を唱えるナチスの台頭を女性運動がほとんど抵抗なく受け容れる素地となっていく（住沢〔一九八五〕、姫岡〔一九九三〕）。

欧米の「第一の波」の歴史的展開を見ていると、もちろん現実の運動過程は複雑で巻き返しや偶然の飛躍に満ち満ちてはいるのだが、漠然とながらある趨勢が見出せるような気がする。フリーマンは前出のように、初期には多面的だった運動が、「終わり頃になると、主として二種類のフェミニストたち――婦人参政権論者と改良主義者――の関心をつかんだにすぎないものになってしまった」と言っている（Freeman 1975）。改良主義者とは男性にはない女性の徳性により社会を改良しようと主張する人たちをさすので、「母性主義者」と重ねてイメージしてもよいだろう。

こうしたことをまとめると、一九世紀の最後の一〇年頃から何らかの大きな力が強まってきて、多様な方向を包摂しようと努めていた初期の運動の緊張がついにゆるみ、参政権と母性主義の両極へと分解してしまったという図柄が描けそうだ。これを近代主義と反近代主義への分解と言いかえてもよいかもしれない。

しかし、現実はさらに興味深い。参政権論者は二〇世紀になると方針を転換し、これまでの「権利」にかわって、「社会改革のために婦人参政権が必要である」という主張を前面に出すようになった。女性は平和を愛し、男性よりもはるかに道徳的だからというのがその理由である（姫岡一九九三）。参政権論者と母性主義者の間には論理的な同盟関係が結ばれた。自由恋愛や性の解放を唱える家庭破壊的で「破廉恥な」フェミニストは、女の足をひっぱるものとしてどちらの陣営からも切り捨てられた。付け加えて言えば、当時のフェミニズムのもうひとつの一翼を担っていた労働運動の中でも、第一次大戦頃から革命的路線がいわゆる修正主義にとって替わられ、女性の家庭役割を前提にした母性保護など社会政策的要求が主な活動となっていく。

「第一の波」のフェミニズム運動は、最後にはいくつかの方向に解体したかのように見えるが、実はそれらの間には実に整合的な関係が成り立っていた。その整合性のかなめとなっているのが女性の「家庭役割」である。果たしてこれは何を意味しているのだろうか。「第一の波」の終熄以降五〇年のフェミニズムの沈黙の時代は、「家庭崇拝」（cult of domesticity）が花開いた時代でもあった。

ウーマンリブ運動

さて「近代」をめぐる思想史を締めくくるにあたり、一九六〇年代末の世界にセンセーションを巻き起こした、あのウーマンリブ運動に触れないわけにはいくまい。この盛り上がりを契機として、フェミニズム運動は「第二の波」を迎えたと言われる。

ウーマンリブあるいはその余波を体験した者には意外なことだが、リブは「男並み」になろうとする女性の自己主張という近代主義的な運動だったとの誤解が世間では通用しているらしい。しかし実態は、女であることを、身体やセクシュアリティの次元まで含めてまるごと肯定することから出発したのがリブ運動の最大の特色であり、生産至上主義の「男の論理」に人間性あふれる「女の論理」を対置する論法は、近代社会批判そのものだった。とくに日本のリブは新宿リブセンターに代表されたように反近代主義への志向が強く、運動の最盛期を過ぎたあとは自然食運動、共同保育運動や鍼灸・整体などの方向へ流れていった。

前出の江原由美子（一九八五）は、近代主義対反近代主義という擬似的対立をズラし、あるいは矛盾を生きぬくことで「自己の全体性を獲得」しようとする女性運動の代表として、日本のウーマンリブ運動を挙げている。リブは、現代社会の内部で生産性の論理に従って生きることも、外部を象徴する母幻想に自らをだぶらせることもともに拒否した。ただし、その両方向への斥力はつねにリブ運動を危機にさらしつづけ、七五年以降の崩壊現象は、まさにその二極分解として起こったと江原はとらえている。

ここでひとつの問いが頭をかすめる。日本はともかく欧米ではどうだったのかという問いである。人工生殖を提言したファイアストーンの印象の強烈なラディカルフェミニズムは、やはり「女の男化」をめざす近代主義の極限のような思想ではなかったのか。

この問いに答えるには、まずは彼女たちの著書を開いてみるのがよかろう。ファイアストーンの主著『性の弁証法』は「打倒子供時代」「愛」「ロマンスの文化」などを章題に掲げ、大部分のページ数を近代社会の性、愛、再生産の批判に費している。女性の抑圧は全人類史を貫いているとは言うが、批判の主眼が「近代」にあるのは、アリエスの近代家族論を引いていることからも明らかだ（Firestone 1970）。同じくラディカルフェミニズムの代表的論客ミレットの『性の政治学』も一九世紀以降を批判的分析の対象にしている（Millet 1970）。また、彼女たちの運動の作り方自体にも近代批判が明瞭に表われていた。リーダーを作らない小グループ制、運動の効率を度外視したメンバー相互の意識変革の重視などは（Freeman 1975）、同時代の反体制運動の中でもとりわけて「反近代主義」的だったと言えよう。

こうしてみると、問題は逆転する。これほど近代批判の色調の強い彼女たちの思想に、少なくともいったんは「近代主義」のラベルを貼れるような気がしたのはいったいなぜだったのだろうか。

あらためて見直すと、人工生殖、レズビアニズムなどの彼女たちの主張は、およそ「近代」の良識の内にあるとは言いがたい。なのにそれを「反近代主義」の側に位置づけなかったのは、それがわれわれのもっている「反近代主義」のイメージ——回顧趣味的で共同性志向——にそぐわなかったからでしかない。しかし、「母」に寄りそわない近代批判があってもいいではないか。ラディカルフェミニズムは「近代」を批判したが、それはもはや従来の「反近代主義」とは異なる地平での批判だった。ラディカルフェミニズムの主張が人々になかなか理解されず、時により「近代主義」とも「反近代主義」とも名づけられたのは、それがまさに近代主義対反近代主義の対立軸を超えているから、「第二の波」として新しい地平を拓いたからではなかったか。

「第二の波」について重要なのは、それがまさに今、「第一の波」とははっきりと異なる経過をとりつつあることだろう。「近代」と「反近代」への両極分解などという図式を無理にあてはめれば、なるほど歴史は繰り返すと言えなくもないが、それでは大きな違いが見逃されてしまう。

違いの最たるものは、「第一の波」では運動の趨勢を決めるのに暗に、しかし決定的な影響を及ぼしたと思われる女性の「家庭役割」が、今回は著しく揺らいで、それ自体論議の俎上に引き出されていることだろう。「第一の波」でも女性の「家庭役割」に疑問をさしはさんだ人はいた。しかし、男性の家事参加や男の「女並み」平等（上野千鶴子）まで堂々と主張する方向へはいかなかった。だが今日では性別役割分担の見直しはむしろありふれた主張である。この違いは相当に根深い。

今日ではさらに、性役割の解体ばかりか、性別そのものの解体まで進んでいる。ゲイ、バイセクシュアルなどの公然たる登場は、男対女という二元論をそもそも無効にしてしまうという意味で、フェミニズムにも本質的な問題を投げかけている。二元論にあくまでもこだわった「第一の波」とは異質な方向を、「第二の波」はとりつつあるのである。

「第二の波」についての最後に、現在の日本の状況について一言付け加えておこう。「第二の波」は近代主義対反近代主義の対立の地平を超えつつあるといま述べたばかりだが、日本でもフェミニストの大勢はそちらの方向へ向かってはいるものの、反近代主義の影響力も依然として無視できない。前節でふれた「エコロジカル・フェミニズム」も、自然に価値をおき（エコロジー）、自然につながる女性原理が「世界を救う」と主張する代表的な反近代思想である（青木一九八三、一九八五、一九八六）。こうした状況の原因を、自然に親しみ「母」に甘える日本の文化的特殊性に求める人々も多いが、そうすれば論理的に日本には長谷川三千子流の「日本主義フェミニズム」しか成り立ちえないことになる。しかしこのナショナリスト的な分析で本当に正しいのか。次に、ここまで見てきたフェミニズム思想史の「近代」をめぐる苦闘を、フェミニズム理論や社会・歴史理論の最新の成果と合わせて整理してみよう。

3 「母性主義」とは何か

「近代」とフェミニズムとの関係を解き明かすために、鍵となるのは「母性主義」であろう。母性主義はフェミニズムで「近代」が問題となる歴史の節目には必ず顔を出しており、おそらくは対抗者のつねとして、「近代主義」よりも明確な体系をもっているからだ。ここでは「母性主義」という言葉を広義に用いて、「母性」とまでは言いきらない場合でも、「エコロジカル・フェミニズム」なども含めて、性差を肯定的に強調するフェミニストの全体を「母性主義」の名の下に思い浮かべるようにしよう。

思想史を振り返ってわかるのは、「母性主義」の理論的骨格は意外に単純だということだろう。基本にあるのは秩序と渾沌、あるいは文化と自然という、西洋思想のおなじみの二元論である。そして男女の間に本質的な性差を認め、男性性を前者に、女性性を後者に対応させ、後者による前者の批判という反近代主義的な価値評価を付け加えれば、「母性主義」ができあがる。日本の「母性主義」も、さらに前者を西洋、後者を日本に対応させるというアナロジーをもう一度重ねて、「日本の母性」の意義を一層強調するという点を除けば、論理構造は変わらない。

この論法は、西洋思想史のなかでもまったく奇抜というわけではない。もちろん西洋思想史の主流は文化を自然より、男性を女性より優位におくのだが、それに対して異議を唱えた反主流の哲学、たとえばニーチェや生の哲学など、一九世紀後半の産業社会への嫌悪や西欧没落の危機感のなかで高まってきた反理性の哲学は、理性に対する直観、知に対する生、すなわち人智による不断の秩序化のなすがままにはならないカオティックなエネルギーの信奉を基本モチーフとしている。

ニーチェやその先人ショーペンハウエルは女性嫌い、女性蔑視で「悪名高い」が、それは現実の堕落してしまった女、とくにフェミニズムなどを唱える男性化した女についてのことであって、理性、秩序などの「男性原理」の対極にある生、渾沌などの「女性原理」については賞讃を惜しまない。ニーチェは著作の中で、創造性の比喩として妊娠、出産にたびたび言及している。ニーチェの後裔を自任している現代フランス哲学も、「ポスト・モダン」な粉飾はほどこしているものの、ギリシャ以来の西洋文明の「ファロゴセントリズム」（男根的ロゴス中心主義）を解体するのに「女性」に多くを托しているのは変わらない（大越他一九八五）。

こうしてみると、「母性主義」を論じるにはただフェミニズム思想や女性論だけを見ていてもらちがあかない、西洋思想の根幹を見すえねばならないということがわかるだろう。

問題は自然と文化の二元論である。西洋思想では、自然と文化の区別はどんな社会にも存在し、しかも文化が文化たるからには、つねに文化を自然より上位に価値づけていると考える。レヴィ＝ストロースらの構造主義はこうした認識を理論化して打ち出した面があったから、それを女性論に応用した女性人類学者シェリー・オートナーは、模式化してみれば、

自然＜文化……………①

女性／男性＝自然／文化……②

∴女性＜男性……………③

という単純な三段論法で、女性の劣位の普遍性を論証したと考えた（Ortner 1974）。ニーチェや母性主義の主張は、あくまでもこの①〜③という強い通念を前提として、①と③の不等号を逆転させようとするものであったから、あれほど悲壮でロマンティックな意味合いをもったのだ。

しかし、自然と文化の二元論は本当に普遍的なのだろうか。

オートナー説は一世を風靡したが、その後多くの実証的な反論にさらされた。たとえばストラザーン（一九八〇）は、ニューギニア高地のハーゲン社会での綿密なフィールド・ワークに依拠しながら、オートナーの「自然／文化」概念は西洋的偏向をもっており、ハーゲンの人々はそのような対立概念を用いてはいないと指摘した。強いて類似した対立概念を見つけ出してきても、それと「女性／男性」は重なり合うどころかクロスしてしまう。それよりも、わざわざニューギニアの例などもちださなくとも、自然にことさら逆らわぬ生き方をよしとする考え方も知っているわたしたちには「自然／文化」二元論の偏向はほとんど自明であろう。

さらに興味深いことに、「自然／文化」二元論は西洋の伝統であるとさえも言いきれず、一八世紀頃に強められた近代的な考え方であるらしい。「自然」概念を、「文化」や「社会」あるいは「教養」、「法」その他に対するイデオロギー的挑戦の武器として頻繁に用いるようになったのは、ルソーをはじめとする啓蒙の思想家たちであった（Block & Block 1980）。一八世紀イギリス思想最大のキーワードも「自然」であったと言われている。一九世紀になると産業社会化の進展に対する思想的反動で、「自然」概念は一層強調され、価値評価も上昇する。

「自然／文化」二元論とならんで、女性と男性をそれぞれ自然と文化に対応させるしかたもまた疑わしい。オートナーにもどれば、②の等式にあたるが、オートナーはこれを、女性は出産機能をもつという身体的特殊性とそれに関連した授乳や幼児の世話で「家内関係」（domestic context）に縛られるという理由のため「自然」に近いとされる、と説明している。しかし、女性の社会的役割が何をおいても母親であることとなったのは西欧では一八世紀以降のことであり、「家内的」な領域すなわち「家庭」が、他の社会領域からくっきりと区別されるものとして切り出されてきたのもまた同じ頃のことでしかない。フィリップ・アリエスをはじめとする家族史研究者は、この変化を「近代家族」の誕生だと考えている。

さて、奇妙なことになってきた。自然と文化の二元論も、それを男女にふりわけることも、オートナーに集約される西洋思想の動かぬ前提であったはずなのだが、それらはどうやら一八世紀以降の西欧にしかあてはまらぬ特殊な命題にすぎないようだ。「敵」の根拠が切り崩されて「母性主義」の好機到来かと思うと、これがまたそうではない。「母性主義」もそれらの前提を共有しているからである。「文化」の支配、「男性」の優位という現状を堕落と見て、永遠の真理を託したはずの「自然」や「女性」もまた「近代」の産物であったとは……。「敵」（正統的西洋思想）のアキレス腱はそのまま、「母性主義」自身のアキレス腱でもあった。

「母性主義」の近代性は、別の側面からも見出せる。現実の政治勢力としての「母性主義」が、「第一の波」において「母性保護」などの社会政策に力を入れたのは前にも見た。彼女たちは優生思想を掲げて、よき国民を産み育てるために「母性」の保護を、とうったえた。「母性主義」は「国家」を要請するのである。思想的に洗練された「母性主義」は、ニーチェの場合のように「女性原理」の豊饒な渾沌を活性化させようとする一方で、それに秩序を与えて併呑する真の「男性原理」をも希求する。「男性」と「女性」のダイナミックな調和――なんと完全な理想！　しかしその「男性」とは、ナチス・ドイツを典型とするような強大な国家であった。

「国家」は次の時代に勝利をおさめる。ファシズムのみならず、福祉国家もマルクス主義も、「近代」の弊害を「国家」の介入により統制しようとしたのは変わらない。「母性主義」は結局、思想的にも政治的にも「近代」を否定しはしなかった。そればかりか、来たるべき時代を先取りして「国家」を要請することで、「近代」の車輪を弁証法的に新しい局面へと進める手助けをしたのである。

4　フェミニズムの歴史社会学

フェミニズムは「第一の波」から「第二の波」まで、「近代」を終始問題にしてきた。しかしその問題設定が近代主義対反近代主義などと割り切れるほど単純ではないのは、これまで見てきたとおりである。

思想史をふりかえって気づくのは、フェミニズムは「近代」を陰に陽にさまざまに論じながらも、自分自身も近代史の中にどっぷりと埋め込まれているということである。「近代家族」や「近代国家」が、黒子どころか主役を演じているようにさえ見えることがある。フェミニズムは、他の思想や現象を一方的に断罪する資格のある特権的な立場などではなく、当たり前のことだが、それ自身ひとつの歴史現象なのである。

そこでわたしはフェミニズムの分析方法として、これまで主に用いられてきた主意主義的な側面に注目する社会運動論的アプローチや、イデオロギーとしての内容を取り扱う思想史的アプローチなどに加えて、時代の集合心性（マンタリテ）や社会構造を映し出すものとしてフェミニズムをとらえる歴史社会学的アプローチを提案したい。その手はじめとしてここでは、本章の締めくくりにかえて、フェミニズムと近代の社会変動についてのひとつの仮説を示そう。もちろんこれは仮説である以上、かなりの単純化を行なっており、これからの研究の深まりによっていくらでも訂正すべきたたき台でしかない。しかし、「近代」をめぐるフェミニズムの試行錯誤というテーマを時代の中で立体的に読み解くために、何ほどかの役には立つのではないだろうか。

わたしの仮説は、一言で言えば、一九世紀の後半から次第に輪郭を現わし二〇世紀の初めに確立し一九六〇年代の半ばからまたゆらぎつつあるひとつの時代があって、その時代の始まりと終わりの社会規範が動揺している時期にフェミニズムは二回の高まりを経験した、というものである。「ひとつの時代」とは、一般的には産業化の影響が全社会領域を支配した時代と言えるかもしれないが、わたしたちの文脈では「近代家族」と「近代国家」の全盛期と言った方がよかろう。この時代はときには最も典型的な「近代」と呼ばれ、ときには「近代」の変質期とされるが、要するに一六世紀から始まる広い意味での「近代」の一局面である。その始めと終わりの変動期には同じような規範が問題となるので、一時は同じような議論が噴出するが、変化の方向は違うはずなので、次第に議論の大勢は異なる方向へ落ちついてゆくと思われる。

もう少し詳しく説明しよう。

「第一の波」では、「多面的」であった運動が時とともに「婦人参政権獲得運動」と「母性主義」という二つの傾向にまとまっていった。二つの傾向は、公的領域における平等志向と性差重視で、一見すると近代主義と反近代主義の対立ととられかねないが、実際には女性の「家庭役割」の尊重という一点で、両者は巧妙に結びついていた。

この微妙なバランスを保った変化を、公的領域と家庭領域の分離の明確化あるいは「近代家族」の誕生という、この頃の大きな社会史的変化を背景として理解したい。「近代家族」の起源はこの時期より一世紀近く遡り、ルソーによる宣伝などがよく知られているが、一八世紀に「近代家族」化しはじめたのは、人口の一部の中産階級でしかない。人口の圧倒的多数が「近代家族」化するには、「近代家族」の指標として何をとるかにも関係するので一概に言うのはむずかしいが、一八七〇年代から一九三〇年代あるいは四〇年代頃までかかったのではないかと考えられる。「近代家族」は母子・夫婦の愛情をきずなに親密圏を作って内に閉じこもり、職業・政治など外の世界に対する防波堤を作りはじめた。女性は「母」、「主婦」という「家庭役割」をもっぱら担うものとされ、「家庭崇拝」が世間をおおった。

少しばかり理論的に言えば、公的領域と家庭領域の分離は、公的領域における人間の平等と、家庭領域に属す人々（女、子ども、老人、病人など）の「平等」からの排除という、二つの規範の間の齟齬を生み出した。規範の齟齬は人々を居心地悪くさせるので、前者の規範を社会全域に貫徹させようとする「フェミニスト」と、後者の規範を優越させようとする「家庭崇拝」論者をはじめとして、さまざまな思想的解決が試みられた。この観点から見れば、形式的平等を象徴する「参政権獲得運動」と「母性主義フェミニズム」の組合せは、「男女は人間としてどちらも尊いが本質的に異質である」あるいは「女性は男性が果たしえぬ役割を担うからこそ（男性同様に）尊い」という論理で二つの規範を両立させる画期的な解決である。公的領域と家庭領域の二つの領域が相互補完的に両立しなければならない「近代」社会の安定にとって、このイデオロギーが果たした役割は大きい。

フェミニズムは、「近代家族」と共に、それへの反発として成立した(2)。しかし「近代家族」が社会規範として定着するにつれ、次第にそれと折り合いのつくかたちへと変貌していったのではなかろうか。婦人参政権、母性保護、産児制限など「第一の波」の成果と言えるようなものはみな、「近代家族」体制を支えるものであった。先ほど「国家」について母性主義は時代を先取りしたと書いたが、それは「家族」についても同様で、母性主義は二〇世紀の「近代家族」の黄金時代をイデオロギー的に準備したとも言えるのである。

では、「第二の波」はどうなのだろうか。「第二の波」の「第一の波」と際立って異なる特徴は、女性の「家庭役割」、性別役割分担が疑われ出したことであった。性別役割分担への批判は、いまや国連の女子差別撤廃条約にも明文化され、既婚女性の職業進出が激増したばかりか、男性も育児や家事に参加するべきだと考えられ始めている。性別役割のみでなく、離婚率の上昇、親子関係の変質などの面からも、「近代家族」の危機は取沙汰されている。「近代家族」が全く消滅してしまうかどうかについてはまだ断定できないが、少なくとも性別役割がもとにもどる可能性はあまりない。したがって、フェミニズムも新しい方向へむかうのではなかろうか。

母性主義は、「近代家族」的マンタリテのフェミニズムへの投影だから、わたしの仮説が正しいとすれば、「第二の波」ではあまり力をもてまい。「エコロジカル・フェミニズム」、「女性文化の創造」論者、エイドリエン・リッチやジュリア・クリステヴァなど、母性主義的な傾向もないわけではないが、それらは政治的にも思想的にも少数派で、むしろ過渡的なもののように思える。

「第二の波」の主流となりうるのは、したがって、「反近代主義」ではない現状批判の視点をもつフェミニズム以外にない。とりあえずは「脱近代主義」とでも呼んでおくが、このような名称にはたいして意味はない(3)。面白いことに、今日批判されている「近代」の中味は、「第一の波」の母性主義が批判した「近代」(自由主義的・市民社会的)と同じではなく、母性主義(やマルクス主義)がその成立に手を貸した一九世紀末からの「近代」(管理主義的・国家介入的)の方に近い。おそらく「近代」とは、各時代ごとに体制に貼りつけられたレッテルでしかないのだろう。今日の批判者（たとえば「脱近代主義」）も明日には体制の一角を担って、新たな批判者から「近代」のレッテルを貼られるかもしれない。

「脱近代主義」フェミニズムがいかなるものかは、今はまだ明確に語ることはできないが、とりあえず「性差」は強調されなくなっていくだろう。性別役割がゆるみ、女性は職場に、男性は家庭にもっと参加するようになる。衣服や化粧、言葉づかいの性別規範をゆるめ、さらにはホモセクシュアル、バイセクシュアルなど性的な趣味を多様化する方向にも、フェミニストは同意してゆくことになろう。(4)「性差」の否定は人間の均質化を推し進めると危惧する意見があるが、考えてみれば「性差」の重視こそが、人ひとりひとりの多様性を男女という二つのカテゴリーに切り縮めているのである。「性差」からの解放は、むしろ人々の多様性の解放である。

また、「脱近代主義」フェミニズムの影響は両性間の関係を変えるだけにはとどまらず、社会全体に及んでいくことになろう。たとえば性別役割の流動化のためには、労働時間の弾力化や育児・家事の社会評価の確立が必要だ。当面の実践者たちは四苦八苦するとしても、やがては職場も含めた社会全体のシステムが改まらざるをえまい。

かつてウーマンリブ運動は「個人的体験の政治化」をスローガンにして、夫との日常的権力関係や化粧をすることの意味までも問い直し、政治と生活の二分法を撤廃しようとした。これはわたしたちの文脈では、公的領域と家庭領域の分離に挑戦するという、きわめて重要な意味をもっている。興味深いことに、今日「情報化」「消費社会化」などの名のもとに進みつつある変化は、仕事の「遊び」化（自己充足化）や在宅勤務の実現など、フェミニズムの主張に当たらずといえば遠からずの線を描きつつある。(5)フェミニズムは今回もまた社会全体の根本的な変動にかかわってゆくことになるのだろう。その結果実現される社会が人類永遠のユートピアだなどということは、今回もまたありえないのだろうけれど。

ところで、わたしたちにはまだ「日本」という問題が残されている。「脱近代主義」フェミニズムが優勢な「第二の波」の中で、日本では依然として「反近代主義」も弱くはない。わたしはこれを、日本の家族変動が欧米と同じ経緯をたどっていないためだと考えたい。

断わっておくが、固定した「日本の伝統」をもちだしているのではない。「家」制度は、もともと江戸時代から明治にかけて歴史的に成立した制度だが、第二次大戦後の高度成長で根底から変容をとげた。しかしその変化は、「家」から「近代家族」へ、と単純には言いきれないものだった。高度成長で生み出された日本の家庭は、マイホーム主義で家族の情愛を重んじる反面、嫁姑関係や父系の重視など「家」的性格も受け継いでいた。それゆえ現状を批判するフェミニズムは、「近代家族」からの解放という「脱近代主義」の方向と、「近代家族」の完成をめざす「反近代主義」（という名の近代思想）の方向とを、合わせもつことになった。

しかし今後、母性主義的な「日本的フェミニズム」が「近代家族」と「国家」とを根拠にしながら台頭してくる可能性はほとんどなかろう。現実の家族変動は、既婚女子労働の定着や婚前・婚外性交渉の増加など、「近代家族」確立とは程遠い方向に向かっているからだ。国際情勢を見ても、世界的な流れに逆行して「近代家族」と「国家」を再強化する方向をとるには、日本はあまりに「国際化」し、国際社会で重きをなしすぎている。社会全般についても家族についても、「日本的特殊性」は急速に意味を失ってゆくのではなかろうか。またそうでなければ、日本のためにも世界のためにも憂慮すべき事態になるだろう。

「第二の波」の「母性主義」は、エコロジカル・フェミニストの地域主義的性格やクリステヴァらの反権力的な言論からもわかるように、「国家」を嫌い、すでに「第一の波」とは異なる様相を示している。あるいは「母性主義」も「脱近代主義」的に換骨奪胎されて、歴史の流れに加わってゆくのかもしれない。

フェミニズムはその始まりから、「近代」をめぐる言説をさまざまに繰り返してきた。それは、フェミニズムが「近代」の地平の上にありながら、その節目ごとに来たるべき時代を予感しつつ現状を批判してきたことの屈折した表現に他ならない。

フェミニズムは「近代家族」とともに誕生した。近代社会を構成する公的領域と家庭領域との齟齬が、フェミニズムを生み出したのである。近代社会は「幻想として女性を外におきつつ、内部システムの一部とする」ということの内実は、母性主義的な「永遠の女性」幻想をはぐくむ「近代家族」もまた、社会からの「避難所」などではありえず、近代社会の半分を支える近代的制度なのだということであった。

［注］

1　母性保護論争については、例えば次のような文献を参照されたい。香内信子（一九八四）、西川祐子（一九八五）、荒井とみよ（一九八五）、上野千鶴子（一九八四）、舘かおる（一九八七）。

2　アメリカ家族史の権威デグラーは女性の平等と家族の近代化との「不和」を主題とした著書の序文で、「女性解放運動とわたしが近代アメリカ家族と呼んでいるものがおよそ同時に出現したのは偶然ではない」と、その問題意識を述べている（Degler 1980）。

3　「脱近代」とは狭義の近代の終わりであり、広義の近代にとっては局面転換というほどの意味に考えてほしい。

4　「性差」の乗り越えについての男性の側からの呼応としては、渡辺恒夫（一九八六）参照。

5　二領域の分離した社会を「家父長制的資本制」として分析するのを得意としてきたマルクス主義フェミニズムは、最近の情勢を「家父長制なき資本制」と呼んで困惑をあらわにしている。

13 ビジュアル・イメージとしての女
――戦後女性雑誌が見せる性役割――

はじめに

「女は女に生まれるのではない、女を演じることによって女になるのだ」――社会とは役割を身にまとった個人たちが織りなすドラマであると考える社会学の立場に立てば、ボーボワールの有名な一節は、こう言い換えられるだろう。性役割とは、生物学的性差に基づくものでも、抽象的な観念でもない。性役割とは、他の役割と同様、日々の慣習化した振舞い（プラクティス）で繰り返し演じられることにより成り立っているものである。「女らしさ」は、「母親らしさ」や「主婦らしさ」、「娘らしさ」、「貞淑さ」や「官能性」、「内気さ」や「はつらつたる活動性」などの多様な要素の複雑な結合であろうが、その微妙な結合の仕方までが、ちょっとしたしぐさや言葉づかい、表情や服装、化粧などによって、初めて具体的で生き生きとした姿を得るのである。

本章は、おもに女性雑誌に載せられた写真や絵を資料として、戦後四五年の間、女性役割はどのように演じられてきたか、そのビジュアル・イメージの歴史的変遷を追うものである。図像資料を用いるのは、しぐさ、表情、服装、化粧などを演じられたままに近い具体性をもって知るには、図像表現によるのがもっとも適切だからである。そもそも戦後大衆社会の文化統合はテレビや写真などのメディアとしての図像の影響力なしには不可能だったろう。

もちろんメディアとしての図像は、その時代の人々の日常的振舞いそのものの記録でも平均を示すものでもない。女性雑誌の女性像が示すのは規範化された型、こうありたいと人々が願うような、あるいはいかにもありそうだと思うような「女らしさ」の表現である。しかしそれは「現実」と違うということではない。わたしたちは雑誌の中の女性に「自然な」女らしさを感じ、かえって日常生活の中で出会う現実の女性を変な女だと感じたりする。わたしたちの「現実感」は規範性に支えられている。

メディアの中の性（ジェンダー）の規範（ルール）を分析した代表的な先行研究としては、アメリカの社会学者ゴッフマンの『性の広告』をあげなくてはなるまい（Goffman 1979）。新聞や雑誌に載せられた商業写真が女や男を扱うときに、いくつかの型があることをゴッフマンは見出した。女性の手はつかんだりせずそっとタッチする。とくにこわれものを扱うようにそっと自分の身体に触れる。女性は男性よりも低い位置に身をおき、身体を曲げ、小首をかしげ、服従を儀礼的に表現する。女性ははにかみ、子供っぽく、男性にふざけかけられる。女性は無意識に唇に指を当て、うつむき、ものの陰に隠れ、状況から身を引いて責任を回避する。すなわち男女間の権力関係や女性の受動性が表現されているのである。

では、日本の場合はどうなのか。上野千鶴子は一九七〇年代末から八〇年代初頭の日本の広告写真を分析して、ゴッフマンの発見したようなルールを見出した（上野一九八二）。しかし日米の違いはそこでは論じられていない。そこで井上輝子をはじめとする女性雑誌研究会は、八〇年代半ばの日本、アメリカ、メキシコの女性雑誌の内容を本格的に数量分析して、社会による違いを比較検討した。ファッション・ページに現れた日本のかわいさ志向とアメリカのセクシー志向との対比、三国に共通して見られる白人美の規範化と文化帝国主義についての指摘は非常に重要である（井上他一九八九）。では、こうした文化的特徴は時代を超えて保持されるのか。ルールは歴史的に変わらないのか。そうした変化への関心から本章は出発する。

分析対象にする雑誌の選択基準としては、第一にその時代を代表するもので、人々がルールとして受け入れる規範性があったこと、第二に先駆的・実験的であるよりも発行部数が多く発行期間も長く大衆に広く支持されたものであることを考えた。これらの基準により、戦後すぐから一九六〇年代までの『主婦の友』、六〇年代から七〇年代半ばまでの『女性自身』、七〇年代以降九〇年までの『non・no』を基本資料として選ぶことにしたが、必要に応じ補助資料も用いる。資料の抽出法は五年おきに五月号を選ぶこと（夏冬や行事の多い時期は避ける）を標準としたが、重要な変化の画期と思われる場合にはその限りではない。

なお、分析の中心となるしぐさ、表情、姿勢などをマルセル・モースにならって身体技法と呼んでおこう。歩き方や座り方、食事の仕方に至るまで、あらゆる日常の身体の用い方は文化により型を与えられている。それが身体技法である（Mauss 1968）。その他、服装や化粧も役割にふさわしい自分を演出するための不可欠の装置といえる。身体技法や服装・化粧などの持つ意味は、まったくの異文化や遠い過去の場合には記号学的方法を駆使して解明すべきものだが、戦後日本については幸いわたしたちが実践的に身につけ共有している解釈枠組を活用することができよう。

1　戦後派娘から奥様へ――『主婦の友』一九四五～六五年

婦人総合雑誌の再出発

高度成長前を代表する女性雑誌といえば、なんといっても『主婦の友』（主婦の友社）だろう。一九五二年の雑誌週間にさいしての朝日新聞世論調査[1]によると、調査対象の全国六六九六世帯のうち四九〇世帯が『主婦の友』を買ったと答えており、全雑誌の中で『文藝春秋』『平凡』についで第三位に位置している。他に第五位『婦人倶楽部』、第六位『主婦と生活』、第七位『婦人生活』と並び、婦人総合雑誌の全盛時代だ。「主婦」と名がつくとはいえ、今日のように年齢層や嗜好による雑誌の「専門店化」が進んでいたわけではなく、一冊の雑誌を一家であるいは友人や近隣の人々で回し読みするのが普通だったから、実際の読者には結婚前の若い女性もかなり含まれていた。

敗戦後まもない四五年九・一〇月号の『主婦の友』は、紙質の悪い薄い冊子で、二色刷りの花の絵を表紙にしている。進駐軍を迎える日本女性の心得に関心が集中しており、漫画にも「米兵が女をさらひに来たぞよッ」と逃げるおばあさんが描かれ、混乱の中、まだ戦争と完全には訣別できていない気分がうかがえる。「ズボン式もんぺの作り方」はあるが、ファッションや化粧法にまではとても気がまわらず、広告もわずか二点しかない。

戦後派娘と白人への憧れ

さて、それが五年後の五〇年五月号になると、表紙はカラーイラストで、戦前以来の、そして今日まで続く女性像になっている。いかにも日本の庶民らしい丸顔で、髪にパーマをかけて、斜め上を見上げ、歯を見せて笑っている（図1）。時代の気分が大きく転換した様子が見てとれる。表紙にあふれる解放の気分は「戦後派娘の美しさ」などという記事にも表れ、「青い山脈」の歌詞に添えられた挿絵のスカート姿の若い娘たちは、あるいは脚を投げ出し、あるいはあぐらをかいて山の斜面に座り、その後七三年頃までついぞ見られない奔放なポーズを見せている（図2）。化粧やファッションへの関心も復活した。化粧品の広告はクリームなどの基礎化粧品を中心に約一五種類も並ぶ。

もう一つ五年前と対照的なのは、表紙にまで「別冊付録・初夏の婦人子供服――アメリカとフランスの新流行発表」の売り文句が刷り込まれ、あからさまな西洋崇拝が見られることだ。化粧品の広告にも「アメリカではファンデーションクリームとパンケーキ白粉を使うのがお化粧の常識です」（ピカソパンケーキ）とか、「欧米婦人はお化粧前にアストリンゼンを使う」（明色アストリンゼン）とかいったコピーが躍る。ただし写真やイラストに白人女性が登場するのは外国映画の紹介欄以外にはほとんどないのだが（半頁以上の大きさの写真かイラストに登場する人種判定可能な女性像のうち、日本人二四人、白人四人）。

また一見なんでもないことのようだが、その後の傾向と比べるとはっきりこの時期の特徴だとわかるのは、半身像の多さである（全身像八点、半身像二〇点、顔のみ二点）。伊東絹子がミス・ユニバース世界第三位になり八頭身美人という言葉を流行らせるのは一九五三年のことだが、それ以前の女性美の核心は全身のプロポーションより顔にあったことが確認される。

身体技法における主婦の誕生

さて、さらに五年後の五五年五月号を見てみよう。表紙のイラストの女性は童顔ながらかっちりとパーマをあて、口紅と眉墨をはっきり引いて、こちらをまっすぐ見ながらほほ笑んでいる（図3）。抑えた表情といい、あごに手を当てた人工的なポーズといい、五年前の奔放さはもうない。「戦後派娘」も落ち着いたものだといおうか、いい若奥様を感じさせる。

巻頭のグラビアはおもに白黒だが頁数が多く、ビジュアル化が進んでいる。まだ雑誌の専門店化以前なので、若い未既婚の女性のファッション志向に『主婦の友』がもっとも熱心に応えていた時期だろう。モデルには山本富士子、久我美子、八千草薫といった女優陣がずらりと並ぶ。当時は大衆娯楽といえば映画だった時代で、女性のビジュアル・イメージの源泉として、映画や映画雑誌の果たした役割は女性雑誌と同様に大きかった。

ところでこの頃のファッションには、はっきりとした定型ができあがっている（図4）。襟元のネックレスとイヤリング、赤い口紅と細めに剃った眉、セットした髪。抑えたほほ笑みと身振りで気品と自制を演出する身体技法。やはりハリウッドに範をとるこの様式は、日本において、女性の外出時の基本形として定着した。その後、娘たちのファッションは時代を追って変化したが、主婦たちはＰＴＡファッションなどとしてこの型を三〇年以上もの長きにわたり踏襲し続ける。五五年といえばまさに高度成長前夜、主婦の大衆化を前にしての、身体技法における「主婦の誕生」であったといえよう。

白人女性の官能美と日本女性の健康美

六〇年になると、表紙のイラストの雰囲気が変わったのに気がつく。表情やしぐさに動きがあり、目つきや唇がコケティッシュなのである。ほのかな性的なこびの身体技法は記事や広告の写真にも見受けられる。とくに外資系化粧品の「マックスファクター」の広告は、半開きの唇で棒口紅が隠喩する男性

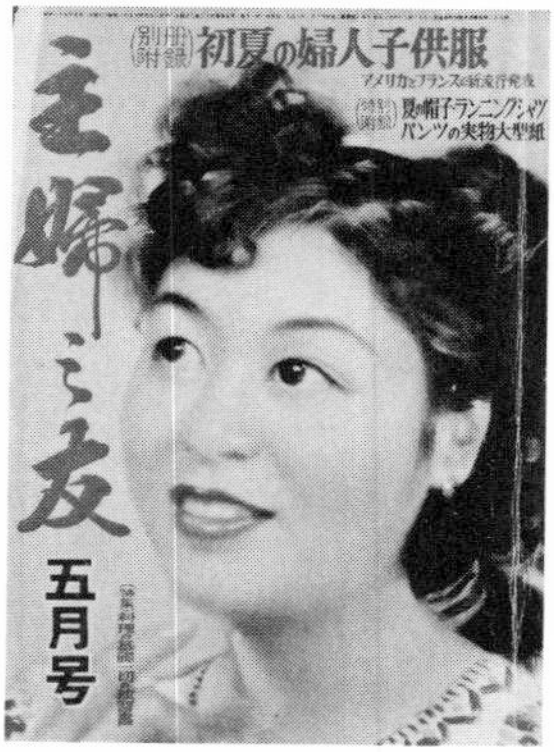

図 1　『主婦の友』1950 年 5 月号（主婦の友社）　表紙

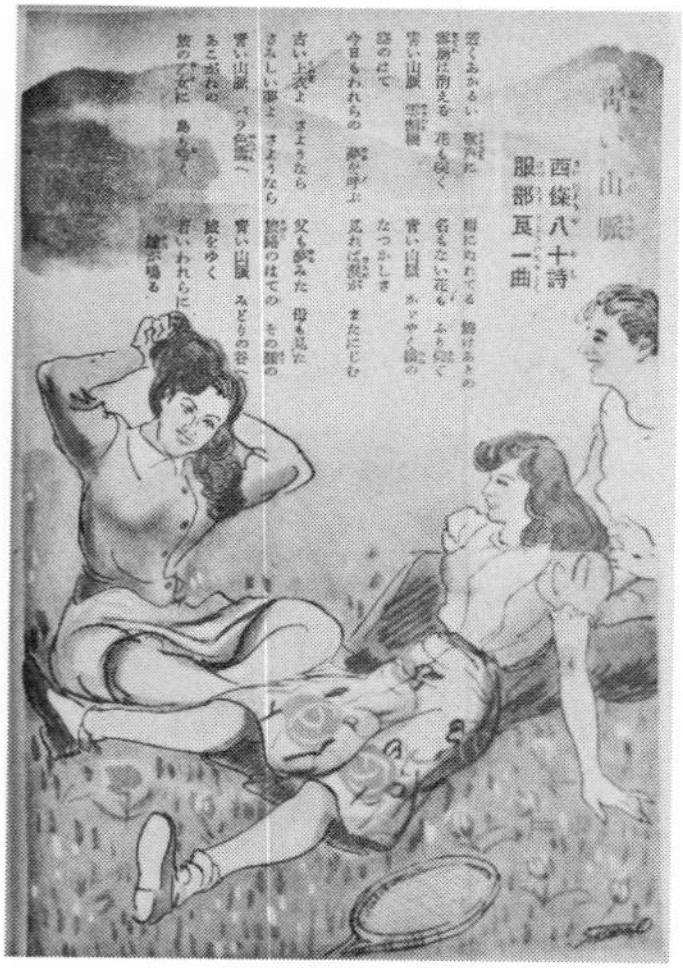

図 2　『主婦の友』1950 年 5 月号（主婦の友社）「青い山脈」歌詞挿絵＊日本音楽著作権協会（出）許諾第 2203808−402 号（歌詞西條八十）

図 3　『主婦の友』1955 年 5 月号（主婦の友社）　表紙

図 4　『主婦の友』1955 年 5 月号（主婦の友社）「若奥様の訪問に」（女優・山本富士子）

性器をいつでも受け入れるということを示す定型的な性的表現で（上野一九八二、六五頁）（図5）、アメリカの経済進出は欧米的な「セクシーな女」のイメージの文化輸出でもあったことがわかる。

戦後この頃までの映画雑誌を見ると、白人女優は非常にしばしばこの広告同様半開きの唇に放心したように焦点の合わない目という官能的表情をしているのに対し、日本人女優はたいてい明るく歯を見せて笑っている。デザイン史の柏木博は、一九三九年と四〇年の『週刊朝日』の表紙の美人画を分析して、「官能美の白人（的）女性」と「健康美の日本女性」という女性美の二分法の存在を見出したが[2]（柏木一九八七）、この二分法は戦後にも持ち越されて、後にも見るように日本人女性のセクシュアリティの形成に大きな影響を及ぼした。

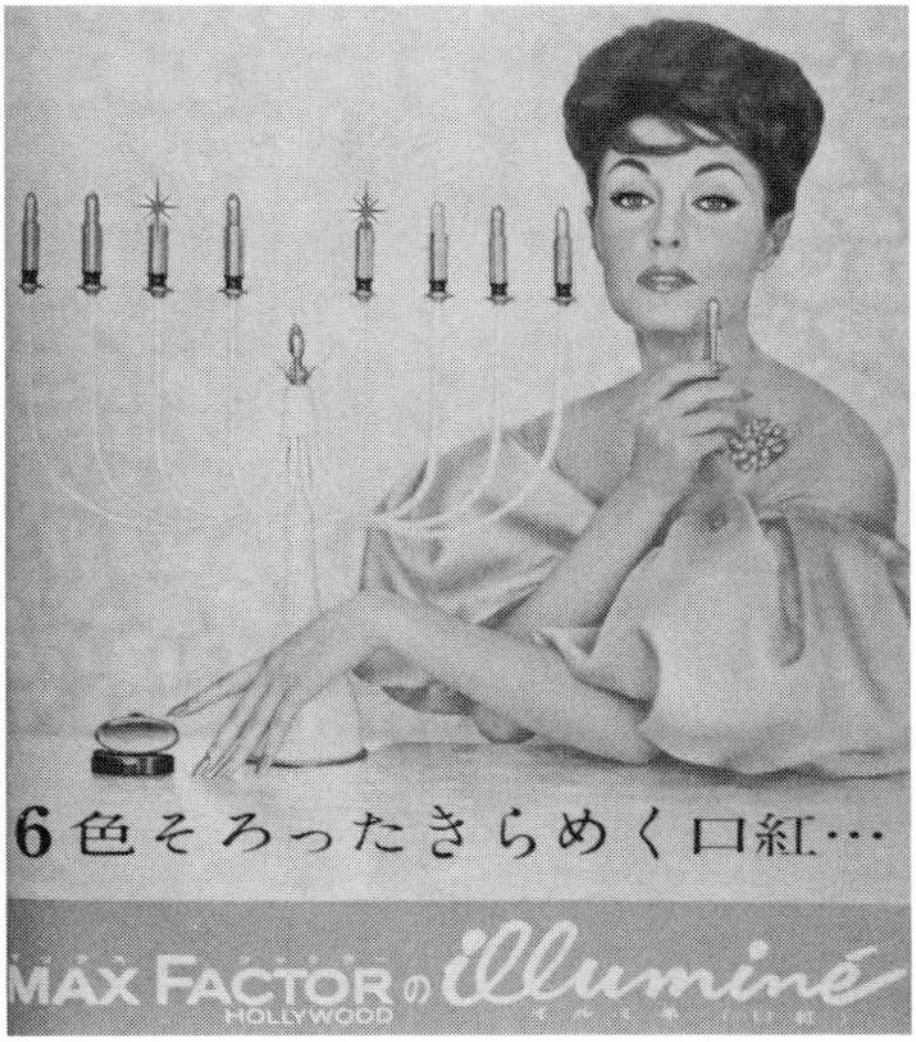

図5　『主婦の友』1960年4月号（主婦の友社）「マックスファクター」広告

六五年五月号になると表紙は写真に変わり、山本富士子が落ち着いたほほ笑みを浮かべている。いかにも奥様らしく、一〇年前に戻ったかのようだ。この頃には後述のように他のタイプの女性雑誌も定着してきたので、『主婦の友』は文字どおり主婦にターゲットを絞ったと見える。とはいえ性に対する関心が一掃されたわけではまったくなく、この号でも「新婚時代の妊娠中絶」という別綴じの特集が組まれており、奥様らしいビジュアル・イメージとは裏腹に、この後も『主婦の友』はセックス記事をエスカレートさせていく。

2 「性解放」と白人志向──『女性自身』一九五八〜七五年

高度成長と週刊誌の全盛

一九五八年の『女性自身』(光文社)創刊は女性雑誌新時代の象徴となった。都市部を中心に増加してきた未婚女子雇用者層、当時の言葉で言えば「BG(=ビジネスガール)」をターゲットにするという、まったく新しいタイプの雑誌作りを目指したのである。前後して、『週刊女性』(一九五七)、『女性セブン』(一九六三)も創刊され、ちょうど高度経済成長と歩調をあわせて女性週刊誌全盛期が現出された。同時期、やはり都市のサラリーマンを読者層として出版社系の男性週刊誌もまた相次いで創刊され、六〇年代半ばからは『平凡パンチ』(一九六四)や『プレイボーイ』(一九六六)のように若者向けの雑誌も加わった。高度成長期の女性のセクシュアリティは、週刊誌を舞台に、男性からの強い欲望の視線を内面化するかたちで形成されていった。

外国雑誌との提携と白人志向

一九五八年一二月一二日に発行された『女性自身』創刊号は、一目で『主婦の友』との異質性を感じさせる。表紙に、茶色の髪をした白人女性の全身像が使われているのである。『主婦の友』のほうは今日に至るまでおもに日本女性の半身像を表紙に掲げている。創刊当時『女性自身』はアメリカの『セブンティーン』誌と特約しており、一号当たりの枚数はそれほど多くないが、アメリカ版と同じ写真がしばしば使われた。本号のグラビアにもカリブパンツ姿のドリス・デイが見える。

六〇年五月一一日号中の半頁以上の大きさの写真に登場する女性像の人種別構成を調べてみると、日本人一八人に対し白人六人である。白人はカラーグラビアに集中しており、この数には入れていない表紙と裏表紙も白人モデルなので、数的な比率以上に白人の印象が強い。表紙では金髪、赤茶、ダークブラウンの髪をそれぞれにセットしてカールさせた三人の若い娘がチャーミングにほほ笑んでいる（図6）。表情のかすかなコケットリーが定型的なしぐさと服装に押し隠され、アメリカの良家の娘に「いかにして男の子を魅きつけるか」を教える雑誌であった『セブンティーン』の性格をよく反映しているといおうか。「あなたの魅力に外国化粧は禁物！」という記事では、赤く染めた髪、アイラインやアイシャドウ、ショート・スカートなどの「スクリーン・モード」は日本女性の長所短所に合わないと警告を発しているが、逆に言えばこのような白人文化の模倣がいかに広く流行していたかということでもある。なお本号の女性像のうち全身像は一四点、半身像四点、顔のみ六点で全身像が主流となり、また五〇年代の『主婦の友』に見られた着物姿も消えて、洋服姿が一般的になっている。

図6　『女性自身』1960年5月11日号（光文社）　表紙

本号にはまた、「ショッピング・レース」と名づけて新人BGが限られた予算内で通勤着を買うという企画がある。BGたちにとって、もはや洋服は作るものでなく賢く買うものになったのである。ピンクや赤を選びたい本人たちに対し、アドバイザーは白やグレーをすすめ、BGファッションの規範化を促している。

性解放の両面性

BGに替えてOLという言葉を用いるようになった六五年五月一七日号は、「世界の処女率を調査する!」という記事で欧米の解放ぶりを紹介したり、一七歳の男性アイドル太田博之のセミヌード写真を載せたり、性への興味を次第に表に出してきているが、まだビジュアルな身体技法を変えるには至っていない。

ビジュアル・ページの女性像の印象が一変するのは六八年である。おりもおり、パリの五月革命に始まる学生反乱が先進国を席巻し、若者文化は世界的に大変動を起こしていた。

四月二九日・五月六日合併号の表紙は長い金髪の白人娘だが、彼女はほほに添えた右手の薬指を半開きの口に差し込み、歯で軽く噛んでいる(図7)。甘えたようにほほ笑んで、露骨に男の子を誘うポーズである。この号にはわたしが調べた範囲では初めて日本人女性の水着姿(しかもビキニ)が登場するし、レズビアンの全裸の抱擁シーンもある。これまで少なくとも慎みのベールをかけられてきた性が、あえて誇示するように前面に出されてきた。この前後の号のファッション・ページの写真も口を半開きにしたセクシーポーズが多く、脚を広げたミニスカート姿を下から見あげたり、大きくあいた胸元を覗きこんだりのアングルが続く(図8)。

五月二〇日号には「夜だから許される美しいマナー違反」と名づけてセクシーな身体技法をまさに教科書的に紹介する記事がある(図9)。いわく「ものうい表情」「まつわる髪」「自分をだきしめる手」

図7　『女性自身』1968年4月29日・5月6日合併号（光文社）　表紙

図8　『女性自身』1968年5月20日号（光文社）「わたしが今週買った服！」

「ひざをはなした自由なポーズ」「けだるい動作」。二〇年近く前からハリウッドで流行し、白人女性がエロチシズムを最大限に表現するときの定型となってきた身体技法が、ついに普通の日本人女性にまで及んできた。解説では、「見つめ直す、質問する、世話をやく」などはタブーだと、徹底的に受け身の性的対象物として振る舞うように教える。ただし「ここで行きすぎをストップ」とあるように、この記事はあくまで男性を魅きつけるために自分の性的魅力を利用せよという趣旨で、それ以上の性行動を促しているわけではない。「東京スタイル」の広告（四月二九日・五月六日合併号）は、こうした「性解放」の表向きの大胆さと内実の保守性とのずれを巧みに可視化してみせる（図10）。色鮮やかな花模様のミニスカートのワンピースにロングネックレスという流行の最先端の服装の若い女性が、男性に声をかけられる瞬間、極端な内股で身を堅くしている。他の広告も判で押したように露出度の高い服装とむしろ

図9　『女性自身』1968年5月20日号（光文社）「夜だから許される美しいマナー違反」

図10　『女性自身』1968年4月29日・5月6日合併号（光文社）「東京スタイル」広告

内気そうな身体技法とを組み合せている。女性たちは性的対象物として男性の視線に自ら身をさらすようになったが、あくまで行動を起こすのは男性のほうであり、当時の未婚女性にとって性交は結婚を獲得するための手段であった面が大きい(3)。「抱かれる女から抱く女へ」というスローガンで有名なウーマンリブ運動の根は、女の性的主体性確立を促すようでいて、じつはいっそう逃げ場のないかたちでの女の性的対象化を推し進めた「性解放」のアンビバレンスへの反逆にあったのではないかと思われる。

七〇年にも基本的には同じ傾向が続く。四月二五日号の「オール図解つき・肌をだす、着かた見せかた」では、ミニ、ヘソ出し、シースルー、チラリズムをすすめ、相変わらず性の露出を推奨しながら、日本人モデルの身体技法は概しておとなしい。

九月五日号から始まる「現代変身術」という連載は当時の化粧法をよく示している。二重まぶたを強調してアイラインを黒々とひき、上には二重、下には一重のつけまつげをつけて目を際立たせ、白っぽいファンデーションに眉をペンシルではっきり描く。当時は髪を栗色に染めるヘアダイも流行したから、白人の化粧法をまねするというより、白人を擬装すると言ったほうがいいほどだ（図11）。「官能的な白人女性／健康的な日本女性」という二分法の存在は前に見たとおりだが、性解放が進むとき、日本女性の極端な疑似白人化が同時進行したというのはたぶん偶然の符合ではないだろう。

性的対象としての女性像の流布は、グラビアやピンナップ用の女性のヌード写真を売り物にした男性週刊誌の影響力を抜きには論じられない。これらもまた日本人のヌードを載せるより前に、地ならしのように白人女性のヌードを載せ、かの二分法を踏襲することで女性の性的対象化を進めていった。また『平凡パンチ』や『プレイボーイ』のような若者向けの雑誌には、白人女性とオフィス街で腕を組み（図12）、あるいはスポーツカーに同乗してデートしている日本人男性の姿が好んで用いられている。白人女性に見つめられる水着姿の日本人男性、という図もある（図13）。日本人男性は、白人コンプレックスを自分が白人になることではなく白人女性を我がものとすることで克服しようとしたのか、真に性的な女性とは白人女性だという観念に深くとらわれていたのか。日本人女性の白人擬装は、男性の幻想に応えるものでもあった。

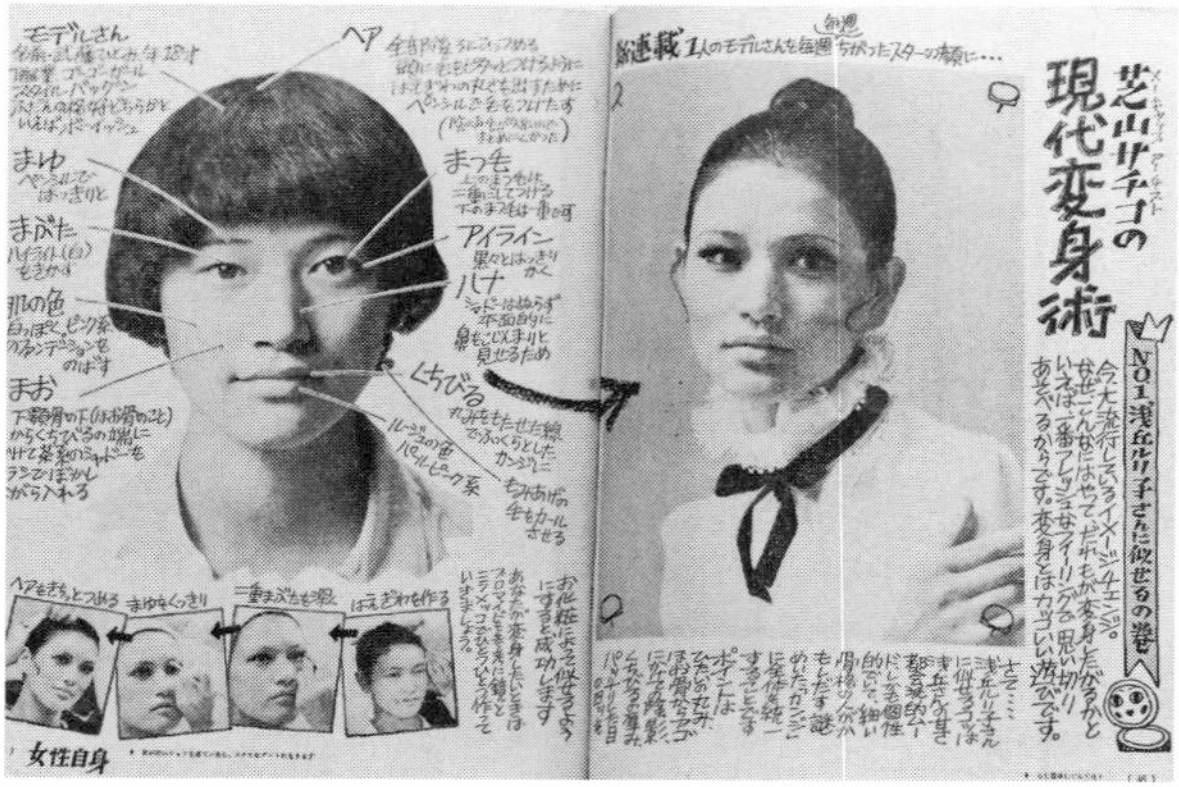

図 11　『女性自身』1970 年 9 月 5 日号（光文社）「芝山サチコの現代変身術」＊左右は同一人物

図 13　『週刊プレイボーイ』1968 年 5 月 21 日 号（集 英 社）「PB SWIM SCENE 68」

図 12　『週刊プレイボーイ』1966 年 11 月 15 日創刊号（集英社）「東レ」紳士服広告

性離れか性隠しか

新しい身体技法は七三年頃から頻繁に目につくようになる。五月五日号には「ノーブラ主義バンザイ!!」というファッション特集がある（図14）。大きく胸元のあいたワンピースや素肌に着たエプロンのすきまから乳房のふくらみや時には乳首までのぞかせたポーズは、男を楽しませる露出ファッションの行き着く果てでもあるのだが、女どうしではしゃいでいるいたずら少年のような動作のためか、女性本人の解放感も伝わってくる。「ノーブラ主義」という言い方でもわかるように、前年に最大の盛り上がりを見せたウーマンリブ運動をこの特集は下敷きにしているようだが、性までも含めた女の主体性の獲得というリブ的な意識と、女は何よりもまず男のための性的対象物であるとする風潮との、時代の気分の両面を巧みにないまぜにしたのがこの写真だといえよう。

七五年五月二二日号の、岡田奈々が清潔な笑顔を見せる「エメロンシャンプー」の広告は、時代の変

図14　『女性自身』1973年5月5日号特集（光文社）「『ノーブラ主義』バンザイ」

図15　『女性自身』1975年5月22日号特集（光文社）「エメロンシャンプー広告」

化を決定的に印象づける（図15）。七〇年の厚化粧の片鱗さえ残さないナチュラルメイク。水着全盛に別れを告げた、白く飾り気のないTシャツ姿。自然、健康、そして少女の時代の幕開けである。これは性離れなのか、あるいは性隠しなのか。これでもかとばかりに性を露骨に見せつける時代は終わりを告げ、多様なメッセージが重層する混沌の時代がやってきた。

3　多義的な少女たち――『non・no』一九七一～九七年

変貌する女性雑誌

世界的に見て一九七〇年代は女性雑誌の歴史の一つの画期であったと言われているが、日本でも七〇年代以降、数次にわたる創刊誌ブームが繰り返され、女性雑誌地図はすっかり塗り替えられた。二〇〇〇年二月現在で普通一般に市販を目的として刊行されている女性雑誌七八誌中、六〇年代までに創刊されたものはわずか一五誌、残りの六三誌は七〇年代以後の創刊である[4]。

井上輝子は七〇年代以降の女性雑誌界の特徴を、

(1)　内容と読者層の細分化と多様化（いわゆる「専門店化」）
(2)　アルファベット誌名とビジュアルな誌面作り
(3)　外国有名女性誌の日本版の発行と他業種からの参入

の三点にまとめているが、こうした新傾向の先鞭をつけたのが『an・an』（平凡出版→マガジンハウス）と、『non・no』（集英社）であった。

性離れと白人離れ

『an・an』が創刊されたのは一九七〇年三月二〇日、激動の時代のさなかである。表紙はニットのキャップをかぶった白人女性だが、金髪をなびかせ、目をカッと見開き、叫ぶように口をあけた表情の激しさが見る者を圧倒する（図16）。ヒッピー、ラジカルといった言葉を連想させる。

当初、『an・an』はフランスの女性誌『ELLE』と部分提携していた。ヨーロッパ志向は明白で、創刊号の巻頭特集はハーフのモデルのユリが『an・an』代表としてパリとロンドンを訪ねるというものだ。このユリは初期の『an・an』を頻繁に飾ったのだが、彼女の身体技法がじつに独特だ。細い長身を自由自在に伸ばし、あるいは曲げ、大きい口をさらに横に開いて笑う。いたずら少年のようであると同時に大人の女のようでもあり、強い個性を感じさせる（図17）。「奥様」と「セックスシンボル」からはほど遠い。戦後これまで女性が演じてきた役割からはみだすビジュアル・イメージを、初期の『an・an』は目指していたようだ。

しかし発行部数から言って、当時の大衆の心性をつかんだのは、後発の『non・no』のほうだった。一九七一年六月二〇日の創刊号の表紙では、ハーフと思われる長身のモデルがショートパンツで大胆に長い脚を見せながら、腰を突き出して上体をかがめ、ほほのあたりに手をあててかわいらしくほほ笑んでいる（図18）。大胆で性的なポーズと、自分ではそうと気づいていないかのような無邪気な笑顔のアンバランス。無意識に（を装って）性的メッセージを発する少女というこのコンセプトは、八〇年代の「ぶりっこ」を先取りするものだった。同様の身体技法は、少し風変わりなウエディングドレス特集にも表われている（図19）。そもそも創刊号でウエディングドレスを特集すること自体に、表面はどうあれ大衆の本音は保守、という編集部の判断が見える。新しい身体技法は変動期の不安そのまま、互いに

図 18　『non・no』1971 年 6 月 20 日創刊号（集英社）　表紙

図 16　『an・an』1970 年 3 月 20 日創刊号（マガジンハウス）　表紙

図 19　『non・no』1971 年 6 月 20 日創刊号（集英社）　結婚コスチューム

図 17　『an・an』1970 年 3 月 20 日創刊号（マガジンハウス）「パリ・ロンドンを訪ねたユリ」

矛盾するメッセージをはらんでいる。

この時代にはモデルの人種別構成にも大きな変化が起こった。『non・no』創刊号では日本人二六人、白人一三人、日本人と白人との「混血」（ハーフ）四三人、黒人一人と、白人も多いが、圧倒的多数をいわゆる「ハーフ」が占める。「ハーフ」とはいってもまだ白人に近い印象の顔立ちが多いが、これが白人離れの開始であった。

さて七六年一月二〇日・二月五日合併号になると、五〇年代から六〇年代前半を彷彿とさせるような古典的な身体技法が復活している。性の露出は時代の気分に合わなくなったものの、新しい形を見出せないでいるようだ。女性雑誌以外でも、踊り跳ね回る新しい形式のファッションショーや、それまでの広告の常識だったにっこりほほ笑む女性像と正反対に、見る者をきつい目でにらみかえす「パルコ」（一九七三年開店）広告の強い女性像など、新しい女のビジュアル・イメージの模索が随所で試みられた。もっとも広告の中の「にらむ女」は、身体は防衛姿勢をとっていたり、上目使いでにらむことでにらまれる者（つまり広告を見ている者）より下の位置にいることを示していたりと、しばしば反対方向の身体技法でメッセージを中和しているのだが（上野一九八二、一九六―一九九頁）。

白人離れはいっそうはっきりしてくる。資生堂の美容相談では「アイシャドウは瞳に近いモノトーンで」「口紅はブラウン系」「ファウンデイションは素肌の色に近い色調を」と、日本人の顔に無理なく合うということを意識した指導を行なっている。美の基準の白人離れは日本だけの傾向ではない。オイル・ショック以降の世界情勢の変動の中で、民族的な個性が注目されるようになってきたのである。そのような流れを象徴する典型的な日本人顔モデル山口小夜子の国際的成功は、世界的にも事件であったが、日本国内の意識の変化にも拍車をかけた。

少女化と筋肉美

八〇年五月五日号を見ると、「ハーフ」らしい表紙モデルが子供っぽくなったことに気がつく。帽子を目深にかぶり、両腕で自分の体を守るように抱き締めながら、無邪気な笑顔を見せる。記事の中にも一〇代前半ではないかと思われるモデルが増えた。八〇年代を特徴づける少女化とも呼ぶべきトレンドが本格的に始まった。

少女化はさまざまな傾向を系として伴う。ヘルシー志向やシェイプアップ・ブームも少女のようなスリムな身体を求める気持ちとつながりを持っているだろう。「服と下着のヘルシーな関係」という特集では、学校のロッカールームで、縞のショーツにトレーナーだけを身につけた少女が締まった尻をこちらに向け、すっきり伸びた脚でつま先立ちしている。

少女化とヘルシー志向は男女関係のイメージをも変える。「ヘルシーガールのユニフォーム」と銘打った五月五日号のポロシャツ特集では、ほとんど性差がない服装をした若いカップルが登場し、ソフトクリームを鼻の頭にくっつけてひょうきんに笑う女の子を、ボーイフレンドが斜め後ろからそっと見つめている（図20）。女は少女のままでいることで、男性と同級生のように対等な関係を手に入れようとしているようだ。

さて、白人離れのほうであるが、「ハーフ」のモデルには日本人に近い顔立ちが増えてきた。しかも、通学服にも使えそうな気軽なブラウスとスカート姿で、同じような格好をした純日本人顔モデルと何気なくまざりあって同じ頁に並ぶ（図21）。かつては白人モデルと日本人モデルとが同じ企画の中でまざりあうなどということはまずなかった。日本のモデルクラブに「混血」のモデルが大勢所属するようになったという事情もあろうが、戦前・戦後を通じて、日本人がこれまで白人との間にずっと感じ続けてきた距離感、よりはっきり言えば劣等感が和らいできて、あえて厚化粧で擬装しなくともわたしはこのままで白人みたいなもの、といった意識が生じてきたように思われる。

少女化は八五年にはさらに極端に推し進められる。五月二〇日号の表紙は八〇年よりいっそう低年齢化しており、服装、しぐさ、髪と、すべての要素で壊れそうに繊細でかわいい「少女」を表現している（図22）。花柄、レース、フリルに、ソックスにヒールのない靴の組み合せ。これまでは大人の女にふさわしくないと思われがちだった服装が二〇歳前後の女性にも次々と流行し、定着した。

他方シェイプアップ・ブームは、女性の筋肉美という、以前ならまったくの形容矛盾であったものに行き着く。五月五日号では闘争的な目でボクシングのグラブをかまえる女性をデザイン化した「オンワード樫山」の広告（図23）、五月二〇日号では一分の隙もなく鍛え上げた後ろ姿を見せて女性が全裸できつ立する「ヌーダ」の広告が見られる。少女と筋肉美、二つのイメージの並立はこれまた相矛盾するメッセージではあるが、どちらも七〇年的な男の性的対象物であることへのアンチテーゼということでは共通している。

ほほ笑まない個性派

さて、八八年になると、『non・no』はまた新しい傾向を見せはじめる。五月五日号のファッション・ページには、「ハーフ」どころかまったく白人的ではない個性派の日本人モデルたちが並ぶ（図24）。細い目、太い眉に厚ぼったい唇、おかっぱ風に前髪を切りそろえた彼女たちは、ほほ笑みさえせず、あるいは真面目な顔でまっすぐにこちらを見つめ、あるいは目を細めて内面に沈潜する。もっとも髪には

図 22　『non・no』1985 年 5 月 20 日号（集英社）　表紙

図 20　『non・no』1980 年 5 月 5 日号（集英社）「I LOVE ポロシャツ」

図 23　『non・no』1985 年 5 月 5 日号（集英社）「オンワード樫山」広告

図 21　『non・no』1980 年 5 月 5 日 号（集英社）「ハーフ」のモデルと日本顔モデルの混在

大きなリボンを結んでいたりして、服装には少女らしさを残してもいるのだが。

そして九〇年。少女離れの傾向は、さらにはっきりしてきた。長顔で目が細い大人らしい顔のモデルが増えてきた。かと思うと五月二〇日号の「Tシャツ天国!!」というファッション特集では、Tシャツにパンツ姿の五人の日本人の女の子たちが、あるいは顔をくしゃくしゃにして悪童のようにウインクし、あるいは真顔でこちらを見つめ、あるいはそっぽを向き、思い思いのポーズで壁に寄り掛かって立っている（図25）。髪型も刈り上げ、ロングとさまざまで、少女どころかひとくせありそうな少年といった風情だ。面白いことに一人のハンサムな白人男性が、彼女たちに挟まれて同じようなポーズをとっている。六〇年代の男性週刊誌をちょうど裏返すような組み合せだが、自分（女）は変わらない、変わるのは男のほうだというメッセージを読み取ることも可能だろう。

九五年になると、いまや少女たちは男の子たちに対して、性的な意味でのイニシアチブもとりだした。五月二〇日号の特集では、バスタブの中で女の子がボーイフレンドの頭を両手でしっかりつかまえてキスをしている（図26）。セミヌードもあけすけなセックスの表現ももはや女の子向け雑誌のタブーではない。対等、あるいはむしろ女性本位の性関係は、表象でも現実でも普通になった。

一九七〇年代と違って、九〇年代には性は日常的で実践的なトピックとして扱われている。

『uno!』（一九九七年二月号）の表紙を飾ったのは人気歌手の安室奈美恵だ。彼女は一九九六年以降若い女性のファッションリーダーになった。人なつこいアジア的な丸顔と、すらりとした脚や茶髪との対照が彼女の魅力だろう。彼女や、アジア的な顔とスーパーモデルの身体とを併せもつ江角マキコなどは、国籍を超越したように見える。現代の若い女性たちは、七〇年代のように髪を染め白人風の化粧をしたりもする。しかし黒人を真似ることもあり、アジア風の服装も定着しており、七〇年代の白人一辺倒と

図 26　『non・no』1995 年 5 月 20 日号（集英社）「KISS! 男の子に聞きました」

図 24　『non・no』1985 年 5 月 5 日号（集英社）「Blouse White」

図 25　『non・no』1990 年 5 月 20 日号（集英社）「T シャツ天国 !!」

は違っている。日本人であるというアイデンティティを脱け出して多国籍化していく志向と、普遍的な理想であるスーパーモデルの身体への憧れとが、矛盾もせず共存している。

主婦らしくない主婦

七〇年代以降の女性雑誌は、それ以前と違って年齢層や嗜好による多様化が進んだから、『non・no』一誌をもってその代表とするには当然無理がある。この時代、ビジュアル・イメージに大きな影響力と牽引力を持ったのは若年者向きの雑誌ではあったが、中高年層、主婦層向けの雑誌はどのようだったのだろうか。

七〇年頃には強烈なブームの波を受けて主婦雑誌にもミニスカート姿が現れたが、七五年頃になると再び五〇年代風の古典的な身体技法とファッションが復活した。そんな中、七七年に創刊されてオピニオンリーダー的な役割を果たした『クロワッサン』は、「働く女性」や「思索する女性」も美しいという新しいイメージを打ち出して、一人気を吐いた。

一般の主婦雑誌に変化が現れるのは八〇年以降である。若者向け雑誌の少女化とちょうど時を同じくしてモデルが低年齢化し、どう見ても二〇代前半のモデルたちが登場した。戦後まもない時期の『主婦の友』でもモデルはこの年齢だったが、その後読者の加齢とともにモデルの年齢も上昇していた。それでも八〇年には若いモデルもまだ主婦らしいスーツなどを着ていたが、八五年になるとビッグなジャケットあり、パンツあり、服装もまったくと言っていいほど独身者と区別がつかなくなる（図27）。なかには「主婦の少女化」と呼びたいほどにかわいらしい感じのものもある。『ミセス』八五年五月号には「若いブランドの服に挑戦」と、実の母娘がピンクハウスやメルローズといった同じブランドの服を着て一枚の写真におさまるという企画もあった（図28）。自由で活動的なポーズが多くなり、強固だった五〇年代以来の身体技法もいよいよ崩れだした。これをイメージにおける主婦の崩壊と呼んでもいいだろう。ミセスらしく、主婦らしく、お母さんらしくするのはいやだという気持ちが、当の主婦たちにも広がっているようだ。そうした読者層の変化を反映してのことであろう、八〇年代半ばには主婦雑誌の廃刊が相次いだ。

モデルと身体技法の若返りには一見矛盾するようだが、中年モデルのしわをありのままに写すというのも、主婦雑誌の変化である。しわに象徴される人生経験をいい女の魅力ととらえるような価値観の表明と言おうか。

現在では主婦向けの雑誌は即物的な生活情報誌に徹する方向で、あるべき主婦像のビジュアルな表象化や、価値的・情緒的文章表現は抑える傾向にある。現実に主婦は、いる。しかしその生活形態は多様

図27　『主婦の友』1985年5月号（主婦の友社）「麻と綿のおしゃれなジャケット」

図28　『ミセス』1985年5月号（文化出版局）「若いブランドの服に挑戦」

化しており、ひとくくりにした主婦像を示せるだけの実態も規範性も、もはや存在しないのだろう。

4　性の体制の成立と崩壊

時期区分

さて、戦後四五年にわたって女性のビジュアル・イメージの変遷を追ってきた今、あらためて「演じられた女らしさ」という観点から戦後史を区分してみるとどうなるだろうか。転換点として浮かび上がってくるのは、一九五五年、一九六八年、一九七五年、一九八八年といったあたりである。深層に戦前戦中的なものを引き継ぎながらも「戦後派娘」が解放感を謳歌した復興期（一九四五～五四年）、「主婦らしさ」の定型が定着し、男性を魅きつけようと外国化粧する未婚女子雇用者層（ＢＧ、ＯＬ）も増加した高度成長期（一九五五～六七年）、白人風の厚化粧と大胆なファッションでセクシーさを最大限に強調した変動期（一九六八～七四年）、少女化を基調にしつつも「ぶりっこ」や強い女、男女平等などの多様な方向性が交錯した安定成長期（一九七五～八七年）、ほほ笑まずに個性を主張する強い女が主流になったバブル期とそれ以降（一九八八年～）と、特徴を整理してみると、「女らしさ」の変化は日本社会の構造変動と意外なほど密接な関連をもっていたことが推測できる。では、それぞれの時期の女性イメージは、どのような社会的背景により形づけられたのであろうか。

性役割の五五年体制

五つの時期を通じて、もっとも基本におさえておかねばならないのは、いわば「性役割の五五年体制」とでもよぶべきものの成立と変容であろう。「主婦らしさ」の定型の成立がその重要な要素をなしている。

主婦と呼ばれる女性役割自体はこの時期以前からあった。農民の民俗にも主婦権という観念はあるし、大正期以来の中産階級の妻は近代的な意味での主婦であった。五五年頃に形をとるようになった「主婦」とは、これらとは区別される大衆化した専業主婦である。日本社会の産業構造の転換により雇用者世帯が増加したのに伴い、農業や自営業では家族とともに労働に従事していた妻が家事専業になっていった。一九六〇年から七五年まで女子労働力率は低下の一方であり（若年層の教育年数の延長のせいもある）、世代（コーホート）別の年齢別女子労働力率曲線（M字型カーブ）を描いてみると、二〇〇〇年現在の七〇代、六〇代、五〇代では、この順に若くなるにしたがって結婚・育児期に家庭に入った人の割合が大きくなっていく。夫が家庭の外で収入を獲得し、妻は家事と育児に専念する「近代家族」が成立したのである。しかも家事使用人つまり「お手伝いさん」はその間にほとんど姿を消してしまったから、大正期以来の中産階級の奥様とは違って、大衆版の主婦は一日中忙しく動き回って一人で家事を全部こなす。もっとも「奥様」の型は理想として継承されて、定着した身体技法にもそのイメージが反映されてはいるのだが。

さて、「主婦」がイメージのうえで成立してまもなく、「ＢＧ」もまた成立する。未婚女子雇用者層である。高度成長に伴い女子労働の主力は家族従業者から雇用者に交替していくが、初期には若年者がその多数を占めたので、学校教育が終わると少しの間お勤めをし、結婚退職して専業主婦になるというライフコースが女子の人生の範型となった。ビジュアル・イメージに表れるＢＧ像は、職業人というより「自由な若い娘」といったものである。勤めに出ることで恋愛結婚のチャンスも増えたので、ＢＧは男性の目を意識し、恋愛に憧れる結婚予備軍として描かれる。

落ち着いて自制心のある「主婦」と、主婦予備軍のチャーミングな「ＢＧ」たち――性役割の五五年体制は女をこの新しい二つの類型に分ける。農家の「かか」も、仕送りのため過酷な労働に堪える女工も、男性に伍して働く職業婦人も、イメージのうえでは周辺に追いやられる。歴史の中では決して不変性など持たないこの二分法の女性像は、高度成長の初期から強く安定した規範力を獲得し、部分的には今日に至るまでの長きにわたり、「自然な、女らしい女」の理想像を発散し続けている。

国家アイデンティティと性

日本女性のビジュアル・イメージの歴史を解き明かすもう一つの鍵は、官能的な白人女性と健康的な日本女性との二分法であろう。日本人は戦前・戦後を通じて、西洋人は遠いという隔たりの感覚を持ち続けてきた。白人女性は日本女性とは根本から異なる存在で、真に官能的なのは白人女性だという信念は根強い。

官能的な白人女性のイメージは、単なる称賛ではない。日本男性の白人女性への性的欲望は、白人男性に対する劣等感により油を注がれた。日本男性は、せめて想像の世界で白人女性を所有することにより、白人男性を打ち負かそうとしたのである。国家アイデンティティが性的表現を与えられ、国家間の勢力関係が両性間の関係として表象されるのは、一般的によくあることだ。

西洋への劣等感は、他方では経済成長の原動力ともなった。経済的成功は西洋に対する距離感を縮め、女性のビジュアル・イメージを変えた。女性のビジュアル・イメージは現実の両性関係によって形作られているばかりではない。国家アイデンティティや経済力などさまざまな社会的要因が関わっているのだということを忘れると、十分な説明を与えることができない。

性解放の意味

「チャーミングな娘」が「セクシーな娘」に過激化するのは、六八年以降のことだ。

素人の日本女性がセクシーさをアピールするという規範は、ほのかなかたちでは六〇年頃から生じてはいた。しかしそこに欧米の性解放の影響が加わり、未婚女性の性体験が増え始めると、未既婚で女性を二分する性の五五年体制はいよいよ挑戦を受けたかに見えた。

「セクシーな娘」はしかし、この時点では体制を揺るがしはしなかった。いくら未婚で性体験しようとも、図9や図10で見たように受け身で、結婚を夢見てのことであるかぎり、「チャーミングな娘」がちょっと道を踏み外しただけのことにすぎない。そればかりか、恋愛と性を夫婦の絆の本質とする近代家族的心性は、性解放に向かって自らを革新したこの世代（すなわちベビーブーム世代）に至って、ようやく日本人の心の奥深いところまで染みとおってきたといえる。近代は性を抑圧する裏側で性をかきたてる、とミシェル・フーコーは言ったが、日本における性解放は、近代家族を核心とする性の五五年体制を、より欧米型に近いものとしての完成に導いたとさえいえるだろう。日本女性の長い歴史の中で、結婚・育児期に家事専業となった者の比率がもっとも高いのも、皮肉なことにこの活発な世代であった。

「少女」の役割実験

ビジュアル・イメージに見える性の体制が揺らぎ出すのは七〇年代半ばを過ぎてから、むしろ八〇年代になってからのことだ。規範化された「セクシーな娘」が近代家族の補完物と化した一方で、どうしても型におさまりきらないアノミックな心情もまたくすぶっていたから、これにふさわしい型を創りだそうとする模索が七〇年代を通じて各所で続けられた。そんな中、八〇年代になって、初期の『an・an』や「パルコ」の打ち出した「強い女」「自立した女」の盲点をつくように登場して大衆の支持を得たのが「少女」である。

いかにも頼りなげな「少女」の出現は、若者の退行だと受けとめられもしたが、同時期に流行った一連の少女論はもう少し別の見方をしている。「少女」を演じるとは、たしかに成熟を拒否するモラトリアムではあるのだが、今ある社会とその中での女性役割を漠然と忌避するということでは、消極的ながら一つの態度表明になっているというのである。しかも「少女」のすることは世間からまじめに扱われないので、セクシー、元気、強さ、真面目、男の子と対等にふざける、などのさまざまなイメージを、あまりサンクションを受けずに実験することもできる。「少女」とは女たちが転換期を過ごすにはそれなりの意味がある役割だったのかもしれない。また欧米に追いつけ追いこせの高度成長が終わって、イメージの白人離れが起こるのと並行して少女化が始まったことは、手本を失なってとまどう日本の状況を象徴してもいたようだ。

新しいドラマの生成

現実の女たちはしかし、方向性が見出せないからといって手をこまねいていたわけではない。近代家族の大衆化とともに低下傾向にあった女子労働力率は、七五年を底に上昇傾向に転じた。とくに伸びが著しかったのは二〇代後半から三〇代前半の年齢層だが、この層はさらに二つのグループに分けられる。中高年の再就職志向が三〇代まで早まってきたことによる再就職主婦グループと、これも八〇年代の重要な変化である晩婚化、晩産化、さらに出産後も共働きを続けることにより勤続年数が延長した若年女性グループである（高橋一九八八）。女性は仕事を辞めにくくなり、やめてもまたすぐに働きはじめるようになってきた。今は専業主婦であってもこれからも一生そうであろうと思っている女性は少ないし、仕事以外にも女性の関心は家庭の外へと向いている。専業主婦のいる近代家族を中核とする「性の五五年体制」は実態を失いかけているのである。少女化と並んで、八〇年代はビジュアル・イメージにおける「主婦らしさ」がなくなった時代でもあったが、このように考えてみれば当然であった。

八〇年代の「少女」は、現実の変化の激しさに自己イメージの革新がついていけず、何者にもならず、さまざまな可能性を試していた女性たちの姿だった。しかし、少女たちが「勤続年数が延長した若年女性グループ」に仲間入りし、「主婦らしさ」も崩壊したとき、いよいよ何かの役割を選ばねばならないことを自覚したかのように、雑誌の女性たちはほほ笑むことをやめ、かつてほとんどなかった自然体の真顔を見せはじめた。

その後九〇年代の女性たちは、おおむね「強い女」を演じている。おそらく実態以上に強さが強調されてきたが、経済不況で男性が自信喪失気味なので、女性が思いきって強くなるしかなかったのかもしれない。

新世紀、わたしたちは、わたしたちがすでに生きはじめている現実にどのような型を創りだすことができるだろうか。新しい性のドラマはまさに今、生成しつつあるのである。

［注］

1 『週刊朝日』一九五二年六月八日号に報告がある。

2 柏木が分析した『週刊朝日』の表紙モデルはすべて日本人であった。白人モデルを起用することなど有り得ない時代状況だったのだろう。にもかかわらず、鼻が高くて面長な白人顔の女性と、丸顔で日本人顔の女性とでは、異なる役割を演じさせられていたことに柏木は注目した（柏木一九八七）。

3 共同通信社が一九八二年に実施した日本人の性行動と性意識に関する調査によると、日本女性の婚前交渉経験率は一九六〇年代末から上昇した。一九七〇年に一八歳から二二歳だった世代が大きな変化を示した（石川他一九八四）。

4 『出版年鑑』（二〇〇〇年版）雑誌目録の「女性」の項に掲載されたものを対象にした。創刊年代ごとの内訳は、一九〇〇年代二点、一九一〇年代二点、一九二〇年代〇点、一九三〇年代〇点、一九四〇年代二点、一九五〇年代四点、一九六〇年代五点、一九七〇年代一〇点、一九八〇年代二六点、一九九〇年代二七点（出版年鑑編集部編二〇〇〇、第二巻二一八一―二一八三頁）。

補章　お産と社会学とわたし

生きることと考えること

吉村典子さんのご著書（『お産と出会う』）の書出しに、「年若い友人からの便りに、『私もいよいよ出産の実践をすることになりました。夫立ち会いのラマーズ法を試みるつもりです』とあった。……産む女自身に産み方の〝選択〟ができるそんな時代がねえ……たったの十年でねえ」というくだりがある。わたしはここを読んで、もしかしたらこれはわたしのことかな、と勝手に思って、ふふっと笑ってしまった。

わたしが最初に「お産」を研究テーマに選んだのは、お産を経験するどころか、それに先立つパートナーさえ見つかりもしない頃のことだった。大学の社会学科の卒業論文に、「産の社会史」というテーマを選んだのだ。そのままわたしは大学院に進んだ。それから二年後、ようやくわたしは自分のお産を体験した。それまでにいろいろ調べたことを参考に、自分なりに一番「いいお産」と思えるやり方を選ぼうとしたのはいうまでもない。

こう書くと、ずいぶん「頭で立っている」ような人生だな、と思われる方もあるかもしれない。でも、わたしの感じはもうちょっと違っている。女である自分が今どう生きるべきかに惑い、あっちへぶつかりこっちでつまずきしながら、手探りで選んだり考えたりしてきたわたしの「青春」の終着点が、ひとつにはわたし自身の出産であり、もうひとつには社会学という学問であったにすぎない。

それにしても、なぜ女の人生について考えることが、実生活、学問ともに、「出産」を焦点とするようになったのだろうか。もちろんそのときどきにはたいした理由づけがあったわけではない。しかし、一応の段落をつけた今になって振り返ると、今日の女性、とくに若い女性にとっては、出産は決して単なる生物としての当たり前の出来事ではなく、人生の意味にさえかかわる、観念的かつ実践的な「選択」たらざるをえなくなっているからではないか、という気がする。

この十年ほどの社会の変化で、女の役割はこれまでの家事・育児を中心とするものから大きくはみだしてきた。職業をもち続ける人もふえているし、子どもが手を離れたあとの女盛りを、さまざまな社会活動や勉強、再就職などで精力的に過ごす人も多い。出産は今や、最後に残された女の役割となった。出産は職業生活のハンディだとして拒否するのか、あるいは出産に女として人間としての深い意味を見出すのか、さらに出産するとしても、いつするのか、何回するのか、夫や家族にどのようにかかわってもらうのかなど、出産についてどのような態度をとるかの選択は、女性の生き方を否応なくいくつかのタイプに分けていく「天下分け目」になってきている。女はお産を「選択できる」ようになったというより、「選択せねばならなく」なってきたのである。

この数年間はわたしにとって、「出産をどう選ぶか」という一本の櫓を頼りに、わたしという小舟をバラバラに引き裂いてしまいそうな人生の荒波に耐え、あるいはときには身をまかせて、決死の思いで渡り切る、そんな歳月だったように思える。

コミューンを訪ねる

わたしが出産に目を開かされた最初のきっかけは、卒業論文を書く前年、大学三年の夏に遡る。友人と作っていた女の問題を考える会では、テーマの「〝女の論理〟とは何か」ということについて、堂々めぐりを繰り返していた。今の男並みの働きバチになって疲れきるのが女のめざすべき道ではない、〝女の論理〟により、男も女も今よりずっと人間らしく生きられる世の中にしなくてはならないと、みんなが口にした。でもそれは具体的にどうすることなのか、差し迫った話、会社人間になるのでないなら、卒業後わたしたちはいったい何をしたらいいのか。答えが見出せず悶々とするうちに誰かが言い出した。気分をかえて、よさそうなことやっている人たちに会いに行こうよ、と。

こうしてわたしたちは、遠路はるばる、九州のとあるコミューン（共同生活体）に出かけていった。当時はまだ七〇年前後の熱気がほのかに残っていて、新しいかたちの共同生活を試みるコミューンも、全国に点々と続けられていた。わたしたちの訪れたのは、共同保育所を中心に、年長の子どもたち向けのユニークな塾や、生協活動のようなことまで手広くやっているグループだった。リーダーのT翁は、「〈女〉の疎外からの回復」という独特の理論を唱えていて、〝女の論理〟を捜し求めるわたしたちの期待に応えてくれるように思われた。

しかしそこでわたしたちを待ち受けていたのは、激しい異和感だった。保母の女たちは一日中子どもたちの相手をする。ひとりひとりの子をよく見つめ、並はずれて熱心にやっているのだが、日に何度もT翁の叱責がとぶ。女たちは身震いしながら押し黙り、T翁のおおせに従う。これではサル山のボスザルではないか。まるで家父長制そのものだ。その夜、板敷に車座になって地酒をくみかわしながらの客人歓迎会の席で、わたしたちが女の立場からおずおずと述べた疑問に、またT翁の激しい叱責がおおいかぶさってきた。

あんたらはなーんもわかっとらん。男と女のこつは、男と女だけ見ててもわからん。子どもを入れんではわからん。子どもを育てるっちゅうこつば考えれば、女が、女が、ちゅう自己主張は下らんちゅうこつがわかろうが。ここの女どもは黙っとるばってん、女の一番大切な仕事ばしちょっとよ。

反論は許されなかった。ひとこと言おうとすれば、何倍もの罵声が浴びせかけられた。コミューンの女たちは相変わらず押し黙っているだけだ。悔しかった。涙が出そうだった。しかし一方で、コミューンの人たちの信念に満ちた生活は、簡単に否定し去れない確かさをもっているようにも思われた。男と女に子どもを加えて考えねばならないというT翁の言葉は、男女の対立ばかりに目を奪われていた若いわたしたちの死角を突いていた。このコミューンの現実は納得できなかったものの、〝女の論理〟とは〝子ども〟と関係があるのではないかという認識と、その現実は女の自己主張とやすやすとは両立すまいという苦い予感は残った。「母からの解放」（ひとりの人間として生きたい）と「母への解放」（母になり他者を慈しむことで自分を全面的に開花させたい）との調和は、本当に見果てぬ夢なのか。そういう関心からわたしたちの会は、共同保育や、ラマーズ法などの新しい自然出産運動について調べたり考えたりするようになっていった。

祖母の産婆人生を聞く

やがて卒業の年がやってきた。今、母であることは生きにくい。では、この状況は歴史的にはどのように形成されてきたのか。わたしの関心は次第に、とにもかくにも女たちの来し方行く末を見定めてみたいという方向へ向きはじめていた。折しも卒業論文の季節。社会学にはきわめて突飛な「出産」というテーマを快く応援してくださった恩師に感謝しながら、夏休み、わたしはヒヤリング（聞取り）調査のため、奥羽線の特急列車に乗った。

実のことを言うと、わたしの母方の祖母は産婆だった。山形市の北、最上川の流れる盆地の村で、明治末から昭和三〇年代までの約半世紀にわたって、祖母は産婆を開業してきた。出産のことを考える手がかりに、まずは祖母の話を聞いてみようとわたしは思い立った。

いや、振り返ってみれば、実は逆だったかもしれない。子どもの頃から折にふれて耳にしていた祖母の人生の話を、一度まとめて聞いてみたいと思っていたことの方が、先にあったかもしれない。女の医者など全国に何人もいなかった大正のはじめに、医者を志して田舎から東京に家出して来たという娘時代。親類の強引な反対で夢破れ、無理矢理結婚させられたものの、六人の子どもをかかえたまま夫に先立たれ、村で初めての産婆として働き、一家を支えた女家長の頃。七〇歳を過ぎてもびゅんびゅん自転車を乗り回わしていた姿と重なり合って、祖母の人生は孫のわたしの目には、「女でもこれだけできる」という見本のようなものと映っていた。ひとりの女の人生としても、わたしは祖母の話を聞いてみたかった。

訪れた祖母の村は、ちょうど青々と茂った水田のただなかに浮かんでいるように見えた。八四歳という高齢を考えて、暑気を避け、午前と夕方に二時間ぐらいずつ話を聞くことにしたが、それでも興がのってくると、あたかも数十年前の自分が乗り移ったかのように身を乗り出し、臨場感たっぷりの緩急自在の口調で語りやむことを知らない。「しゃべりたい」という祖母の気持ちと、「聞きたい」というわたしの気持ちがぴったりと一致した幸福な時間だったなと、今でもその時の光景を鮮やかに思い出す。

祖母の人生ドラマの最初の大きなヤマは、二一歳のときの家出だろう。産婆養成所(山形市立済生館病院附属の山形県産婆養成所)もすでに卒業し、検定試験にも受かってぼちぼち開業していた祖母は、産婆という仕事に満足できないでいた。それまで村には「トリアゲバアサン」と呼ばれる、教育を受けていない産婆しかおらず、産婆というと「汚ねえとこ、とんでもねえとこちょして（触って）けでよお」というイメージだったからだ。折しも、養成所時代から目をかけてくれていた教官が、「君は医者になれ」と勧めてくれ、東京の医学校に関係している友人に紹介状を書いてくれたのを頼りに、ついに親に内緒で東京へ飛び出してしまう。習ったこともない英語も必死で独学し、ようやく医学校の補欠に入れてもらえる約束をとりつけて、てっきり喜んでもらえると思って帰宅した祖母を待っていたのは、しかし、親族会議の連判状と結婚話だった。

地主の家の跡取り娘である祖母が家を離れることは、どうしても許されなかったのだ。「くやしがったなあ」という祖母の言葉が、わがことのようにわたしの心に広がった。祖母は、大切にしまっていた東京への紹介の添え書のある恩師の名刺を出してきて見せてくれたが、すっかり茶色くなったその小さな紙片には、明治の娘の一途な青春が封じ込められているような気がした。

さて、その後、祖母は婿をとって、産婆業にも本腰を入れはじめる。あれほどに離れようとした「村」が、今度は祖母の人生と職業を包みこみ、支えてくれたのも皮肉なものだ。地主の家付き娘だという信用もあって、仕事は順調にのびてゆく。トリアゲバアサンたちとの軋轢もあったが、それも大したことはなかった。祖母も、診察では料金を取らない、助産料もあるとき払い、農作物などモノでの支払いも受け取るなど、当時の村の人々の生活状態によく対応し、「おかちゃん、おかちゃん」と慕われたという。乳飲み児を含む六人の子を遺して夫が先立ったあとは、生活の必要も加わって、いっそう産婆業に身を入れた。それまで髪も毎日結い、旦那衆の奥さん風にしていたのが、この後は化粧もせず、夜も仕事に備えて着物を着たまま仮眠するようになったという。

そして戦争をはさんで、祖母の産婆人生の最後の大きなヤマがやってくる。戦後、ＧＨＱの指導で、受胎調節を広めるための産婆講習会が全国各地で開かれた。昨日まで「生めよ殖やせよ」と出産を奨励してきた政府が、今度はてのひらを返したように、「生ませると非国民だ、日本が滅びる」と教える理不尽に憤るあまり、祖母は中途で席をけって帰ってきてしまう。

「生めよ殖やせよなて言うてて、こんだぁほだごとかあ（そんなことか）」て、「産婆もおもすろくねえなあ、なせ（産め）ってったり、なすな（産むな）ってったり。こっちは信用にかかわる」ってほんとき言ったのよお。「そういうことは必要なら直接教えてけろ、産婆の仕事ではねえ」て。……お国のためなら「生めよ殖やせよ」で十分役にたった。受胎調節な（なんて）、自分の職もなくなんのだべ。

この出来事を契機に、祖母は郡産婆会の要職から次第に退き、予測どおりの出産数の減少や病院分娩の増加も手伝って、昭和三七年には産婆業を引退することになる。

祖母をこれほど怒らせたのは、政府の朝令暮改ばかりではなかったようだ。祖母は戦争前から、妊婦届、産婦名簿などの書類の記入が産婆に押しつけられたり、「健康な国民を作るための」講習会に動員されたりという、産婆をいわば国策の手先とするような動きそのものに苛立っていた。それまでの産婦と産婆の同村のよしみの信頼関係が、大きく揺るがせられる時代が来ていた。戦後も、その意味では、まったくその延長上にある時代だった。

これに続く、医師を主たる介助者とする病院分娩の増加は、産婦と助産者の関係の変化を決定的に押し進めた。思い返せば、祖母と妊産婦たちとのかかわり方には、トリアゲバアサンにむしろ近いものがあった。日頃から顔見知りの産婆だからこそ女たちは出産という人生の危機を委ねたのだし、産婆もただ身体的処置だけしていたのではなく、ときには産婦の身のまわりの世話もしたし、産後の儀礼にも招かれた。しかし、医師や病院の助産婦との関係は、一般にこれほど濃くはなりにくい。親しみの薄い、しかもたいていは男性である医師を前にして、産婦たちが萎縮して「自分の出産だ」という姿勢を保ちにくくなったのは無理もない。祖母は戦争中、禁を破って、求める女たちに避妊の方法をこっそり教えたことがあるという。その女性たちの生活全体を知っていればこそのことであったろう。戦後の変化は、しかし、このような妊産婦と助産者との関係のありかたを、成り立ちにくくしてしまった。

日本の出産の近代化の歴史は、トリアゲバアサンから近代医学教育を受けた産婆へ、それから医師と病院助産婦へという、助産者の変化で象徴的に表わすことができるだろう。祖母の産婆人生はちょうど、産婆の時代の開幕から閉幕までに重なり合っている。祖母の人生を聞いたことは、個人史を知るにとどまらず、日本の近代史の裏面に貼りついた出産の歴史について、またその変化で得たもの、失ったものについて、わたしが思いをはせるときの拠り所となってくれたように思う（落合一九九〇ａ）。

結婚と社会史との出会い

〝女の論理〟か〝男の論理〟か。実生活のなかでこの問題への対応を迫られる日は、意外に早くやってきた。大学院にはいって二年目、修士論文に頭を悩ませているさなかのことであった。一緒にやっていこうと約束した相手が、急に就職が決まり、京都に移り住むことになったのだ。わたしにはまだ大学院が三年ある。しかし何年後かに近くに就職先を見つけるというあてもない予定で、離ればなれに暮らすことにわたしたちは耐えられるだろうか。

実はそのちょうど少し前に、あの山形の祖母が癌に倒れ、東京のわたしの実家で死の床に就いていた。逆算すれば、山形でわたしのヒヤリングに答えてくれていたとき、すでに祖母の体内には病魔が巣くっていたことになる。知らなかったとはいえ、何ということか！　なぜあんな悠長なことをしていたんだろうという悔恨と、でもぎりぎり間に合って聞けてよかったんだという気持とが入り乱れた。それだけでもわたしの心の容量に余ることなのに、わたしの家族は看病と心労で疲れきっているというのに、今度はわたし自身の問題とは……。

それからのことは、本当はあまり思い出したくない。祖母はまもなく亡くなった。わたしはその年は修士論文を書くのを断念した。失意の中でわたしは、結婚して京都についていくこと、大学院はやめずに通いながら、修士論文の勉強を根本からやり直すことを決めた。多くの人がその計画は無謀すぎると忠告してくれた。そんな無理な二重生活で、わたしが勉強を続けられるわけがないというのだ。両親も困惑していた。もちろんわたしはこれまでないほど惑乱して、眠れず食べられない日が続いた。それでもわたしがその決定にしがみついたのは、ただひとつ、仕事も、私的な幸福も、どちらもあきらめたくない、あきらめてはいけないと思ったからだった。

どちらかを棄てて、「男として」か「女として」のみ生きていくのだとしたら、今まで女たちは何を求めて苦しんできたことになるのだろう。「仕事も家庭も」は贅沢だという人がいるけれど、どうしてそんな人として当たり前の幸福を、女が求めてはならないのだろう。それより何より、どちらか一方でも棄てたなら、そのときわたしの人格は、回復不能なところまで壊れてしまうと感じた。結果的には多くの人に甘えさせてもらいながら、わたしは我を通したことになるかもしれない。ただ、ある人の一言がわたしを救ってくれた。「一人でがんばるんだと肩肘張ってはいけないよ。今までだってまわりの人との関係の中でなんとかやれてきたんじゃない。これからもやれると、自分を、じゃなくて、自分とまわりの人たちとの関係の全体を信じることよ。」

京都に移ってからの研究は、案ずるより産むが易しで、幸い好調に進んだ。新幹線通学も投資と割り切り、その他の出費は極力切りつめた。夫や周囲の励ましに支えられたのはいうまでもない。

学問的には、「社会史」という新しい研究分野との出会いが大きかった。「歴史社会学」とも呼ばれるこの分野が、フランス、イギリスなど欧米圏の歴史学の新潮流として勢いづいているのは卒論の頃から知ってはいたが、いざ本腰を入れて勉強しはじめてみると、あるわ、あるわ、家族だの出産だの女だのという、これまでの歴史学ではほとんど無視されてきたわたしの関心事について、すでに十年以上にわたる研究蓄積が積み上げられていた。

社会史が、これまでの歴史学と違う点はいくつもある。わたしにとっての最大の魅力は、その視線が、人々の日常生活のひだにまで及んでいることだった。従来の歴史学の正統な研究方法は、書かれた史料から制度や政治、経済などを分析するというものだった。ところが社会史は、服装とか民具とかことわざとか絵画とか、民俗学や人類学が用いてきたような資料を自在に取り扱う。そしてそこから、当時の人々の心のありよう、ものの考え方という、きわめて曖昧だが興味尽きぬことがらを、彼らの目の高さに立って再現しようと試みる。今日の想像を超えた昔の人々の心の世界を知ることは、逆に今日の常識をくつがえし、柔軟な発想を可能にするきっかけともなる。

さてわたしは、出産についての欧米の社会史的研究をもとにして、修士論文をまとめることにした。洋書を大量注文して、ふうふう言って読み進めるうち、だんだんとおもしろいことが見えてきた。それは、祖母のヒヤリングなどからわたしが勉強してきた日本の出産の歴史と、欧米の場合とでは、偶然ではかたづけられないほどの、多くの類似点があるということだった。

祖母の話にも出てきたように、日本の出産の近代化は医学の力だけではなく、強力な国家の後押しを得て初めて可能になった。近代医学をみずからの内から生み出した欧米でも実は同様で、一八～一九世紀頃にはトリアゲバアサンと医師の医療面での実力には大差はなく、かえって鉗子や薬物を多用する医師の方が危険だったともいわれている。それでも医師が職業的競争の勝利者となるのは、近代国家が医師を唯一の合法的助産者だとして、トリアゲバアサンを法的に取り締まったからに他ならない。出産の変化は、自然科学の発達などという平板な図式では説明できない、きわめて社会的・政治的・文化的な出来事であったのだ。

出産の変化に関係したと見られるもうひとつの社会的要因は、家族の変化だった。欧米では一八～一九世紀に「近代家族」と呼ばれる新しい家族のあり方がだんだんと優勢になってきたが、それは、家族が親子・夫婦の愛情の場となる反面で、近隣や血縁の人々のネットワークを失い、孤立して、ひたすら内に向って閉じていったことを意味している。「家で子どもを産めたらどんなにいいことか！　でも誰が子どもを沐浴させるんですか、誰がわたしに食事を運び、寝具を替えてくれるんですか！」手伝いの手を失った産婦たちは嘆きの声を残して病院にはいっていったという。

洋の東西を問わず、出産の変化は、人と人との関係を組みかえる「近代化」という大きな社会の変化のまっただなかで起こった出来事であった。出産は今日、身体的・医学的側面からばかり見られることが多いけれど、それは実は、出産にかかわってきた地域や友人のネットワークが失われるという変化の結果生じてきた、やせ細った出産観であるにすぎない。出産する母と子を他の人々から切り離し、本来、公的な意味をもつはずの人の誕生を私事におとしめてしまうような今日の社会関係のあり方が、出産をただの身体的・生物学的事実のように見せかけているのだ。昔から、そして今でも、出産は社会現象であり歴史現象であることを思い出すこと、人と人との関係の中にあり時代とともに変わるものとして、柔軟に出産を考えることが大切だとあらためて思った。

わたしの出産

そうこうしているうちにわたしは予期せぬことに気づいた。なんと、わたし自身が妊娠していたのだ。出産を研究している者がなんたること、と苦笑いしたがもうあとのまつり。修論提出五ヵ月前、五百枚の書下しをひかえて、わたしは妊婦になった。

本当ならこれは大変な危機なのだけれど、わたしは嬉しかった。わたし自身も家族も不安定だった一、二年前ならとても産めなかった。でも今ならなんとか、能力と体力の限界だけれどやりぬけそうだ。それに何より、自分の身体の中に、未知の、しかしこれから長くつきあうことになる何者かが訪れてくれたということが、なんとも不思議で、歓ばしかった。

これこそ〝女の論理〟と〝男の論理〟の両立ということになるのだろうが、わたしはもう、そんな理屈はどうとでもなれ！　という気分だった。そう、わたしは「論文を書く妊婦」、それがわたしの自然、と素直に当たり前に受け容れられた。同時に、万一身体に無理がきたら論文はあきらめよう、そっちはまた来年でも挑戦すればいいのだからと、覚悟もした。自分と他者の二者択一や強引な両立ではない、状況によっては一方をおさえて他方を生かす柔軟な対応もできるだけの余裕を、ようやくわたしも身につけることができたらしい。

いったんこう腹を決めると、「妊娠中に書く」という条件はかえって良い効果を産んだようだ。つわりはほとんどなかった。もちろん体質もあるだろうが、「わたしには他にすることがあるんだ」という気持ちの張りも作用したかもしれない。また、「おなかの子どもへの物理的・心理的ストレスを、せめて最小限に食いとめなくては。それには親であるわたしの身体と心が防波堤にならなくては」という自覚から、生活のリズムを守りながら書くこと、栄養のバランスのとれた食事を摂ること、感情的に動揺しないことを肝に銘じたが、これは長期戦で書きものをするにも実はたいへんよかった。

論文締切の一ヵ月ほど前になって、初めて胎動を感じた。最初は「これがそれかな？」と半信半疑だったが、確信をもてたときの喜びはなんと表現したらいいのだろう！　執筆が夜遅くまでかかってしまったときなど、急にボコボコ暴れ出してしばらくおさまらないことが何度かあったが、そんなときは、「ごめんね、前かがみが続いておまえも窮屈だったんだろ。でも、もうやめるからね。あと一段落書く間だけ、辛抱してね」などと、丸く突き出たおなかをてのひらでゆっくりとなでさすり、深呼吸しながら、知らず知らずのうちに声をかけたりしていた。すると、これが不思議。ボコボコは静かになってしまう。本当にこの論文はおなかの子と二人三脚で、いやそのわたしたちに最後の一ヵ月食事を作ってくれたり、一緒におなかに話しかけたりした夫も合わせて、三人四脚で書いたんだなあ、と思う。提出前夜にはとうとう足首にむくみがきたが、とにかくすべりこみセーフ、無事に期日に提出することができた。

その後は妊婦が本業、これまでの分も取り返そうと、妊娠・出産のハウツーものを読んだり、母親学級や妊婦水泳教室に通ったりして、人生にそう何回もはない妊婦生活を大いに楽しむことにした。

なかでもラマーズ法のクラスに通ったのは、素晴しい体験だった。そのクラスはちょっと変わっていて、英国人と日本人の助産婦さん二人をリーダーに、在日外国人の奥さんたちと日本人が一緒にレッスンするというものだった。できるだけ夫婦で参加するようにということで、わたしの夫もほとんど毎回出席した。寝そべって妊婦体操に励むわたしたちのおなかの小山のあいだにしゃがんで、一生懸命かけ声をかけてくれたりしていた夫の姿を思い出すと、吹きだしたくなるというか、よくやったというか、とにかく楽しい会だった。

そのときに感心したのは、(少なくともそこに集まった)外国人の女性たちというのは、「自分で産む」ということにとても前向きなことだ。指導者の助産婦さんを先生扱いするのではなく、経験豊かな友人としてつきあい、わからないことはどしどし質問する。自分がいいと思う雑誌の記事やテープなどを見つけたら、会にもってきてみんなに話す。なかでも素晴しいと思ったのは、そのクラスの前の期の受講者たちとの連絡をよく取っていて、簡単な昼食パーティなどしては、三ヵ月や一ヵ月の赤ちゃんを抱いてやってくる彼女たちと、経験談やら情報交換やらまじえながらおしゃべりする機会を作ったことだ。昔の日本では、娘宿とか月経小屋、産小屋とか、女たちが集まって性や出産についての情報を伝達できる場があったというが、ちょうどこんな感じだったのだろうか。

この集まりは、出産後はだんだん週一回の共同育児会のようなものに発展し、乳房マッサージのプロをその場に招いてみんなでやってもらったりした。人間関係のネットワークがなければ自分たちで作り出す、彼女たちのパワーと手ぎわの良さに脱帽の思いだった。

実家のある東京で産むか、夫のいる京都で産むかは随分悩んだ。これからずっと一緒に子育てしていくのは夫なのだから、出産前後の一番の喜びも苦労も夫婦で経験しないでなんとする、わたしも日常生活の延長上で「わたし」であるままで産みたい、とは思うものの、京都には親戚もないし、赤ん坊をいじったこともないわたしたち二人ではあまりに心もとない。幸い、見かねた母が産後手伝いに来てくれると言ってくれたので、ここは甘えてわたしたちの我を通させてもらうことにした。かかっていたお医者さんも理解のある人で、夫とラマーズ法の会の英国人の助産婦さんの立ち会いを積極的に奨励してくれた。

そしてついに陣痛開始。待つ身のつらさを紛らわせるためにボチボチ書き進めていた『女性学年報』の論文（本書第10章）の清書が、ちょうど終わったところだった。

陣痛は少し弱めで、子宮口がなかなか全開せず、五分おきの陣痛が一昼夜続いた。眠ることもできない陣痛室の夜の長かったこと。夫はその間じゅう付き添って、「ヒー、ヒー、フー」と一緒に呼吸法をしたり、夜食のサンドイッチを買ってきたりしてくれた。最後のひと押しはとうとう促進剤の助けを借りた。体力も気力も衰えかけて、このまま力尽きた人もいたんだろうな、などという考えが頭をかすめていたときだったので、近代医学の恩恵もありがたいものだと身にしみた。

促進剤の強力な陣痛で身も心も翻弄されているとき、お医者さんに言われて子宮口をのぞきこんだ夫が歓声をあげた。「おい、頭が見えてるぞ！」それからの夫は、これほどの笑顔があるかというほどニコニコしっぱなし。陣痛の極のわたしは「こっちはこんなに苦しんでいるのに」と本気で腹を立てながらも、その笑顔に支えられて最後のひとふんばりをしたようなものだ。

そして、ぬるっ、とわが子誕生！　手早く処置をした先生は、へその緒のついたままのその子を、わたしのおなかの上に乗せてくれた。ああ、この重み、さわった指の吸いつくような肌！　さっきまでの苦痛は、うそのようにふっ飛んだ。夫も抱いた。あぶなっかしい手つき。分娩室にあふれる笑い声。そのときの記念写真を病院のサービスで撮ってくれたが、まだへその緒をだらりとつけた赤ん坊をまん中に、先生、助産婦さん、夫、わたし、みんな晴れやかに笑っている。

そして、今。夫はときどき子どもに、「お父さんの方が先におまえの頭見たんだぞ」とか、「お父さんが最初に抱いたんだぞ」などと自慢している。出産に立ち会ったことは、夫にとっても決定的な体験となったらしい。そのせいかどうかは知らないが、当然のようにおむつ交換もしたし、わたしが何日か家をあけても平気で二人で暮らしている。わたしは相変らず出産だの家族だのについて論文を書きながら、ほどほどに熱心に育児もして、子どもが二歳になる年からは大学や研究所で働き出した。

今つくづく思うのは、「出産は人生だなあ」ということだ。それまで自分が築き上げてきた自分という人格と、人間関係のすべてが出産に集約され、またそこから、その後のあらゆることが出発する。「いいお産」をすることは、人生のいい節目となる。また、「出産は人間関係」でもある。「いいお産」は一人のがんばりではできない。夫、母、助産婦さん、お医者さん、友人たち、そして子ども自身、それにもっと有形無形にわたしたちを支えてくれた多くの人たち、みんなのおかげがあって初めて、「いいお産」ができる。

ただ、考え違いしてはいけないのは、「出産は人生」だが、「人生のすべてが出産」なわけではないということだ。近頃、「母と子のきずな」を重視するあまり、それさえできれば「いいお産」とばかりに新生児のスキンシップの大切さや母乳哺育、さらには新しい胎教のようなことまでことさらに言うようになったが、これはどんなものだろう。無理なくできるならそれもいいが、ほとんど脅迫のようにして、母親の人生をそのために投げ出せと言わんばかりなのは本末転倒、「木を見て森を見ず」もはなはだしいと思う。「いい人生」あっての「いいお産」ではないか。第一、母親が自分を犠牲にして不満だらけでいるとしたら、子どもだってそれを感じてイライラする。こういう方向は、せっかく近代医療に欠けている人間関係に目を向けながらも、中途半端で、結局、出産や母子関係を人生や人間関係の全体の文脈から切り離す、近代医療の悪しき面を繰り返してしまう。

お産は、人生の転轍機のようなものと考えればいいのかもしれない。道筋の全体を左右するけれど、それ自体はひとつのポイントでしかない。そんなお産をかかえこむ女の人生、それは確かに男の人生より屈折にみちているのかもしれないが、だからこそ面白いとわたしはますます思っている。

（一九八六・五）

自著解題　〈近代家族〉の歴史社会学とその後

1　フェミニズムから〈近代家族〉まで

女たちの悔しさ

本書第1章の「〈近代家族〉の誕生と終焉――歴史社会学の眼」を脱稿し、原稿用紙を入れた封筒を郵便ポストに投函したとき、ああ、これでいい、と清々しく空を見上げたのを思い出す。こんな短い論文を一本書いただけで、ずいぶん志の低いことだと今は苦笑するしかないが、そのときは長年の胸のつかえがとれたようで、すっきりした気分だった。小さいことではあるけれど、何かはしたと思うことができた。出産してからほぼ一年後の、一九八五年五月のことだった。

女であること、がわたしの中でひとつの問題として育っていったのはいつ頃からだったのだろうか。定かには思い出せないが、相当に幼い頃からひっかかりを感じていたのは確かなように思う。まずわたしには名前が無かった。誕生前に用意されていたのは男の子の名前だけだったので、生まれたわたしが女だった時、慌ててこの平凡な名前をつけたと聞かされた。父は、あとでわたしが「大正デモクラシー」とあだ名をつけたくらい民主的な人だったから、なぜ男の子の名前しか考えなかったのか、不思議ではある。

幼いわたしは一日の大半の時間を同居していた祖母とお話をして過ごした。父の母である。祖母の部屋にしていた日当たりのよい四畳半で、お絵かきをしながら、空想ごっこのようなことをしていた。自分で髪を結って歌舞伎見物に出かけるのが何よりの娯楽というような祖母だったから、突拍子もない子どもの空想に付き合ってくれるだけの想像力を持っていたのだと思う。この祖母の結婚生活がけっして幸せではなかったことを知ったのは小学生の頃だった。東京の裕福な商家に生まれ、若い頃は「備前町小町」と呼ばれたという祖母だが、婿に入った祖父が商売をしては失敗し、次々に女性をつくるので、祖母の親は怒って祖母に分けた財産を悔い返すことを決めた。明治民法下では既婚女性の財産は夫の自由になってしまうので、やむを得なかったのだと聞かされた。なんと理不尽な、と子ども心に憤った。その後、祖父は離婚して別の女性と暮らし、祖母と父は経済的な苦労もした。

では母はというと、山形県の六人きょうだいの末娘として育ち、姉を頼って東京に出てきて父と結婚した。郷里で紹介結婚をした長姉と違い、東京に出て妹たちは見合い結婚と恋愛結婚の中間的な結婚をした。女性を見初めた男性があとをつけて家を確かめ、その後に仲人を立てて正式に結婚を申し込むのである。母の場合はそのあと何回かデートをしていい人だと思って決めたというので、半ば恋愛結婚であったかもしれない。しかし子どものわたしには、完璧主義で家事をこなしながら、母がどことなく苛立っているように見えた。女子に門戸を開いた大学で理系の勉強をしてみたかったが、妹だけ大学に行くなんてという姉の反対で行けなかったと聞いた。のちにわたしが結婚したいと話したとき、大学まで行かせたのになんで結婚するの、と返され、そんなことを思っていたのかとあらためて気がついた。

最初から極私的な思い出話につきあわせてしまって失礼したが、要するにこんな風にして何世代もの女たちの悔しさが心の底に沈殿していった。そのあとも小さなことも含めて自分自身のそんな経験を重ねていった。中学校の生徒会長は男子で女子は副会長と暗に決まっていたこと、頭の中身が無ければいい女なのにな、と好きな男の子に言われたこと、等々、等々。『82年生まれ、キム・ジヨン』（チョ・ナムジュ著、二〇一八年、筑摩書房）という韓国の小説が日本でも流行ったけれど、そこにも書かれていたような日常の中での女性差別が女たちの心に知らず知らずのうちに傷をつけてゆく。なぜこんな思いをしなければならないのか知りたい。こんなことは終わりにしたい。いつの間にかそんなことを考えるようになっていた。

パーソナルイズポリティカル

あまりゆっくり思い出話をしているわけにもいかないので、一気に大学時代に飛ぶ。一九七六年入学なので、七〇年頃の学生運動の余韻がまだ濃厚に残っているキャンパスだった。身近な親族に大学出がいないわたしは、異世界に踏み込むような気分だった。教養部のゼミは先生たちが思い思いのテーマで開講しており、本当に面白くて、いくつも参加した。学生運動の時代の「自主講座」という主張が大学を変えたのだと思う。教員たちも大学祭の露店のように個性あふれるゼミを開講するし、学生サークルもさまざまなテーマで自主的な読書会を開いていた。

教養部でわたしが特に面白いと思っていた授業があった。見田宗介先生の社会学のゼミと、西部邁先生の経済学の授業だった。たまたまではあるけれど、ジーンズをはいて講義をしていたのもこのお二人で、若くて知的な勢いのある先生方の講義に刺激された。そのお二人と、女性と男性という問題（ジェンダーという言葉はまだ使われていなかった）についてお話ししたことがある。西部先生には授業のあと駅前のうどん屋に連れていっていただいた。そこでわたしが女性と男性の問題に関心があると言うと、手元にあった紙を持ち上げ、この上の面が文化だとする、裏面が自然だとする、とすると、男性は上の面に乗っかっている、とおっしゃる。そして、女性はここにいると、紙の縁の断面を指でなぞった。女性は自然と文化を結ぶ大切な位置にいる、だから上の面に出てこようなんてつまらないことは考えないように、というような趣旨だった。

女性は自然で男性は文化だというのは、見田先生もそっくり同じようにおっしゃったことがある。その少し前に文化人類学者の山口昌男が朝日新聞の文化面に書いていた「女性は存在論的他者」だというエッセイも同じ論旨だった。当代の知性を代表する憧れの先生方が、女と男についてはみな同じ考えであることが衝撃であり落胆もした。女と男は自然と文化だという論法は、本書第10章で紹介した文化人類学者シェリー・オートナーが一時期主張していたのと同じである。この説を真に受ければ、文化があるかぎり、言語があるかぎり、女性は男性と同じ「人間」にはなれないということになる。違う、と思ったが、理論的な反論はまだできなかった。

サークルにもいくつか入った。そのうちの一つが婦人問題研究会だった。学生運動の焦げ臭いような残り香がキャンパスに充満している頃だったので、数学年上の人たちはたいてい運動経験者であり、婦問研の先輩たちはウーマンリブもリアルタイムで知っていた。わたしたちの頃は「家庭基盤の充実に関する対策要綱」が発表され、「男女雇用機会均等法」の骨格が見えてきた時期だったから、それらに反対するタテカンを立てたり、文書をつくったり、デモ行進に参加したりした。「男女雇用機会均等法」

に反対したと言うと、なぜ婦問研が、と意外に思われるかもしれないが、労働基準法の生理休暇や深夜業禁止などの女性保護を外し、狭義の母性保護だけにするという改正（当時は「改悪」と呼んでいた）と抱き合わせにされていたので、労働運動や女性運動の主流は反対したのである。「私たちの男女雇用平等法をつくる会」などの女性運動が悲願としてきた雇用における男女平等の法制化であったのに、なんとも屈折した状況が作られてしまった。

そのときのことで、ひとつ書いておきたいことがある。わたしたち東大婦問研は、審議会メンバーである本学教員の有泉亨先生と氏原正治郎先生に公開質問状を送った。お二人とも返事をくださり、有泉亨先生からは、何も分からない学生が何を言うか、という調子のお叱りだったが、氏原正治郎先生は大変丁寧な長文のお手紙をくださった。なぜ雇用機会均等法を作らねばならないか、労基法改正についてはどう考えるかといったことを諄々と説明されていた。当時の学生としては、こんなけしからん返答が来た、とタテカンにお手紙を貼り出すしかなかったが、正直に言えば氏原先生には感服した。内容にも一理あり、何よりこんな無礼な学生たちの批判に真正面から答えてくださったことに驚きと敬意を感じた。大人になったら、このようにありたいと思った。あとから振り返ると、この時に雇用機会均等法を成立させた意義は非常に大きかったと思うので、若気の至りと、運動の勢いに流されたことへの反省を胸に刻んでいる。

婦問研の日常活動は、本を読むこと、それを肴にいつ果てるともしれないおしゃべりを続けることだった。ミニコミ誌を扱う本屋を教えられ、『女・エロス』（一九七三–一九八二）や『あごら』（一九七二–二〇一二）や婦人民主新聞や田中美津を読むようになっていた。「便所からの解放」の田中美津さんだ。のちにお会いしたら、とっても優しい方だった。手元にある当時の雑誌をたよりに『女・エロス』の全特集を列挙してみたら、からだ、性、結婚、家族などに関わる極私的なテーマが半分を占め、そこから仕事、政治、反戦等々へと段差なく広がっていた。まさに「パーソナルイズポリティカル」。個人的なことは政治的なこと、つまり社会的であり権力に関わっているということだ。わたしたちの際限ないおしゃべりも、私的な体験や思いを社会の問題につなげてゆく「コンシャスネスレイジング」だった。

このようにして二年くらいたつと、友人たちとの話が堂々巡りしていると気づくようになった。誰からともなく、いつも同じような話で終わるね、これじゃいけないんじゃないか、ということになった。リブ以来の女性運動は、論理的にひとにわかりやすく語ることを「男の論理」と呼んで退け、「女の論理」を強調してきた。今まで言葉にしてこなかったことを「取り乱し」てもまず語ることを大切にしてきたからだろう。しかしわたしたちは何に怒っているのか、何が原因で何が戦うべき「敵」なのかよく見えない、という思いが募ってきた。関連しそうな文献を乱読したが、出来合いの答えを書物から見つけることはできなかった。

言葉を生み出す

それなら自分で書くしかない。無謀にもそんな思いで大学院進学を決めた。自信があったわけではないが、読みたいものが無いのでは仕方がない。当時のわたしは「言葉が無い」という渇きにも似た感覚に苦しんでいた。「女だから」というのが最大の理由だが、それだけではなく「アジア人だから」、そして「若いから」という三重苦なのだと気づいた。「サバルタン」だった。さらに今ならインターセクショナリティと言うところだろう。「男の論理」だろうが「女の論理」だろうが構わないから、自分が納得できる言葉を生み出したいともがいていた。思えばこの三重苦の解決にその後の人生を賭けることとなった。

しかし、大学院に入って、女性について研究したいといっても、とりあえずどうすればいいのかわからない。この分野の本は少なく、授業は皆無だった。指導教員の高橋徹先生が、井上輝子先生が和光大学で女性学の授業を始めたと教えてくださったので、当時流行の「ニセ学生」(その大学の学生でないのに授業に出席する)になって、東京郊外の山の上のキャンパスまで通わせていただいた。井上先生もおおらかに受け入れてくださり、おかげで日本の「女性学」の出発に立ち会わせていただくことができた。他にも、上智大学の鶴見和子先生の授業、お茶の水女子大学の原ひろ子先生が設立されたセンターの女性学研究会にも通った。実はあちこちで女性学や新しい研究が芽吹いていたので、自主講座のカリキュラムを自分で組んで履修しているような楽しさを感じながら渡り歩いた。大学院の先輩たちも女性の社会問題研究会を作っていたので、そこも大切な場になった。江原由美子さんが「からかいの政治学」を発表し、橋爪大三郎さんが「売春のどこがわるい」を書いて物議をかもした『女性の社会問題研究報告』という雑誌を発行していた。

ここから後のことは、本書のいくつかの章に書かれている。さんざん悩んだ末、結婚して京都に移り住むことにしたのは、補章で告白したとおりだ。「京都に行ったら、上野さんを訪ねるのよ」という江原さんや橋爪さんのアドバイスの通り、上野千鶴子さんが世話人をして平安女学院短大で会合していた女性学研究会の門を叩いた。薄暗い廊下の先にある小部屋で、仕出し弁当を食べながら、ときに海外からのゲストも迎えて、けっこう激しい議論を戦わせた。上野さんがマルクス主義フェミニズムについて発表したとき、わたしが批判して、「あなたの言うことはすべて間違っている!」と上野さんに怒鳴られたこともある。そのあと天天有のラーメンをご馳走になって手打ちになったのだが。

関西には社会史研究に情熱を燃やす若手が大勢いたことも、わたしにとってラッキーだった。平安女学院の研究会で、姫岡とし子さん、小山静子さん、田邊玲子さん、荻野美穂さん、千本曉子さん、渡辺和子さんたちに出会い、女性学研究会とは別に、女性史研究会を始めた。振り返ってみれば、この女性史研究会ほど、わたしを育ててくれたものは無い。本書第4章のもととなった修士論文を書いたとき、なにしろ手書きの時代なので、清書が間に合わなくなり、図々しくも先輩の田邊さんたちに手伝ってもらった。ささやかなお礼のリンゴを手渡したわたしに、田邊さんが「近代家族って何？」と聞いてくれた。「近代」がカギだと田邊さんも考えていたところだという。小山さんが「良妻賢母は近代の発明」と主張する論文を発表したときは、わたしが思わず尋ねた。間違いないのね、引用していいのね、と。あまりにすごい発見だったので失礼ながら念押ししたのだった。

文学、歴史学、社会学と専門分野の違うわたしたちが、それぞれの試行錯誤の結果、皆が「近代」という答えに近づきつつあると知ったのは、大きな驚きであり喜びだった。わたしたちはたぶん正しい、という確信が湧いてきた。わたしは本書第10章となった論文を書き、近代と家族との関係を理論的につきつめていった。そして、本書第1章の論文が生まれた。女の問題を解き明かすために自然と文化の境界や文明の始原まで立ち戻る必要はない。わたしたちが当たり前と思わされてきた女性と男性の役割や家族は「近代」が生み出した。何年も抱え続けてきた問いへの答えを曲がりなりにも出すことができて、空が青かったわけだ。

女性史研究会について、ひとこと付け加えておきたい。この研究会の会合を思い出すと「おっぱいのにおいがよみがえってくるような気がする。」と書いたことがある（谷川他編二〇一九）。本書第4章と第10章の論文を書いたのは、出産したのと同じ一九八四年だった。乳飲み子を抱えて外出できないので、研究会しばらく休むわ、と言ったわたしに、それなら落合さんの家で研究会するから晩ごはん出して、と押しかけてきた仲間たちに心から感謝している。赤ん坊がぐずると、おっぱいあげて、と先輩ママたちが言うので、膝に抱いて授乳しながら発表を聞いたこともある。ベテランママの荻野さんや渡辺さんが上手に抱いてあやしてくれた時もあった。そうこうしているうちに夫が手料理を用意してくれて、みんなで酒盛りになった。グラスが割れたり酒がこぼれたり大騒ぎだったけれど、わたしにとってもっとも斬新なアイデアが湧いてきたのはまさにこの頃だった。出産や育児は仕事の邪魔者のように言われるが、実は新しい発想を生み出すための好条件なのではないだろうかとわたしは思っている。身体中をホルモンが駆け巡り、毎日が新しい経験で満たされているとき、思考も柔軟にならないわけがない。周りの人たちが少し心がけてくれるだけで、出産した女には無限の可能性がある、とわたしは信じている。その後、千本さんが出産したときは大阪へ、長谷川博子（まゆ帆）さんが出産したときは名古屋へみんなで押しかけ、おっぱいのにおいにまみれて出版したのが『制度としての〈女〉』（一九九〇年）だった。山形の祖母の聞書きはこの本に収まった。

2　歴史社会学とは何か

増補新版の構成

最初の数本の論文を書くまでの個人史に思いのほか紙数を割いてしまった。すでにお気づきだと思うが、私的な体験とそれを取り巻く社会環境との往還がわたしの思考を形作っている。「パーソナルイズポリティカル」がすっかり身についた。

さて、わたしの初めての単著であった本書の初版には、フェミニズムから出発して「近代家族」という概念に到達し、その後の展開のための基礎固めを行った時期の論考を集めてある。このたび新版を刊行していただく機会に恵まれ、四本の章を追加し、目次も再構成して、増補新版とすることにした。一九八九年の初版刊行から三三年の月日を経た現在の時点から振り返ると、基礎固めの時期はもう少し後まで続いたと思うからである。

就職のめども立たない女子院生たちが集った女性史研究会であったが、やがて仕事が決まりだした。わたしも一九八六年に兵庫県家庭問題研究所の研究員として初めての職を得て、翌年には同志社女子大学の助手に採用された。その後、歴史社会学の本場である「人口・社会構造史研究のためのケンブリッジグループ（Cambridge Group for the History of Population and Social Structure）」滞在を経て、一九九四年に国際日本文化研究センターに着任した。ちょうどその一九九四年には「近代家族」の日本での確立を「家族の戦後体制」としてとらえた『21世紀家族へ——家族の戦後体制の見かた・超えかた』を刊行したので、このあたりまでが基礎固めの時期だったように思う。

近代家族、出産、育児、フェミニズムと、相互に関連しながら異なるテーマについて並行して研究してきたので、本書の初版をまとめるときには正直言って困った。全体をつねに視野に入れておきたいわたしの思考法はその後も変わることはなく、わたしの弱点であり強みであると今は開き直っている。しかしある時期の論考を集めると、本書のはしがきにも書いたように、テーマも多様、文体も多様で、どうしても雑然としてしまう。関心は一貫しているという自覚はあったが。なにしろそれぞれのテーマに着手したばかりの段階だった。

本書の初版刊行以降、出産と育児について分析を深めた論文を書くことができた。江戸時代の末に起きたとわたしが考える出産革命については「近世末における間引きと出産」（一九九四）で再論することができた。育児ネットワークの研究はその変容を人口学的条件の変化と関係づけた「家族の社会的ネットワークと人口学的世代」（一九九三）に発展した。このあたりでようやく基礎固めが一段落したといえよう。新版にはこれらを第6章、第9章として収録することにした。

また、増補に対応して、近代家族論の骨格をなす理論的論文からなる第Ⅰ部と、出産と育児の歴史社会学に関する第Ⅱ部とを分けて独立させた。このようにすることで、初版時点では果たせなかったが本来めざしていた本書の姿にいくらか近づいたように思う。三三年目の正直とでもいおうか。

第Ⅰ部には、わたしをすっきりした気持ちにしてくれた第1章「〈近代家族〉の誕生と終焉」に続けて、その観点から家族理論の全面的転換を主張した「家族社会学のパラダイム転換」を収める。また、刊行年は上記の期間を若干はみ出すが、「近代家族」という概念をめぐる論争について自己言及的に振り返った「近代家族をめぐる言説」（一九九六）を第3章として追加しておく。これによって、第1章の論文で提案した「近代家族」という概念が、どのように受け入れられ、自己展開していったかという研究史をたどっていただけるだろう。「近代国家」が直接の支配の単位とする社会集団が「近代家族」であるという西川祐子さんの主張、上野千鶴子さんの「家は近代家族」という説は、非欧米圏で社会理論を展開する難しさに関係している。「アジア人だから」言葉が無い、とわたしが感じていた問題である。本書初版刊行後のわたしは、主にこの問題に取り組むこととなった。

第Ⅱ部では、出産と育児の歴史をヨーロッパの一六世紀まで遡り、日本の江戸時代に飛び、現代まで下ってくる。「近代家族」とは「家族は生命再生産の制度だとする家族定義」（本書八頁）がまさに当てはまる家族なので、出産と育児に注目することで、近代家族の出現と変容の本質に迫ろうとしたのである。近世末の出産と現代の育児との間が空いているが、この間には、第7章と補章で紹介した祖母の聞き書きにもとづく「ある産婆の日本近代——ライフヒストリーから社会史へ」（『制度としての女』所収）が時代的にもちょうど収まる。長文なので本書に再録することはできないが、第7章と補章の紹介から、この時代を含めた出産と育児の歴史社会学の全体像を思い描いていただきたい。こうして第Ⅱ部では、ヨーロッパの近代化の第一の局面、第二の局面（ベックらの「第一の近代」「第二の近代」とは別概念）に始まり、日本の近世末の出産革命、二〇世紀初めの第一次出産革命、一九五〇年代の第二次出産革命を経て、一九七〇年代の転換へと、人を産み育てること、いわゆる人間の再生産のしかたの構造転換を追った。家族と国家、そして社会的ネットワークが影の主役としての役割を演じている。

第Ⅲ部はフェミニズムという社会運動の歴史社会学を扱うので、第Ⅰ部、第Ⅱ部とは関係がないように思われるかもしれない。しかし第12章の結論のように、フェミニズムの第一の波と第二の波は『近代家族』と『近代国家』の全盛期」のそれぞれ始まりと終わりに起きたことが、「時代の集合心性（マンタリテ）や社会構造を映し出すものとして」社会運動をとらえる歴史社会学の視角により見えてきた。

第Ⅲ部にはさらに、戦後女性雑誌に登場する女性像を分析した「ビジュアル・イメージとしての女——戦後女性雑誌が見せる性役割」（一九九〇）を収録した。女性の微笑み方などに注目すると、一九五〇年代と一九七〇年代との二回、日本のジェンダーの表象に明らかな変化があった。それらに挟まれた安定の時代を代表するのが「主婦」像だった。それが揺らぎ出すタイミングで第二波フェミニズムが起こった。この発見について「性の戦後体制」というタイトルで新聞に書かせていただいたことが「家族の戦後体制」という着想につながり、『21世紀家族へ』（一九九四）という次の単著を生むこととなった。

初版の第Ⅲ部の時事的なエッセイは省略したが、自分史の試みである「お産と社会学とわたし」は補章として残すことにした。

社会史／歴史社会学の社会理論

さて、本書の構成について述べるなかで、しつこいほど時代区分を繰り返しているな、と思われた方もあるかもしれない。このこだわりは歴史社会学の性質と深く関わっている。歴史社会学という視角と方法が本書を貫いていることは、増補新版にあたっての再構成により、いっそうはっきりしたように思う。では歴史社会学とはどのようなものなのだろうか。各章では正面から論じなかったので、ごく手短にではあるがここで論じておこう。

わたしが大学院時代を過ごした一九八〇年代は、社会史ブームの時代だった。社会史（social history）と歴史社会学（historical sociology）には違いもあるが、互換的に使われることも多いので、ここではとりあえずそうしておく。一九八〇年にフィリップ・アリエスの『〈子供〉の誕生』が日本語訳され、二宮宏之・樺山紘一・福井憲彦責任編集の『叢書歴史を拓く――アナール論文選』（新評論）の各巻が次々に出版された。関西では一九八五年に近代社会史研究会が活動を開始した。日本史でも網野史学が一世を風靡し、社会史の重要な一角を占める女性史では、脇田晴子先生たちの女性史総合研究会が『日本女性史』全五巻（一九八二年、東京大学出版会）を刊行した。家族史については有地亨、利谷信義、江守五夫、森岡清美といった法学、社会学、歴史学、文化人類学、人口学などの分野の戦後を代表する先生方が学際的に集う比較家族史学会の前身の比較家族史研究会が一九八二年に設立された。すでに書いたように、当時の空気の中には大学闘争の残り香が漂い、新しい学問への意欲をかき立てる雰囲気があった。権力者の起こした政治的事件ではなく、一般の人々の日常こそ研究すべきだという主張も支持された。

アナール学派の社会史を学び始めた頃、社会史とは心性史であり、日常生活史であり、構造史であり、全体史であり、数量史であり……という説明に接して当惑したのを思い出す。しかし確かにこのすべてが当てはまるのが社会史である。心性（mentalité）とは、個人的な心理的性質というより、社会的に共有された集合的なものとされ、しばしば集合心性と訳される。たとえば、子どもを可愛いと思う、異性は恋愛の対象と思うが同性ならそうは思わない、というような心の動きは、社会的に共有された感情のルールに影響されている。社会に共有されたルールや規範が日常生活に規則性を与え、数量的に分析しても明らかな傾向を生み出す。人々の日常生活は構造によって秩序づけられ、構造を形作っているのである。政治的事件などの「出来事」に関心を注ぐ従来の歴史学と違い、より変わりにくく、社会全体をより深いところから規定している「構造」を明らかにしようとするのが社会史である。

社会史は社会学の大学院生も惹きつけた。わたしはまずエリ・ザレツキーなどマルクス主義フェミニズムの洋書にしばしば引用される著者としてフィリップ・アリエスの名を知った。アリエスの著書は一九六二年に英訳され、すでにアメリカで有名になっていた。洋書を取り寄せなくてはと思っていた矢先、杉山光信先生ご夫妻が翻訳書を出版してくださった。たちどころに魅了され、質問にかこつけて思い切ってフランスまでお手紙をお送りしたところ、すぐにお返事をいただけたのには感激した。直筆のフランス語のお手紙は難読ではあったが、今もわたしの宝物だ。来日の予定が延期になり、ついにおいでになれず、お目にかかれなかったのが残念でならない。

しかし、社会史に魅了されたのは、アリエスなどアナール学派の著作があまりに面白かったからだけではなかった。当時の大学院では「言語研」という研究会が知的な渦をつくり出していた。それまでの構造機能主義とマルクス主義の不毛な対立から抜け出すべく理論的なブレイクスルーを目指していた当時の若い世代には、「言語研」での勉強が自分の血となり肉となったと自認している者も多いだろう。「言語派社会学」を打ち立てようとしていた橋爪大三郎さんを中心に、内田隆三さん、江原由美子さんなどに落合仁司も加わり、宮台真司さん、大澤真幸さんなども入ってきて、理論の真っ向勝負をしていた。橋爪さんは総合社会科学を掲げるもう一つの研究会「小室（直樹）ゼミ」の師範代でもあり、その知的影響力は絶大だった。

「言語派社会学」とは、構造主義言語学に倣った社会学理論を意味している。ウェーバーのような方法論的個人主義とデュルケームのような方法論的集団（社会）主義との対立というようなことを今でも社会学の授業で教えているのではないかと思うが、ソシュールの構造主義言語学のパロール（発話）を個人、ラング（文法と語彙の体系）を社会の規範や規則（ルール）と読み替えれば、個人と社会の対立は解消される。集団に共有された文法や語彙なしに個人がむやみに音を出しても他の人に意味を伝えることはできない。つまり発話することはできない。社会のルールなしには個人は自分を表現することも自由に行為することもできないのである。同じことはヴィトゲンシュタインの言語ゲーム論によっても表現することができる。ルールがあるから人々のプレーの集積がゲームとして成り立つ。なかにはルール違反をする人もいるのはスポーツでも社会でも同じだが、それでも全体としてある秩序をもったゲームすなわち社会を実現できる。

まとめれば、社会は個人の集積ではない。とはいえ、それは個人が社会の部分であり、機能を担う一つの器官にすぎないということとは違う。個人は自由だが、個人の自由な行為は個人を超えた構造を前提として初めて可能になるということだ。個人を全体の一部にしてしまう全体主義や社会主義はごめんだ、しかしまったくの個人主義はそもそも不可能であるという、バランスのとれた社会理論である。

このような構造主義的な社会観は、社会史と親和性がある。思想史的に見れば当然で、ソシュールの言語学と共にレヴィ＝ストロースの構造主義の源流となったデュルケームは、社会史の社会観の祖ともされている。「社会的事実（le fait social）」という考え方である。社会史の「集合心性」はデュルケームの「集合意識（conscience collective）」の直系なのである。

第二次大戦後のアナール学派を率いたフェルナン・ブローデルは、社会史の方法論についての著作の中で、歴史学が扱う三種類の時間を区別している。「長期持続（longue durée）」、「変動局面（conjoncture）」、「出来事（événement）」である（Braudel 1997＝2005: 250）。「出来事」とは一回的な政治的事件などのことであり、従来の歴史家が扱ってきたものだが、そんな表面からは遠いところの「深い歴史」「無意識の歴史」を研究すべきだとブローデルは言う（Braudel 1997＝2005: 62, 211）。「長期持続」して緩やかにしか変わらない「構造」のことであり、世紀以上の時間で測るのがふさわしい。時間意識、空間意識、子ども観、家族観などはこの層に属する。ただし「構造」はあるとき断絶し、この非連続性こそが興味深いので、そこに注目すべきである（Braudel 1997＝2005: 181）。「変動局面（conjoncture）」とは「長期持続」より短い波動であり、価格の上昇と下降のサイクルのような経済と社会の変動が例にあげられており、一〇年、四半世紀、最大限でも半世紀という程度の期間を想定している（Braudel 1997＝2005: 198–9）。

ブローデルの壮大な構想と比べるのはあまりに気が引けるが、わたしが執拗に時代区分にこだわる理由がいくらかわかっていただけたのではないかと思う。社会とは構造である。その構造が持続しているのはいつからいつまでかという問いは、社会を知るためのもっとも重要な問いであるからだ。本書に収められた論文を書いた頃、ブローデルのこの著作を読んでいたわけではないが、構造主義的社会理論を血肉としていたからには当然の発想だったろう。

構造の社会科学

ブローデルの「大きな歴史」の構想は、歴史学が他の社会科学を「征服」するという、これもまた壮大な野心を伴うものだった。最近（つまり、当時）発達してきた社会科学の成果と手法を利用して、「社会的事実」をその厚み全体においてとらえるためであるという。きわめて複雑な「社会的事実」をその全体において研究するためには、学際的アプローチが必須であると考えていた（Braudel 1997 = 2005: 46–7）。この構想を反映して、ということだろう、ブローデルが率いた社会科学高等研究院（EHESS）はユニークな分野構成をもつ研究機関である。社会科学を名乗りながら歴史研究所の存在感が大きく、そこに社会学、経済学、人類学等々の研究所が軒を連ねている。歴史学を共通の学問的土台として社会科学者たちが仕事をするようにデザインされているのである。

この社会科学高等研究院にブレーズ・パスカル・チェアとして一年間滞在した二〇一五年に、印象的なことがあった。経済学のレギュラシオン学派の総帥ロベール・ボワイエにわたしの研究会に参加していただき、会話する仲になっていたが、その彼が「僕はアナールだ」と言ったのである。大きな国際会議でのトマ・ピケティの講演が終わり、会場から流れ出てくる人混みの中での会話だった。経済学者のボワイエ、と思っていたので一瞬面喰ったが、彼はまったく当然のことだという顔をしている。歴史的視点なしには「制度」に注目する自分の仕事はできなかったというのである。言われてみれば確かにそのとおりだ。さらに「ピケティもアナールだ。」とボワイエは続けた。『21世紀の資本』（2013［2014］、みすず書房）のピケティの研究は、富の集中についての統計数字の長期的変動を扱い、不平等は二〇世紀半ばに縮小し、その後に再び拡大したことを発見した。ブローデルは経済学者や社会学者が短い時間に戻りたがることにしばしば苛立ちを見せていたが、その心配を杞憂に変えて、アナール学派に根を張った社会科学が見事に育ち、果実を実らせていることに感銘を受けた。

わたしは社会史に魅了されたが歴史家にはならず、社会学者として仕事をしてきたが、ボワイエとの会話によって、これも一つのあり方だったのだと自己肯定することができた。ではわたしは社会学者として何をしてきたのだろうか。まず本書に収めた歴史社会学の論考は、何をしたものだろうか。

社会史と歴史社会学は何が違うのかという、後回しにしていた問いに戻ろう。両者を区別するなら、社会史が歴史学の一部であるのに対して、歴史社会学は社会学の一種ということになる。歴史社会学とは（狭義の社会学に限定せず）社会科学の方法を歴史に適用して歴史的データを分析するものだとしばしば言われる。方法としての歴史社会学と言っておこうか。これに対して、視角としての歴史社会学ともいうべき面がある。ブローデルは経済学にしてほしいこととして、「学説を一つひとつその歴史的枠組みのなかに置き直すということです。」（Braudel 1997 = 2005: 158）と述べている。社会科学の理論や概念はどのような構造をもった時代のなかで生を受けたのかを明示し、その歴史的射程を考えるのも歴史社会学の使命である。

本書第1章となった論文で「近代家族」概念を提案した時、手探りながらしようとしたのはそういうことだった。社会学のみならず社会科学一般が、いやそれだけでなくこの社会に生きるほとんどの人たちが自明の前提としている「家族」概念には限られた歴史的生命しかないと、大声で叫びたかった。まだ研究者になりきっていない、パーソナルな思いにも突き動かされて。

その主張を学会で披露する機会は思いのほか早く訪れた。第1章の論文が刊行されてからまもなく開催された「家族社会学セミナー」（日本家族社会学会の前身）で、森岡清美先生がこの論文について発言してくださった。見田宗介先生が論壇時評で取り上げてくださったのをご覧になったという。そして翌年の登壇者となることが決まり、発表したのが第2章「家族社会学のパラダイム転換」のもとになった論文である。当時の学会の主流であった「集団論的パラダイム」は近代家族と共に歴史的使命を終えようとしているという、初めての学会発表としてはありえない内容だったので、さすがに勇気が要った。緊張してものが食べられないという経験はあとにも先にもこの日のランチだけだったと覚えている。発表後は予想通り集中砲火を浴び、厳しいコメントもいただいたが、「集団論的パラダイム」の代表者ともいうべき森岡先生がむしろサポーティブなコメントをくださったのはありがたかった。同世代や少し上の世代の方々も休憩時間にやってきて励ましてくださった。マンタリテとパラダイムの間には第2章で書いたような関係があるので、変化しつつあるマンタリテ（心性）を共有している方々が、わたしと同じように言葉を探していたのではないだろうか。上子武次先生はご自宅の古い洋書を貸してくださり、発表にもとづく論文執筆を励ましてくださった。

視角としての歴史社会学は、学説にだけ用いられるのではない。あらゆる社会現象／概念、すなわち「社会的事実」を時間の中に（本書「はしがき」の表現では）「宙吊り」にすることができる。当時の用語では「脱構築（deconstruction）」と言った。視角と方法という歴史社会学の両面を駆使して、「家族」「出産」「育児」「フェミニズム」「ジェンダー」を脱構築しようとしたのが本書の各章である。

ブローデルの三種類の時間との関係でいえば、第13章のビジュアル・イメージの研究からわたしが見出した構造の安定期は一九五〇年代から七〇年代までのおよそ二〇年で「変動局面」にあたる。ブローデルが指摘しているように、経済や社会の変動は中程度の時間に相性がいい。「長期持続」の構造を形作るのは地理や文明だが、「変動局面」の構造は経済状況や人間が作った制度に規定されるからだろう。

ただし本書で扱った「非連続性」のうち、近世末の出産革命は「長期持続」の切れ目なのではないかという感触があった。このことは、のちに歴史人口学のプロジェクトにより、さまざまな角度から包括的に実証することができた。歴史人口学に携わったことは、その後のわたしの家族研究の骨格を形作ることとなった。人口学は人間の生を扱う科学なので、出産と育児というミクロで具体的な切り口からアプローチした同じ問題を、マクロで抽象的な方向から見つめ直すことになった。

もうひとつ、育児ネットワーク研究は社会史の「ソシアビリテ（sociabilité）」研究に触発されたものだったことも付け加えておきたい。マンタリテを支えるものとしてソシアビリテについて熱く語ってくださった二宮宏之先生の授業を思い出す。

本書に収めた諸論考は、歴史社会学（社会史）に魅せられたわたしが、その魅力の淵源を探り、自分が関心をもつテーマの研究に活かそうと試行錯誤した記録である。いくつかは見るべき成果にたどり着いた。社会観も定まり、道具箱の概念や方法も増えていった。そして何より、国内外のさまざまな方にお世話になり、ご縁ができて、わたし自身の社会的ネットワークも育っていった。最初の論文と共に生まれた娘はケンブリッジでの小学校生活を経てひとまわり大人びて、わたしは三〇代半ばになっていた。

3　時空を超えて構造を比較する

ではその後、わたしは何をしてきただろうか。本書にお付き合いいただいた皆様には、その後について簡単にでもお伝えしておくべきだろう。

これまで曲がりなりにも研究者として生きてきた年月を振り返ると、大きく四つの時期に四つのテーマに没頭してきたと思う。本書にまとめた基礎固めの時期のあと、思い切り単純化すると、歴史、比較、総合、と進んできた。つまり、関心があるのはつねに「構造」なのである。歴史と比較という方法により、時間もしくは空間を超えることで見えてくるのは「構造」である。内部から見るだけでは全容が分からない「構造」を、時空を超えて比較することで見えるようにする。異なる「構造」に出会い、「いま・ここ」を相対化する。それが「いま・ここ」をより深く知るために必要なのだと考え、意図的に実践してきた。

それぞれの時期について、簡単に紹介していこう。各時期の主要な成果は後掲のリストを参照していただきたい。

第1期（一九八四〜一九九四年）　近代家族の歴史社会学

歴史社会学という視角と方法により、家族、出産と育児という人間の再生産、そしてフェミニズム、ジェンダーについての試論を重ね、「近代家族」を歴史的に相対化することで他の事象や概念も同じように相対化できることを示した。日本については「家族の戦後体制」と名づけた安定期が存在し、わたしたちの常識を形作ってきたことを見出した。

第2期（一九九三〜二〇〇二年）　歴史人口学と家族史

一九九三年のケンブリッジグループでの在外研究から、歴史人口学に本格的に取り組むこととなった。翌年に帰国して国際日本文化研究センターに着任し、速水融先生のもとで「ユーラシア人口・家族史プロジェクト（ＥＡＰ）」（一九九五〜二〇〇〇年）に従事し、宗門人別改帳のデータベース作りと国際比較プロジェクトに注力した。

ユーラシアプロジェクトの日本チームでわたしは家族史班の班長を務めた。「家」とは何かを問うため、直系家族の国際比較プロジェクトを行った。「アジア人だから」言葉が無いことの典型的な表れが、なんとも奇妙な日本特殊性論であり、その中核に「家」があった。結論だけ述べるなら、「直系家族」は世界の各所に存在するので日本の文化的特性とはいえず、また「直系家族」では女性を通じた相続が正当とされ頻繁に行われるので、他のタイプの家族に比べて特に家父長的とは言えない。従来の「家」理解と大きく異なる。つまりある社会の構造的特徴は国際比較によって初めてわかるのである。

本書で存在を指摘した「近世末の出産革命」については、沢山美果子、ファビアン・ドリクスラーらが探求を深めた（沢山一九九八、二〇〇五、Drixler 2013）。他方、ユーラシアプロジェクトでは、同時期の東北地方で、出生率上昇、婚姻年齢上昇、奉公のタイミングの変化、家の連続性の強化、分家の減少など、より全般的な家族生活の変化が見られることが明らかになった（平井二〇〇八）。家単位の先祖祭祀の確立もこの頃とわかった（森本二〇〇六）。「出産革命」は社会構造の深部からの変容の露頭であった。また西南日本でも顕著な変化が起きていることがわかり（中島二〇一六）、近世末に家族の地域的多様性が縮小し、標準的な日本家族が誕生したということが見えてきた。共通の構造をもつ統一された社会としての「日本」が明治維新以前に姿を現していたという発見である。むしろこの「長期持続」の構造的変化の方が、明治維新という政治的事件を惹き起こしたと言うべきではないだろうか。この発見は *Japanizing Japanese Families*（日本化する日本家族）というタイトルをつけて世に問うた（Ochiai & Hirai, 2023）。「家」と「近代家族」という問いに戻れば、標準化した「家」が近代日本国家の単位、すなわち日本の「近代家族」とされた。そしてその後の社会の変化に伴って質的に変容してゆく。

第3期（二〇〇二〜二〇一四年）　アジアの比較社会学

「アジア人だから」言葉が無い、という課題に正面から取り組む機会は、二〇〇〇年代に入ってから訪れた。「アジア諸社会におけるジェンダーの比較研究」プロジェクト（代表：宮坂靖子 2001–2003）に参加し、現代アジアをフィールドにした本格的比較研究に携わるチャンスをいただいた。本書に収録した育児ネットワーク研究を発表した後、日本国内の育児や介護をめぐる社会的ネットワーク研究がさかんに行われた。そうした関心をもつ研究者たちが女性ばかり一一人集まり、アジアで同様の研究をしてみようと実施したのが本プロジェクトである。

なにしろアジア社会どうしの対等な目線での比較研究はほとんど類例がなかったので、あらゆる発見が新しかった。まず、各社会の育児や高齢者ケアにはさまざまな担い手が関わっており、多様な親族のほか、家事労働者の役割が大きい社会も、施設が充実した社会もあった。中国やタイでは男性も意外と関わっているのに驚いた。育児ネットワークが充実した社会では女性の労働力率が高いという関係もはっきりした。そうした中、日本でのケア負担の女性への集中ぶりが目立った。日本での育児と就業の両立の難しさや、育児の心理的負担の大きさには、明確な理由があることがわかった。

二〇〇八年より二〇一二年までグローバルCOE「親密圏と公共圏の再編成をめざすアジア拠点」の代表を務めることになった。「親密圏と公共圏の再編成」とは家族とジェンダーの歴史社会学的研究から着想したテーマであり、一九七〇年代に構造変動が起きて、「近代家族」の前提となる親密圏と公共圏の分離が曖昧になり再編成されつつあるとの現状認識に基づいていた。「若いから」言葉が無い、と二〇代の頃に思ったのは、一九七〇年代の構造変動以後の「心性」をうまく表現できなかったからだと考えるようになっていた。さらにアジアに軸足を置こうと思ったのは、アジアの人たちと共に考えることにより、欧米中心の構造が変わりつつある世界にあって、「アジア人だから」こそ新しい言葉を生み出せるかもしれないと考えたからである。

育児等のケアネットワークの研究は、福祉レジーム研究に発展した。社会的ネットワークの研究は個人が選択肢をどのように活用しているかを見るが、それらの選択肢がどのようにして与えられるのかは社会の構造によるから。個人と構造という二重構造がここでも鍵となった。

個別テーマについての共同研究を進める一方、グローバルCOEはアジア社会の国際共同研究のための基盤構築を進めた（落合二〇一九）。アジア社会どうしの比較がブレイクスルーをもたらすことは分かったが、アジア域内の国際比較研究のためのインフラは貧しい。まずはアジア各国における研究蓄積を互いに学ぶため、各国の重要文献を収集・翻訳・共有する「アジアの知的共有財産」プロジェクトに着手した。アジア九社会の研究者からなる国際編集委員会を組織して、「アジアの家族と親密圏」に関する重要論文のリーディングスを英語と日本語で出版した。また、ヨーロッパのユーロスタットにあたるものが無いアジアでの比較可能なデータ不足に対処するため、「アジア家族比較調査（Comparative Asian Family Survey＝ＣＡＦＳ）」を東南アジア、南アジア、西アジアで実施した。現在五カ国七地域でのデータセットが利用可能となり、それらを用いた比較分析の成果が上がっている。

第４期（二〇一五年〜現在）総合

二〇一五年にブレーズ・パスカル・チェアとしてパリの社会科学高等研究院に一年滞在したことは、アジアからヨーロッパに再び視界を広げ、これまでの研究の総合へと向かうきっかけとなった。

現在取り組んでいるのは、ひとつには「二〇世紀体制」論である。「二〇世紀近代家族」を一つの柱として国家－経済－家族が組み合った「二〇世紀体制」とも呼ぶべき体制（regime）があったと考える。一九七〇年代にその構造が崩壊し、世界はそれに代わるべき新たな構造を生み出そうとしている。

女性の生きにくさのひとつの主要な原因が、「生」とそれを支える「ケア」、すなわち人を産み育て、人が生きることを支える活動を家族に丸投げし、女性に責任を負わせようとした「二〇世紀体制」を典型とする近代社会の構造にあるのは間違いないだろう。環境汚染を自然浄化に任せきれなくなり、経済／社会に内部化するようになったように、「生」と「ケア」を経済／社会に内部化する「二一世紀体制」を、世界のフェミニスト社会科学者たちと共に提案していきたいと願っている。

各時期の主な成果

［第1期　近代家族の歴史社会学］

一九八九　『近代家族とフェミニズム』勁草書房（本書初版）
一九九〇　『制度としての〈女〉――性・産・家族の比較社会史』（共著）平凡社
一九九四　『21世紀家族へ――家族の戦後体制の見かた・超えかた』有斐閣

［第2期　歴史人口学と家族史］

二〇〇二　*The Logic of Female Succession*, (editorship), the Proceedings of the 19th International Research Symposium, International Research Center for Japanese Studies.
二〇〇六　『徳川日本のライフコース――歴史人口学との対話』（編著）ミネルヴァ書房
二〇〇九　『歴史人口学と比較家族史』（小島宏・八木透と共編）早稲田大学出版部

二〇〇九　*The Stem Family in Eurasian Perspective: Revisiting House Societies, 17th-20th Centuries,*（co-editorship with Antoinette Fauve-Chamoux）, Bern: Peter Lang

二〇一五　『徳川日本の家族と地域性——歴史人口学との対話』（編著）ミネルヴァ書房

二〇二三　*Japanizing Japanese Families: Regional Diversity and the Emergence of a National Family Model through the Eyes of Historical Demography,*（co-editorship with Hirai Shoko）, Leiden: Brill.

[第3期　アジアの比較社会学]

二〇〇六　『21世紀アジア家族』（上野加代子と共編著）明石書店

二〇〇七　『アジアの家族とジェンダー』（宮坂靖子・山根真理と共編著）勁草書房

二〇〇八　*Asia's New Mothers: Crafting Gender Roles and Childcare Networks in East and Southeast Asian Societies,*（co-editorship with Barbara Molony）, Folkestone: Global Oriental

二〇一二　『アジア女性と親密性の労働』（赤枝香奈子と共編）京都大学学術出版会

二〇一三　『親密圏と公共圏の再編成——アジア近代からの問い』（編著）京都大学学術出版会

二〇二一　*Asian Families and Intimacies*, 4 vols.（co-editorship with Patricia Uberoi）. Delhi: Sage.

二〇二二　『リーディングス アジアの家族と親密圏』（森本一彦・平井晶子と共編、全3巻）有斐閣

二〇二二　[近刊]『アジア家族の多様性と変容——アジア家族比較調査（CAFS）による五カ国七地域比較』（仮題）（伊達平和・岩井八郎・ウンギスと共編）京都大学学術出版会

［第４期　総合］

二〇一五　『変革の鍵としてのジェンダー――歴史・政策・運動』（橘木俊詔と共編著）ミネルヴァ書房

二〇二一　『どうする日本の家族政策』（編著）ミネルヴァ書房

二〇二三　『親密圏と公共圏の社会学――ケアの20世紀体制を超えて』有斐閣

参照文献

Braudel, Fernand, 1997, *Les ambitions de l'histoire.* Éditions de Fallois.（ブローデル、フェルナン（二〇〇五）『ブローデル歴史集成Ⅱ　歴史学の野心』藤原書店）

Drixler, Fabian., 2013, *Mabiki: Infanticide and Population Growth in Eastern Japan, 1660–1950.* Berkeley: University of California Press.

平井晶子（二〇〇八）『日本の家族とライフコース』、ミネルヴァ書房

森本一彦（二〇〇六）『先祖祭祀と家の確立――「半檀家」から一家一寺へ』、ミネルヴァ書房

中島満大（二〇一六）『近世西南海村の家族と地域性――歴史人口学から近代の始まりを問う』、ミネルヴァ書房

落合恵美子（二〇一九）「『アジア』と『日本』の再定義――隣人と共に考えるための知的基盤形成」『社会学評論』70–3：200–221.

沢山美果子（一九九八）『出産と身体の近世』勁草書房

沢山美果子（二〇〇五）『性と生殖の近世』勁草書房

谷川稔・川島昭夫・南直人・金澤周作編（二〇一九）『越境する歴史家たちへ――「近代社会史研究会」（1985–2018）からのオマージュ』ミネルヴァ書房

索　引

あ　行

青木やよひ　259, 276, 285
新しい女　278, 317
アナール学派　104, 253, 362, 364–366
アリエス（Ariès, Philippe）　5, 8, 16, 43, 58–59, 70, 104, 107, 157, 161, 167, 206, 253, 284, 289, 361–362
育児援助　166, 168, 171–189, 196, 199, 201–203, 224–226, 230, 235
育児ノイローゼ・育児不安　166, 169, 181–183, 185–186, 201–202, 231–232
井上輝子　299, 314, 355
イリイチ（Illich, Ivan）　9, 13, 104, 242, 255, 259, 268
医療化　93–94, 155, 158, 160, 166
ヴィトゲンシュタイン（Wittgenstein, Ludwig）　25, 46, 363
上野千鶴子　57, 63, 67–68, 73, 258, 265, 276, 285, 299, 355, 359
乳母　6, 90, 157–158, 203
ウーマンリブ（リブ）　69, 240, 259–270, 277, 283, 294, 310, 313, 352, 354
嬰児殺し　80, 87, 135, 145, 148, 154　→　間引き，子おろし，堕胎，人工妊娠中絶も参照
江原由美子　259, 276, 283, 355, 363
エンゲルス（Engels, Friedrich）　15, 29, 37, 44, 243
オートナー（Ortner, B. Sherry）　12, 14, 241, 246–252, 257–258, 268, 287–289, 352
女の論理／男の論理　283, 333–335, 339, 343, 354
女らしさ　262, 298–299, 321, 325

か　行

解剖学　116, 131, 139, 141, 143, 154–155
賀川玄悦（賀川流）　114, 116–118, 137–139, 141, 148, 152, 154
核家族（世帯）　17–18, 22, 33, 37–39, 45, 51–52, 55, 59, 65, 69, 71–72, 101, 168–171, 175, 184, 202, 207, 211, 219, 223, 225, 253
　核家族の孤立化　175–180, 187, 201, 206–207, 209, 225–228
核家族普遍説（マードック）　32, 36–38, 41, 45, 71–72
家事　9–11, 19–20, 44, 66, 174, 182–183, 191, 242, 245, 254, 265, 268, 271, 276, 285, 293–294, 326, 328, 333, 371　→　主婦論争も参照
家事使用人　11, 42, 66, 326
家族
　拡大家族　22, 45, 207–208, 223
　家族の定義　3, 8, 32, 36–38, 40, 42, 46–48, 56
　家族の孤立化　206–207, 221
　直系家族　29, 55, 63, 67, 71–72, 119, 370
　伝統的家族（システム）　22, 72
　平等主義的家族　20–21, 61
家族の戦後体制　59, 69, 358, 360, 369

家庭崇拝　13, 15, 20, 22, 283, 292
家庭領域（家内的領域・家内性，私的領域）　3, 12, 14, 16, 39, 44, 51, 56, 61, 63, 78, 97, 99, 241–248, 251–258, 271, 281, 289, 291–292, 294, 296　→　公共的領域，親密（性・圏）も参照
家父長制　6, 12, 19, 29, 55, 97, 106, 222, 242, 264–265, 297, 334, 370
近代家族
　近代家族システム（19世紀型，20世紀型）　60–62, 64–66, 109
　近代家族の特徴　16–19, 30, 32, 39, 51–52, 56–65, 72–73, 172
　近代家族の定義　17, 50–59, 61–66, 69, 73, 359
　近代家族論　49–50, 53, 55–56, 62, 64, 66–67, 70, 72, 167, 284
近代国家　15, 17, 55–56, 58, 62–66, 91–92, 97, 112, 151–152, 161, 290–291, 342, 359–360
近代主義　245, 248, 270, 275–276, 280, 282–286, 290–291
　脱近代主義　293–296
　反近代主義　22, 270–272, 275–276, 278–280, 282–286, 290–291, 295
クリステヴァ（Kristeva, Julia）　248, 268, 293, 296
ゲーム／ルール　25, 46–47, 153, 299–300, 362–363
ゲマインシャフト　20, 22, 41
言語ゲーム論　46, 363
公共的領域（公的領域，公共性，公共圏）　14–17, 19, 44, 51, 58, 97, 99, 206, 243–248, 252–254, 257, 281, 291–292, 294, 296, 371　→　家庭領域も参照
構造主義　46–47, 248, 250, 268, 287, 363–364
子おろし　111, 127–129, 133, 135–136, 138
個人的体験の政治化（パーソナルイズポリティカル）　294, 351, 354, 357
子ども中心主義　6, 16, 18, 39, 157–158, 161, 163, 167
コーホート　170–171, 222, 326
コミュニティ　51, 204–208, 232, 234

さ　行

産科学　114–119, 137–139, 143, 154–155, 163
産児制限　7–8, 39, 106, 110, 119, 146, 161–162, 253–254, 292
産婆　85, 87–89, 91, 94, 96, 107–108, 110, 112, 114–115, 117–118, 129, 137–138, 143, 151–152, 158–160, 164, 336–339
　近代的産婆　92, 108, 117, 152, 155, 164
　旧産婆・新産婆　152, 164, 167
　伝統的産婆　85, 91–92, 158, 164
ジェンダー　13, 73, 259, 269, 299, 352, 360, 367, 369, 371
自然／文化　248–249, 252, 288
資本制・資本主義　9–10, 48, 74, 242, 244, 265, 270, 297
社会史　v, 4, 26, 46, 52–53, 58, 64, 78–79, 85, 88–89, 92, 94–96, 98–100, 104, 127, 153, 159, 206, 253, 256, 292, 341, 356, 361–362, 364, 366, 368
　女性の社会史　241, 253, 255–259, 267
社交（性），ソシアビリテ　14–17, 38,

51–52, 58, 90, 97, 100, 206–207, 209–210, 253–254, 368
集団論的パラダイム　30–32, 37, 39–40, 44, 46, 48, 53, 235, 367
出産革命・お産革命（第一次・第二次，江戸時代の）　108–110, 114, 119–120, 151–152, 155, 163–164, 359–360, 368, 370
出生抑制　78, 80–84, 87, 95, 97, 159, 161–162
出生力・出生率　4, 20, 59–60, 79–81, 95, 124, 153, 162, 170, 222, 231, 370
　婚姻出生力　6, 22, 79–81, 83, 124, 162
　自然出生力　80–81
　抑制出生力　80–81
出生力転換　7, 60–61, 80–81, 83
主婦（化）　iv, 9–12, 59–61, 66, 69, 110, 197, 202, 209, 211–214, 219, 221, 224, 226, 228, 230–231, 235, 254–255, 262–263, 271, 292, 298, 301, 303, 305, 323–327, 329–330, 360
主婦論争・家事労働論争　9, 245
生涯独身　65, 81, 106, 109, 162
少子化　57–61, 69, 171, 202
少女化　318–319, 323, 325, 329–330
情緒的絆・紐帯　6–8, 16–17, 20–22, 33, 36–39, 43, 51, 56, 58, 61, 67, 72–74, 90, 95, 165–166, 251, 253
ショーター（Shorter, Edward）　16–17, 43, 51, 59, 73
女子労働力　59, 171, 295, 326, 329, 371
女性原理／男性原理　13, 276, 285, 287, 289
女性人類学　12, 14, 241, 246, 248–250, 252, 256–258, 268, 287
女性文化　89–90, 92, 293
女性学　39, 78, 85, 131, 246, 276, 355–356
人工妊娠中絶　135–136, 165, 273, 281, 305　→　子おろし，堕胎も参照
人口転換　60, 79–81, 109, 120, 124, 222, 233
人口政策　8, 64, 91, 97, 145–146, 149, 151, 160, 164
心性（マンタリテ）　8–9, 16–17, 19, 26–27, 32, 39, 53, 70, 77–78, 85, 87–90, 92, 94, 100, 106–109, 111–113, 116, 118–119, 126–127, 129–132, 136–138, 144, 148–149, 151–153, 163, 253, 290, 293, 315, 328, 360, 362, 364, 367–368, 371
親密（性・圏）　17, 39, 42, 45, 51, 67, 72, 96, 106, 196, 292, 371–372
性解放　105–107, 282, 309–311, 328
性差　269, 286, 291, 294, 296, 298, 318
性支配　241–243, 266
性と生殖の一致　87, 92, 95–96, 159, 162
性別分業　10, 14, 16, 18, 20, 48, 51, 58, 60–61, 254
性（別）役割（男は仕事，女は家庭）　iv, 10, 36–37, 39, 44, 269, 272–273, 280, 285, 293–294, 298, 325–326, 329
生命再生産　8, 243, 359
性役割の五五年体制　325, 327

た・な　行

第三世界　v, 10, 18, 21, 79, 122, 271–273
堕胎　80, 87, 91, 108, 110–114, 116, 118–119, 123, 125, 127, 130, 132–138,

144–147, 149, 151–152, 154, 159–160, 163–164 → 子おろし，間引き，嬰児殺し，人工妊娠中絶も参照
脱構築　51–54, 367
田中美津　264, 353
男女雇用機会均等法　262, 267, 352–353
中産階級　5, 11, 15, 18, 36, 38, 42, 65–66, 88, 90, 98, 106, 158–159, 254, 280, 292, 326
デュルケーム（Durkheim, Émile）　29, 46–47, 100, 363–364
ドゥーデン（Duden, Barbara）　9, 104, 107, 131–132
ナショナリズム／インターナショナリズム　272–274
人間の（再）生産　44, 56, 58, 123, 126, 151, 153, 161, 165–166, 360, 369
妊娠　8, 78, 131–137, 144–148, 157–158, 161, 163, 165–166, 279, 287, 343
ネットワーク
　育児ネットワーク　166, 168, 173, 178, 188–189, 192–197, 199–202, 231, 359, 368, 371
　近隣ネットワーク　207, 210, 214, 217, 221, 224, 226, 228–236
　社会的ネットワーク　204–208, 211–217, 221, 223–225, 230, 232–235, 360, 368, 371–372
　親族・家族ネットワーク　177, 189, 194, 199, 201, 207–208, 210, 214, 216–217, 219–221, 224–235
　地域（の）ネットワーク　177, 194–201
　友人ネットワーク　214, 217, 228, 230, 233, 235

は〜ら　行

背後仮説（グールドナー）　27–28, 32–33, 36–40
白人志向，白人離れ　300, 305–307, 311, 317–321, 325, 327, 329, 331
パーソンズ（Parsons, Talcott）　30, 36, 43, 48, 207, 209
速水融　74, 119, 369
パラダイム（クーン）　23–28, 31–32, 36, 38–39, 47, 49, 52, 137, 169, 367
　→ 集団論的パラダイムも参照
避妊　8, 80, 165–166, 339
ファイアストーン（Firestone, Shulamith）　243, 264, 269, 284
フェミニズム　i–ii, 11–13, 20, 239–240, 243, 245–248, 253, 255–262, 267–287, 290–296, 358, 360, 367, 369
　エコロジカル・フェミニズム　259, 267–270, 272–273, 276, 285–286, 293
　自由主義フェミニズム　240, 263–265
　フェミニズムの二つの波（第一の波，第二の波）　261–263, 265–266, 269–270, 277, 280–285, 289–293, 295–296, 360
　マルクス主義（社会主義）フェミニズム　10, 21, 56, 241–246, 248, 252, 256–258, 263, 265–266, 268, 297, 355, 362
　ラディカルフェミニズム　240–241, 263–266, 284
福祉国家　266, 280, 290
フーコー（Foucault, Michel）　8, 102–107, 127, 138, 153, 256, 268, 328
婦人（女性）参政権　261–262, 274,

280, 282, 291–292
フリーダン（Friedan, Betty）　263
ヘテロセクシュアリティ（異性愛）　9, 20
保育所・幼稚園　172, 174, 176, 179–181, 190–191, 196–200, 202, 225–226, 230, 235–236, 264, 334
ボーヴォワール（Beauvoir, Simone de）　248, 264
母性　169, 268, 278–282, 286–296, 353
母性愛　6–7, 43, 51, 59, 73, 90, 254
母性保護論争　278, 280, 296
母乳哺育　90, 166, 254, 347
ホモセクシュアリティ（同性愛）　7, 9, 20, 264, 284, 294, 308
魔女狩り　8, 86–88, 92, 95, 112, 158, 161
間引き　110–113, 116, 119, 123–132, 135–136, 138, 144–149, 152–154, 157, 163　→　堕胎，嬰児殺し，子おろし，人工妊娠中絶も参照
水田珠枝　265
見田宗介　259, 275, 351–352, 367
ミレット（Millett, Kate）　264, 284
目黒依子　265
森岡清美　28, 32, 37, 211, 220–221, 224, 361, 366–367
ヨーロッパ的婚姻パターン（ハイナル）　81–84, 95, 101, 109, 162
レヴィ＝ストロース（Lévi-Strauss, Claude）　40, 248–252, 287, 364
歴史社会学　4–7, 9–10, 12–14, 16–20, 22, 52, 104–107, 290, 341, 358–361, 366–369, 371
歴史人口学　18, 46, 74, 78–79, 81, 84, 94, 106, 127, 130, 368–369
ロマンチック・ラブ　7, 51

初出一覧

＊は今回新たに収録したもの、2は初版書き下ろし

1 〈近代家族〉の誕生と終焉 『現代思想』第13巻6号 1985年6月 青土社

3 近代家族をめぐる言説＊ 井上俊他編『岩波講座現代社会学19〈家族〉の社会学』1996年 岩波書店（落合恵美子『近代家族の曲がり角』 2000年 角川書店に再録）

4 出産の社会史における二つの近代 『ソシオロゴス』第8号 1984年6月

5 江戸時代の出産革命 『現代思想』第15巻第3号 1987年3月 青土社

6 近世末における間引きと出産＊ 脇田晴子・スーザン・ハンレー編 『ジェンダーの日本史（上）』 1994年 東京大学出版会

7 近代家族における子どもの位置 『家族研究年報』第13号 1988年4月 家族問題研究会

8 現代家族の育児ネットワーク （原題「育児援助と育児ネットワーク」）『家族研究』創刊号 1989年3月 兵庫県家庭問題研究所

9 家族の社会的ネットワークと人口学的世代＊ （蓮見音彦・奥田道大編『二一世紀日本のネオ・コミュニティ』 1993年 東京大学出版会（「社会的ネットワークの変容」に改題し落合恵美子『近代家族の曲がり角』 2000年 角川書店に再録）

10 フェミニズム理論における「家内性」と「近代」『女性学年報』第5号 1984年11月 日本女性学研究会

11 フェミニズムの諸潮流 『ジュリスト増刊総合特集』第39号 1985年6月 有斐閣

12 「近代」とフェミニズム 女性学研究会編『講座女性学4 女の目で見る』 1987年2月 勁草書房

13 ビジュアル・イメージとしての女＊ 女性史総合研究会編『日本女性生活史5現代』1990年 東京大学出版会（加筆・改稿して落合恵美子『近代家族の曲がり角』 2000年 角川書店に再録）

補章 お産と社会学とわたし 『助産婦雑誌』第44巻第5号 医学書院

初版目次

はしがき
Ⅰ　近代家族の誕生と終焉
1　〈近代家族〉の誕生と終焉——歴史社会学の眼——
2　出産の社会史における二つの近代
3　江戸時代の出産革命——日本版「性の歴史」のために——
4　近代家族における子どもの位置——妊娠・出産の意味を考える——
5　現代家族の育児ネットワーク
6　家族社会学のパラダイム転換
補1 出産の歴史社会学
Ⅱ　フェミニズムの歴史社会学
7　フェミニズム理論における「家内性」と「近代」
8　フェミニズムの諸潮流
9　「近代」とフェミニズム——歴史社会学的考察——
10　中国女性は家に帰るか——現代化路線と「婦女回家」論争のゆくえ——
補1 女と家族と現代哲学　／　補2 女性学のセカンドステージ　／　補3 なしくずしの「解放」論　／　補4 ファシズムとポスト・モダン
Ⅲ　現代を読む
1 新人類女性はアグネスをめざすか　／　2 アグネス論争のもどかしさ　／3 普通の家族も静かに変わる／　4 松田聖子の妊娠・出産報道　／　5 家族は子どもを育てられるか　／　6 どうせするなら「明るい同居」　／　7 新人類の保守性とは　／　8 わたしの中国体験　／　9 現代化中国の女性と家族　／　10 ジャパゆきさんの選択　／　11 お産と社会学とわたし
あとがき

参照文献

Anderson, Michael. 1971. *Family Structure in Nineteenth Century Lancashire*, Cambridge University Press.

——, 1983, "What is New about the Modern Family: An Historical Perspective," Occasional paper 31. Office of Population Censuses and surveys.

青木やよひ編著，1983，『フェミニズムの宇宙』，新評論.

——，1985，「フェミニズムの未来」『現代思想』第 13 巻 4 号.

——・山本哲士・栗原彬，1983，「女性問題を問い直す」，青木（1983：94–149）所収

荒井とみよ，1985，「母性意識のめざめ」，脇田晴子編，『母性を問う』（下），人文書院.

Ariès, Philippe, 1960a, *L'Enfant et la vie familiale sous l'Ancien Régime*, Seuil. = 1980，杉山光信・杉山恵美子訳，『〈子供〉の誕生』，みすず書房.

——, 1960b, "Interprétation pour une histoire des mentalités", *Travaux et Documents Cahier*, 35: 311–328. = 1983，林康廣他訳，「避妊の心性史」，「産育と教育の社会史」編集委員会（編），『学校のない社会　学校のある社会』，新評論.

——, 1982, "Le mariage indissoluble," *Communication*, 35. = 1982，杉山恵美子訳，「婚姻制度の歴史」『現代思想』第 10 巻 14 号.

有賀夏紀，1988，『アメリカ・フェミニズムの社会史』，勁草書房.

阿藤誠，1982，「近代日本における家族形成過程の変遷」『家族史研究』5.

Badinter, Elisabeth, 1980, *L'Amour en plus*, Flammarion = 1981，鈴木晶訳，『プラスラブ』，サンリオ.

Bell, Norman W. & Ezra F. Vogel, 1960, *A Modern Introduction to the Family*, Free Press.

Berkner, Lutz, 1972, "The Stem Family and the Developmental Cycle of the Peasant Household," *American Historical Review*, 77.

Bloch, Maurice & Jean H. Bloch, 1980, "Women and the Dialectics of Nature in Eighteenth-century French Thought," MacCormack & Strathern. = 1985，中村秀一訳，「女性と自然の弁証法」『現代思想』第 13 巻 1 号.

Bott, Elizabeth, 1957, *Family and Social Network*, Tavistock.

Bower, T. G. R., 1977, *A Primer of Infant Development*, W. H. Freeman and Company. = 1980，岡本夏木他訳，『乳児期』，ミネルヴァ書房.

Brunner, Otto, 1968, *Neue Wege der Verfassungs und Sozialgeschichte*, Vandenhoeck & Ruprecht. = 1974，成瀬治他訳，『ヨーロッパ——その歴史と精神』，岩波書店.

Burgess, Ernest W., 1926, "The Family as a Unity of Interacting Personalities," *The Family*, 7–1.
——, & Harvey J. Locke, 1945, *The Family——from Institution to Companionship*, American Book Company.
Cartier, Michel, 1995, "Nuclear versus Quasi-stem Families," *Journal of Family History*, 20–3.
Chaunu, Pierre, 1969, "Sur la fin des sorciers au XVIIe siècle," *Annales E. S. C.*: 895–911. = 1982, 長谷川輝夫訳,「十七世紀における魔術使いの終焉」, 二宮宏之他編,『魔女とシャリヴァリ』, 新評論.
千葉徳爾・大津忠男, 1983,『間引きと水子』, 農山漁村文化協会.
千本暁子, 1990,「労働者家族の近代」, 荻野美穂他,『制度としての〈女〉』平凡社.
Christensen, Harold T. ed., 1964, *Handbook of Marriage and the Family*, Rand McNally & Company.
Coale, Ansley J., 1969, "the Decline of Fertility in Europe from the French Revolution to World War II," Behrman, S. J. et al. eds., *Fertility and Family Planning: A World View*, 3–24, University of Michigan Press.
——, 1973, "The Demographic Transition," *International Population Conference Liège 1973*, 1: 53–72 IUSSP.
Cochran, Moncrieff et al., 1990, *Extending Families: The Social Networks of Parents and Their Children*, Cambridge University Press.
Cott, Nancy, 1977, *The Bonds of Womanhood—"Woman's Sphere" in New England: 1780–1835*, Yale University Press.
Degler, Carl N., 1980, *At Odds——Women and the Family in America from the Revolution to the Present*, Oxford University Press.
Donnison, Jean, 1982, "Midwives Past and Present: Myth and Reality", presented at the 7th International Symposium by the Taniguchi Foundation（Division of Medical History）.
Duben, Alan & Cem Behar, 1991, *Istanbul Households*, Cambridge University Press.
Duden, Barbara, 1987, *Geshichte unter der Haut: Ein Eisenacher Arzt und seine Patientinnen um 1730*, Germany: Klett-Cotta. = 1991, translated by Thomas Dunlap, *The Women Beneath the Skin: A doctor's patients in eighteenth-century Germany*, Harvard University Press.
——, & Gisela Bock, 1977, "Arbeit aus Liebe——Liebe als Arbeit: Zur Entstehung der Hausarbeit im Kapitalismus," *Frauen und Wissenschaft*, Courage-Verlag. 丸山（1986）に部分訳
江原由美子, 1983～84,「乱れた振子——リブ運動の軌跡」, 読書新聞 11 月 7 日号～4 月 30 日号, 江原（1985）所収.

――，1985，『女性解放という思想』，勁草書房〔2021，同書増補版，筑摩書房〕.

Ehrenreich, Barbara & Deidre English, 1973, *Witches, Midwives and Nurses: A History of Women Healers*, Feminist Press.

Eisenstein, Zillah R. eds., 1979, *Capitalist Patriarchy and the Case for Socialist Feminism*, Monthly Review Press.

Fauve-Chamoux, Antoinette, 2010, “Revisiting the decline in marriage in early-modern Europe: The case of Rheims in France.” *The History of Family,* 15–3: 283–297.

――, & Ochiai, Emiko ed., 2009, *The Stem Family in Eurasian Perspective: Revisiting House Societies, 17th–20th Centuries*, Peter Lang.

Firestone, Shulamith, 1970, *The Dialectic of Sex――The Case for Feminist Revolution*, William Morrow & Company. = 1972，林弘子訳，『性の弁証法』，評論社.

Foucault, Michel, 1976, *La volonté de savoir*, Gallimard. = 1986，渡辺守章訳，『性の歴史 I 知への意志』，新潮社.

Freeman, Jo, 1975, *The Politics of Women's Liberation*, David McKay Company. = 1978，奥田暁子・鈴木みどり訳，『女性解放の政治学』，未來社.

藤枝澪子，1985，「ウーマン・リブ」，朝日ジャーナル編，『女の戦後史』Ⅲ，朝日新聞社.

藤田真一，1979，『お産革命』，朝日新聞社.

Gautier, Etienne & Louis Henry, 1958, “La population de Crulai, paroisse normande,” *Travaux et Documents Cahier*, 33: 118–122.

Gélis, Jacqe, Mireille Laget, M. F. Morel, 1978, *Entrer dans la vie—Naissance et enfances dans la France traditionelle*, Gallimard.

Goffman, Erving, 1979, *Gender Advertisement*, Macmillan.

Gouldner, Alvin W., 1970, *The Coming Crisis of Western Sociology*, Basic Books. = 1974，岡田直之他訳，『社会学の再生を求めて』，新曜社.

Habermas, Jürgen, 1962, *Strukturwandel der Öffentlichkeit*, H. Luchterhand Verlag Ges. m. b. H. = 1973，細谷貞雄訳『公共性の構造転換』，未來社.

芳賀登・松本三之介編，1971，『国学運動の思想』，岩波書店.

Haggard, Haward W., 1928, *Devils, Drugs and Doctors*, Harper. = 1931→1982，巴陵宣祐訳，『古代医術と分娩考』，エンタプライズ.

Hajnal, John, 1965, “European Marriage Pattern in Perspective,” Glass, D. V. et al. eds. *Population in History:* 101–143.

――, 1982, “Two Kinds of Preindustrial Household Formation System,” *Population and Development Review*, 8–3: 449–494.

Hanley, Susan B. & Kozo Yamamura, 1977, *Economic and Demographic Change in Preindustrial Japan, 1600–1800*, Prinston University Press. = 1982, 速水融・穐本洋哉訳,『前工業化期日本の経済と人口』, ミネルヴァ書房.

Hareven, Tamara. K., 1982, *Family Time and Industrial Time*, Cambridge University Press. = 1990, 正岡寛司監訳『家族時間と産業時間』, 早稲田大学出版部.

——, 1987, "Family History at the Crossroads." *Journal of Family History* 12–1–3.

長谷川博子, 1984,「女・男・子供の関係史にむけて——女性史研究の発展的解消」『思想』第 719 号.

長谷川三千子, 1984,「『男女雇用平等法』は文化の生態系を破壊する」『中央公論』5 月号.

橋爪大三郎, 1985,『言語ゲームと社会理論』, 勁草書房.

速水融, 1973,『近世農村の歴史人口学的研究——信州諏訪地方の宗門改帳分析』, 東洋経済新報社.

——, 1988,『近世濃尾地方の人口・経済・社会』, 創文社.

——, 1997,『歴史人口学の世界』, 岩波書店.

Henry, Louis, 1961, "Some Data on Natural Fertility," *Eugenics Quarterly*, 8–2: 81–91.

——, 1972, *Démographie——analyse et modèles*, Société encyclopédique universelle.

姫岡とし子, 1993,『近代ドイツの母性主義フェミニズム』, 勁草書房.

Hollingsworth, T. H., 1964, "The Demography of the British Peerage," *Population Studies*, 18–2 (Supplement).

Howard, Ronald L., 1981, *A Social History of American Family Sociology, 1865–1940*, Greenwood Press = 1987, 森岡清美監訳, 矢野和江訳,『アメリカ家族研究の社会史』, 垣内出版.

Illich, Ivan, 1981a, *Shadow Work*, Marion Boyars. = 1982, 玉野井芳郎・栗原彬訳,『シャドウ・ワーク』, 岩波書店.

——, 1981b, "Vernacular Gender" = 1983, 丸山勝訳,「バナキュラー・ジェンダー」, 山本哲士編,『経済セックスとジェンダー』, 新評論.

——, 1982, *Gender*, Marion Boyars. = 1984, 玉野井芳郎訳,『ジェンダー——男と女の世界』, 岩波書店.

INED (Institute national d'études démographiques), 1960, "La prévention des naissances dans la famille——ses origines dans les temps modernes," *Travaux et Documents Cahier*, 35.

井上輝子・女性雑誌研究会, 1989,『女性雑誌を解読する』, 垣内出版.

Ishihara Tsutomu, 1983, "Development of Obstetrics and Gynecology in Japan and Resemblances to Western Counterparts," Teizo Ogawa, ed., *History of Obstetrics: Proceedings*

of the 7th international Symposium on the Comparative History of Medicine: East and West, Maruzen.
石川弘義・斎藤茂男・我妻洋，1984，『日本人の性』，文藝春秋.
石川松太郎編，1977，『女大学集』，平凡社.
磯村英一・大塩俊介編，1959，『団地生活と住意識の形成』東京都立大学社会学研究室.
伊藤達也，1989，「同時代を形成する人々」『教育と情報』380，伊藤（1994）に収録.
——，1994，『生活の中の人口学』，古今書院.
Jaggar, A. M. & P. R. Struhl, 1979, *Feminist Frameworks*, McGraw-Hill.
人口問題審議会・厚生省大臣官房政策課・厚生省人口問題研究所編，1988，『日本の人口・日本の家族』，東洋経済新報社.
樺山紘一，1979，「『養生論』の文化」『ルネサンス周航』，青土社.
香内信子編・解説，1984，『資料母性保護論争』，ドメス出版.
金屋平三，1981，「近代史の中の地域社会と家族」，篠原武夫・土田英雄編，『地域社会と家族』，培風館.
笠谷和比古，1999，「『家』の概念とその比較史的考察」，笠谷編，『公家と武家Ⅱ「家」の比較文明史的考察』，思文閣出版.
柏木博，1987，『肖像のなかの権力』，平凡社.
川本彰，1978，『家族の文化構造』，講談社.
河村貞枝，1982，「ヴィクトリア時代の家事使用人」，角山他編（1982）所収.
Kertzer, David & Richard Saller eds., 1991, *The Family in Italy*, Yale University Press.
菊地義昭，1990，「仙台藩の赤子養育制度とマビキ教諭書」『東北社会福祉研究』10.
北本正章，1983，「農村共同体の子どもから産業都市社会の子どもへ」，宮沢康人編，『世界の子どもの歴史』第6巻：14–82，第一法規.
鬼頭宏，1983，『日本二千年の人口史』，PHP 研究所.
Knodel, John, 1978. "Natural Fertility in Pre-industrial Germany," *Population Studies*, 32–3: 481–510.
金光大神著・村上重良校注，1874→1977，『金光大神覚』，平凡社.
河野亮子，1986，「ドイツ市民家族における親子関係」，『家族研究年報』第12号，家族問題研究会.
小山静子，1991，『良妻賢母という規範』，勁草書房〔2022，同書新装改訂版，勁草書房〕.
——，1994，「近代家族概念再考」『立命館言語文化研究』6–1.
小山隆，1966，「日本における親族関係の農村と都市の比較」『第九回国際家族研究セ

ミナー報告書』日本ユネスコ国内委員会.

久場嬉子，1979,「家事労働と生産様式」『経済評論』3 月号，日本評論社.

Kuhn, Thomas S., 1962→1970, *The Structure of Scientific Revolutions*, The University of Chicago. = 1971，中山茂訳，『科学革命の構造』，みすず書房.

Kuriyama Shigehisa, 1993, "Between Mind and Eye: Japanese Anatomy in the Eighteenth Century," Charles Leslie and Allan Young, eds., *Paths to Asian Medical Knowledge*, University of California Press.

Kurosu Satomi, 1994, "Sex Ratios and the Years of the Fire House〈Hinoeuma〉: Cultural and Regional Experiences in Japan," In the proceedings of the session B-5（Socio-economic consequences of sex ratios in historical perspective, 1500–1600）of the eleventh International Economic History Congress, Milan, September, pp. 89–102.

——, & Emiko Ochiai, 1995, "Adoption as an Heirship Strategy under Demographic Constraints: A case from Nineteenth-century Japan," *Journal of Family History*, 20–3.

京都府医師会編，1980,『京都の医学史』，思文閣出版.

Laget, Mireille, 1982a, "The Practices of Midwives and Obstetricians in France during the Eighteenth Century", presented at the 7th International Symposium by the Taniguchi Foundation（Division of Medical History）.

——, 1982b, *Naissances——L'accouchement avant l'âge de la clinique*, Seuil.

Lasch, Christopher, 1979, The Culture of Narcissism. New York: W. W. Norton & Company. = 1981，石川弘義訳，『ナルシシズムの時代』ナツメ社.

Laslett, Peter & Richard Wall eds., 1972, *Household and Family in Past Time*, Cambridge University Press.

Leavitt, Judith W., 1982, "Science Enters the Birthing Room-Obstetrics in America since the Eighteenth Century," presented at the 7th International Symposium by the Taniguchi Foundation（Division of Medical History）.

Lee, James & Cameron Campbell, 1997, *Fate and Fortune in Rural China*, Cambridge University Press.

——, & Wang Feng, 1999, *One Quarter of Humanity: Malthusian Mythology and Chinese Realities, 1700–2000*, Harvard University Press.

van Leeuwen, Louis Th., "Early Family Sociology in Europe," Howard（1981）所収.

Le Goff, Jacques, 1974, "Les mentalités, une histoire ambiguë," Le Goff et al. eds. *Faire de l' histoire*, Vol. 3,: Gallimard.

Lévi-Strauss, Claude, 1947→1967, *Les structures élémentaires de la parenté*, Mouton = 1977, 1978，馬渕東一他訳，『親族の基本構造』（上，下），番町書房.

——, 1956, *The Family, Shapiro*, H. ed., Man, Culture and Society, Oxford University Press.
——, 1983, Histoire et ethnologie, Annales, 38–6. ＝1985，杉山光信訳，「歴史学と人類学」，『思想』第 727 号.
Litwak, Eugene, 1965, "Extended Kin Relations in an Industrial Democratic Society." In Shanas, Ethel & Gordon Streib eds., *Social Structure and Family: Generational Relations*, Prentice-Hall.
Loux, Françoise, 1978, *Le jeune enfant et son corps dans la médicine traditionnelle*, Flammarion. ＝1983，福井憲彦訳，『〈母と子〉の民俗史』，新評論.
Macy, C. & F. Falkner, 1979, *Pregnancy and Birth*, Multimedia Publications Inc. ＝1983，根岸悦子・池上寿美子訳，『母となる心理学』，鎌倉書房.
牧野カツコ，1981，「育児における〈不安〉について」『家庭教育研究所紀要』第 2 号.
——，1982，「乳幼児をもつ母親の生活と〈育児不安〉」『家庭教育研究所紀要』第 3 号.
——，1983，「働く母親と育児不安」『家庭教育研究所紀要』第 4 号.
——，1984，「中学生をもつ母親の生活と意識」『家庭教育研究所紀要』第 5 号.
——，1987，「乳幼児をもつ母親の学習活動への参加と育児不安」『家庭教育研究所紀要』第 9 号.
——，1988，「〈育児不安〉概念とその影響要因についての再検討」『家庭教育研究所紀要』第 10 号.
——・中西雪夫，1985，「乳幼児をもつ母親の育児不安——父親の生活および意識との関連」『家庭教育研究所紀要』第 6 号.
MacFadden, Maggie, 1983, *Anatomy of difference: toward a classification of feminist theory*. Paper presented at NWSA '83 Conference at Ohio, in June, 1983.
Manniche, Erik, 1982, "Induced Abortion in Denmark: 1200–1979." ＝1982，伊東敬文訳，「デンマークにおける人工妊娠中絶の歴史：1200 年〜1979 年」『助産婦雑誌』第 36 巻 10 号.
丸山真人編訳，1986，Barbara Duden & Claudia von Werlhof,『家事労働と資本主義』，岩波書店.
真下道子，1990，「出産・育児における近世」，女性史総合研究会編，『日本女性生活史 3 近世』，東京大学出版会.
増田光吉，1960，「鉄筋アパート居住家族の Neighboring」『甲南大学文学会論集』11.
増田知正・呉秀三・富士川游選集校訂，1895→1971，『日本産科叢書』，思文閣.
松岡悦子，1985，『出産の文化人類学』，海鳴社.
Mauss, Marcel, 1968, *Sociologie et anthropologie*, Presses Universitaires de France. ＝1973，有

地亨・山口俊夫訳,『社会学と人類学Ⅱ』, 弘文堂.
McLaren, Angus, 1984, *Reproductive Rituals*, Methuen and Co. = 1989, 荻野美穂訳,『性の儀礼』, 人文書院.
——, 1990, *A History of Contraception*, Blackwell.
目黒依子, 1980,『女役割——性支配の分析』, 垣内出版.
Meillassoux, Claude, 1976, *Femmes, greniers et capitaux*, François Maspero. = 1977, 川田順造他訳,『家族制共同体の理論』, 筑摩書房.
Millet, Kate, 1970, *Sexual Politics*, Doubleday & Company. = 1972→1986, 藤枝澪子・加地永都子・滝沢海南子・横山貞子訳,『性の政治学』, ドメス出版.
Mitterauer, Michael und Reinhard Sieder, 1977, *Vom Patriarchat zur Partnerschaft*, H. C. Beck. = 1993, 若尾祐二・若尾典子訳,『ヨーロッパ家族社会史』, 名古屋大学出版会.
三浦耕吉郎, 1983,「民衆意識研究における社会史の mentalité 論の視座」『ソシオロゴス』7.
宮負定雄, 1971,「国益本論」, 芳賀登・松本三之介編,『国学運動の思想』岩波書店.
宮坂靖子, 1985,「Ariès, Ph. の近代家族論の再検討」『家族研究年報』第 11 号, 家族問題研究会.
水田珠枝, 1980,「女性解放の視点」『未来』4 月号～11 月号, 未來社.
森岡清美, 1964,「アメリカにおける異居近親関係の研究」『家庭裁判月報』16–1
——編, 1967,『家族社会学』, 有斐閣.
——・青井和夫編, 1985,『ライフコースと世代』, 垣内出版.
——・——編, 1987,『現代日本人のライフコース』, 日本学術振興会.
——・本間淳・山口田鶴子・高尾敦子, 1968,「東京近郊団地家族の生活史と社会参加」『社会科学ジャーナル』7, 国際基督教大学.
——・望月嵩, 1983,『新しい家族社会学』, 培風館.
本村汎・礒田朋子・内田昌江, 1985,「育児不安の社会学的考察——援助システムの確立に向けて」『大阪市立大学生活科学部紀要』第 33 巻.
Muchembled, Robert, 1973, "Sorcellerie, culture populaire et christianisme au XVIe siècle," *Annales E. S. C.:* 264–284. = 1982, 相良匡俊訳,「十六世紀における魔術, 民衆文化, キリスト教」, 二宮宏之他編,『魔女とシャリヴァリ』, 新評論.
Murdock, George P., 1949, *Social Structure*, Macmillan. = 1978, 内藤莞爾監訳,『社会構造』, 新泉社.
牟田和恵, 1990,「日本近代化と家族——明治期『家族国家観』再考」, 筒井清忠編,『「近代日本」の歴史社会学』木鐸社(牟田 1996 に収録).

——, 1996, 『戦略としての家族』, 新曜社.
中島満大, 2016, 『近世西南海村の家族と地域性——歴史人口学から近代の始まりを問う』, ミネルヴァ書房.
Nagata, Mary Louise, 1999, "Balancing Family Strategies with Individual Choices: Name Changing in Early Modern Japan." *Japan Review* 11.
中野繰編著, 1980, 『錦絵医学民俗志』, 金原出版.
長島信弘, 1985, 「社会科学の隠喩としての家族」『現代思想』第 13 巻 6 号.
日本医史学会編, 1978, 『図録日本医事文化史料集成』第一巻, 第四巻, 三一書房.
日本女性学研究会 '85.5 シンポジウム企画集団編, 1985, 『フェミニズムはどこへゆく——女性原理とエコロジー』, ウィメンズブックストア松香堂.
二宮宏之, 1983, 「ある農村家族の肖像——アンシャン・レジーム下の『家』をめぐって——」『社会史研究』第 3 号.
西川麦子, 1989, 『ある近代産婆の物語』, 緑の館.
西川祐子, 1985, 「一つの系譜」, 脇田晴子編, 『母性を問う』(下), 人文書院.
——, 1990, 「住まいの変遷と『家庭』の成立」, 女性史総合研究会編, 『日本女性生活史 4　近代』, 東京大学出版会.
——, 1994, 「日本型近代家族と住まいの変遷」『立命館言語文化研究』6–1.
野尻依子, 1974, 「現代家族の社会的ネットワーク——パス解析の応用」『社会学評論』98.
——, 1977, 「家族ネットワーク・家族周期・社会変動——5 家族反覆調査をもとに」, 森岡清美編, 『現代家族のライフサイクル』培風館.
落合恵美子, 1984, 「出産の社会史における二つの近代——家族変動論のひとつの試み」『ソシオロゴス』第 8 号 (本書第 4 章).
——, 1985, 「〈近代家族〉の誕生と終焉——歴史社会学の眼」『現代思想』第 13 巻 6 号, 青土社 (落合 1989e に収録, 本書第 1 章).
——, 1987a, 「江戸時代の出産革命——日本版『性の歴史』のために」『現代思想』第 15 巻 3 号 (落合 1989e に収録, 本書第 5 章).
——, 1987b, 『核家族の育児援助に関する調査研究報告書』, 兵庫県家庭問題研究所.
——, 1988, 「現代化路線と「婦女回家」論争のゆくえ」『別冊宝島　わかりたいあなたのためのフェミニズム・入門』, JICC 出版局 (落合 1989e に収録).
——, 1989a, 「育児援助と育児ネットワーク」『家族研究』創刊号, 兵庫県家庭問題研究所 (落合 1989e に収録, 本書第 8 章).
——, 1989b, 「家族の集団論的パラダイムを超えて」『家族関係学』第 8 号, 日本家政学会家族関係学部会.

——，1989c，「現代の乳幼児とその親たち——母子関係の神話と現実」，三沢謙一他著，『現代人のライフコース』，ミネルヴァ書房．

——，1989d，「近代家族と日本文化」『女性学年報』第 10 号，日本女性学研究会（改稿して，城西大学国際文化教育センター／水田宗子編（1990）『女性と家族の変容』学陽書房に収録）．

——，1989e，『近代家族とフェミニズム』（本書初版），勁草書房．

——，1990a，「ある産婆の日本近代——ライフヒストリーから社会史へ」，荻野美穂他と共著，『制度としての女』，平凡社．

——，1990b，「聞書・産婆と産科医二代のライフヒストリー」『同志社女子大学総合文化研究所紀要』

——，1994，『21 世紀家族へ——家族の戦後体制の見かた・超えかた』（第 1 版），有斐閣．

——，1995，「近代家族論の曲がり角（1）」『日本研究』12．

——，1997a，『21 世紀家族へ——家族の戦後体制の見かた・超えかた（新版）』，有斐閣．

——，1997b，「女性史における近代家族と家——女性史のもたらしたものとその陥穽」，比較家族史学会監修，田端泰子・上野千鶴子・服部早苗編，『シリーズ比較家族 8　ジェンダーと女性』，早稲田大学出版部．

——，2022，「家族史と歴史人口学の架橋」『歴史人口学の課題と展望』，日本人口学会．

小田亮，1983，「女性の権力と女性の交換」，牛島厳・松沢員子編，『女性の人類学』，至文堂．

緒方正清，1918→1980，『日本産科学史』，科学書院．

荻野美穂，1993，「身体史の射程——あるいは，何のために身体を語るのか」『日本史研究』366．

大橋薫，1954，「大都市における Neighboring の一研究」『社会学評論』16．

——・清水新二，1972，「都市における親族関係の一考察——川崎市 S 小学区の場合」『明治学院論集』195．

恩賜財団母子愛育会編，1975，『日本産育習俗資料集成』，第一法規．

『女重宝記・家内重宝記』，1981，勉誠社．

大越愛子・源淳子，1985，『女性と東西思想』，勁草書房．

大藪寿一，1958，「集団住宅の人間関係」『人文研究』9–10．

Ortner, Sherry B., 1974, Is Female to Male as Nature Is to Culture?, Rosaldo, M. Z. et al. eds., *Woman, Culture and Society*, Stanford University Press. ＝1983，三神弘子訳，「女と

男は自然と文化の関係か？」『現代思想』第 11 巻 8 号，山崎（1987）所収.
Parsons, Talcott & Robert F. Bales, 1956, *Family—Socialization and Interaction Proccss*, Routledge and Kegan Paul. = 1981，橋爪貞雄他訳，『家族』，黎明書房.
Polanyi, Karl, 1997, *The Livelihood of Man*, Academic Press. = 1980，玉野井芳郎他訳，『人間の経済』，岩波書店.
Pollock, Linda A. 1983, *Forgotten Children*, Cambridge University Press. = 1988，中地克子訳，『忘れられた子どもたち』，勁草書房.
Riché, Pierre et Danièle Alexandre-Bidon, 1994, *L'Enfance au Moyen Age*, Seuil.
Rowbotham, Sheila, 1973, *Woman's Consciousness, Man's World*, Penguin = 1977，三宅義子訳，『女の意識・男の世界』，ドメス出版.
Ruggles, Steven, 1987, *Prolonged Connections*, The University of Wisconsin Press.
斎藤修，1985，『プロト工業化の時代』，日本評論社.
Saito, Osamu, 1992, "Infanticide, Fertility and 'Population Stagnation': The State of Tokugawa Historical Demography," *Japan Forum*, Vol. 4, No. 2, 373–75.
酒井シヅ，1982，『日本の医療史』，東京書籍.
坂本佳鶴恵，1985，「差別現象の社会学——規範・告発の構図」東京大学修士論文.
山東京伝作・北尾重政画・林美一校訂，1804→1987，『作者胎内十月図』，河出書房新社.
沢山美果子，1991，「近世農民家族の「産」の風景」『順正短期大学紀要』19.
——，1994a，「近世農民家族における『子産み』と『産む』身体——出産管理としての仙台藩の赤子養育仕法を手がかりに」『日本史研究』383.
——，1994b，「産科養生論と近世民衆の『産』の心性」『女性史学』4.
瀬地山角，1996，『東アジアの家父長制』，勁草書房.
——，1993，「解題」，加藤秀一・坂本佳鶴恵・瀬地山角編『フェミニズム・コレクション 3』，勁草書房.
Segalen, Martine, 1980, *Mari et femme dans la société paysanne*, Flammarion, = 1983，片岡幸彦監訳『妻と夫の社会史』，新評論.
関山直太郎，1966，『日本の人口』，至文堂.
Sennett, Richard, 1976, *The Fall of Public Man*, Alfred A. Knopf. = 1991，北山克彦・高階悟訳，『公共性の喪失』，晶文社.
清水昭俊，1979，「家」，原忠彦他編，『仲間』，弘文堂.
庄司洋子，1986，「家族と社会福祉」『ジュリスト増刊総合特集』41.
Shorter, Edward, 1975, *The Making of the Modern Family*, Basic Books. = 1987，田中俊宏他訳，『近代家族の形成』，昭和堂.

出版年鑑編集部編，2000，『出版年鑑 2000』，出版ニュース社．
Smelser, Neil J., 1959, *Social Change in the Industrial Revolution: An Application of Theory to the Lancashire Cotton Industry, 1770–1840*, Routledge & Kegan Paul.
Smith, Drothy, 1973, "The Family and Corporate Capitalism," M. Stephenson ed., *Women in Canada*, New Press.
Smith, James E. & Jim Oeppen, 1993, "Estimating Numbers of Kin in Historical England Using Demographic Microsimulation." In David Reher & Roger Schofield eds. *Old and New Method in Historical Demography*, Oxford University Press.
Smith, Richard M., 1979, "Some reflections on the evidence for the origins of the 'Europenan marriage pattern' in England," Harris C. ed. *The Sociology of the Family*, Keele.
Smith-Rosenberg, Carroll, 1975, "The Female World of Love and Ritual: Relations between Women in Nineteenth-Century America", *Signs*, 1–1: 1–29.
Smith, Thomas, Nakahara, 1977, Susan Hanley and Kozo Yamamura, *Economic and Demographic Change in Preindustrial Japan, 1600–1868*, Princeton University Press. = 1982, 速水融・穐本洋哉訳，『前工業化期日本の経済と人口』，ミネルヴァ書房．
Sokoloff, Natalie, 1980, *Between Money and Love*, Praeger Publishers. = 1987，江原由美子他訳，『お金と愛情の間』，勁草書房．
Speert, Harold, 1973, *Iconographia Gyniatrica――A Pictorial History of Gynecology and Obstetrics*, Davis. = 1982，石原力訳，『図説――産婦人科学の歴史』，エンタプライズ．
Strathern, Marilyn, 1980, "No Nature, No Culture: The Hagen Case," MacCormack, Carol P. et al. eds., *Nature, Culture and Gender*, Cambridge University Press. = 1987，木内裕子訳，「自然でも文化でもなく――ハーゲンの場合」，山崎（1987）所収．
杉立義一，1977，「賀川玄悦と賀川流産科の発展」，賀川玄悦他，『産論・産論翼・読産論』，出版科学総合研究所．
Suitor, Jill, 1981, "Husbands' Participation in Childbirth: A Nineteenth-Century Phenomenon," *Journal of Family History*, 6–3: 278–293.
住沢とし子，1983，「ドイツ婦人労働者の政治的・社会的動向」『歴史評論』3 月号
――，1985，「ブルジョア女性運動とナチズム」『思想』第 727 号，岩波書店．
Sussman, George D., 1977, "The End of the Wet-Nursing Business in France, 1874–1914," *Journal of Family History*, 2–3: 237–258.
Sussman, Marvin B. & Burchinal, Lee G., 1962, "Kin Family Network." *Marriage and the Family Living*, 24–3.
首藤美香子，1991，「『産む』身体の近代」『現代思想』19–3.
舘かおる，1987，「日本のフェミニズム理論」，女性学研究会編，『講座女性学 4　女

の目で見る』，勁草書房.
高橋梵仙，1936→1981，『堕胎間引の研究』，第一書房.
高橋久子編，1988，『変わりゆく婦人労働』，有斐閣.
竹村祥子，1987，「パーソンズの家族理論に関する若干の考察」『大学院研究年報』第16号Ⅳ，中央大学.
竹中恵美子，1980，「労働力再生産の資本主義的性格と家事労働」『経済学雑誌』第81巻1号.
Terazawa, Yuki, 1993, “Discourse on the Female Body in the Revolutionalizing of Reproductive Technology in Eighteenth Century Japan,” presented at the Berkshire Conference in the United States, 1993.
戸田貞三，1937→1982，『家族構成』，新泉社.
Todd, Emmanuel, 1990, *L' Invention de l'Europe*, Seuil = 1992，石崎晴己訳，『新ヨーロッパ大全』全2巻，藤原書店.
友部謙一，1991，「近世日本農村の自然出生力推計の試み」『人口学研究』14.
Tönnies, Ferdinand, 1887, *Gemeinschaft und Gesellschaft*. = 1957，杉之原寿一訳，『ゲマインシャフトとゲゼルシャフト』，岩波書店.
坪内良博・前田成文，1977，『核家族再考』，弘文堂.
塚本学，1993，『生類をめぐる政治』，平凡社.
角山榮，1982，「家庭と消費生活」，角山他編（1982）所収.
――・川北稔編，1982，『路地裏の大英帝国――イギリス都市生活史』，平凡社.
内田隆三，1982，「消費社会における〈性〉の変容」『現代思想』第10巻11号.
上野千鶴子，1982，『セクシィ・ギャルの大研究』，光文社.
上野千鶴子編，1983，『主婦論争を読む』（Ⅰ，Ⅱ），勁草書房.
――，1984，「恋愛結婚イデオロギーと母性イデオロギー」『女性学年報』第5号，日本女性学研究会.
――，1985，『資本制と家事労働――マルクス主義フェミニズムの問題構成』，海鳴社.
――，1986～88，「マルクス主義フェミニズムその可能性と限界」『思想の科学』第73号～第98号.
――，1994a，「日本型近代家族の成立」『立命館言語文化研究』6–1，上野（1994b）に収録.
――，1994b，『近代家族の成立と終焉』，岩波書店.
梅村又次，1961，『賃金・雇用・農業』，大明堂.
Verdier, Yvonne, 1979, Façons de dire, façons de faire, Gallimard. = 1985，大野朗子訳，『女のフィジオロジー』，新評論.

Wachter, Kenneth, Eugene Hammel & Peter Laslett, 1978, *Statistical Studies of Historical Social Structure*, Academic Press.

van de Walle, Etteinne, 1974, The *Female Population of France in the Nineteenth Century: A Reconstruction of 82 Departments*, Prinston University Press.

Waller, Willard & Reuben Hill, 1938→1951, *The Family——A Dynamic Interpretation*, Holt, Rinehart and Winston.

Wallerstein, Immanuel, 1974, *The Modern World-System*, Academic Press. = 1981, 川北稔訳,『近代世界システムⅠ, Ⅱ』, 岩波書店.

——, 1979, *The Capitalist World-Economy*, Cambridge University Press.

渡辺秀樹, 1987,「家族システムの構造と諸相」, 中山慶子他著,『社会システムと人間』, 福村出版.

渡辺和子, 1986,「家庭崇拝思想——Stowe と Jewett——」『京都産業大学論集』第 15 巻 3 号.

渡辺恒夫, 1986,『脱男性の時代』, 勁草書房.

Welter, Barbara, 1966, "The Cult of womanhood, 1820–1860." *American Quarterly* 18.

White, William H., 1957, *The Organization Man*. London: Jonathan Cape. = 1959, 辻村明・佐田一彦訳,『組織の中の人間』, 東京創元社.

Wilson, R., 1963, "Difficult Housing Estates," *Human Relations* 16–1.

Wrigley, Anthony, 1981, *Population and History*, Weidenfeld & Nicolson. = 1982, 速水融訳,『人口と歴史』, 筑摩書房.

山田昌弘, 1986,「家族定義論の検討」『ソシオロゴス』第 10 号, 東京大学大学院社会学研究科.

——, 1994,『近代家族のゆくえ』, 新曜社.

山根常男, 1972,「家族社会学の展開」, 森岡清美編『社会学講座 3　家族社会学』, 東京大学出版会.

山住正己・中江和恵編註, 1976～7,『子育ての書』全 3 巻, 平凡社.

矢澤澄子, 1988,『横浜市民女性の生活実態と意識調査』（第二部　現代女性の今日と明日）, 横浜市市民局婦人行政推進室.

米田美津江, 1981,「性差別の理論化をめざして」, 女性社会学研究会（1981）所収.

吉本隆明, 1985,『対幻想——n 個の性をめぐって』, 春秋社.

吉村典子, 1985,『お産と出会う』, 勁草書房.

——, 1992,『子どもを産む』, 岩波書店.

Young, Iris, 1980, "Socialist Feminism and the Limits of Dual Systems Theory," *Socialist Review*, 10–2/3（50/51）: 169–188.

Young, Michael & Peter Willmott, 1957, *Family and kindship in East London*, Routledge and Kegan Paul.
湯沢雍彦，1987，『図説　現代日本の家族問題』，日本放送出版協会.
——，1995，『図説家族問題の現在』，日本放送出版協会.
Zaretsky, Eli, 1976, *Capitalism, the Family and Personal Life*, Harper & Row. = 1980，グループ 7221 訳，『資本主義・家族・個人生活』，亜紀書房.

著者略歴

1958 年　東京生まれ
1980 年　東京大学文学部卒業
1987 年　東京大学大学院社会学研究科博士課程満期退学
2024 年　博士（社会学）
現　在　京都産業大学現代社会学部教授・京都大学名誉教授
著　書　『21 世紀家族へ』（有斐閣、第 1 版 1994 年、第 4 版 2019 年）、『親密圏と公共圏の社会学』（有斐閣、2023 年）、『アジアの家族とジェンダー』（共編著、勁草書房、2007 年）、『徳川日本の家族と地域性』（編著、ミネルヴァ書房、2015 年）、『リーディングス　アジアの家族と親密圏』（共編著、全 3 巻、有斐閣、2022 年）、その他多数。

近代家族とフェミニズム［増補新版］

1989 年 12 月 1 日　第 1 版 第 1 刷発行
2022 年 6 月 25 日　増補新版 第 1 刷発行
2024 年 11 月 10 日　増補新版 第 2 刷発行

著　者　落《おち》合《あい》恵《え》美《み》子《こ》
発行者　井　村　寿　人

発行所　株式会社　勁《けい》草《そう》書　房

112-0005　東京都文京区水道 2-1-1　振替 00150-2-175253
（編集）電話 03-3815-5277／FAX 03-3814-6968
（営業）電話 03-3814-6861／FAX 03-3814-6854
理想社・松岳社

ISBN978-4-326-65436-9　Printed in Japan

＊落丁本・乱丁本はお取替いたします。
ご感想・お問い合わせは小社ホームページから
お願いいたします。

https://www.keisoshobo.co.jp

小山静子	良妻賢母という規範　新装改訂版	四六判	三三〇〇円
江原由美子	ジェンダー秩序　新装版	四六判	三八五〇円
今田絵里香	「少女」の社会史　新装版	A5判	三八五〇円
落合恵美子・山根真理・宮坂靖子 編	アジアの家族とジェンダー	A5判	三八五〇円
瀬地山角	東アジアの家父長制	四六判	三五二〇円
上野千鶴子 編	主婦論争を読む　I　全記録	四六判	三一九〇円
上野千鶴子 編	主婦論争を読む　II　全記録	四六判	四一八〇円

＊表示価格は二〇二四年十一月現在。消費税10%が含まれています。

勁草書房刊